INTERNATIONALES PRIVATRECHT

2013

Johannes Dilling, LL.M. (Köln/Paris I Sorbonne)
Maître en Droit
Rechtsanwalt in Köln

ALPMANN UND SCHMIDT Juristische Lehrgänge Verlagsges. mbH & Co. KG
48149 Münster, Annette-Allee 35, 48001 Postfach 1169, Telefon (0251) 98109-0
AS-Online: www.alpmann-schmidt.de

Liebe Leserin, lieber Leser,

wir sind stets bemüht, unsere Produkte zu verbessern. Fehler lassen sich aber nie ganz ausschließen. Sie helfen uns, wenn Sie uns über Druckfehler in diesem Skript oder anderen Printprodukten unseres Hauses informieren.

E-Mail genügt an „druckfehlerteufel@alpmann-schmidt.de“

Danke
Ihr AS-Autorenteam

Dilling LL.M., Johannes
Internationales Privatrecht
5. Auflage 2013
ISBN: 978-3-86752-279-3

Verlag Alpmann und Schmidt Juristische Lehrgänge
Verlagsgesellschaft mbH & Co. KG, Münster

INHALTSVERZEICHNIS

LITERATURVERZEICHNIS

Bamberger, Heinz Georg Roth, Herbert	Kommentar zum Bürgerlichen Gesetzbuch Band 3: §§ 1297–2386, EGBGB 3. Auflage, München 2012 (zit.: Bamberger/Roth/Bearbeiter)
Erman, Walter	Bürgerliches Gesetzbuch, Band 2, 13. Auflage, Köln 2011
Ferid, Murad	Internationales Privatrecht, 3. Auflage, München 1986 (zit.: Ferid)
Ferid, Murad; Firsching, Karl; Dörner, Heinrich; Hausmann, Rainer	Internationales Erbrecht, 86. Auflage, München 2012 (zit.: Ferid/Firsching/Dörner/Hausmann)
Geimer, Reinhold Schütze, Rolf A.	Europäisches Zivilverfahrensrecht 3. Auflage, München 2010 (zit.: Geimer/Schütze, EuZVR)
Jayme, Erik; Hausmann, Rainer	Internationales Privat- und Verfahrensrecht 16. Auflage, München 2012 (zit.: Jayme/Hausmann)
Junker, Abbo	Internationales Privatrecht München 1998 (zit.: Junker)
Kegel, Gerhard; Schurig, Klaus	Internationales Privatrecht 9. Auflage, München 2004 (zit.: Kegel/Schurig)
Koch, Harald; Magnus, Ulrich; Winkler von Mohrenfels, Peter	IPR und Rechtsvergleichung 4. Auflage, München 2010 (zit.: Koch/Magnus/Winkler von Mohrenfels)
Kropholler, Jan	Internationales Privatrecht 6. Auflage, Tübingen 2006 (zit.: Kropholler, IPR)
Kropholler, Jan von Hein, Jan	Europäisches Zivilprozeßrecht 9. Auflage, Frankfurt a.M. 2011 (zit.: Kropholler, EuZPR)
Münchener Kommentar	Bürgerliches Gesetzbuch, Band 1: Allgemeiner Teil 6. Auflage, München 2012 (zit.: MünchKomm/Bearbeiter)
	Bürgerliches Gesetzbuch, Band 3: CISG 6. Auflage, München 2012
	Bürgerliches Gesetzbuch, Band 10: Internationales Privatrecht 5. Auflage, München 2010
	Bürgerliches Gesetzbuch, Band 11: Internationales Wirtschaftsrecht 5. Auflage, München 2010
Palandt	Bürgerliches Gesetzbuch 72. Auflage, München 2013 (zit.: Palandt/Bearbeiter)

Raape, Leo; Sturm, Fritz	Internationales Privatrecht, Band 1: Allgemeine Lehren 6. Auflage, München 1977 (zit.: Raape/Sturm)
Rauscher, Thomas	Europäisches Zivilprozessrecht 2. Auflage, München 2006 (zit.: Rauscher/Bearbeiter, EuZPR)
Schack, Haimo	Höchstrichterliche Rechtsprechung zum Internationalen Privat- und Verfahrensrecht 2. Auflage, München 2000 (zit.: Schack)
ders.	Internationales Zivilverfahrensrecht 5. Auflage, München 2010 (zit.: Schack, IVZR)
ders.	Einführung in das US-amerikanische Zivilprozessrecht 4. Auflage, München 2011 (zit.: Schack, Einführung in das US-amerikanische Zivilprozessrecht)
Soergel	Bürgerliches Gesetzbuch mit Einführungsgesetzen und Nebengesetzen, Band 10: Einführungsgesetze 12. Auflage, Köln 1996 (zit.: Soergel/Bearbeiter)
Staudinger, Julius von	Kommentar zum Bürgerlichen Gesetzbuch mit Einführungsgesetz und Nebengesetzen EGBGB/IPR Berlin 1997 verschiedene zeitl. Bearbeitungen der einzelnen Artikel des EGBGB (zit.: Staudinger/Bearbeiter)
Thomas, Heinz; Putzo, Hans	Zivilprozessordnung 33. Auflage, München 2012 (zit.: Thomas/Putzo)
von Bar, Christian; Mankowski, Peter	Internationales Privatrecht, Band 1: Allgemeine Lehren 2. Auflage, München 2003 (zit.: von Bar/Mankowski)
von Bar, Christian	Internationales Privatrecht, Band 2: Besonderer Teil München 1991 (zit.: von Bar Bd. II, IPR)
von Hoffmann, Bernd; Thorn, Karsten	Internationales Privatrecht 9. Auflage, München 2007 (zit.: von Hoffmann/Thorn)
Wolf, Manfred; Lindacher, Walter F.; Pfeiffer, Thomas	AGBG 5. Auflage, München 2009
Zöller, Richard	Zivilprozessordnung 29. Auflage, Köln 2011(zit.: Zöller/Bearbeiter)
Zweigert, Konrad; Kötz, Hein	Einführung in die Rechtsvergleichung 3. Auflage, Tübingen 1996

1. Teil: Das Internationale Privatrecht, Allgemeiner Teil

1. Abschnitt: Einführung

Das IPR ist der Teil einer nationalen Rechtsordnung, der bestimmt, welches Recht auf einen Sachverhalt anwendbar ist, der eine Verbindung zu den Rechtsordnungen mehrerer Staaten aufweist (vgl. die Definition des Art. 3 EGBGB). 1

Das IPR entscheidet damit über die **Kollision** verschiedener zur Anwendung berufener Rechtsordnungen, daher auch der Name **Kollisionsrecht**.

Anders als es der Begriff „Internationales" Privatrecht vermuten lässt, ist das IPR kein international einheitliches Recht („Krebsschaden des IPR", so Kegel).

Der **Begriff** ist doppelt **irreführend**: Zum einen wendet jeder Staat die Normen seines eigenen **nationalen** gültigen Rechts an. Jeder Staat verfügt somit über eigene Regeln des IPR. Zum anderen ist das IPR **kein Privatrecht** im Sinne von Sachnormen. Aufgabe des IPR ist es nicht, den Sachverhalt selbst zu entscheiden. Das IPR beeinflusst die Sachentscheidung nur mittelbar, indem es diejenige Rechtsordnung bestimmt, nach der die Sachfrage beurteilt werden soll.

Das IPR ist nur auf private Rechtsverhältnisse anwendbar. Im öffentlichen Recht gilt der Territorialitätsgrundsatz, d.h., der deutsche Staat wendet nur deutsches Sachrecht an.

A. Fragestellung und Aufgabe des IPR

Ausgehend vom *Prinzip der Gleichwertigkeit aller Rechtsordnungen* fragt das IPR danach, welche (Privat-)Rechtsordnung auf einen Sachverhalt, der eine Verbindung zum Recht eines ausländischen Staates aufweist, anwendbar ist. 2

Nach Friedrich Karl von Savigny (1779–1861) ist das Ziel des IPR, „daß bei jedem Rechtverhältniß dasjenige Rechtsgebiet aufgesucht werde, welchem dieses Rechtsverhältniß seiner eigenthümlichen Natur angehört oder unterworfen ist".

- Aus der Vielzahl der geltenden Rechtsordnungen ist diejenige anzuwenden, zu der der Sachverhalt die *engste Verbindung* hat.
- Ausgehend von diesem „*Prinzip der engsten Verbindung*" geht der Blick vom Sachverhalt zu der anwendbaren Norm und nicht umgekehrt von der Norm zum Sachverhalt (so die alte Statutenlehre). Dabei ist von der grundsätzlichen Gleichwertigkeit von inländischem und ausländischem Recht auszugehen.
- Kerngedanke: Inländisches Recht ist in der Regel auf inländische Sachverhalte zugeschnitten; auf Fälle mit überwiegender Auslandsbeziehung wird besser ausländisches Recht angewandt.
- Aufgabe des IPR ist es nicht, das materiell beste, sondern das *räumlich beste* Recht zu bestimmen. „Die internationalprivatrechtliche Gerechtigkeit geht vor der materiellprivatrechtlichen" (Kegel). Das IPR ist daher im Grundsatz ergebnisblind.

B. Interessen des IPR

3 Das IPR verfolgt verschiedene Interessen:[1]

- **Internationaler Entscheidungseinklang:** Gemeint ist der **Idealzustand**, in dem eine bestimmte Rechtsfrage in allen Rechtsordnungen nach den gleichen kollisionsrechtlichen Grundsätzen und damit im Ergebnis nach dem **gleichen materiellen Recht** entschieden wird. Die Gefahr des sog. *forum shopping*[2] soll dadurch umgangen werden.
- **Interner Entscheidungseinklang:** Hiermit ist die gleiche Behandlung kollisionsrechtlicher Fragen innerhalb derselben Rechtsordnung gemeint.
- **Interessen der beteiligten Parteien:** Die Parteien haben ein Interesse daran, nach dem Recht beurteilt zu werden, zu dem sie selbst die „engste Verbindung" aufweisen. So entscheidet beispielsweise das Recht der Staatsangehörigkeit (Heimatrecht) im Personen- (Rechts- und Geschäftsfähigkeit, Name), Familien- und Erbrecht; die Parteien haben z.B. im internationalen Schuldvertragsrecht die Möglichkeit einer Rechtswahl.
- **Verkehrsinteressen:** Sicherheit des Rechtsverkehrs (Form: Art. 11 Rom I-VO, Art. 11 EGBGB, Sachen: *lex rei sitae*; unerlaubte Handlung: Tatortrecht, Art. 4 Abs. 1 Rom II-VO).
- **Staatsinteressen:** Staatliche Interessen sind nur ausnahmsweise zu berücksichtigen. In Betracht kommen hier der *ordre public*, deutsche zwingende Normen (sog. Eingriffsnormen, Sonderanknüpfungen), Art. 3 Abs. 3, 9 Rom I-VO; aber u.U. auch ausländische zwingende Normen (str.).

Die genannten Interessen lassen sich nicht alle vollständig verwirklichen, da sie sich häufig widersprechen (z.B. interner und internationaler Entscheidungseinklang).[3]

C. Geschichtliche Entwicklung

4 Zu Stammeszeiten bestand die Rechtsgemeinschaft nur aus Mitgliedern des eigenen Stammes. Das Recht außerhalb war für den jeweiligen Stamm unerheblich. Eine Konkurrenz zwischen verschiedenen Privatrechtsordnungen konnte so noch nicht bestehen.

Ähnlich war es im antiken Rom. Hier wurde nur zwischen dem ***ius civile*** als bindendem Recht für die Rechtsbeziehungen römischer (Voll-)Bürger und dem ***ius gentium*** als dem übrigen Privatrecht unterschieden.[4]

Erst als im 12. bis 14. Jahrhundert n. Chr. in den oberitalienischen Städten reger Handel begann, wurden die Differenzen der verschiedenen Rechte erheblich. Nach der Wiederentdeckung des oströmischen Codex *iuris civilis* entstanden Schulen für Glossatoren

---

1 Vgl. hierzu MünchKomm/Sonnenberger Einl. IPR, Rdnr. 97 ff., 105 ff.; von Hoffmann/Thorn § 1 Rdnr. 12 ff.

2 Vgl. Teil 2, Internationales Zivilverfahrensrecht, Rdnr. 151.

3 Vgl. hierzu Fall 9: Hinkende Ehe – Teil 2, Rdnr. 64 ff.

4 Von Bar/Mankowski § 2 Rdnr. 30 f.; dazu H.J.Wolff, Das Problem der Konkurrenz von Rechtsordnungen in der Antike, 1979.

und Kommentatoren (insbes. Bartolus). Von den Postglossatoren wurde die **Statutentheorie** entwickelt: Die *statuta personalia*, d.h. die personenbezogenen Regeln, richteten sich nach dem Recht des Wohnsitzes der Person, die *statuta realia*, die sachbezogenen Regeln, nach der *lex rei sitae*, dem Belegenheitsort. Das Verfahrensrecht unterlag der *lex fori*, dem Ort des Gerichtsstands. Die *statuta mixta* bestimmten das Recht des Vornahmeorts bei Rechtshandlungen oder deliktischen Verhaltensweisen als anwendbar.[5] Die Kollision verschiedener Rechte wurde damals also durch die Auslegung des materiellen Rechts im Einzelfall aufgelöst. Diese Vorgehensweise verfeinerten Dumoulin (1500–1560) und d'Argentré (1519–1590).[6]

In den Niederlanden (Ulricus Huber) und anderen Gebieten, die kein römisches Recht als gemeinsame rechtliche Grundlage hatten, galt grds. das Territorialitätsprinzip. Ausländisches Recht, einschließlich des Völkerrechts, wurde in wechselseitigem Entgegenkommen in den einzelnen Ländern angewandt (naturrechtlicher **comitas-Gedanke**).[7]

Zu einer Trennung des Kollisionsrechts vom materiell anzuwendenden Recht kam es erst zu Zeiten Friedrich Carl v. Savignys (1779–1861). Man spricht von der **kopernikanischen Wende des IPR**. Auf ein Rechtsverhältnis sollte nunmehr das **Recht der Rechtsordnung angewandt werden, mit der es am *engsten* verbunden war** (Savigny, System des heutigen römischen Rechts, Band 8, S. 24–28). Damit verbunden war die Gleichwertigkeit aller in- und ausländischen Personen und Rechtsordnungen. Von Gierke ging hierbei nach dem **Schwerpunkt des Rechtsverhältnisses** vor. Von Bar sah, im Ergebnis ähnlich, die **Natur der Sache** als entscheidend an.[8]

- Der Blick ging daher vom Sachverhalt zu der anwendbaren Norm und nicht umgekehrt von der Norm zum Sachverhalt (so die alte Statutenlehre).
- Lösung des Kollisionsrechts vom materiellen Recht; selbstständige Wertung.
- Überstaatlichkeit des IPR; römisches Recht als gemeinsame Wurzel gleichberechtigter Rechtsordnungen.
- Entwicklung von allseitigen Kollisionsnormen.

1804 nahm Napoleon Teile des so entstandenen Kollisionsrechts römischen Ursprungs in den auf die Verwirklichung von Freiheit und Gleichheit gerichteten französischen Code Civil auf. Weitere bedeutende Vorreiter des IPR in Frankreich sind Pillet, Niboyet, Batiffol und Lagarde.

1834 taucht das erste Mal der Begriff des „private international law" im Werk „Commentaries on the Conflicts of Law" bei dem Rechtswissenschaftler und Richter am Surpreme Court Joseph Story (1779–1845), USA, auf. Diese Bezeichnung als „Internationales Privatrecht" wurde von dem deutschen Anwalt Wilhelm Schaeffner 1841 in sein Buch „Entwicklungen des Internationalen Privatrechts" aufgenommen. Im Fall Robinson v. Blaud stellt auch Lord Mansfield in England erste Bezüge zum IPR her. In Italien entwickelte

5 Kropholler, IPR, § 2 II.
6 Kegel/Schurig § 3 IV; Gamillscheg, Der Einfluss Dumoulins auf die Entwicklung des Kollisionsrechts, 1955, S. 110 f.
7 So z.B. bei Huber (Gutzwiller, Geschichte, S. 157 f.).
8 Kegel/Schurig § 3 IX.

Mancini das IPR, insbesondere das Staatsangehörigkeitsprinzip und den *ordre public*, weiter (Mancini, Diritto internazionale, Prelezioni, Neapel 1873, S. 5–64). Seine Gedanken wirkten sich auch auf das Recht in Spanien, Österreich, Deutschland und vielen internationalen Abkommen aus.[9]

D. Kodifikationen in Deutschland

5 Die erste Kodifikation eines IPRs in Deutschland entstand 1896. Die Art. 7–31 EGBGB bestimmten vorrangig, wann deutsches Recht zur Anwendung kommen sollte.

1986 wurde das Kollisionsrecht grundlegend reformiert (Art. 3–38 EGBGB). Der Grund hierfür war der sog. Spanier-Beschluss des Bundesverfassungsgerichts.[10] In diesem erklärte das Bundesverfassungsgericht die Grundrechte auch im IPR ausdrücklich für anwendbar. Daraufhin wurden einige alte Bestimmungen als gleichheitswidrig verworfen und neue Ausweichklauseln geschaffen.[11]

Erst seit 1999 ist das IPR der außervertraglichen Schuldverhältnisse und der Sachen in den Art. 38–46 EGBGB kodifiziert. Lücken bestehen nur noch im Recht der Stellvertretung und dem Recht der juristischen Personen.

Vorrangig in Deutschland zu beachten sind die Kollisionsnormen des **europäischen Gemeinschaftsrechts**. Für die kollisionsrechtliche Bewertung außervertragliche Schuldverhältnisse ist am 11.01.2009 die sog. Rom II-VO in Kraft getreten. Im Bereich der vertraglichen Schuldverhältnisse gilt seit dem 17.12.2009 die sog. Rom I-VO. Im Unterhaltsrecht gilt seit dem 18.06.2011 das HUntProt. Für die Ermittlung des auf die Ehescheidung und Trennung ohne Auflösung des Ehebandes anzuwendenden Rechts gilt seit dem 21.06.2012 die Rom III-VO. Im Erbrecht ist bereits die ErbRVO in Kraft getreten; sie gilt in ihren wesentlichen Teilen aber erst ab dem 17.08.2015. Auch zum Ehegüterrecht (KOM (2011) 126) sowie zum Güterrecht der eingetragenen Partnerschaft (KOM (2011) 127) hat die Europäische Kommission mittlerweile Verordnungsvorschläge unterbreitet, um auch in diesen Bereichen das Kollisionsrecht europaweit zu vereinheitlichen. Damit wird eine fast flächendeckende Regelung des IPR durch das Gemeinschaftsrecht bewirkt.

Eine wichtige Zukunftsaufgabe im Bereich des IPR ist die Herstellung eines breiteren internationalen Entscheidungseinklangs, insbesondere im Handelsrecht (zur *lex mercatoria* vgl. Rdnr. 235). Wegbereiter hierfür kann die **Haager Konferenz für IPR in Den Haag** in den Niederlanden sein.

2. Abschnitt: Struktur der Kollisionsnormen

6 Jeder Sachverhalt ist unter bestimmte Kollisionsnormen zu subsumieren (zu qualifizieren). Die passende Kollisionsnorm führt zu dem anzuwendenden materiellen Recht. Auch eine Kollisionsnorm besteht wie eine Sachnorm aus Tatbestand und Rechtsfolge.

---

9 Kegel/Schurig § 3 XI.

10 BVerfGE 31, 58.

11 Kegel/Schurig § 4 I.

A. Tatbestand

Der Tatbestand der Kollisionsnorm setzt sich aus einem **Anknüpfungsgegenstand** und einem **Anknüpfungspunkt** zusammen. 7

I. Anknüpfungsgegenstand

Der Anknüpfungsgegenstand umschreibt einen **Systembegriff** des Privatrechtssystems (z.B. Vertrag, Ehe, Kindschaft, Rechtsnachfolge von Todes wegen) und damit diejenige Materie, für welche die einschlägigen Sachnormen des anzuwendenden Rechts festgestellt werden sollen.[12] 8

II. Anknüpfungspunkt (-moment, -subjekt, -zeitpunkt)

Der Anknüpfungspunkt wird auch als Anknüpfungsmoment, Anknüpfungssubjekt oder Anknüpfungszeitpunkt bezeichnet und führt zu der (räumlich besten) Rechtsordnung, die den Bereich des Tatbestands regeln soll. 9

Verschiedene Anknüpfungspunkte können **alternativ, kumulativ** (teilweise distributiv) oder **subsidiär** berufen sein.

Bei der **alternativen** Anknüpfung wird durch den Anknüpfungspunkt auf mehrere Rechtsordnungen verwiesen. Der Rechtsanwender hat die Möglichkeit, zwischen diesen auszuwählen. Hierdurch wird das Günstigkeitsprinzip verwirklicht (so z.B. Art. 11 Abs. 1 Rom I-VO (Ortsform **oder** Geschäftsform), Art. 40 Abs. 1 EGBGB (Handlungsort **oder** Erfolgsort)).

Durch die **kumulative** Anknüpfung werden mehrere Rechtsordnungen für eine Rechtsfrage nebeneinander berufen. Oftmals wird neben einer zweiten Rechtsordnung zusätzlich an deutsches Recht angeknüpft. Die Inländer sollen hierdurch jedoch nicht begünstigt werden. Vielmehr können so rechtsvergleichend ungewöhnliche Ansprüche des ausländischen Rechts abgewehrt werden. Es gilt demnach der Grundsatz der Berücksichtigung des schwächeren Rechts.

Von der kumulativen Anknüpfung zu unterscheiden ist die **distributive** (auch **„gekoppelte"**) Anknüpfung. Hier werden mehrere Rechtsordnungen nicht kumulativ zu der gleichen Rechtsfrage, sondern getrennt zu verschiedene**n** Rechtsfrage**n** berufen (z.B. Art. 13 Abs. 1 EGBGB, vgl. den Wortlaut: „Die Voraussetzung**en** der Eheschließung unterliegen für **jeden** Verlobten dem Recht des Staates, dem **er** angehört.").

Die **subsidiäre** Anknüpfung wird erst berücksichtigt, wenn eine vorrangige Anknüpfung zu keinem Ergebnis führt (ein Beispiel hierfür ist die sog. „Kegelsche Leiter" in Art. 14 EGBGB).

1. Regelfall

Im Regelfall findet sich der Anknüpfungspunkt im Tatbestand der Kollisionsnorm. Er führt eindeutig zur berufenen Rechtsordnung (*lex causae*). 10

a) Staatsangehörigkeit

Die Staatsangehörigkeit ist im deutschen IPR ein häufiger Anknüpfungspunkt.[13] Sie verweist auf das Heimatrecht einer Person und bildet das sog. **Personalstatut**. 11

12 Dörner StAZ 1988, 345, 347.

13 Vgl. hierzu Basedow, IPRax 2011, 109 ff.

Die engste Verbindung zum Heimatrecht besteht nach dem Willen des deutschen Gesetzgebers vor allem in den Bereichen, die die **persönlichen Rechtsverhältnisse** regeln, wie z.B. die Rechts- und Geschäftsfähigkeit einer natürlichen Person, Art. 7 EGBGB sowie (bis zur Geltung der ErbRVO am 17.08.2015) deren gesetzliche Erbfolge, Art. 25 EGBGB. Auch im Ehe- (vgl. Art. 13–15 EGBGB) und Kindschaftsrecht (vgl. Art. 19–23 EGBGB) wird häufig an die Staatsangehörigkeit einer Person angeknüpft.

Argumente für dieses **Staatsangehörigkeitsprinzip** sind:[14]

- der Ausdruck der Verbundenheit mit dem zugehörigen Staat,
- die Kontinuitätsinteressen bei einem Aufenthaltswechsel,
- die Ausdehnung der Staatsherrschaft, insbesondere in einem Auswanderungsland,
- die geringeren Manipulationsmöglichkeiten,
- die leichte Feststellbarkeit,
- die Förderung des internationalen Entscheidungseinklangs, weil insbesondere die Heimatstaaten der in Deutschland lebenden Ausländergruppen auch dem Staatsangehörigkeitsprinzip folgen.

Zunehmend ist eine Abkehr vom Staatsangehörigkeitsprinzip festzustellen. So stellt z.B. die am 16.08. 2012 in Kraft getretene und ab dem 17.08.2015 in vollem Umfang geltende ErbRVO primär nicht auf die Staatsangehörigkeit, sondern auf den gewöhnlichen Aufenthalt des Erblassers ab. Der Erblasser hat nach der ErbRVO aber die Möglichkeit, für die Erbfolge das Personalstatut wählen zu können.

b) Wohnsitz (domicile)

12 Insbesondere in Staatsverträgen (z.B. Haager Testamentsübereinkommen) und in den auf ihnen beruhenden Kollisionsnormen (Art. 26 Abs. 1 Nr. 3 EGBGB, einziger Fall im EGBGB!) wird an den Wohnsitz angeknüpft.

Die angloamerikanischen Staaten knüpfen vorrangig an den Wohnsitz an, um zur anzuwendenden Rechtsordnung zu gelangen. Im Einzelnen wird unterschieden zwischen dem **„domicile of origin"**, dem Geburtsort, und dem **„domicile of choice"**, einem anderen frei gewählten Wohnsitz. In den USA als typischem Einwanderungsland sind die Anforderungen zur Begründung eines „domicile of choice" gering.[15] Im englischen Recht dagegen, begründet aus der kolonialistischen Struktur, muss der einen neuen Wohnsitz Begründende den festen Willen haben, an diesem neuen Ort auf unbestimmte Zeit bleiben zu wollen (animus manendi).

c) Gewöhnlicher Aufenthalt (residence)

13 Weiterer wichtiger Anknüpfungspunkt ist der (gewöhnliche) Aufenthalt einer Person. Insbesondere in Staatsverträgen aber auch im Internationalen Zivilverfahrensrecht (IZVR, vgl. die EheGVO) wird häufig an den gewöhnlichen Aufenthalt einer Person angeknüpft.

Ein Aufenthalt ist der gewöhnliche, wenn der Betreffende

- **objektiv** an ihm seinen Lebensmittelpunkt hat und
- an ihm sozial integriert ist oder dies zumindest anstrebt sowie
- **subjektiv** der Wille besteht, an diesem Aufenthaltsort länger zu bleiben.

---

14 Ferid § 1 Rdnr. 1–18 f.; von Hoffmann/Thorn § 5 Rdnr. 5–18.

15 Von Hoffmann/Thorn § 5 Rdnr. 65 f.

Argumente für das **Aufenthaltsprinzip**, also die Anknüpfung persönlicher Rechtsverhältnisse an den Aufenthalt der Person, wie im englischen und amerikanischen Recht, sind:

- die moderne Rechtsauffassung, dass das Recht als ein Teil der sozialen Umwelt zu sehen ist,
- die so leichter mögliche Integration von Ausländern im Inland, insbes. in Einwanderungsländern,
- die häufigere Anwendung der *lex fori*.

Die Rechtmäßigkeit des Aufenthalts ist nicht erheblich. In der Regel, so die Begründung zum EGBGB, wird ein gewöhnlicher Aufenthalt nach sechsmonatiger Anwesenheit vermutet, was jedoch widerlegt werden kann.[16]

So wird z.B. durch einen längeren Gefängnisaufenthalt kein gewöhnlicher Aufenthalt begründet, weil keine willensmäßige Begründung erfolgen kann. Auch ein Austauschjahr während der Schulzeit oder des Studiums oder ein langer Urlaub begründen bei dem Wunsch der späteren Rückkehr nicht automatisch einen neuen gewöhnlichen Aufenthalt.

Bedeutung hat der gewöhnliche Aufenthalt vor allem im

- Schuldvertragsrecht, Art. 4 Abs. 1 Rom I-VO,
- Verbraucherschutz, Art. 6 Abs. 1 Rom I-VO,
- Kindesentführungsrecht („*legal kidnapping*", vgl. das HKÜ),
- im Ehe- und Kindschaftsrecht und
- künftig, ab dem 17.08.2015, grundsätzlich auch im Erbrecht, Art. 21 ErbRVO.

Minderjährige haben einen eigenen gewöhnlichen Aufenthalt, der nicht von den Eltern abgeleitet wird. Jedoch ist bzgl. des Aufenthaltswillens i.d.R. auf den gesetzlichen Vertreter abzustellen (z.B. im Rahmen des Art. 5 Abs. 3 EGBGB).

d) Handlungsort

Die Anknüpfung an den Handlungsort ist in mehreren Erscheinungsformen denkbar. So wird bei Formfragen an den Vornahmeort (*locus regit formam actus*) des Geschäfts (vgl. Art. 11 Rom I-VO, Art. 11 Abs. 1 EGBGB) angeknüpft. Bei der Vollmacht ist i.d.R. der Gebrauchsort entscheidend. 14

e) Erfolgsort

Bei unerlaubten Handlungen wird im Rahmen des Art. 4 Abs. 1 Rom II-VO auf das Recht des Staates verwiesen, in dem der Erfolgsort liegt, also das schadensbegründende Ereignis eingetreten ist. 15

f) Belegenheitsort

Der Belegenheitsort (*lex rei sitae*) ist entscheidend bei beweglichen und unbeweglichen Sachen und daher die grundsätzliche Anknüpfung im Sachenrecht, vgl. Art. 43 EGBGB. 16

16 Von Hoffmann/Thorn § 5 Rdnr. 72 f.; Baetge IPRax 2001, 573.

g) Gerichtsort

17 Ist der Gerichtsort Anknüpfungspunkt, so wird stets auf die *lex fori*, also das Recht des Gerichtsstandortes, verwiesen.

h) Parteiwille

18 Teilweise legt das Gesetz den Parteiwillen (vgl. Art. 14 Abs. 3, Art. 15 Abs. 2, Art. 27, Art. 42 EGBGB) als Anknüpfungspunkt fest. Die Wahl des anzuwendenden Rechts ist dann den Parteien überlassen.

2. Mehrstaater

Wenn jemand nicht nur eine, sondern mehrere Staatsangehörigkeiten besitzt, sind nach der Kollisionsnorm bei einer Anknüpfung an das Personalstatut auch mehrere Rechtsordnungen berufen. Hingegen geht die Verweisung bei Staatenlosigkeit einer Person ins Leere. Für diese Fälle wurde Art. 5 EGBGB geschaffen.

Art. 5 EGBGB gehört zu den unselbstständigen Kollisionsnormen. Diese Vorschrift ist als eine Hilfsnorm in andere selbstständige Normen anstelle der Staatsangehörigkeit hineinzulesen.

a) Art. 5 Abs. 1 S. 1 EGBGB (Grundregel)

19 Wird bei einem Mehrstaater an das Heimatrecht angeknüpft, soll bevorzugt das Recht des Heimatstaats Anwendung finden, mit dem die **engste Verbundenheit** besteht. Indiz hierfür kann der gewöhnliche Aufenthalt des Mehrstaaters sein. Die so beachtete Staatsangehörigkeit nennt man auch **effektive Staatsangehörigkeit**.

Bei Flüchtlingen und Asylbewerbern wird gemäß Art. 12 der Genfer Flüchtlingskommission (unterzeichnet 1951) die Anknüpfung an die Staatsangehörigkeit durch den Wohnsitz ersetzt.

b) Art. 5 Abs. 1 S. 2 EGBGB (Mehrstaater auch Deutscher)

20 Ist der Mehrstaater auch Deutscher, so verweist die Kollisionsnorm gemäß Art. 5 Abs. 1 S. 2 EGBGB stets auf deutsches Recht. Die deutsche Staatsangehörigkeit ist bei einem Mehrstaater kraft Gesetzes die effektive. Diese Regelung ist **rechtspolitisch umstritten**, da sie systemwidrig die Anwendung der deutschen Privatrechtsordnung bevorzugt.[17] Die Exklusivnorm fördert hinkende Rechtsverhältnisse, begünstigt ein *forum shopping* und führt zu mehr internationaler Disharmonie. Art. 5 Abs. 1 S. 2 EGBGB gilt deshalb nur für Verweisungen aufgrund des autonomen deutschen IPR. Bei Staatsverträgen oder im Internationalen Zivilverfahrensrecht gelten die allgemeinen Regeln.

c) Art. 5 Abs. 2 EGBGB (Staatenlosigkeit)

21 Kann wegen der Staatenlosigkeit einer Person nicht an ihre Staatsangehörigkeit angeknüpft werden, so entscheidet gemäß Art. 5 Abs. 2 EGBGB der gewöhnliche Aufenthalt, subsidiär der tatsächliche Aufenthalt über die anzuwendende Rechtsordnung.

17 Soergel/Kegel Art. 5 EGBGB Rdnr. 12; Dethloff JZ 1995, 73.

Es werden zwei Formen der Staatenlosigkeit unterschieden. Der originär Staatenlose ist von seiner Geburt an staatenlos, z.B. weil im Geburtsland das *ius-sanguinis*-Prinzip gilt und im Land der Staatsangehörigkeit der Eltern das *ius-soli*-Prinzip. Der nachträglich Staatenlose hat seine Staatsangehörigkeit, z.B. durch ihren Entzug, verloren. Bei Staatenlosigkeit ist zusätzlich das New Yorker UN-Übereinkommen über die Rechtsstellung der Staatenlosen von 1954[18] zu beachten.

B. Rechtsfolge

Die Kollisionsnorm verweist auf das anzuwendende Recht. Dieses bildet das anzuwen- 22
dende **Statut**. Es wird jedoch nur auf diejenigen Kollisions- und Sachnormen verwiesen (Verweisungsziel), welche sich auf den vorher genannten Anknüpfungsgegenstand beziehen.[19]

Dies ergibt sich aus dem Zusammenspiel von Anknüpfungsgegenstand und Anknüpfungspunkt. So stellt der Anknüpfungspunkt zwar räumlich die Verbindung zu der anwendbaren Rechtsordnung (*lex causae*) her. Berufen wird jedoch nur der Teil der Rechtsordnung (Statut), welcher durch den zuvor genannten Anknüpfungsgegenstand bestimmt wurde.

- Die Verweisung bezieht sich daher immer **nur** auf den zugehörigen Anknüpfungsgegenstand der Kollisionsnorm und darf nicht auf nicht erfasste Teile des Sachverhalts ausgedehnt werden. Letztere sind getrennt, mit eigener Rechtsfolge, anzuknüpfen.

Beispiel: Ein Engländer macht Urlaub in Frankreich und verschuldet dort einen Autounfall. Der Engländer stirbt.

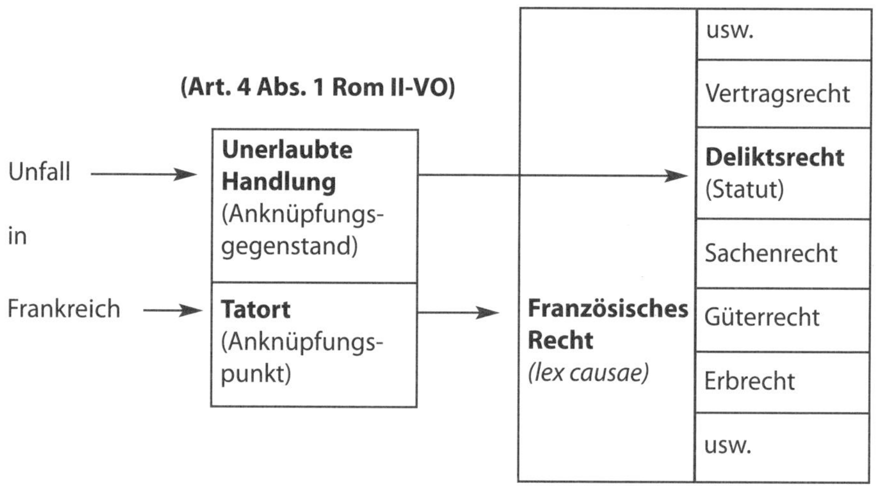

Lösung: Die auf den Unfall in Frankreich anwendbaren Normen sind daher (nur) dem französischen Deliktsstatut (Verweisungsziel) zu entnehmen. Erbrechtliche Fragen sind dagegen gesondert anzuknüpfen. Für sie gilt (bis zur Geltung der ErbRVO am 17.08. 2015) gemäß Art. 25 Abs. 1 EGBGB das Staatsangehörigkeitsprinzip, sodass die auf die Erbfolge anwendbaren Normen (nur) dem englischen Erbstatut zu entnehmen sind (Das englische IPR nimmt die Verweisung an).

18 Jayme/Hausmann Nr. 12

19 Von Bar/Mankowski § 1 Rdnr. 18; Dörner StAZ 1988, 345, 347.

C. Arten von Kollisionsnormen

23 Es gibt verschiedene Möglichkeiten, die Kollisionsnormen einzuteilen.

I. Allseitige und einseitige Kollisionsnormen

24 Allseitige Kollisionsnormen sind so gestaltet, dass ausgehend von dem durch von Savigny entwickelten Grundsatz der Gleichwertigkeit der Rechtsordnungen durch den Anknüpfungspunkt alle denkbaren Rechtsordnungen berufen werden könnten. Hierdurch wird nicht in die Souveränität anderer Staaten eingegriffen, da die Anknüpfung nur für deutsche Gerichte zwingend ist. Seit der IPR-Reform von 1986 sind die ehemals einseitigen deutschen Kollisionsnormen weitgehend allseitig neu formuliert worden bzw. können durch Auslegung allseitig ausgebaut werden (z.B. Art. 16 Abs. 2, Art. 7 Abs. 2 EGBGB).

Einseitige Kollisionsnormen bestimmen nur, wann das eigene (deutsche) Recht anwendbar ist. Einseitige Kollisionsnormen finden sich im heutigen EGBGB nur noch vereinzelt, so z.B. in Art. 6 EGBGB (*ordre public*) oder in Art. 13 Abs. 2 EGBGB (sachliche Ehevoraussetzungen).

Unvollkommen allseitige Kollisionsnormen sind fallbezogene Normen.

II. Wandelbare und nicht wandelbare Kollisionsnormen

25 Wandelbare Kollisionsnormen enthalten keinen festen Anknüpfungszeitpunkt (z.B. Art. 10 Abs. 1 EGBGB). Maßgeblich ist der jeweils aktuelle Zeitpunkt ihrer Verwendung.

Ist für eine Kollisionsnorm ein fester Anknüpfungszeitpunkt bestimmt, so ist diese nicht wandelbar (z.B. Art. 13 EGBGB: das im Zeitpunkt der Eheschließung geltende Recht).

III. Selbstständige und unselbstständige Kollisionsnormen

26 Selbstständige Kollisionsnormen wie z.B. Art. 25 Abs. 1 EGBGB verweisen unmittelbar auf das auf einen Sachverhalt anzuwendende Recht.

Unselbstständige Kollisionsnormen können nicht selbstständig zu einem anzuwendenden Recht führen und sind nur als Ergänzung im Zusammenhang mit einer selbstständigen Kollisionsnorm anzuwenden (z.B. Art. 4 Abs. 3, Art. 5 Abs. 2 EGBGB).

IV. Exklusivnormen

27 Exklusivnormen sind einseitige Kollisionsnormen, die besonderen Partei- und Ordnungsinteressen dienen (z.B. Art. 13 Abs. 3 S. 1 EGBGB, staatliches Ordnungsinteresse).

Indem sie jedoch den Anwendungsbereich des deutschen Sachrechts systemwidrig ausdehnen, können Anwendungskonflikte wie **hinkende Rechtsverhältnisse** (d.h. Verhältnisse, die in einem Land anerkannt sind und in dem anderen nicht) entstehen. Zudem begünstigen sie das *forum shopping*, also die Wahl des Gerichtsortes nach dem für den Anwender günstigsten Recht. Diese einseitigen Exklusivnormen werden daher nicht allseitig ausgebaut.

V. Versteckte Kollisionsnormen

Eine sog. versteckte Kollisionsnorm spricht eine Verweisung auf das Recht des Forums aus. Versteckte Kollisionsnormen ergeben sich oft aus **Zuständigkeitsnormen** US-amerikanischer Gerichte (sog. *rules of jurisdiction*). **28**

In diesen Zuständigkeitsnormen wird die Anwendung des eigenen Sachrechts einseitig davon abhängig gemacht, dass das Gericht der berufenen Rechtsordnung sich auch für zuständig erklärt. Hält das ausländische Gericht sich jedoch für unzuständig, spricht es eine (versteckte) Rückverweisung auf das Recht des seiner Ansicht nach zuständigen Forums aus. Von dieser Verweisung umfasst ist auch die Anwendung des Sachrechts des Forums.

Hierzu später mehr im Abschnitt „Verweisung", Rdnr. 46 ff.

D. Prüfungsschema für IPR-Fälle (Begründetheit)

Für die Lösung von Fällen im Internationalen Privatrecht bietet sich folgendes Prüfungsschema an: **29**

I. **Lebenssachverhalt mit Auslandsberührung**

II. **Vorrang vereinheitlichten Sachrechts** (z.B. UN-Kaufrecht)

III. **Ermittlung der maßgeblichen Kollisionsnormen**

1. Vorrang von Kollisionsnormen des europäischen Gemeinschaftsrechts, vgl. Art. 3 Nr. 1 EGBGB
2. Internationale kollisionsrechtliche Abkommen, vgl. Art. 3 Nr. 2 EGBGB
3. Kollisionsnormen des autonomen Rechts (insbesondere EGBGB, aber auch ungeschriebene Kollisionsnormen)

IV. **Anwendung der Kollisionsnorm**

1. Abgrenzung und **Auslegung** des in der Kollisionsnorm enthaltenen Systembegriffs im Einzelfall
2. **Qualifikation** = **Subsumtion** des Lebenssachverhaltes oder einer Rechtsfrage unter den **Anknüpfungs*gegenstand*** der Kollisionsnorm
   - Zuordnung der konkreten Rechtsfrage zu dem in der Kollisionsnorm beschriebenen **Systembegriff**
3. Ermittlung des **Anknüpfungspunktes** (-moments, -subjekts, -zeitpunkts)
   a) Besteht eine zulässige Rechtswahl (subjektive Anknüpfung)?
   b) Wenn (–), welcher ist der maßgebliche objektive Anknüpfungspunkt?

V. **Rechtsfolge** der Kollisionsnorm: Welcher Bereich welcher Rechtsordnung (Statut) wird durch diesen Anknüpfungspunkt zur Anwendung berufen?

1. Verweisung auf das eigene Recht

2. Verweisung auf ausländisches Recht

   a) Sachnormverweisung (vgl. Art. 3 a Abs. 1 EGBGB), weiter bei VI.

   b) Gesamtverweisung (vgl. Art. 4 Abs. 1 S. 1 EGBGB), Verweisung auf das ausländische IPR

      aa) Ermittlung der maßgeblichen Kollisionsnormen, Qualifikation nach den Vorstellungen der ausländischen Rechtsordnung

      bb) Ermittlung des Verweisungsziels

         (1) Verweisung auf das eigene Recht (Annahme der Verweisung), weiter bei VI.

         (2) Rückverweisung auf deutsches Recht, Art. 4 Abs. 1 S. 2 EGBGB, Sachnormverweisung –> Anwendung deutschen Sachrechts

         (3) Verweisung auf ein drittes Recht, weiter bei V. 2., beachte aber die Theorien zum Abbruch der Verweisung

3. Verweisung auf das Recht von Mehrrechtsstaaten, Ergänzung der Verweisung durch Unteranknüpfung, Art. 4 Abs. 3 EGBGB, Art. 22 Abs. 1 Rom I-VO. Wenn kein interlokales oder interpersonales Recht vorhanden: Anknüpfung nach Art. 4 Abs. 3 S. 2 EGBGB

4. Im Internationalen Familien- und Erbrecht: Vorrang des Einzelstatuts (*lex rei sitae*) vor dem Gesamtstatut, Art. 3 a Abs. 2 EGBGB

VI. **Anwendung des Sachrechts** der berufenen Rechtsordnung

1. Ermittlung des ausländischen Rechts (§§ 293 ZPO, 12 FGG)

2. Prüfung, ob das Sachrecht Vorfragen aufwirft bzw. ob das IPR für Teilfragen Sonderanknüpfungen vorsieht

3. Prüfung von Auslandserfüllung oder Substitution

4. Ist eine Anpassung im Falle von Normenmangel, Normenhäufung, Normenwiderspruch erforderlich?

5. Ist eine Transposition eines dem anwendbaren Sachrecht unbekannten Rechtsinstituts notwendig?

VII. **Schranken der Anwendung im Einzelfall**, Kontrolle durch die Gerichte

1. Bestehen einer Gesetzesumgehung (*fraus legis*)

2. Unvereinbarkeit der ermittelten Rechtsnorm mit dem deutschen *ordre public* (Art. 6 EGBGB) im Einzelfall bei hinreichendem Inlandsbezug

3. Art. 40 Abs. 3 EGBGB im Deliktsrecht

4. Anwendung von Eingriffsnormen und Sonderanknüpfungen (international zwingende deutsche Sachnormen, Bsp.: Art. 9 Rom I-VO für vertragliche Schuldverhältnisse)

E. Lebenssachverhalt mit Auslandsberührung

Nach Art. 3 EGBGB bedarf die Anwendung des Internationalen Privatrechts eines Sachverhaltes mit einer Verbindung zum Recht eines ausländischen Staates (sog. Lebenssachverhalt mit Auslandsberührung). 30

Theoretisch werden vom IPR auch alle Inlandssachverhalte erfasst. Dies wird dem inländischen Rechtsanwender nur nicht bewusst, weil in diesen Fällen die Anwendung der materiellen *lex fori* (als Ergebnis der stets vorgeschalteten Prüfung der Kollisionsnormen) von vornherein feststeht.[20] Deutlich tritt das IPR daher erst bei Sachverhalten mit Auslandsberührung in Erscheinung, wenn es zu einer **Kollision** mit einer fremden Rechtsordnung kommt und der Frage nach dem anwendbaren Recht daher auch eine praktische Bedeutung zukommt.

Um in einer Prüfungsarbeit deutlich zu machen, dass im Folgenden zunächst das auf einen Auslandssachverhalt anzuwendende Recht ermittelt wird, ist es deshalb üblich, die IPR-Prüfung mit diesem Punkt einzuleiten.

In einer Zivilrechtsklausur mit einem reinen Inlandssachverhalt ohne Auslandsbezug würde es dagegen als „falsch" oder „sophistisch" bewertet werden, eine (fruchtlose) IPR-Prüfung voranzustellen, die notwendigerweise auf deutsches Recht verweist. Einer kollisionsrechtlichen Vorprüfung bedarf es hier nicht, da das deutsche Recht mit keiner fremden Rechtsordnung „kollidiert".

Als Auslandsberührung in Betracht kommen insbesondere

- die fremde Staatsangehörigkeit einer Person,
- deren gewöhnlicher Aufenthalt im Ausland,
- die Handlung einer Person im Ausland,
- die Wahl eines fremden Rechts
- oder die Belegenheit einer Sache im Ausland.

Inwieweit ein Auslandsbezug „relevant" ist, hängt von dem zu beurteilendem Sachverhalt ab. So ergibt sich im Erbrecht bis zur vollumfänglichen Geltung der ErbRVO am 17.08.2015 ein relevanter Auslandssachverhalt allein aus der Staatsangehörigkeit einer Person (Art. 25 Abs. 1 EGBGB) und der Belegenheit der Nachlassgegenstände. Dagegen kommt es im Schuldvertragsrecht (Art. 4 ff. Rom I-VO) grundsätzlich nicht auf die Staatsangehörigkeit einer Person an, sondern auf deren gewöhnlichen Aufenthalt.

Beispiel: Kauft ein Franzose in Deutschland ein, ändert die französische Staatsangehörigkeit des Käufers nichts an der Anwendung deutschen Rechts. Dies scheint selbstverständlich, folgt aber auch aus Art. 4 Abs. 1 lit. a) Rom I-VO.

Teilweise wird deshalb dem bloßen Abschluss eines Kaufvertrages im Ausland ein solch relevanter Auslandsbezug abgesprochen. Doch **Vorsicht**: Zu einem anderen Ergebnis gelangt man schon dann, wenn die Parteien z.B. die Anwendung französischen Rechts vereinbart haben (Art. 3 Abs. 1 S. 1 Rom I-VO) oder der Käufer ein Verbraucher ist und vom Verkäufer dazu veranlasst wurde, sich ins Ausland zu begeben und dort den Vertrag abzuschließen (vgl. Art. 6 Abs. 1 lit. b) Rom I-VO).

Fazit: Ob ein Auslandssachverhalt „relevant" ist oder nicht, lässt sich erst durch die Subsumtion des Sachverhalts unter die passende IPR-Norm ermitteln.

---

20 Kropholler, IPR, § 1 IV.

F. Ermittlung der Rechtsquellen

I. Vereinheitlichtes Sachrecht

31 Einer kollisionsrechtlichen Prüfung bedarf es dann nicht, wenn vereinheitlichtes Sachrecht auf den Fall anwendbar ist. Dieses ist daher vorrangig zu prüfen.

Wichtige Verträge **vereinheitlichten Sachrechts** sind:

- das UN-Kaufrecht (CISG)
- das Wechselgesetz (WG)
- das Scheckgesetz (ScheckG).

Zu unterscheiden ist jedoch international geltendes von nur intern geltendem Einheitsrecht (ScheckG, WG).[21] Nur international geltendes Einheitsrecht wie das UN-Kaufrecht kann die für das IPR relevanten Auslandssachverhalte regeln.

Das vereinheitlichte Sachrecht ist zunächst in sachlicher, persönlicher und zeitlicher Hinsicht auf seine Anwendbarkeit hin zu prüfen.[22]

Ist nach dieser Prüfung vereinheitlichtes Sachrecht auf den Fall nicht anwendbar, wird anhand des Kollisionsrechts ermittelt, welche Rechtsordnung den Sachverhalt beherrscht. Kollisionsnormen finden sich in verschiedenen Rechtsquellen.

II. Kollisionsregeln des Europäischen Gemeinschaftsrechts

32 Gemäß Art. 3 Nr. 1 EGBGB sind vorrangig die Kollisionsregeln des Europäischen Gemeinschaftsrechts zu beachten. Hierbei handelt es sich

- für den Bereich außervertraglicher Schuldverhältnisse um die Rom II-VO, Art. 3 Nr. 1 a) EGBGB;
- für den Bereich vertraglicher Schuldverhältnisse um die Rom I-VO, Art. 3 Nr. 1 b) EGBGB und
- für den Bereich des Unterhaltsrechts das Haager Protokoll über das auf Unterhaltspflichten anzuwendende Recht (HUntProt).

Für den Bereich der Ehescheidung und der Trennung ohne Auflösung des Ehebandes wird demnächst die bereits in Kraft getretene Rom III-VO in deutsches Recht umgesetzt. Im Erbrecht ist am 16.08.2012 die ErbRVO in Kraft getreten. Vollumfänglich gilt sie ab dem 17.08.2015.

III. Staatsvertragliche Kollisionsnormen

33 Gemäß Art. 3 Nr. 2 EGBGB sind Normen in Staatsverträgen vorrangig gegenüber denen des autonomen Rechts, insbes. des EGBGBs, anwendbar. Hierbei handelt es sich lediglich um einen deklaratorischen Hinweis, da völkerrechtliche Abkommen generell Vorrang gegenüber nationalen Bestimmungen genießen (*pacta sunt servanda*).

---

21 Kropholler, IPR, § 12 I 1.

22 Siehe hierzu für das UN-Kaufrecht Fall 32, Rdnr. 214.

Staatsverträge sind zunächst auf ihre Anwendbarkeit hin zu prüfen. Folglich muss deren sachlicher, persönlicher und zeitlicher Anwendungsbereich eröffnet sein. Die wichtigsten Normen hierzu finden sich meistens in den Anfangs- und Schlussvorschriften des jeweiligen Abkommens. Hier ist (zumeist in Fußnoten) auch eine Liste der Beitrittsstaaten abgedruckt.

Wichtig: *Die Schlussvorschriften enthalten häufig auch Bestimmungen, die das Verhältnis des jeweiligen Staatsvertrages zu anderen Abkommen regeln.*

Wichtige **multilaterale Staatsverträge** sind:

- das für bis zum 17.12.2009 geschlossene **Altverträge** anwendbare EWG-Übereinkommen über das auf vertragliche Schuldverhältnisse anzuwendende Recht von 1980 (EVÜ)

  Inkorporiert wurde das EVÜ in den Art. 27 ff. EGBGB. Der deutsche Gesetzgeber hat im Verfahren zum Zustimmungsgesetz zum EVÜ beschlossen, das eigentlich vorrangige EVÜ nicht unmittelbar anzuwenden. Jedoch ist mit Art. 36 EGBGB eine Auslegung i.S. des EVÜ sichergestellt. Für Verträge, die nach dem 17.12.2009 geschlossen wurden, gilt die Rom I-VO, vgl. Art. 28 Rom I-VO.

- das Kinderschutzabkommen vom 19.10.1996 (KSÜ)

Auch bestehen auf kollisionsrechtlicher Ebene **bilaterale Staatsverträge**, so z.B. das Deutsch-Iranische Niederlassungsabkommen vom 17.02.1929 (DIN).

Wenn zwei Staaten einen **bilateralen Vertrag** schließen, werden sie in der Regel die Geltung des Rechts eines neutralen Drittstaates vereinbaren, oft die des unabhängigen Schweizerischen Rechts. Ein Staat wird sich ungern dem Recht des anderen Vertragsstaates unterwerfen. Jeder Staat hat bzgl. des eigenen Rechts die Rechtssetzungsbefugnis und kann sein Recht jederzeit ändern. Mittelbar könnte so auch das im Vertrag vereinbarte Recht beeinflusst werden.

IV. Autonomes IPR

Greift kein internationales Abkommen ein, ist das anzuwendende Recht nach den Re- 34
geln des autonomen deutschen Kollisionsrechts zu bestimmen.[23] Das autonome IPR ist weitgehend in den Art. 3–26, 38–46 EGBGB geregelt. Weitere autonome Kollisionsnormen finden sich z.B. in § 98 Abs. 2 GWB, § 244 BGB, im ArbeitnehmerentsendeG und auch im Prozessrecht, §§ 50, 55 ZPO.

G. Qualifikation

Die Kollisionsnormen verweisen auf das in einem Rechtsgebiet anzuwendende in- oder 35
ausländische Recht. Um angemessene Ergebnisse für den jeweiligen Sachverhalt erzielen zu können, muss deshalb jeder Lebenssachverhalt unter die passende Kollisionsnorm eingeordnet (subsumiert) werden.

Hinweis: *Nicht anders wird bei der Anwendung von Sachnormen (z.B. im BGB) verfahren, bei denen ebenfalls der Lebenssachverhalt dem Anwendungsbereich einer zuvor ermittelten Sachnorm zugeordnet wird.*

---

23 Koch/Magnus/Winkler von Mohrenfels § 1 II 2 a).

Im IPR bereitet dieser Subsumtionsvorgang mitunter Schwierigkeiten, weil das IPR alle in den verschiedenen staatlichen Sachrechten widergespiegelten Sachverhalte erfassen muss, ohne dabei unübersichtlich zu werden.[24]

Dementsprechend handelt es sich bei den **Anknüpfungsgegenständen** der Kollisionsnormen um **weite Sammelbegriffe**, und zwar **Systembegriffe** wie „Geschäftsfähigkeit" (Art. 7 EGBGB), „Form eines Rechtsgeschäfts" (Art. 11 Rom I-VO, Art. 11 EGBGB), „allgemeine Wirkungen der Ehe" (Art. 14 EGBGB), u.a.[25]

In einem *ersten Schritt* müssen diese **Systembegriffe** der ermittelten Kollisionsnorm daher auf Tatbestandsebene **ausgelegt** werden, um festzustellen, wie weit der sachliche Anwendungsbereich der IPR-Norm reicht (Obersatz).[26]

In einem *zweiten Schritt* ist der infrage stehende **Lebenssachverhalt** sodann unter den Anknüpfungsgegenstand der Kollisionsnorm **einzuordnen bzw. zu subsumieren** (Untersatz).

Diese Subsumtion des Sachverhalts unter den Anknüpfungsgegenstand der Kollisionsnorm ist nach h.M. die Qualifikation.

Hinweis: *Methodisch ergibt sich hierbei ebenfalls keine Besonderheit zu der Anwendung von Sachnormen, deren Anwendungsgehalt ebenfalls in einem ersten Schritt durch Auslegung ermittelt werden muss. Nur gehen in der Praxis Auslegung der Sachnorm und Subsumtion des Sachverhaltes häufig ineinander über.[27] Aufgrund der Weite des Tatbestands einer Kollisionsnorm kann deren Auslegung jedoch von besonderer Bedeutung sein. Dies ist insbesondere der Fall, wenn sich ein sog.* ***Qualifikationsproblem*** *(s.u.) stellt.*

Ansonsten ist es ratsam, mit dem (umstrittenen) Begriff der Qualifikation sparsam umzugehen. Auch in „normalen" Klausurfällen ohne Auslandssachverhalt verwenden Sie für die Subsumtion keinen eigenen Prüfungspunkt, sodass ein besonderer „Qualifikationsprüfungspunkt" ohne Qualifikationsproblem inhaltsleer und anfängerhaft wirkt.

I. Der Streit um das Qualifikationsstatut

36 Umstritten ist, welches Recht über die Art der Auslegung der Kollisionsnorm und die sich daran anschließende **Qualifikation einer Rechtsfrage** entscheidet.

Fall 1: Ein Wechsel aus Tennessee oder „die unsterbliche Blamage des Reichsgerichts" (nach RGZ 7, 21 ff.)

K klagt in Bremen gegen B auf Zahlung aus einem Wechsel, den B angenommen hat. Zahlungsort sollte Tennessee sein. B will nicht zahlen. Der Wechsel sei nach dem Recht von Tennessee verfristet. K erwidert, das habe keine Bedeutung. In den USA sei das Institut der „Klageverfristung" Prozessrecht und deshalb am deutschen Gerichtsort unbeachtlich. Es seien nur die deutschen Verjährungsvorschriften anwendbar. Danach sei der Anspruch nicht verjährt. Kann K den Anspruch aus dem Wechsel gegen B durchsetzen?

24 Kropholler, IPR, § 15 I 2.

25 Soergel/Kegel Vor Art. 3 EGBGB Rdnr. 111; Kropholler, IPR, § 15 I 2.

26 Von Bar/Mankowski § 7 Rdnr. 138; Ferid Rdnr. 4–9; Dörner StaZ 1988, 345, 346.

27 MünchKomm/Sonnenberger Einl. IPR, Rdnr. 493 ff.; Dörner StAZ 1988, 345, 346 m.w.N.

Einer gerichtlichen Durchsetzung des Anspruchs könnten die Verfristungsregeln des Staates Tennessee entgegenstehen. Dann müssten diese anwendbar sein.

I. **Lebenssachverhalt mit Auslandsberührung**

Da der Fall durch den Zahlungsort des Wechsels in Tennessee/USA eine Verbindung zu einer ausländischen Rechtsordnung aufweist, kann die Frage nicht ohne Weiteres nach den deutschen Sachnormen beantwortet werden. Vielmehr bestimmen aus der Sicht des deutschen Richters die Normen des deutschen IPR als *lex fori* (vgl. Art. 3 EGBGB), nach welcher Privatrechtsordnung die Frage der Durchsetzbarkeit des Wechselanspruchs zu beantworten ist.

II. **Vereinheitlichtes Sachrecht**

Auf den Fall könnte schon vereinheitlichtes Sachrecht anwendbar sein, sodass das anzuwendende Sachrecht nicht erst anhand von Kollisionsnormen bestimmt werden müsste. In Betracht kommt hier das Wechselgesetz, in dem für alle Beitrittsstaaten des Genfer Abkommens über das Einheitliche Scheckgesetz vom 19.03.1931 das Wechselrecht vereinheitlicht wurde. Anders als das UN-Kaufrecht erfasst das Wechselgesetz in seinem materiellen Teil aber nur innerstaatliche und nicht internationale Sachverhalte.[28] Zudem haben die USA an der Vereinheitlichung des Wechselrechts nicht teilgenommen und sind dem Genfer Abkommen über das Einheitliche Scheckgesetz nicht beigetreten. Vereinheitlichtes Sachrecht ist somit nicht anwendbar.

Das anzuwendende Sachrecht muss daher anhand von Kollisionsnormen ermittelt werden.

III. **Ermittlung der maßgeblichen Kollisionsnorm**

1. **Staatsvertragliche Kollisionsnormen**

Vorrangig zu prüfende gemeinschaftsrechtliche oder staatsvertragliche Kollisionsnormen sind nicht anwendbar, Art. 3 Nr. 1, 2 EGBGB.

2. **Kollisionsnormen des autonomen deutschen Rechts**

Die Kollisionsnormen sind daher dem autonomen Recht zu entnehmen. Vorliegend kommen mehrere Kollisionsnormen in Betracht:

a) Um auch internationalen Sachverhalten gerecht zu werden, enthält das Wechselgesetz Kollisionsnormen. In Betracht kommt deshalb hier Art. 93 Abs. 1 WG.[29]

b) In Betracht kommt aber auch die Zuordnung der Klageverfristung zur allgemeinen Verfahrenskollisionsnorm, da in den USA die Klageverfristung unter das Prozessrecht fällt.

IV. **Anwendung der Kollisionsnorm: Qualifikation der Verjährungsfrage** 37

Welche Kollisionsnorm (und damit: welche Privatrechtsordnung) die Frage der Verfristung des Tennessee-Wechsels beherrscht, ist durch **Auslegung** und Abgrenzung

28 Von Bar/Mankowski § 2 Rdnr. 48; Kropholler, IPR, § 12 I 1.

29 Jayme/Hausmann, Nr. 122; Schönfelder Ergänzungsband Nr. 54.

der Systembegriffe im Tatbestand der Kollisionsnorm einerseits und **Subsumtion** des Lebenssachverhaltes andererseits zu entscheiden (Qualifikation). Der zu beurteilende Lebenssachverhalt ist ein Wechsel, der nach dem Recht des Staates Tennessee verfristet ist. Ob der Wechsel verfristet ist, ist zwar eine Rechtsfrage. Die Zuweisung einer konkreten **Rechtsfrage** zum Anknüpfungsgegenstand einer Kollisionsnorm wird jedoch ebenfalls als **Qualifikation** bezeichnet.[30]

1. **Auslegung der Kollisionsnormen**

Art. 93 WG unterstellt die Wirkungen der Verpflichtungserklärung des Ausstellers eines gezogenen Wechsels (Art. 3 Abs. 2 WG) dem Recht des Zahlungsortes. Der Begriff „Wirkungen der Verpflichtungserklärung" ist materiell-rechtlich einzuordnen.

Nach der **Verfahrenskollisionsnorm** wird Verfahrensrecht stets an die *lex fori*, also an das Recht des Gerichtsortes, angeknüpft. Der Verfahrenskollisionsnorm werden prozessrechtliche Lebenssachverhalte zugewiesen.

38 2. **Zuordnung des Lebenssachverhaltes zum Systembegriff der Kollisionsnorm**

Hier kommt für die Qualifikation der Klageverfristung nach dem Recht von Tennessee entweder deren Zuordnung zu den materiell-rechtlichen Wirkungen der Wechselverpflichtung oder zu der Verfahrenskollisionsnorm in Betracht. Fraglich ist daher, ob es sich bei dieser Klageverfristung um ein materiell-rechtliches oder um ein prozessuales Institut handelt.

Diese Frage wird nicht von jeder Rechtsordnung gleich beantwortet. Damit stellt sich die Frage, welche Kollisionsnormen welcher Rechtsordnung darüber entscheiden sollen, wie die „Klageverfristung" qualifiziert werden soll.

a) **Qualifikation nach der *lex causae***

Nach einer Auffassung soll nicht die *lex fori*, also das Recht des mit der Sache befassten Gerichts, sondern das potenziell zur Anwendung berufene (ausländische) Recht (*lex causae*) darüber entscheiden, unter welche Kollisionsnorm ein bestimmter Lebenssachverhalt einzuordnen ist.[31]

Das potenziell zur Anwendung berufene ausländische Recht wäre das des Staates Tennessee. Das Recht des Staates Tennessee ordnet die Klageverfristung dem Systembegriff (Anknüpfungsgegenstand) Verfahrensrecht zu. Anknüpfungspunkt der Verfahrenskollisionsnorm ist das Recht des Gerichtsortes, also die *lex fori*. Der Gerichtsort liegt in Deutschland. Daher wird auf deutsches Prozessrecht verwiesen.

Vorteil der Qualifikation nach der *lex causae*:

- Ausländisches Recht wird grundsätzlich nicht entgegen seiner Intention angewendet.

30 Vgl. MünchKomm/Sonneberger Einl. IPR, Rdnr. 498 f. m.w.N.

31 Martin Wolff, IPR (1954), S. 54 f.

Nachteile der Qualifikation nach der *lex causae*:

- Ausländisches Recht kann Beachtung seiner Wertungen erst **nach** einer *inländischen* Verweisung erwarten; es bereits vorher bei Auslegung der Verweisungsnorm zu berücksichtigen, beinhaltet einen **Zirkelschluss (Standardargument)**.
- Die Einbindung eines fremden Normverständnisses würde das inländische System aufeinander abgestimmter Kollisionsnormen überspielen **(theoretisches Argument)**.
- Kompetenzkonflikte mehrerer Rechtsordnungen drohen die Rechtsfindung zu erschweren **(praktisches Argument)**.

  Ein solcher (negativer) Kompetenzkonflikt (Normenmangel) droht auch im vorliegenden Fall, da bei einer verfahrensrechtlichen Qualifikation der Verfristungsfrage nach der *lex causae* das angerufene deutsche Gericht in seinem Verfahrensrecht **keine Verfristungsregeln** findet. Die Folge wäre, dass der Anspruch zeitlich unbegrenzt geltend gemacht werden könnte.

b) **Rechtsvergleichende Qualifikation**

Anwender der rechtsvergleichenden Qualifikation streben die **internationale Harmonisierung der Rechtsbegriffe** an.[32] Sie bestimmen deshalb die Weite der Systembegriffe der Kollisionsnormen durch einen Vergleich der verschiedenen Privatrechtsordnungen.

- Nachteil:
  Die Rechtsvergleichung ist noch nicht so weit, eine einheitliche Harmonisierung leisten zu können. Diese Auffassung ist daher zurzeit noch utopisch. Allein ein international zusammengesetztes Gericht wie der EuGH wäre derzeit dazu in der Lage, solche Begriffsdefinitionen festzulegen.

c) **(funktionelle) Qualifikation nach der *lex fori***

Qualifiziert wird nach h.M. grundsätzlich nach den Wertungen der *lex fori*.[33] Der Gerichtsort liegt in Deutschland, sodass nach den Wertungen des deutschen Rechts zu entscheiden wäre. Im deutschen Recht gibt es jedoch keine „Klageverfristung".

Um auch solche Rechtsinstitute kollisionsrechtlich einordnen zu können, die dem eigenen Sachrecht unbekannt sind, darf dem Kollisionsrecht aber nicht in jedem Fall allein das Begriffsverständnis und die Systematik des eigenen Sachrechts zugrunde gelegt werden. Die Einordnung ist vielmehr nach dem Zweck der Kollisionsnormen und der anzuknüpfenden Sachnormen vorzunehmen **(funktionelle oder teleologische Qualifikation)**. Dabei ist ausländisches Sachrecht aus seiner Rechtssphäre heraus zu analysieren, um so ein funktional vergleichbares Rechtsinstitut zu ermitteln.

---

32 Rabel RabelsZ 5 (1931), 241, 262 f.

33 Von Bar/Mankowski § 7 Rdnr. 173 f.; Kropholler, IPR, § 16 I; von Hoffmann/Thorn § 6 Rdnr. 12 f.

Dessen kollisionsrechtlicher Anknüpfung unterfällt dann auch die ausländische Sachnorm.

BGH NJW 1967, 1177: *„Die dem deutschen Richter obliegende Aufgabe ist es, die Vorschrift des ausländischen Rechts nach ihrem* ***Sinn und Zweck*** *zu erfassen, ihre Bedeutung vom Standpunkt des ausländischen Rechts zu würdigen und sie mit den Einrichtungen der deutschen Rechtsordnung zu vergleichen. Auf der so gewonnenen Grundlage ist sie den aus den Begriffen und Abgrenzungen der deutschen Rechtsordnung aufgebauten Merkmalen der deutschen Kollisionsnorm zuzuordnen."*

Sinn und Zweck einer Kollisionsnorm und des materiellen Rechts gestatten es nach h.M. zudem, die Rechtsfolge der Qualifikation mit zu berücksichtigen und ein billiges Ergebnis anzustreben.[34]

d) **Besonderheit: Staatsverträge**

Eine Besonderheit könnte hier allerdings darin liegen, dass eine der beiden möglichen Kollisionsnormen, Art. 93 Abs. 1 WG, auf einen Staatsvertrag zurückgeht, nämlich auf das Genfer Abkommen über Bestimmungen auf dem Gebiet des internationalen Wechselrechts. Eine einheitliche Umsetzung des Abkommens ist nur bei einem übereinstimmenden Begriffsverständnis zu erreichen. Daher werden Kollisionsnormen aus Staatsverträgen grundsätzlich **autonom**, also aus dem Sinnzusammenhang des Abkommens heraus, qualifiziert.[35]

Für den vorliegenden Fall soll allerdings unterstellt werden, dass das autonome Begriffsverständnis mit demjenigen der *lex fori* übereinstimmt.

Hier ist die Klagefrist des Rechts von Tennessee somit nach den Wertungen der *lex fori* anzuknüpfen. Die Klageverfristung zielt im Interesse von Rechtsfrieden und Rechtsklarheit auf eine zeitnahe Durchsetzung privatrechtlicher Ansprüche. Ist die Frist verstrichen, kann die Erfüllung des Anspruchs nicht länger gerichtlich erzwungen werden.

Dieselbe Funktion erfüllt im Inland das Institut der Verjährung.

Fraglich ist daher die kollisionsrechtliche Einordnung der Verjährung. Der Standort der Verjährungsvorschriften ist in Deutschland nicht im Verfahrensrecht, sondern im materiellen Recht, im BGB (§§ 194 ff.) geregelt, sodass eine materiellrechtliche Qualifikation naheliegt. Dieser Schluss ist allerdings nicht zwingend. Zu fragen ist, ob eine Regelung nur das Verfahren ordnet (*„ad ordinem litis"*, Verfahrensrecht) oder Einfluss auf die zu fällende Entscheidung übt (*„ad decisionem"*, dann materielles Recht).

Die Verjährung hat im deutschen Recht keinen Einfluss auf die Zulässigkeit oder Gestaltung des Verfahrens, sondern entscheidet über die materielle Berechtigung des Klägers. Ein weiteres Argument ergibt sich aus der allgemeinen kollisi-

34 Kropholler, IPR, § 17 I.

35 Von Bar/Mankowski § 7 Rdnr. 171 f.; von Hoffmann/Thorn § 6 Rdnr. 16.

onsrechtlichen Entscheidung des Schuldvertragsrechts, Art. 12 Abs. 1 lit. d) Rom I-VO: Sie weist die Verjährung ausdrücklich dem materiellen Recht zu.

So ist die einhellige Auffassung, die Beurteilung der Verjährung (einer Wechselverbindlichkeit) dem materiellen Recht und damit dem Ortsstatut des Art. 93 Abs. 1 WG zuzuweisen.

V. Verweisung der Kollisionsnorm

Art. 93 Abs. 1 WG verweist auf die Privatrechtsordnung von Tennessee. Die Norm beruht auf einem **Staatsvertrag**, sodass nicht erst das dortige IPR (vgl. Art. 4 Abs. 1 S. 1 EGBGB), sondern unmittelbar das Sachrecht des Staates Tennessee berufen wird. 39

Problem: Das Sachrecht des Staates Tennessee enthält keine Verjährungsregeln. Diese sind lediglich als Verfristungsregeln im tennessianischen Prozessrecht enthalten. Ausländisches Verfahrensrecht wendet ein deutsches Gericht aber nicht an.

Das Reichsgericht nahm deshalb eine **Rückverweisung** auf das deutsche Prozessrecht an (*lex fori*). In diesem sind jedoch keine Verjährungsregeln enthalten, weshalb das Reichsgericht zur **Unverjährbarkeit** des Wechsels kam. Dieses Ergebnis widerspricht sowohl dem deutschen Recht als auch dem Recht des Staates Tennessee, da beide Rechtsordnungen davon ausgehen, dass die Durchsetzung von Forderungen nur zeitlich begrenzt möglich ist.

Lösung: Die prozessuale Verfristungsregel des Staates Tennessee wurde im Wege einer **funktionellen Qualifikation** bereits materiell-rechtlich als „Verjährung" qualifiziert.[36] Dieses Qualifikationsergebnis ist auch auf der Ebene des anzuwendenden Sachrechts beizubehalten.[37]

Tatsächlich kam es hier durch die abweichende verfahrensrechtliche Qualifikation der Verjährung des Reichsgerichts und der daraus folgenden Rückverweisung auf das deutsche Verfahrensrecht des Gerichtsortes zu einem negativen Kompetenzkonflikt (Normenmangel), da im deutschen Verfahrensrecht eben keine Verjährungsregeln enthalten sind (s.o.).

- **Ein (ausländisches) Rechtsinstitut wird daher nicht nur auf Tatbestandsseite der Kollisionsnorm dem inländischen Systembegriff der *lex fori* zugeordnet, sondern auch auf der Ebene des berufenen Sachrechts nach den Vorstellungen der *lex fori* behandelt.**
- Oder vereinfacht gesprochen: Man „tut so", als ob die Verfristungsregeln im materiellen Recht von Tennessee enthalten wären.

Dies ist konsequent vor dem Hintergrund der einmal eingeschlagenen Qualifikation *lege fori*. Es wäre daher falsch, die vom deutschen IPR als materielle Regelung berufene Klageverfristung wegen ihrer Einordnung im Verfahrensrecht von Tennessee unangewendet zu lassen.[38]

36 Vgl. von Hoffmann/Thorn § 3 Rdnr. 10.

37 Kropholler, IPR, § 17 I.

38 Winkler von Mohrenfels Jura 1992, 169, 174.

Der berühmte Fehler des Reichsgerichts, der zu dessen **„unsterblicher Blamage“**[39] führte, lag deshalb auch darin, nach der einmal eingeschlagenen materiellen Qualifikation *lege fori*, im Wege einer „Doppelqualifikation“ eine zweite prozessuale Qualifikation *lege causae* vorgenommen zu haben, die zu einer Rückverweisung auf deutsches Recht führte.[40] Für eine solche prozessuale Anknüpfung war aber kein Raum mehr, nachdem das Reichsgericht zuvor schon materiell-rechtlich qualifiziert hatte.[41]

Der deutsche Richter wendet daher gemäß Art. 4 Abs. 3 EGBGB das Sachrecht des Staates Tennessee an. Hierunter fällt aufgrund der funktionellen Qualifikation auch die Klageverfristung, welche die Rechtsordnung von Tennessee anordnet. Die prozessuale Klageverfristung ist somit materiell-rechtlich als Einrede der Verjährung zu berücksichtigen. Da B sich auch auf die Verjährung beruft, ist der Anspruch des K gerichtlich nicht durchsetzbar.

Fazit: Ein deutsches Gericht qualifiziert die Verfristung materiell-rechtlich und wird diese, wenn das Recht eines amerikanisches Staates anwendbar ist, auch beachten, obwohl das deutsche Gericht selbst kein ausländisches Prozessrecht anwendet.[42]

Anmerkung: *Dieser Fall zeigt deutlich, dass eine „reine“ Qualifikation nach der lex fori nicht Selbstzweck ist, sondern auch das Qualifikationsergebnis der berufenen Rechtsordnung zu berücksichtigen ist. Es ist daher mit einem Auge auf die inländische Kollisionsnorm und mit dem anderen Auge auf die berufene Rechtsordnung zu „schielen“.*[43] *Ganz „ergebnisblind“ ist das IPR also nicht, was sich auch noch an anderen Stellen zeigen wird.*

Der im Fall erwähnte Meinungsstreit ist in einer Klausurlösung nur dann zu erwähnen, wenn in dem Fall verschiedene Rechtsordnungen zu verschiedenen Qualifikationsergebnissen kommen.

II. Abgrenzung zu anderen Kollisionsnormen

40 Die Qualifikation unter eine Kollisionsnorm kann aus verschiedenen Gründen Probleme bereiten.

1. Systemunterschied zwischen eigenem materiellen Recht und dem IPR

41 Die Bedeutungen der Rechtsbegriffe und Institute im materiellen Recht eines Landes und in seinem IPR sind nicht immer deckungsgleich. Dies liegt vor allem daran, dass die Systembegriffe der Kollisionsnormen sehr weit gefasst sind, um eine Vielzahl von materiell-rechtlichen Instituten erfassen zu können. Fraglich ist deshalb, wie solche Systemunterschiede zwischen Kollisionsrecht und materiellem Recht im Einzelfall berücksichtigt werden.

39 Vgl. Ferid Rdnr. 4–2; Winkler von Mohrenfels Jura 1992, 169, 174.
40 RGZ 7, 21, 24.
41 Von Bar/Mankowski § 7 Rdnr. 148.
42 Vgl. Staudinger/Sturm Einl. zum IPR, Rdnr. 210.
43 Vgl. Ferid Rdnr. 4–41 m.w.N.

Fall 2: Erbrecht des Ehegatten

Der deutsche D und die Französin F sind verheiratet und leben schon immer in Deutschland. Besondere eherechtliche Vereinbarungen bestehen zwischen den beiden nicht. D stirbt. Wie ist das Erbrecht der Ehegattin F unter die inländischen Kollisionsnormen zu qualifizieren?

Der Tod eines Ehegatten wirft nicht nur Fragen der Rechtsnachfolge hinsichtlich seines Nachlasses auf, sondern beendet zugleich den ehelichen Güterstand. Lebten die Ehegatten im gesetzlichen Güterstand, entstehen neben erbrechtlichen Ansprüchen auch Auseinandersetzungsansprüche des Überlebenden aus der Zugewinngemeinschaft.

Das deutsche **Sachrecht** führt beide Wege der Berechtigung des Ehegatten am Nachlass des vorverstorbenen Gatten in den §§ 1371 Abs. 1, 1931 Abs. 1 BGB zusammen.

Im deutschen **IPR** fehlt dagegen eine einheitliche Kollisionsnorm, die den Sachverhalt des Ehegattenerbrechts insgesamt erfasst. Dessen kollisionsrechtliche Qualifikation ist daher problematisch. Die § 1931 Abs. 1 BGB und § 1371 Abs. 1 BGB sind deshalb in ihrem jeweiligen Teilbereich anzuwenden.

I. § 1931 Abs. 1 BGB

§ 1931 Abs. 1 BGB legt den gesetzlichen Erbanspruch des Ehegatten unabhängig vom ehelichen Güterstand auf ein Viertel fest. Er wird darum auch im Rahmen des IPR als erbrechtlich angesehen und bis zur vollumfänglichen Geltung der bereits am 16.08.2012 in Kraft getretenen ErbRVO am 17.08.2015 unter Art. 25 Abs. 1 EGBGB qualifiziert. Art. 25 Abs. 1 EGBGB knüpft an die Staatsangehörigkeit des Erblassers an. Da D Deutscher war, ist deutsches Erbrecht berufen.

II. § 1371 Abs. 1 BGB

Die Einordnung des § 1371 Abs. 1 BGB ist dagegen umstritten.[44] Seine systematische Stellung im Familienrecht spricht für eine güterrechtliche Qualifikation unter Art. 15 EGBGB. Seine Rechtsfolgenanordnung, die Erhöhung des gesetzlichen Erbteils, spricht eher für eine erbrechtliche Einordnung.[45]

1. Diejenigen, die auf die rein güterrechtliche Funktion des § 1371 Abs. 1 BGB abstellen, begründen dies weitgehend mit dem in der Norm fest auf ein Viertel festgelegten Zugewinnausgleich.[46]

   OLG Karlsruhe:[47] „Da gem. § 1931 III BGB die Vorschriften des § 1371 BGB unberührt bleiben, hat das LG zu Recht geprüft, ob ein pauschalierter Zugewinnausgleich zu einer Erhöhung des gesetzlichen Erbteils geführt hat. Nach herrschender Meinung,[48] der sich der Senat anschließt, ist der Zugewinn nach dem Güterrechtsstatut zu beurteilen. Dies gilt auch, wenn der Zugewinn-

---

44 Vgl. OLG Köln ZEV 2012, 205, 206.

45 Zum Streit: Staudinger/von Bar Art. 15 EGBGB Rdnr. 99–108; Staudinger/Dörner Art. 25 EGBGB Rdnr. 32 f.

46 Z.B. Palandt/Heldrich Art. 15 EGBGB Rdnr. 26; Junker, Rdnr. 168; vgl. auch: RGZ 36, 334: „alle diejenigen Bestimmungen als ein Bestandteil des ehelichen Güterrechts anzusehen, welche ... als Folge desselben zu betrachten sind, wenn sie sich auch äußerlich als erbrechtlich darstellen".

47 OLG Karlsruhe NJW 1990, 1420.

48 Vgl. u.a. Palandt/Heldrich Art. 15 EGBGB Rdnr. 26 mit zahlreichen Nachw.; BayObLGZ 1980, 284; LG Memmingen IPRax 1985, 42.

ausgleich pauschaliert durch eine Erhöhung des gesetzlichen Erbteils erfolgt, wie nach § 1371 I BGB, jedenfalls dann, wenn – wie hier – deutsches Recht als Erbstatut maßgebend ist (...)."

2. Eine erbrechtliche Qualifikation wird nur von Raape vertreten.[49]

3. Andere befürworten dagegen wegen der Doppelfunktionalität des § 1371 Abs. 1 BGB eine Doppelqualifikation.[50] Die Norm sei **nur dann** anzuwenden, wenn deutsches Recht **sowohl** als Ehegüter- als **auch als** Erbstatut berufen ist.[51]

   Kritik: Damit wird der Anwendungsbereich der Norm bei internationalen Sachverhalten allerdings erheblich eingeschränkt.

   Wäre aber z.B. deutsches Recht lediglich als Ehegüterstatut und ein ausländisches Recht als Erbstatut berufen, würde die Anwendbarkeit von § 1371 BGB und die damit verbundene Erhöhung der Erbquote zur einer „**verfälschten Anwendung des ausländischen Erbrechts führen.**" [52] Dies spricht letztendlich für die mit der Doppelqualifikation verbundene Einschränkung des Anwendungsbereichs von § 1371 BGB.

Im vorliegenden Fall führen alle Auffassungen zum gleichen Ergebnis. Deutsches Recht ist über Art. 25 Abs. 1 EGBGB sowohl das Erbstatut als auch über Art. 15 i.V.m. Art. 14 Abs. 1 Nr. 2 EGBGB, anknüpfend an den gewöhnlichen Aufenthalt, das Güterrechtsstatut.

Unabhängig von den verschiedenen Auffassungen zur Einordnung der Sachverhalte besteht Einigkeit darüber, dass eine Qualifikation allein die Probleme, die mit der unterschiedlichen Anknüpfung von Teilaspekten desselben Lebenssachverhalts auftreten, nicht zu lösen vermag. Häufig ist zusätzlich eine Anpassung erforderlich (dazu Rdnr. 80 ff.).

---

2. Unterschiede zwischen in- und ausländischem Sachrecht

42 Auch wenn sich das in- und das ausländische Sachrecht unterscheiden, kann eine Qualifikation unter eine bestimmte Kollisionsnorm problematisch sein.

Z.B. siehe Fall 1: Wechsel aus Tennessee, unterschiedliche Einordnung der Verjährung.

Oder s.u. Fall 13: Probleme mit Österreich?, unterschiedliche Behandlung des Unterhaltsauskunftsanspruchs.

3. Die ausländische Regelung ist der inländischen fremd

43 Besondere Schwierigkeiten ergeben sich, wenn ein ausländisches Rechtsinstitut dem deutschen Recht unbekannt ist und daher im System des deutschen materiellen Rechts nicht vorkommt.[53]

---

49 Raape/Sturm, S. 280 f.

50 MünchKomm/Birk, Art. 25 EGBGB, Rdnr. 158.

51 So z.B. Ferid § 8 Rdnr. 8–130.

52 OLG Köln ZEV 2012, 205, 206; Ludwig, DNotZ 2005, 586, 590.

53 Soergel/Kegel Vor Art. 3 EGBGB Rdnr. 114.

Fall 3: Morgengabe nach islamischem Recht (dazu BGH IPRax 2011, 85)

F ist iranische Staatsangehörige islamischen Glaubens. M ist Deutscher. Die beiden heiraten 2008 in München und leben auch hier. 2012 tritt M zum Islam über. 2013 lassen sich die beiden im Islamischen Zentrum in München auch nach islamischem Ritus trauen. In einer darüber aufgenommenen Traubescheinigung, die die Unterschriften der islamischen Geistlichen, zweier Trauzeugen und der Eheleute enthält, heißt es: Das Brautgeld wurde auf 100.000 Euro festgesetzt.

Welchem Recht unterliegt das Brautgeld?

Kann die Ehefrau später mit Erfolg geltend machen, dass das Brautgeld im Zuge von Inflation und Eurokrise nur noch die Hälfte wert und daher anzuheben ist?

Der Sachverhalt hat durch die iranische Staatsangehörigkeit der F und die Trauung nach islamischem Ritus **Auslandsberührung**. Vereinheitlichtes Sachrecht ist nicht anwendbar. Deshalb ist das anzuwendende Sachrecht kollisionsrechtlich zu bestimmen, Art. 3 EGBGB. Vorrangige gemeinschaftsrechtliche oder staatsvertragliche Kollisionsnormen sind nicht anwendbar, Art. 3 Nr. 1, 2 EGBGB.

Deshalb geht der deutsche Richter von den Vorschriften des autonomen deutschen IPR aus. Fraglich ist, unter welche Kollisionsnorm ein Brautgeld zu qualifizieren ist. Die international-privatrechtliche Einordnung des Brautgelds des islamischen Rechts (auch Morgengabe, mahr oder sadaq; im jüdischen Recht: Ketubah) bereitet Schwierigkeiten, da es sich um ein Institut handelt, für das es im deutschen Recht kein unmittelbar passendes Gegenstück gibt.[54]

Es kommt deshalb darauf an, diese Rechtseinrichtung nach ihrem Sinn und Zweck zu erfassen, ihre Bedeutung vom Standpunkt des ausländischen Rechts zu würdigen und sie mit Einrichtungen der deutschen Rechtsordnung zu vergleichen. Auf der so gewonnenen Grundlage ist das unbekannte ausländische Rechtsinstitut den aus den Begriffen und Abgrenzungen der deutschen Rechtsordnung aufgebauten Merkmalen der deutschen Kollisionsnormen zuzuweisen.[55]

I. Funktion der Morgengabe

Das Brautgeld ist ein vor oder bei der Eheschließung vereinbartes Heiratsgeld, welches der Ehemann an seine Ehefrau zahlen muss. Die Ehefrau soll dadurch bei dem Tod des Ehemannes oder bei einer Scheidung finanziell abgesichert werden. Zudem soll die Gefahr der Zahlung sie vor einer Verstoßung durch ihren Ehemann schützen. Üblicherweise wird ein Teil des Brautgeldes bereits bei der Eheschließung gezahlt, der Rest, teilweise auch der gesamte Betrag, wird erst später fällig.

II. Qualifikation

Als Voraussetzung einer wirksamen Eheschließung ist die Morgengabe nach Art. 13 EGBGB zu qualifizieren. Der Leistungsanspruch aus der Morgengabe wird von man-

---

54 Vgl. BGH NJW 1987, 2161; s. etwa Heldrich IPRax 1983, 64: „Kuckucksei aus dem Morgenland"; Malmqvist, IPRax 2012, 191 ff.

55 BGHZ 29, 137.

chen wegen der Unwandelbarkeit des Statuts dem Ehegüterrecht (Art. 15 EGBGB) zugewiesen. Die Morgengabe erfüllt aber eine ganze **Vielzahl von Funktionen**, sodass fraglich ist, unter welche Kollisionsnorm sie fällt.

1. Schuldvertragliche Qualifikation

Teilweise wird eine schuldrechtliche Qualifikation i.S.v. Art. 4 Rom I-VO (bzw. der Vorgängernorm Art. 28 EGBGB) in Betracht gezogen.[56] Hiergegen spricht jedoch, dass die Morgengabe zwar in der Regel, aber nicht notwendig auf einer vertraglichen Grundlage beruht.[57] Zudem unterliegen Eheverträge nicht den Art. 3 ff. Rom I-VO, da das Schuldvertragsstatut nicht für Verträge zu Regelung von Rechten und Pflichten aus einem Familien-, Verwandtschafts- oder eherechtlichen Verhältnis gilt.[58] Für die Morgengabe kann nichts anderes gelten.

2. Güterrechtliche Qualifikation

Eine weit verbreitete Meinung befürwortet eine güterrechtliche Qualifikation gemäß Art. 15 EGBGB.[59] Maßgebend ist danach das **im Zeitpunkt der Eheschließung** gemäß Art. 14 Abs. 1 EGBGB anwendbare Recht. Für eine solche Qualifikation wird insbesondere die **Unwandelbarkeit des Güterrechtsstatuts** (vgl. insoweit den Wortlaut von Art. 15 Abs. 1 EGBGB: „*bei* der Eheschließung") und der damit verbundene **Gewinn an Rechtssicherheit** für die Ehefrau angeführt.

Hiergegen spricht jedoch, dass diese Rechtssicherheit den sich mitunter gewandelten Lebensumständen der Ehegatten – insbesondere dann, wenn sie ihren Kulturraum gemeinsam verlassen und damit ein Statutenwechsel eintreten kann (Anknüpfung an den gemeinsamen Aufenthalt gemäß Art. 14 Abs. 1 Nr. 2 EGBGB) – nicht immer gerecht wird. Dies gilt ganz besonders für Rechtsinstitute wie die Morgengabe, die kulturell und religiös geprägt sind.

Hinzu kommt, dass die Verpflichtung zur Zahlung der Morgengabe keinen Güterstand begründet. Sie ist von der wirtschaftlichen Entwicklung des Vermögens des Ehemannes unabhängig und kann daher nicht als eine Art (pauschalisierter) Zugewinnausgleich verstanden werden.

3. Unterhaltsrechtliche Qualifikation

Teilweise wird auch eine unterhaltsrechtliche Einordnung der Morgengabe vertreten.[60] Wird diese im Zusammenhang mit einer Scheidung geltend gemacht, sei diese (nunmehr in Verbindung mit Art. 5 HUntProt, früher gemäß Art. 18 Abs. 4 EGBGB) gemäß Art. 17 Abs. 1 i.V.m. Art. 14 Abs. 1 EGBGB dem Ehewirkungsstatut zu unterstellen.

---

56 OLG Köln NJW-RR 1994, 200.

57 BGH IPRax 2011, 85, 87.

58 Looschelders, IPRax 2012, 238, 239.

59 OLG Bremen FamRZ 1980, 606; OLG Köln IPRax 1983, 73; Bamberger/Roth/Mörsdorf-Schulte, Art. 14 EGBGB, Rdnr. 20; Yassari, IPRax 2011, 63, 64 ff.

60 OLG Celle FamRZ 1998, 374, 375; KG FamRZ 1988, 296.

Gegen eine unterhaltsrechtliche Qualifikation spricht jedoch, dass die Morgengabe weder eine Bedürftigkeit der Ehefrau verlangt noch auf eine bestimmte Bedürfnislage abgestimmt ist. Zudem besteht während der Ehe eine Unterhaltspflicht des Ehemannes, die von dem Bestehen und dem Umfang der Morgengabe unabhängig ist.

4. Situationsabhängige Qualifikation

Nach einer vereinzelt gebliebenen Auffassung ist danach zu differenzieren, in welcher Situation und in welchem Zusammenhang die Ehefrau die Morgengabe geltend macht.[61] Bei bestehender Ehe finde das Ehewirkungsstatut Anwendung, bei einer Scheidung das Scheidungsstatut und beim Tod des Ehemannes das Erbstatut. Hiergegen ist einzuwenden, dass der Anspruch auf die Morgengabe bereits mit der Eheschließung entsteht und seinen Charakter hiernach nicht ändert.

5. Allgemeine Wirkungen der Ehe

Der BGH qualifiziert die Brautgabe als allgemeine Ehewirkung i.S.v. Art. 14 EGBGB und beendet damit einen jahrzehntelangen Streit.[62] So weise die Morgengabe zwar – je nach Fallgestaltung – Berührungspunkte mit dem ehelichen bzw. nachehelichem Unterhaltsrecht, dem Güterrecht, dem Scheidungs- und dem Erbrecht auf, aber eben **nicht schwerpunktmäßig**. Systematisch fungiere Art. 14 EGBGB als **Auffangtatbestand**, der auch Institute wie die Morgengabe erfasse, die unter keine speziellere Kollisionsnorm fallen. Im Übrigen wird die Morgengabe auch im islamischen Schrifttum und in islamischen Familienrechtskodifikationen als Ehewirkung bezeichnet.[63]

Die Unterstellung der Morgengabe unter das wandelbare Ehewirkungsstatut führt zudem zu einem begrüßenswerten Gleichlauf mit dem Scheidungsstatut und vermeidet so Wertungswidersprüche mit dem unwandelbaren Güterrechtsstatut.

Die Morgengabe ist daher Art. 14 EGBGB zu unterstellen. Da beide Ehegatten in Deutschland ihren gewöhnlichen Aufenthalt haben, ist gemäß Art. 14 Abs. 1 Nr. 2 EGBGB deutsches Sachrecht auf die Morgengabe anwendbar. Sie ist als ehevertragliche Zusage des Ehemannes anzusehen, die ihn dazu verpflichtet, der Ehefrau den in der Zusage genannten Geldbetrag zu bezahlen.

Einen Inflationsausgleich schuldet der Mann nur, wenn dies von den Parteien vereinbart wurde oder sich dies aus den Grundsätzen der Störung der Geschäftsgrundlage (§ 313 BGB) ergibt.[64]

---

61 Heldrich IPRax 1983, 64, 65.

62 BGH IPRax 2011, 85, 86.

63 Vgl. Wurmnest, RabelZ 71 (2007), 537, 552; Malmqvist, IPRax 2012, 191, 192.

64 BGH IPRax 2011, 86, 88.

44 **Weitere Beispiele für dem deutschen Sachrecht unbekannte ausländische Rechtsinstitute:**

- **Brautgeld nach yezidischem Brauchtum:**[65] Anders als die Morgengabe hat das Brautgeld nach yezidischem Brauchtum in erster Linie den Zweck, den Verlust der Arbeitskraft der Braut in der Ursprungsfamilie auszugleichen. Das Brautgeld wird daher an die Familie der Braut gezahlt. Dass die Verlobte damit ein bloßes „Objekt" der Vertragsverhandlungen wird, ist mit ihrer Menschenwürde (Art. 1 Abs. 1 S. 1 GG), dem Gleichheitsgrundsatz (Art. 3 Abs. 2 und 3 GG) und ggf. mit der Freiheit der Eheschließung (Art. 6 GG) unvereinbar. Das Brautgeld unterliegt dem Verlöbnisstatut (entsprechende Anwendung von Art. 14 EGBGB). Ist deutsches Recht anwendbar, ergibt sich die Sittenwidrigkeit aus § 138 BGB. Bei Anwendung ausländischen Rechts ist an den *ordre public*, Art. 6 EGBGB zu denken. Ein Rückzahlungsanspruch ist bereicherungsrechtlich zu qualifizieren. Sofern deutsches Recht anwendbar ist, ist an § 817 S. 2 BGB zu denken.
- **Trennung von Tisch und Bett** nach italienischem Recht. Nach Auffassung des BGH fällt die dem deutschen Recht unbekannte Form der Eheauflösung unter Aufrechterhaltung des Ehebandes unter Art. 17 EGBGB, da der Ausspruch der Trennung von Tisch und Bett eine dem Ausspruch der Scheidung nach ähnliche Funktion hat und vergleichbare Rechtsfolgen entfaltet.[66] Auch der Gesetzgeber hielt eine ausdrückliche Erwähnung der Trennung von Tisch und Bett bei der Neufassung des Art. 17 EGBGB für entbehrlich.[67]
- **Trust** im angloamerikanischen Recht[68]
- **Handschuhehe:**[69] Eheschließung durch einen Stellvertreter oder Boten, die formwirksam ist, wenn sie in einem Land erfolgt, das diese Art der Eheschließung kennt (Art. 11 Abs. 1, 2. Alt. EGBGB), oder wenn das Personalstatut beider Eheschließenden diese zulässt (Art. 13 Abs. 1 EGBGB). Der Name Handschuh steht als Symbol für die Vollmacht.
- **Registerpfandrecht** im französischen Recht[70]
- **Legitimation**[71]

4. Qualifikation ausländischer Kollisionsnormen

45 Die ausländischen Kollisionsnormen werden entsprechend der Rechtsauffassung und den im ausländischen Staat herrschenden Qualifikationsmethoden angewendet, sofern auf sie verwiesen wird, siehe sogleich. Diese können erheblich von dem deutschen Kollisionsrecht abweichen.

3. Abschnitt: Verweisung

46 Das internationale Privatrecht eines Forums verweist über die Anknüpfungspunkte auf die Rechtsordnung eines anderen Staates. Diese Verweisung kann nach deutschem Recht eine **Sachnorm**- oder eine **Gesamtnormverweisung** sein. Bei einer Sachnormverweisung wird nur auf die Sachvorschriften der fremden Rechtsordnung verwiesen. Bei einer Gesamtnormverweisung wird auch das Kollisionsrecht (IPR) des ausländischen Staates zur Anwendung berufen, vgl. Art. 4 Abs. 1 S. 1 EGBGB.

---

65 Vgl. hierzu: OLG Hamm IPRax 2012, 257; Looschelders, IPRax 2012, 238 ff.
66 BGHZ 47, 323.
67 BegrRegE, BT-Drs. 10/504, 50.
68 MünchKomm/Sonnenberger Einl. IPR, Rdnr. 602 ff.
69 BGH NJW 1959, 717 = Schack, Nr. 27; Soergel/Schurig Art. 13 EGBGB Rdnr. 80.
70 BGHZ 39, 137, vgl. hierzu den Fall 14 „Umzug mit dem Lamborghini", Rdnr. 90.
71 Vgl. Soergel/Kegel Vor Art. 3 EGBGB Rdnr. 114 m.w.N.

A. Grundsatz: Gesamtnormverweisung (IPR-Verweisung)

47 Der deutsche Gesetzgeber hat sich in Art. 4 Abs. 1 S. 1 EGBGB **grundsätzlich** für eine **Gesamtnormverweisung** ausgesprochen, **sodass die Verweisung auf das Recht eines anderen Staates auch dessen Internationales Privatrecht erfasst**, „sofern dies nicht dem Sinn der Verweisung widerspricht". Entsprechende Regelungen finden sich beispielsweise in Frankreich, Belgien und Österreich.

Wird infolge der Gesamtnormverweisung auch auf das IPR des ausländischen Staates verwiesen, kann dieses

- die Verweisung annehmen;
- die Sache an den verweisenden Staat zurückverweisen;
- die Sache an einen dritten Staat und dessen Rechtsordnung weiterverweisen.

I. Annahme der Verweisung

48 Verweisen die ausländischen IPR-Vorschriften auf ihre eigene Rechtsordnung, wird die Verweisung angenommen. Das Sachrecht der berufenen Rechtsordnung kommt dann zur Anwendung.

Beispiel: Der Engländer E stirbt in Deutschland und vererbt an seinen Sohn ein in England belegenes Grundstück. Auf das Erbrecht ist gemäß Art. 25 Abs. 1 EGBGB das Recht des Staates anzuwenden, dem der Erblasser angehört, hier also das englische Recht. Gemäß Art. 4 Abs. 1 S. 1 EGBGB wird auf das ausländische Recht, einschließlich dessen Kollisionsrecht verwiesen. Nach englischem IPR ist bei Erbschaften über Grundstücke das Recht des Staates anzuwenden, in dem das Grundstück belegen ist, hier also auch englisches Recht. Damit nimmt das englische Recht die Verweisung durch das deutsche Recht an. Englisches Erbrecht ist anwendbar.

II. Der renvoi (Rück- oder Weiterverweisung)

49 Wenn die ausländische IPR-Vorschrift einen anderen Anknüpfungspunkt als die Vorschrift des Forums enthält, kann es sein, dass das berufene Recht die Verweisung **nicht** annimmt. Es verweist die Sache dann entweder an das Recht des Gerichtsortes zurück (*renvoi au premier degré*) oder an eine dritte Rechtsordnung weiter (*renvoi au second degré*). Das ausländische Recht ist bei dieser Verweisung nach seinen eigenen Maßstäben anzuwenden.

Um den **Internationalen Entscheidungseinklang** zwischen den zur Anwendung berufenen Rechtsordnungen herzustellen, muss das Verweisungsergebnis der ausländischen Kollisionsnorm grundsätzlich uneingeschränkt anerkannt werden. Problematisch ist in diesem Zusammenhang jedoch, dass die **uneingeschränkte Beachtung** dieses Verweisungsergebnisses einer ausländischen IPR-Norm in der Praxis **nicht in jedem Fall durchführbar** ist. Dies ist dann der Fall, wenn keine der berufenen Rechtsordnungen die Verweisung annimmt, sondern ihrerseits eine Gesamtverweisung auf die Rechtsordnung eines anderen Staates ausspricht:

Spricht die ausländische IPR-Norm eine Gesamtverweisung zurück auf das IPR des Gerichtsortes oder weiter auf das IPR eines dritten Staates aus, das seinerseits im Rahmen einer Gesamtverweisung auf das IPR des zweiten Staates zurück- oder eines vierten

Staates weiterverweist, dessen Rechtsordnung die Verweisung ebenfalls nicht annimmt (etc.), wird zwischen verschiedenen Rechtsordnungen **hin- und herverwiesen** (kollisionsrechtliches Patt oder IPR-Pingpong), ohne so zur Anwendung eines Sachrechtes zu kommen.[72]

- Internationaler Entscheidungseinklang lässt sich nicht mehr erzielen.
- Um schließlich doch zur Anwendung eines Sachrechtes zu kommen, muss daher das Verweisungsergebnis einer Rechtsordnung ignoriert und die Verweisungskette abgebrochen werden.

Einige Rechtsordnungen (z.B. Griechenland, Spanien, Dänemark, Norwegen, Schweden, einige Staaten der USA) beachten den renvoi daher gar nicht und sprechen grundsätzlich nur Sachnormverweisungen aus. Auch in Teilen der Literatur wird der renvoi abgelehnt.[73]

1. Die Rückverweisung (renvoi au premier degré)

50 **Beispiel: Forgo**[74]
Forgo, mit bayerischer Staatsangehörigkeit und letztem Wohnsitz in Frankreich, stirbt. Er hinterlässt nur in Bayern noch Seitenverwandte seiner Mutter. Wer soll nun sein – erhebliches – bewegliches Vermögen erben?

Anmerkung: *Französisches IPR berief für die Erbfolge von Todes wegen das Recht des Heimatstaates des Erblassers, bayerisches IPR verwies hierfür auf das Recht des letzten Wohnsitzes. Nach französischem Erbrecht erbte der Staat, nach bayerischem Erbrecht die Verwandten.*

I. Französisches IPR verwies auf das Recht der Staatsangehörigkeit des Erblassers, also auf bayerisches Recht. Das IPR von Bayern verwies auf das Recht des letzten Wohnsitzes und damit zurück auf französisches Recht. Es kommt zu einer endlosen Verweisungskette, aus der sich ein kollisionsrechtliches Patt oder auch „IPR-Pingpong" ergibt.

II. Die Cour de Cassation (höchstes Instanzgericht in Frankreich, vergleichbar mit dem BGH) musste entscheiden, wo diese Verweisungskette abgebrochen werden sollte. Das Gericht nimmt den renvoi des bayerischen Kollisionsrechts zurück auf französisches Sachrecht an und beruft damit französisches Erbrecht mit der (nicht unwillkommenen) Konsequenz, dass der französische Staat erbt.

- Der arrêt Forgo zeigt daher, dass der renvoi nicht zuletzt auf Praktikabilitäts- und wirtschaftlichen Erwägungen beruht.

Auch in Deutschland sind bei einem **Rückverweis auf das deutsche Recht** gemäß **Art. 4 Abs. 1 S. 2 EGBGB die deutschen Sachvorschriften** anzuwenden. Die Verweisungskette endet also an dieser Stelle. Diese Entscheidung des Gesetzgebers ist konsequent: Entscheidet er sich einerseits für eine Gesamtverweisung (Art. 4 Abs. 1 S. 1 EGBGB), muss er andererseits auch den Fall bedenken, dass auch das berufene ausländische IPR eine Gesamtverweisung zurück auf deutsches Recht ausspricht. Da die Verweisungskette in diesem Fall nicht endet, muss der Gesetzgeber die Voraussetzungen für ihren Abbruch schaffen.

---

72 Kropholler, IPR, § 24 I 2; zum System der Verweisungsmöglichkeiten vgl. von Bar/Mankowski § 7 Rdnr. 224.
73 Lorenzen, Selected Articles on the Conflict of Laws (1947), 127; lesenswert: Mäsch RabelsZ 61 (1997), 285 ff.
74 Cour de cassation, S. 1878.1.429, S. 1882.1.393; siehe Schack, Fall Nr. 2.

2. Die Weiterverweisung (renvoi au second degré)

Die Behandlung einer **Weiterverweisung** auf eine dritte Rechtsordnung ist umstritten: 51

Fall 4: Weiterverweisung

A aus X stirbt in Deutschland. Er hat einen Sohn und hinterlässt diesem ein Bankkonto bei einer Bank in Y. Welches Recht entscheidet über den Auszahlungsanspruch des Sohnes?

Anmerkung:
Das IPR von Y knüpft die Rechtsnachfolge von Todes wegen an die Staatsangehörigkeit des Erblassers an. X unterstellt die Erbfolge hinsichtlich eines Bankguthabens dem Recht des Bankensitzes. Die Kollisionsrechte von X und Y sprechen Gesamtverweisungen aus und enthalten mit Art. 4 Abs. 1 S. 2 EGBGB vergleichbare Regelungen.

Der Sachverhalt weist durch die Staatsangehörigkeit des A und die Belegenheit der Bank in Y Auslandsberührung auf. Vereinheitlichtes Sachrecht ist nicht anwendbar. Das auf den Sachverhalt anwendbare Recht ist daher nach den Vorschriften des Kollisionsrechts zu bestimmen, Art. 3 EGBGB.

Fraglich ist, ob vorrangige gemeinschaftsrechtliche oder staatsvertragliche Kollisionsnormen anzuwenden sind, Art. 3 Nr. 1, 2 EGBGB. Vorrangig anzuwendende gemeinschaftsrechtliche Kollisionsnormen könnten der am 16.08.2012 in Kraft getretenen ErbRVO zu entnehmen sein. Gemäß Art. 84 ErbRVO gilt diese jedoch erst ab dem 17.08. 2015, vgl. auch Art. 83 ErbRVO. Daher ist der zeitliche Anwendungsbereich der ErbRVO nicht gegeben. Diese ist daher nicht anwendbar. Dass Staatsverträge mit den Staaten Y und X geschlossen wurden, ist ebenfalls nicht ersichtlich. Daher sind die Kollisionsnormen des deutschen autonomen IPR anzuwenden.

I. **Verweisung des deutschen IPR**

Einschlägige Kollisionsnorm des autonomen deutschen IPR ist im Erbrecht Art. 25 Abs. 1 EGBGB. Danach richtet sich das Erbrecht nach der Rechtsordnung desjenigen Staates, dem der Erblasser angehört. Das deutsche IPR verweist somit auf das Recht von X. Gemäß der von Art. 4 Abs. 1 S. 1 EGBGB angeordneten Gesamtnormverweisung schließt diese Verweisung das Kollisionsrecht von X mit ein.

II. **Verweisung des IPR von X** (erste Weiterverweisung)

Das Kollisionsrecht von X unterstellt die Erbschaft eines Bankguthabens dem Recht des Bankensitzes. Da sich die Bank in Y befindet, wird auf das Recht von Y verwiesen. X nimmt die Berufung durch das deutsche IPR also nicht an, sondern entscheidet sich für eine Weiterverweisung, die das IPR von Y einschließt.

III. **Berufung der Rechtsordnung von Y** (zweite Weiterverweisung)

Das IPR von Y knüpft im Erbrecht an die Staatsangehörigkeit des Erblassers, hier des A, an. Es nimmt somit die Berufung durch das IPR von X nicht an, sondern verweist seinerseits im Wege einer Gesamtverweisung zurück auf das Recht von X. Das Recht von X enthält eine dem Art. 4 Abs. 1 S. 2 EGBGB vergleichbare Regelung, bricht damit die Verweisungskette ab und wendet das eigene Sachrecht an.

Problem: Das Recht von Y enthält ebenfalls eine solche Lösung und würde bei erneuter Rückverweisung durch das Recht von X unter Anwendung des eigenen Sachrechts ebenfalls zum Abbruch der Verweisungskette kommen.

Internationaler Entscheidungseinklang ist aus deutscher Sicht vorliegend mit den Rechtsordnungen von X und Y praktisch **nicht mehr zu erreichen**. Deshalb ist die Behandlung einer Weiterverweisung umstritten.[75]

1. **Erste Weiterverweisung als Sachnormverweisung**

   Teilweise wird vorgeschlagen, bereits die **erste Weiterverweisung** (hier durch das IPR von X) **als eine Sachnormverweisung** zu behandeln, wenn das Recht des dritten Staates nicht auf deutsches Recht zurückverweist, sodass Art. 4 Abs. 1 S. 2 EGBGB zum Zuge käme.[76] Je mehr Kollisionsrechte geprüft werden müssten, umso (unverhältnismäßig) größer seien der Rechtsfindungsaufwand und die Fehlerquellen, ohne dafür einen Vorteil zu bieten.

   Demnach würde die Weiterverweisung durch das IPR von X an Y als eine Sachnormverweisung angesehen. Somit wäre hier nach dem Erbrecht von Y zu entscheiden.

2. **Beachtung der dem deutschen IPR nächsten Rechtsordnung**

   Nach h.M. soll Entscheidungseinklang mit der aus deutscher Sicht nächsten Rechtsordnung hergestellt werden (Argument der **Sachnähe**). Das bedeutet eine Beachtung der Gesamtverweisung des vom deutschen Recht berufenen Rechts,[77] hier also dem Recht von X. Folglich müssen dessen Regeln zur Rück- und Weiterverweisung beachtet werden.

   Das IPR von X spricht eine Gesamtverweisung auf das Recht von Y aus. Folglich ist das IPR von Y zu befragen. Dieses verweist auf das IPR von X zurück. Bei einer Rückverweisung bricht das IPR von X dann die Verweisungskette ab. Dieser Abbruch durch das vom deutschen IPR berufene Kollisionsrecht von X ist somit aus deutscher Sicht zu beachten. Folglich ist das Sachrecht von X anwendbar.

   Zu demselben Ergebnis gelangt hier, wer das Sachrecht des Staates favorisiert, dessen Rechtsordnung als erste durch eine Rückverweisung (und damit zum zweiten Mal; Rechtsgedanke des Art. 4 Abs. 1 S. 2 EGBGB) berufen wird.[78]

3. **Stellungnahme**

   Die erste Auffassung überzeugt nicht, weil sie nicht im Regelfall, sondern nur dann nach der Verweisung durch die Rechtsordnung des zweiten Staates abbrechen will, wenn das Recht des *Dritt*staates keine Sachnormverweisung ausspricht oder nicht auf deutsches Recht rückverweist.[79] Das macht eine (Vor-)Prüfung des Kollisionsrechts dieses Staates erforderlich, die gerade erspart werden sollte. Der

75 Dazu Kegel/Schurig § 10 III–V; von Hoffmann/Thorn § 6 Rdnr. 94 f.

76 Kropholler, IPR, § 24 II 4.

77 H.M. z.B. Kegel/Schurig § 10 IV 3; Junker, Rdnr. 204; Lüderitz, Rdnr. 163; Koch/Magnus/Winkler von Mohrenfels, S. 27.

78 So in Ergänzung zur h.M. Palandt/Heldrich Art. 4 EGBGB Rdnr. 3; vgl. von Bar/Mankowski § 7 (Rdnr. 224) II 4 d) aa).

79 Vgl. Kropholler, IPR, § 24 II 4.

Prüfungs- und Rechtsfindungsaufwand wird so nicht geringer, wohl aber die Möglichkeit eines Entscheidungseinklangs mit der vom inländischen IPR berufenen (zweiten) Rechtsordnung vertan. Die h.M. kann sich auch auf die Gesetzesmaterialien zu Art. 4 Abs. 1 S. 1 EGBGB stützen, wonach mit dem vom deutschen Recht berufenen IPR grundsätzlich auch dessen Regeln zur Rück- und Weiterverweisung anzuwenden sind.[80]

Auf der Grundlage der h.M. ist daher das Recht der dem deutschen Recht nächsten Rechtsordnung anzuwenden.

Folglich entscheidet das Erbrecht von X über den Auszahlungsanspruch des Sohnes.

Die Argumente für die Gesamtnormverweisung und damit für den renvoi sind, dass:[81] 52

- ausländisches Recht nicht gegen seinen Willen angewendet wird:

  Eine ausländische Rechtsordnung will die Anwendung ihres eigenen Sachrechts nicht von einem anderen Staat „aufgedrängt" bekommen, sondern ihrerseits eine andere Rechtsordnung berufen.

- der internationale Entscheidungseinklang gefördert wird:

  Dies ist vor allem dann der Fall, wenn eine (Weiter-)Verweisung zu einem Recht führt, das diese Verweisung akzeptiert.

  Dies ist allerdings weniger der Fall, wenn die Verweisungskette infolge fortlaufender Gesamtverweisungen an einer Stelle abgebrochen werden muss.

- ein praktisches Interesse an der Anwendung des eigenen Rechts besteht (Praktikabilitätserwägungen, sog. **„Heimwärtsstreben"** der Gerichte im Wege des Abbruchs der Verweisungskette):

  Für das angerufene Gericht ist die Anwendung des eigenen Rechts einfacher und kostengünstiger als die Ermittlung fremden Rechts. Die Anwendung des eigenen Rechts ist in diesem Fall vertretbar, da dieses Recht auch nach dem Willen der ausländischen Rechtsordnung anwendbar ist. Der angerufene Richter lässt sich daher sein eigenes Recht „aufdrängen".

- die materiell-rechtlichen Ergebnisse im Einzelfall gewünscht sind.

3. Die versteckte Rückverweisung

Bei einer sog. versteckten Rückverweisung ergibt sich die Rückverweisung aus einer versteckten Kollisionsnorm, insbesondere aus einer **Zuständigkeitsnorm** (sog. *rules of jurisdiction*). Versteckte Kollisionsnormen kommen vor allem im angloamerikanischen Familienrecht vor. Dessen Kollisionsnormen sind zuständigkeitsrechtlich ausgestaltet. 53

---

80 Vgl. von Hoffmann/Thorn § 6 Rdnr. 104.

81 Dazu Kegel/Schurig § 10 II; von Hoffmann/Thorn § 6 Rdnr. 74 f.; kritisch Mäsch RabelsZ 61 (1997), 285 ff.

Das ausländische IPR beruft in diesem Fall bei internationaler Zuständigkeit seiner eigenen Gerichte **einseitig** das eigene Sachrecht.

- Motto des Richters: **„Wenn *ich* in diesem Bereich zuständig bin, wende *ich* hierzu auch *mein eigenes Sachrecht* an."**

Verneint das ausländische Gericht im konkreten Fall aber seine internationale Zuständigkeit, ist der Weg zum Sachrecht des ausländischen Staates versperrt. Die versteckte Kollisionsnorm muss daher zu einer *allseitigen* Kollisionsnorm ausgebaut werden. Daher wird in diesen Fällen eine (versteckte) Rückverweisung auf das zuständige Gericht angenommen, das dann wiederum sein eigenes Sachrecht anwenden darf.

- Motto des Richters: **„*Wer* in diesem Bereich aus unserer Sicht zuständig ist, *der* wende auch *sein eigenes Sachrecht* an."**

Fall 5: Versteckte Rückverweisung/Rechtsspaltung

Der amerikanische Staatsbürger A aus New York verbringt seinen Lebensabend in Deutschland und stirbt hier. Welches Recht ist auf die Erbfolge anwendbar?

Anmerkung: Ausdrückliche Regeln über das Erbstatut enthält das IPR von New York nicht. Eine Zuständigkeitsregel besagt lediglich, dass das Gericht in New York für Erbschaftssachen zuständig ist, wenn der Erblasser seinen letzten Wohnsitz in New York hatte. In diesen Fällen richtet sich die Erbfolge nach dem Recht von New York.

54 I. Aus der amerikanischen Staatsangehörigkeit des Erblassers folgt ein Lebenssachverhalt mit Auslandsberührung. Vereinheitlichtes Sachrecht ist nicht anwendbar. Das auf diesen Sachverhalt anwendbare Sachrecht ist daher nach den Vorschriften des deutschen Internationalen Privatrechts zu bestimmen, Art. 3 EGBGB.

Fraglich ist, ob vorrangige gemeinschaftsrechtliche oder staatsvertragliche Kollisionsnormen anzuwenden sind, Art. 3 Nr. 1, 2 EGBGB. Vorrangig anzuwendende gemeinschaftsrechtliche Kollisionsnormen könnten der am 16.08.2012 in Kraft getretenen ErbRVO zu entnehmen sein. Gemäß Art. 84 ErbRVO gilt diese jedoch erst ab dem 17.08.2015, vgl. auch Art. 83 ErbRVO. Daher ist der zeitliche Anwendungsbereich der ErbRVO nicht gegeben. Diese ist daher nicht anwendbar. Staatsverträge mit den USA, welche erbrechtliche Kollisionsnormen enthalten, bestehen ebenfalls nicht. Daher sind die Kollisionsnormen des deutschen autonomen IPR anzuwenden.

II. Die Erbfolge wird unter den Systembegriff „Rechtsnachfolge von Todes wegen", Art. 25 Abs. 1 EGBGB, qualifiziert. Angeknüpft wird deshalb an das Recht des Staates, dem der Erblasser im Zeitpunkt seines Todes angehörte. Der Erblasser war amerikanischer Staatsangehöriger, sodass auf das Recht der USA einschließlich deren IPR verwiesen wird, Art. 4 Abs. 1 S. 1 EGBGB. Die USA sind ein Staat mit mehreren **Teilrechtsordnungen** (Mehrrechtsstaat), sodass die Verweisung möglicherweise um eine Unteranknüpfung gemäß Art. 4 Abs. 3 EGBGB ergänzt werden muss.

1. **Notwendigkeit einer Unteranknüpfung**

Art. 25 Abs. 1 EGBGB verweist lediglich generell auf die Staatsangehörigkeit des Erblassers, ohne eine örtliche Verknüpfung zu einer bestimmten Teilrechtsordnung zu wählen. Auch besteht in den USA weder ein bundesstaatliches IPR noch ein einheitliches interlokales Kollisionsrecht, sodass sich über Art. 4 Abs. 3 S. 1 EGBGB die maßgebliche Teilrechtsordnung nicht ermitteln lässt.[82]

Eine Unteranknüpfung ist damit erforderlich.

2. **Bestimmung der maßgeblichen Teilrechtsordnung durch Art. 4 Abs. 3 S. 2 EGBGB**

Maßgeblich ist gemäß Art. 4 Abs. 3 S. 2 EGBGB damit die Teilrechtsordnung, zu welcher der Lebenssachverhalt die *engste Verbindung* aufweist. Die amtliche Begründung zur Einführung der Vorschrift füllt diese Generalklausel dahingehend aus, dass die engste Verbindung im Regelfall mit der Teilrechtsordnung des **gewöhnlichen Aufenthalts** *(state citizenship)* bestehen wird. Ist dieser nicht zu ermitteln, so wird auf das innerhalb des Staates wahrscheinlichste Recht oder auf die *lex fori* zurückgegriffen.[83]

Der (letzte) gewöhnliche Aufenthalt des A befand sich jedoch in keinem der US-Bundesstaaten, sondern in Deutschland. A stammt jedoch aus New York, sodass der Sachverhalt mit diesem Teilrechtsstaat eine hinreichend enge Verbindung aufweist und daher gemäß Art. 25 Abs. 1, 4 Abs. 3 S. 2 EGBGB auf das Recht dieses Staates verwiesen wird.

III. Danach ist das Recht des Staates New York und im Wege der Gesamtverweisung des Art. 4 Abs. 1 S. 1 EGBGB auch dessen IPR berufen. Fraglich ist deshalb, ob die Verweisung angenommen wird. Im Recht des Staates New York befindet sich lediglich die Regel, dass das Erbrecht des Staates New York dann anwendbar ist, wenn auch die Gerichte des Staates New York zuständig sind. Dies ist wiederum davon abhängig, dass der Erblasser seinen letzten Aufenthalt in New York hatte. A hatte jedoch seinen letzten Aufenthalt in Deutschland, sodass New Yorker Gerichte international nicht zuständig sind und das materielle Recht von New York demnach nicht zur Anwendung kommt. Die Verweisung wurde daher nicht angenommen.

Problem: Die Folge ist ein *Kollisionsnormenmangel*, da nicht bestimmt wird, welches Recht anwendbar ist.

Analyse: Bei der Zuständigkeitsregel des Staates New York handelt es sich um eine **versteckte Kollisionsregel**, die *einseitig* auf das Erbrecht des Staates New York verweist, wenn der Erblasser seinen letzten Wohnsitz in New York hatte.

Lösung: *Allseitig* ausgebaut besagt die versteckte Kollisionsnorm, dass *allgemein* das Erbrecht des Staates anwendbar ist, in dem der Erblasser seinen letzten Wohnsitz hatte.[84]

Den letzten Wohnsitz hatte A in Deutschland. Damit wird (versteckt) auf deutsches Recht zurückverwiesen. Dieses nimmt gemäß Art. 4 Abs. 1 S. 2 EGBGB die Verweisung an, sodass sich die Erbfolge nach deutschem Erbrecht richtet.

---

82 Zum Prüfungsablauf bei einer Unteranknüpfung vgl. Fall 6, Rdnr. 57.

83 Von Hoffmann/Thorn § 6 Rdnr. 120 f.

84 OLG Karlsruhe NJW 1990, 1420; BayObLGZ 1980, 46; Ferid/Firsching/Dörner/Hausmann, Int. ErbR VI, US-Grundzüge C I Rdnr. 35 d.

Nicht zwangsläufig muss sich die versteckte Rückverweisung aus einer Zuständigkeitsnorm ergeben:

4. Alternative Konzepte zum Abbruch der Verweisungskette: *Foreign-Court-Theory* und Theorie des *double renvoi*

55 **a)** Abweichend vom deutschen Recht erfolgt die Verweisung auf eine andere Rechtsordnung (insbesondere) in den angloamerikanischen Staaten nach der **Foreign-Court-Theory**. Danach stellt sich der *englische* Richter auf den gleichen Standpunkt wie die Gerichte desjenigen Staates (foreign court), dessen Recht aufgrund des *englischen* IPR maßgeblich ist.[85]

In der Praxis wendet der englische Richter daher dasjenige Sachrecht an, das der Richter der von der englischen Kollisionsnorm berufenen Rechtsordnung anwenden würde.

- Der englische Richter nimmt eine **Sachnormverweisung** des englischen Rechts an, wenn das Partnerland eine Gesamtverweisung ausspricht und beim Rückverweis abbricht (wie z.B. in Deutschland gemäß Art. 4 Abs. 1 S. 2 EGBGB). In diesem Fall würde er deutsches Recht anwenden.
- Der englische Richter nimmt dagegen eine **Gesamtverweisung** des englischen Rechts an, wenn das Partnerland eine Sachnormverweisung auf englisches Recht ausspricht, und wendet im Ergebnis dann englisches Recht an.

Unterschied zum deutschen IPR: Bei der Foreign-Court-Theorie **wird die Entscheidung über den Abbruch der Verweisungskette dem fremden IPR überlassen**. Bei Art. 4 Abs. 1 S. 2 EGBGB bricht das **eigene** IPR ab. Man kann dies auch einen „egoistischen renvoi" nennen, in Abgrenzung zur Foreign-Court-Theorie, die dann „altruistischer renvoi" heißen müsste.[86]

Nachteil: Die ***Foreign-Court-Theorie*** kann nur dann funktionieren, wenn der fremde Staat, auf den verwiesen wird, nicht auch dieser Theorie folgt. Jedes der beteiligten Kollisionsrechte möchte dem jeweils anderen den Vortritt bei der Entscheidung überlassen. Dann ergäbe sich wieder der unlösbare Verweisungszirkel, den zu vermeiden oberstes Gebot ist.[87]

Bei der Reform des EGBGB 1986 hat man sich (zu Recht) wegen der mangelnden Internationalisierungsfähigkeit eines solchen Systems und wegen der Gefahr, mit ihm in einen endlosen Verweisungszirkel zu geraten, gegen seine Übernahme in das deutsche Recht entschieden.[88] Auch spricht gegen diese Theorie, dass nicht das dem deutschen IPR nächste Recht entscheidet, sondern ein willkürliches.[89]

b) Nach der Lehre vom ***„double renvoi"*** wird nach dem Rückverweis durch das ausländische IPR auf das Recht des Forums die Verweisungskette nicht abgebrochen, wenn

85 Vgl. Schack, Nr. 3.
86 Vgl. von Bar/Mankowski § 7 Rdnr. 216.
87 Vgl. von Bar/Mankowski § 7 Rdnr. 217.
88 BT-Drs. 10/504, 39.
89 Kegel/Schurig §§ 10–12; Kropholler, IPR, § 24.

der Rückverweis als Gesamtverweis gewollt ist. Vielmehr wird in diesem Fall noch einmal *(double renvoi)* auf die ausländische Rechtsordnung im Wege einer Gesamtverweisung zurückgewiesen. Erst dann soll die Verweisungskette abgebrochen werden.

Auch dieses System funktioniert nur, wenn ihm nicht beide beteiligten Rechtsordnungen folgen.

B. Ausnahme: Sachnormverweisung

Daneben wird aber auch im deutschen Recht **in einigen Bereichen direkt auf die anzuwendenden Sachnormen** verwiesen (vgl. Art. 3 a Abs. 1 EGBGB): 56

Teilweise wird dieses bereits durch den **Wortlaut der Vorschriften** verdeutlicht (z.B. Art. 20 Rom I-VO, Art. 24 Rom II-VO, Art. 12 HUntProt).

Auch Kollisionsnormen, die auf **internationalen Abkommen** beruhen, verweisen allein auf das Sachrecht, da sonst die durch sie erstrebte Vereinheitlichung verloren ginge.

Eine **Rechtswahl** der Parteien muss grds. so verstanden werden, dass nur die Wahl der jeweiligen Sachnormen gemeint ist, vgl. Art. 4 Abs. 2 EGBGB.

Eine weitere Ausnahme i.S.d. Art. 4 Abs. 1 S. 1, 2. Halbs. EGBGB bilden die Kollisionsnormen mit **alternativen Anknüpfungsmöglichkeiten**. Durch das mögliche Nebeneinander verschiedener Rechtsordnungen wird eine Erleichterung angestrebt. Diese wäre nicht erreichbar, wenn die verschiedenen berufenen Rechtsordnungen in ihrem IPR letztendlich doch wieder nur zu einer einzig möglichen Rechtsordnung führen würden.

- **In diesen Bereichen findet folglich zwingend kein *renvoi* statt.**

C. Verweisung auf das Recht von Mehrrechtsstaaten (Rechtsspaltung, Unteranknüpfung)

Einige Staaten sind in ihrem Recht gespalten. In ihnen gilt keine einheitliche Privatrechtsordnung, sondern für unterschiedliche Gebiete oder Personalgruppen ist unterschiedliches Recht anzuwenden (z.B. USA, Großbritannien, Kanada, Australien, Spanien, Israel). Die Verweisung des deutschen IPR muss hier gegebenenfalls durch eine **Unteranknüpfung** gemäß Art. 4 Abs. 3 EGBGB ergänzt werden. 57

Fall 6: Verbindungen zu Kanada

Ein kanadisches Ehepaar ist 2005 von Vancouver nach München gezogen. Im Jahr 2010 zieht der Mann nach Kanada zurück. Im Jahre 2013 wollen sich die beiden Ehegatten in Deutschland scheiden lassen. Welche Rechtsordnung entscheidet über die Scheidung?

Anmerkung: Die berufenen Rechte nehmen die Verweisungen an.

Aus der kanadischen Staatsangehörigkeit beider Ehegatten ergibt sich ein Sachverhalt mit Auslandsberührung. Vereinheitlichtes Sachrecht ist nicht anwendbar. Das deutsche Scheidungsgericht muss daher zunächst anhand der Vorschriften des nationalen Kollisionsrechts feststellen, welches Recht auf die Scheidung anzuwenden ist, Art. 3 EGBGB.

Als gemäß Art. 3 Nr. 1 EGBGB vorrangig zu beachtendes gemeinschaftsrechtliches Kollisionsrecht könnte vorliegend die Rom III-VO in Betracht kommen.

I. Anwendbarkeit der Rom III-VO

Dann müsste die Rom III-VO anwendbar sein.

1. Sachlicher Anwendungsbereich der Rom III-VO

Gemäß Art. 1 Abs. 1 Rom III-VO gilt diese für die Ehescheidung und die Trennung ohne Auflösung des Ehebandes in Fällen, die eine Verbindung zum Recht mehrerer Staaten aufweisen. M und F wollen sich scheiden lassen. Beide haben ihren gewöhnlichen Aufenthalt auch in verschiedenen Staaten, sodass der Sachverhalt eine Verbindung zum Recht mehrerer Staaten aufweist. Die Rom III-VO ist daher sachlich anwendbar.

2. Räumlicher Anwendungsbereich der Rom III-VO

Deutschland ist teilnehmender Mitgliedstaat i.S.v. Art. 3 Nr. 1 Rom III-VO, sodass die Rom III-VO in Deutschland als vorrangig zu beachtendes gemeinschaftsrechtliches Kollisionsrecht zu beachten ist.

3. Zeitlicher Anwendungsbereich der Rom III-VO

Die Rom III-VO müsste auch zeitlich anwendbar sein. Zeitlich gilt sie gemäß deren Art. 18 für gerichtliche Verfahren, die ab dem 21.06.2012 eingeleitet wurden. M und F haben ihren Scheidungsantrag im Jahr 2013 eingereicht. Die Rom III-VO ist daher auch zeitlich anwendbar.

Die Rom III-VO ist daher anwendbar.

II. Ermittlung der nach der Rom III-VO anwendbaren Kollisionsnorm

Das anwendbare Scheidungsrecht ist daher nach Rom III-VO zu ermitteln.

1. Keine vorrangige Rechtswahl

Im Rahmen der Rom III-VO haben die Ehegatten nunmehr die Möglichkeit, das auf die Scheidung anwendbare Recht unter den Voraussetzungen der Art. 5–7 Rom III-VO zu wählen. Liegt eine wirksame Rechtswahl vor, ist diese vorrangig zu beachten. Vorliegend haben M und F jedoch keine Rechtswahl getroffen, sodass Art. 5 Rom III-VO nicht anwendbar ist.

2. Art. 8 Rom III-VO – Erstfrage

Haben die scheidungswilligen Ehegatten keine Rechtswahl getroffen, richtet sich das auf die Scheidung anwendbare Recht nach der **Anknüpfungsleiter** in Art. 8 Rom III-VO. Vorrangig ist im Rahmen dieser Anknüpfungsleiter auf das Recht des Staates abzustellen, in dem die Ehegatten zum Zeitpunkt der Anrufung des Gerichts ihren gewöhnlichen Aufenthalt hatten (Art. 8 lit. a) Rom III-VO) bzw. subsidiär auf das Recht des Staates, in dem die Ehegatten zum Zeitpunkt der Anrufung des Gerichts ihren letzten gemeinsamen gewöhnlichen Aufenthalt hatten, sofern dieser nicht vor mehr als einem Jahr vor der Anrufung des Gerichts endete, Art. 8

lit. b) Rom III-VO. Als M und F den Scheidungsantrag im Jahr 2013 einreichen, lebte M bereits seit drei Jahren in Kanada, während F ihren gewöhnlichen Aufenthalt immer noch in Deutschland hatte. Über Art. 8 lit. a) und b) Rom III-VO lässt sich das auf die Scheidung anwendbare Recht daher nicht ermitteln.

Subsidiär ist im Rahmen der Anknüpfungsleiter des Art. 8 Rom III-VO deshalb das Recht des Staates auf die Ehescheidung anwendbar, dessen Staatsangehörigkeit beide Ehegatten zum Zeitpunkt der Anrufung des Gerichts besitzen, Art. 8 lit. c) Rom III-VO. Zu diesem Zeitpunkt waren M und F kanadische Staatsangehörige, sodass gemäß Art. 8 lit. c) Rom III-VO kanadisches Recht auf die Ehescheidung anwendbar ist.

Die angefallene Erstfrage nach dem Bestehen einer Ehe kann positiv beantwortet werden, da zu unterstellen ist, dass die Voraussetzungen gemäß Art. 13, 11 EGBGB bei beiden Ehegatten bei der Eheschließung nach kanadischem Recht vorlagen (vgl. hierzu Fall 8, Rdnr. 63).

Folglich wird wegen der gemeinsamen kanadischen Staatsangehörigkeit der Eheleute auf kanadisches Recht verwiesen. Art. 11 Rom III-VO schließt Rück- und Weiterverweisungen aus, sodass im Wege eine Sachnormverweisung ohne Beachtung eines möglichen renvoi unmittelbar auf die kanadischen Sachvorschriften verwiesen wird. Kanada ist allerdings ein **Mehrrechtsstaat**, d.h., jeder Bundesstaat hat eine eigene Privatrechtsordnung. Die Verweisung muss deshalb trotz der Sachnormverweisung möglicherweise durch eine kollisionsrechtliche Unteranknüpfung gemäß Art. 4 Abs. 3 EGBGB ergänzt werden.

III. Notwendigkeit einer Unteranknüpfung

Fraglich ist, ob damit eine interlokale Unteranknüpfung erforderlich wird.

1. Eindeutige Bezeichnung der Teilrechtsordnung

Eine Unteranknüpfung ist nicht erforderlich, wenn die Kollisionsnorm die maßgebliche Teilrechtsordnung direkt bezeichnet.[90] Dies ist der Fall

- bei ausdrücklicher Berufung des „Rechts des Orts“ (Art. 26 Abs. 1 Nr. 2, 3, 4 EGBGB),
- nach h.M. bei Verweisung auf das „Recht des Staates“ bei rein örtlicher Anknüpfung (z.B. Aufenthalt, Vornahmeort, z.B. Art. 5, 11 Abs. 1, 2. Alt. EGBGB),
- bei Schuldverträgen durch die Fiktion des Art. 22 Abs. 1 Rom I-VO, z.B. für Art. 4 Abs. 1 lit. c) Rom I-VO.

Die Verweisung durch Art. 17 i.V.m. Art. 14 Abs. 1 EGBGB auf den Staat, dem beide Ehegatten angehören, bezeichnet keine Rechtsordnung Kanadas eindeutig.

2. Interlokales Kollisionsrecht (Art. 4 Abs. 3 S. 1 EGBGB)

Eine Unteranknüpfung ist ebenfalls nicht erforderlich, wenn das Land, auf welches verwiesen wird, trotz Rechtsspaltung ein einheitliches Kollisionsrecht besitzt, Art. 4 Abs. 3 S. 1 EGBGB.[91] **Dieses ist wegen Art. 4 Abs. 1 S. 1 EGBGB aller-**

90 Kropholler, IPR, § 29 II.

91 Von Hoffmann/Thorn § 6 Rdnr. 118 f.

dings zuerst daraufhin zu überprüfen, ob es die Verweisung annimmt oder einen renvoi ausspricht.

Im kanadischen Recht besteht aber weder ein bundesstaatliches IPR noch ein einheitliches interlokales Kollisionsrecht.

- Eine Unteranknüpfung ist damit erforderlich.

IV. **Maßgebliche Teilrechtsordnung (Art. 4 Abs. 3 S. 2 EGBGB)**

Das deutsche Recht verweist damit auf die am engsten mit dem Sachverhalt verbundene Teilrechtsordnung, ausgehend von der bereits ermittelten Verweisung. Die *engste Verbundenheit* ergibt sich regelmäßig aus dem **gewöhnlichen Aufenthalt** (*state citizenship*). Ist dieser nicht zu ermitteln, so wird auf das innerhalb des Staates wahrscheinlichste Recht oder die *lex fori* zurückgegriffen.[92]

Der gegenwärtige gewöhnliche Aufenthalt des Ehepaares ist in Deutschland. Gegenwärtig besteht auch kein anderer Bezug zum kanadischen Recht. Um die engste Verbundenheit i.S. des Art. 4 Abs. 3 S. 2 EGBGB zu ermitteln, ist deshalb an die Vergangenheit, speziell an einen früheren gewöhnlichen Aufenthalt in Kanada anzuknüpfen. Dieser lag bis 2005 in Vancouver im Bundesstaat British Columbia.

Damit verweist das deutsche Recht über Art. 17 i.V.m. Art. 14 Abs. 1 Nr. 1 i.V.m. Art. 4 Abs. 3 S. 2 EGBGB auf das Recht von British Columbia, einschließlich dessen Kollisionsrecht. Das IPR von British Columbia nimmt die Verweisung an. Folglich entscheidet das Recht von British Columbia über die Scheidung.

D. Vorrang des Einzelstatuts vor dem Gesamtstatut

58 Im deutschen Kollisionsrecht werden Vermögensmassen regelmäßig einheitlich insgesamt an eine bestimmte Rechtsordnung angeknüpft. Andere Rechtsordnungen machen jedoch im Familien- und Erbrecht Unterschiede danach, wo sich einzelne Gegenstände des Vermögens befinden. Die häufigste Unterteilung ist die zwischen dem beweglichen und dem unbeweglichen Vermögen. In Frankreich,[93] den USA, Großbritannien und Belgien wird unbewegliches Vermögen z.B. immer gesondert vom beweglichen Vermögen an das Sachenrecht, die *lex rei sitae*, angeknüpft.[94]

Die rechtspolitische Berechtigung eines Vorrangs des Einzelstatuts (Belegenheitsstatuts) vor dem Gesamtstatut wird zunehmend bestritten. Der Vorrang des Einzelstatuts vor dem Gesamtstatut führe zu einem Einbruch in die Einheit der Sachnormen des Gesamtstatuts.[95] Da das eigene Kollisionsrecht die eigenen Sachnormen geschlossen zur Anwendung bringen wolle, sei umgekehrt der Vorrang des Gesamtstatuts vor dem Einzelstatut zu empfehlen. Andererseits wird darauf hingewiesen, dass das Gesamtstatut zu seiner effektiven Durchsetzung notfalls der Mithilfe durch den Belegenheitsstaat bedarf und die reale Herrschaft nur gewinnen könne, wenn der Belegenheitsstaat mitspielt.[96]

---

92 Von Hoffmann/Thorn § 6 Rdnr. 120 f.

93 Vgl. Art. 3 al. 2 Code Civil: *„Les immeubles, même ceux possédés par des étrangers, sont régis par la loi francaise."*

94 Von Hoffmann/Thorn §§ 4 B V, § 9 IV; Junker § 9 I; Kropholler, IPR, § 26.

95 Kropholler, IPR, § 26 I.

96 Von Bar/Mankowski § 7 Rdnr. 48.

Fall 7: Nachlassspaltung und eine Schafsfarm

Die Deutsche F hat eine Schafsfarm in England. Als sie stirbt, hinterlässt sie ihren Kindern die Schafsfarm, ein Grundstück in Hamburg und zudem einige bewegliche Vermögensgegenstände in Deutschland und England. Nach welchem Recht bestimmt sich die Erbfolge?

Anmerkung:

Nach englischem IPR richtet sich die gesetzliche Erbfolge nach dem Recht des letzten Wohnsitzes des Erblassers, für unbewegliche Gegenstände gilt die *lex rei sitae*.

I. Aus der Belegenheit der Schafsfarm und einiger beweglicher Sachen in England ergibt sich ein Lebenssachverhalt mit Auslandsberührung. Vereinheitlichtes Sachrecht ist nicht anwendbar. Daher ist gemäß Art. 3 EGBGB anhand der Vorschriften des Internationalen Privatrechts zu ermitteln, welches Sachrecht welchen Staates anzuwenden ist. 59

Fraglich ist, ob vorrangige gemeinschaftsrechtliche oder staatsvertragliche Kollisionsnormen anzuwenden sind, Art. 3 Nr. 1, 2 EGBGB. Vorrangig anzuwendende gemeinschaftsrechtliche Kollisionsnormen könnten der am 16.08.2012 in Kraft getretenen ErbRVO zu entnehmen sein. Gemäß Art. 84 ErbRVO gilt diese jedoch erst ab dem 17.08.2015, vgl. auch Art. 83 ErbRVO. Daher ist der zeitliche Anwendungsbereich der ErbRVO nicht gegeben. Diese ist daher nicht anwendbar. Staatsverträge mit Großbritannien, welche erbrechtliche Kollisionsnormen enthalten, bestehen ebenfalls nicht. Daher sind die Kollisionsnormen des deutschen autonomen IPR anzuwenden.

II. Rechtsnachfolge von Todes wegen, Art. 25 EGBGB

Die aufgeworfene Rechtsfrage betrifft die gesetzliche Erbfolge der F. Einschlägige Kollisionsnorm im Bereich des Erbrechts ist deshalb Art. 25 Abs. 1 EGBGB. Anhand der Staatsangehörigkeit der F wird an deutsches Recht angeknüpft.

Möglicherweise unterliegen einzelne Gegenstände des Nachlasses einer abweichenden Verweisung. Grundsätzlich interessiert es den inländischen Rechtsanwender nicht, wie die ausländischen Kollisionsnormen den Fall beurteilen, wenn die Anwendbarkeit des deutschen Rechts durch die eigenen Kollisionsnormen ermittelt ist. Von diesem Grundsatz weicht Art. 3 a Abs. 2 EGBGB (entspricht Art. 3 Abs. 3 EGBGB a.F.) jedoch ab. Dieser Vorschrift wird allgemein entnommen, dass **im Internationalen Familien- und Erbrecht** („Verweisungen im Dritten und Vierten Abschnitt") die „besonderen Vorschriften" eines Staates anzuwenden sind, **wenn die betroffenen Gegenstände einer einheitlichen Vermögensmasse sich in diesem Staat befinden**. Art. 3 a Abs. 2 EGBGB normiert mithin den **Vorrang des Einzelstatuts** (für einzelne Gegenstände) **vor dem Gesamtstatut** (des gesamten Vermögens); zum Einzelstatut wird die *lex rei sitae* berufen.

Gemäß Art. 3 a Abs. 2 EGBGB könnten daher die englischen Kollisionsnormen als besondere Vorschriften für bewegliches und unbewegliches Vermögen anwendbar sein. Dann müsste es sich hierbei um besondere Vorschriften i.S.d. Art. 3 a Abs. 2 EGBGB handeln.

Besondere Vorschriften i.S. des Art. 3 a Abs. 2 EGBGB sind:

- Ursprünglich **Sachnormen**, die sich auf Sondervermögen beziehen (z.B. Erbhöfe, Stammgüter, Familienfideikommisse) und diese Gegenstände einer besonderen Regelung unterstellen[97]

  Der Gesetzgeber hat bei der Schaffung des Art. 3 a Abs. 2 EGBGB den Schutz dieser Sondervermögen beabsichtigt. In der Praxis sind diese Fälle heute kaum noch von Bedeutung.

- ausländische **Kollisionsnormen**, die einzelne Vermögensgegenstände besonderen Regeln unterwerfen.

  Da Art. 3 a Abs. 2 EGBGB ursprünglich nicht für diese Fälle gemacht war, war lange streitig, ob auch ausländische Kollisionsnormen „besondere Vorschriften" i.S.d. Art. 3 a Abs. 2 EGBGB sein können. Dieses ist heute allgemein anerkannt.[98]

  ***Beachte:** Art. 3 a Abs. 2 EGBGB ist aber nur anwendbar, wenn **einzelne** Vermögensgegenstände besonderen Regeln unterworfen werden. Behandelt das ausländische Recht die gesamte Vermögensmasse anders, liegt keine besondere Vorschrift vor. Es steht dann nur Gesamtstatut gegen Gesamtstatut.*

Demnach werden die sich im **Inland** befindenden Vermögensgegenstände erst gar nicht von Art. 3 a Abs. 2 EGBGB erfasst. Sie werden nach deutschem Recht vererbt.

Für die Vererbung **beweglicher Sachen** bestehen in England **keine besonderen** Vorschriften, es gilt die allgemeine Anknüpfung an den Wohnsitz des Erblassers. Das sich in England befindende bewegliche Vermögen wird vom englischen Kollisionsrecht daher nicht gesondert angeknüpft. So bleibt es bei der Regelung des Art. 25 Abs. 1 EGBGB und der Anwendbarkeit deutschen Rechts.

Besondere Vorschriften gelten nach dem englischen IPR aber für Immobilien. Art. 3 a Abs. 2 EGBGB betrifft damit die in England belegene Schafsfarm. Hier geht die *lex rei sitae* des englischen Kollisionsrechts Art. 25 Abs. 1 EGBGB vor, da es sich bei ihr um eine „besondere Vorschrift" i.S.d. Art. 3 a Abs. 2 EGBGB handelt. Insofern gilt englisches Erbrecht.

Der Nachlass ist damit rechtlich gespalten und unterliegt teils deutschem, teils englischem Erbrecht. Es kommt zu einer *Nachlassspaltung.*

---

97 Raape/Sturm § 12 S. 188 f.; Ferid § 3 Rdnr. 3–143 f.

98 Von Hoffmann/Thorn § 9 Rdnr. 62.

Der renvoi

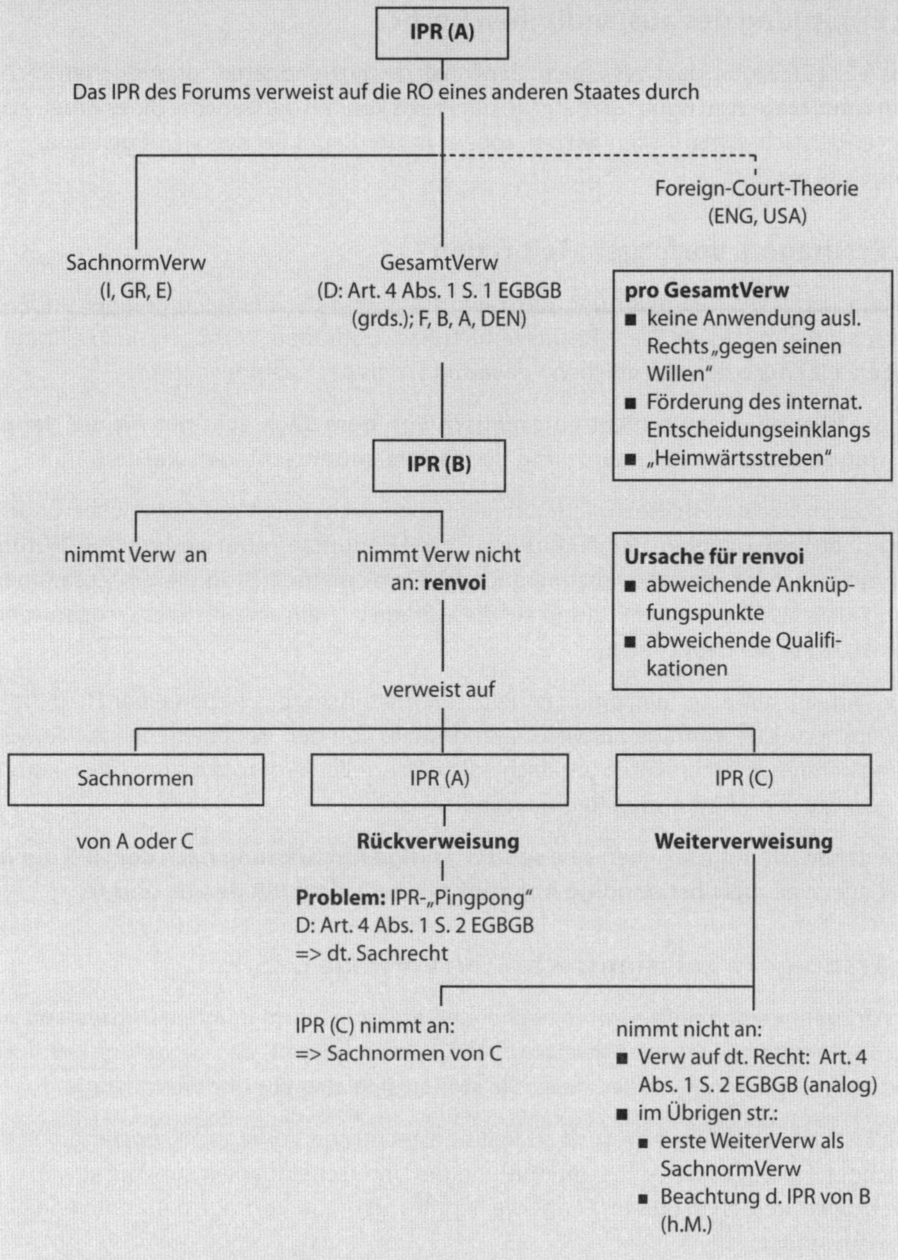

Beachte:
- „versteckte“ RückVerw (z.B. rules of jurisdiction)
- SachnormVerw nach deutschem IPR:
  - Art. 4 Abs. 2 EGBGB (Rechtswahl)
  - internationales Abkommen
  - Ausnahmen nach Art. 4 Abs. 1 S. 1 EGBGB (z.B. alternative Anknüpfung)

4. Abschnitt: Anwendung der Sachnormen

A. Ermittlung des ausländischen Rechts

60 Aus § 293 ZPO folgt, dass das Gericht den Inhalt des anwendbaren ausländischen Rechts **von Amts wegen** zu ermitteln hat.[99] In der Praxis können die Gerichte diese Arbeit aber nur in den seltensten Fällen leisten, sodass in der Regel Sachverständigengutachten eingeholt werden.

B. Erstfragen, Vorfragen, Teilfragen

61 Häufig hängt die Beantwortung der Hauptfrage von der Beurteilung eines anderen Rechtsverhältnisses ab. Diese Rechtsverhältnisse (Erstfragen, Vorfragen und Teilfragen) liegen außerhalb des eigentlichen Verweisungsziels der Kollisionsnorm.

- **Sie können deshalb nicht automatisch von dem Sachrecht der für die Hauptfrage berufenen Rechtsordnung (*lex causae*) mitentschieden werden.**

Da diesem Rechtsverhältnis wiederum ein Lebenssachverhalt mit Auslandsberührung zugrunde liegt, ist neben der IPR-Prüfung für die Hauptfrage **eine weitere IPR-Prüfung** für die Erst- oder Vorfrage vorzunehmen.[100] Problematisch ist in diesem Zusammenhang, dass als Folge dieser Prüfung auf diese Frage u.U. ein anderes Sachrecht anwendbar ist als auf die Hauptfrage.

Die Wirksamkeit eines einheitlichen Rechtsverhältnisses, das neben einer Hauptfrage etwa eine solche Vorfrage aufwirft, kann deshalb von den verschiedenen zur Anwendung berufenen Sachrechten unterschiedlich beurteilt werden. In diesen Fällen kommt es dann zu sog. **„hinkenden Rechtsverhältnissen"**.

In Betracht kommt zum einen eine **selbstständige Anknüpfung nach dem IPR der *lex fori*** oder eine **unselbstständige Anknüpfung nach dem IPR der *lex causae***.

I. Erstfrage (= kollisionsrechtliche Vorfrage i.e.S.)

62 **Erstfragen** werden aufgeworfen, wenn eine Kollisionsnorm in ihrem **Tatbestand** auf ein bestimmtes Recht bzw. Rechtsverhältnis Bezug nimmt, das wiederum kollisionsrechtlich eingeordnet werden muss. **Sie stellen sich also vor der Verweisung.**

Die Erstfrage wird teilweise auch als kollisionsrechtliche Vorfrage *im engeren Sinne* bezeichnet. Für ein besseres Verständnis und die Unterscheidbarkeit zur Vorfrage *im weiteren Sinne* werden in diesem Skript die Begriffe Erst- und Vorfrage getrennt voneinander verwendet.

Die Gegenstände der **Erstfrage** werden in der Regel **selbstständig angeknüpft**, d.h. nach den Kollisionsnormen des eigenen IPR, der *lex fori*.[101] Die Frage wird vom Kollisionsrecht des Forums aufgeworfen und deshalb auch, um den inneren Entscheidungs-

99 BGHZ 77, 32, 38.

100 Für die Teilfrage ergeben sich von diesem Grundsatz aus Einschränkungen, s.u. Rdnr. 75 ff.

101 Koch/Magnus/Winkler von Mohrenfels, S. 20.

einklang herzustellen, nach den gleichen Regeln kollisionsrechtlich entschieden wie die Hauptfrage.[102]

Fall 8: Hinkende Ehe – Teil 1

M und F sind griechische Staatsangehörige und lassen sich 1980 in Deutschland von einem Priester nach griechisch-orthodoxem Ritus trauen. Der Priester war von der griechischen Regierung allerdings nicht gegenüber der Bundesregierung zur Eheschließung ermächtigt. M und F leben zunächst in Deutschland. Im Jahre 2010 trennen sie sich und M geht nach Griechenland zurück, F bleibt in Deutschland. Im Jahre 2013 reichen sie einen Scheidungsantrag bei einem deutschen Familiengericht ein. Wird dem Scheidungsantrag stattgegeben?

Da der Fall wegen der griechischen Staatsangehörigkeit der Ehegatten eine fremde **63**
Rechtsordnung berührt, somit eine Auslandsberührung vorliegt und vereinheitlichtes Sachrecht nicht anwendbar ist, ist anhand der Vorschriften des Internationalen Privatrechts zu prüfen, welchem Recht der Scheidungsantrag unterliegt, Art. 3 EGBGB.

Als vorrangig zu beachtendes gemeinschaftsrechtliches Kollisionsrecht könnte vorliegend die Rom III-VO in Betracht kommen.

I. **Anwendbarkeit der Rom III-VO**

Dann müsste die Rom III-VO anwendbar sein.

1. **Sachlicher Anwendungsbereich der Rom III-VO**

Gemäß Art. 1 Abs. 1 Rom III-VO gilt diese für die Ehescheidung und die Trennung ohne Auflösung des Ehebandes in Fällen, die eine Verbindung zum Recht mehrerer Staaten aufweisen. M und F wollen sich scheiden lassen. Beide haben ihren gewöhnlichen Aufenthalt auch in verschiedenen Staaten, sodass der Sachverhalt eine Verbindung zum Recht mehrerer Staaten aufweist. Die Rom III-VO ist daher sachlich anwendbar.

2. **Räumlicher Anwendungsbereich der Rom III-VO**

Deutschland ist teilnehmender Mitgliedstaat i.S.v. Art. 3 Nr. 1 Rom III-VO, sodass die Rom III-VO in Deutschland als vorrangig zu beachtendes gemeinschaftsrechtliches Kollisionsrecht zu beachten ist.

3. **Zeitlicher Anwendungsbereich der Rom III-VO**

Die Rom III-VO müsste auch zeitlich anwendbar sein. Zeitlich gilt sie gemäß deren Art. 18 für gerichtliche Verfahren, die ab dem 21.06.2012 eingeleitet wurden. M und F haben ihren Scheidungsantrag im Jahr 2013 eingereicht. Die Rom III-VO ist daher auch zeitlich anwendbar.

Die Rom III-VO ist daher anwendbar.

102 Kegel/Schurig § 9 I.

II. Ermittlung der nach der Rom III-VO anwendbaren Kollisionsnorm

Das anwendbare Scheidungsrecht ist daher nach Rom III-VO zu ermitteln.

1. Keine vorrangige Rechtswahl

Im Rahmen der Rom III-VO haben die Ehegatten nunmehr die Möglichkeit, das auf die Scheidung anwendbare Recht unter den Voraussetzungen der Art. 5–7 Rom III-VO zu wählen. Liegt eine wirksame Rechtswahl vor, ist diese vorrangig zu beachten. Vorliegend haben M und F jedoch keine Rechtswahl getroffen, sodass Art. 5 Rom III-VO nicht anwendbar ist.

2. Art. 8 Rom III-VO – Erstfrage

Haben die scheidungswilligen Ehegatten keine Rechtswahl getroffen, richtet sich das auf die Scheidung anwendbare Recht nach der **Anknüpfungsleiter** in Art. 8 Rom III-VO. Vorrangig ist im Rahmen dieser Anknüpfungsleiter auf das Recht des Staates abzustellen, in dem die Ehegatten zum Zeitpunkt der Anrufung des Gerichts ihren gewöhnlichen Aufenthalt hatten (Art. 8 lit. a) Rom III-VO) bzw. subsidiär auf das Recht des Staates, in dem die Ehegatten zum Zeitpunkt der Anrufung des Gerichts ihren letzten gemeinsamen gewöhnlichen Aufenthalt hatten, sofern dieser nicht vor mehr als einem Jahr vor der Anrufung des Gerichts endete, Art. 8 lit. b) Rom III-VO. Als M und F den Scheidungsantrag im Jahr 2013 einreichen, lebte M bereits seit drei Jahren in Griechenland, während F ihren gewöhnlichen Aufenthalt immer noch in Deutschland hatte. Über Art. 8 lit. a) und b) Rom III-VO lässt sich das auf die Scheidung anwendbare Recht daher nicht ermitteln.

Subsidiär ist im Rahmen der Anknüpfungsleiter des Art. 8 Rom III-VO deshalb das Recht des Staates auf die Ehescheidung anwendbar, dessen Staatsangehörigkeit beide Ehegatten zum Zeitpunkt der Anrufung des Gerichts besitzen, Art. 8 lit. c) Rom III-VO. Zu diesem Zeitpunkt waren M und F griechische Staatsangehörige, sodass gemäß Art. 8 lit. c) Rom III-VO griechisches Recht auf die **Ehe**scheidung anwendbar ist.

Der in Art. 8 lit. c) Rom III-VO beschriebene Anknüpfungsgegenstand **Ehe**scheidung setzt aber bereits begrifflich voraus, dass überhaupt eine **Ehe** besteht. Das in Art. 8 lit. c) Rom III-VO umschriebene Verweisungsziel hängt mit dem **Bestehen einer Ehe** folglich von einem **im Tatbestand der Kollisionsnorm vorausgesetzten Rechtsverhältnis**, einer **sog. *Erstfrage*** ab. Diese sog. Erstfrage wird als weiterer Lebenssachverhalt mit Auslandsberührung nicht vom Scheidungsstatut erfasst und ist daher hiervon getrennt kollisionsrechtlich zu beurteilen, vgl. auch Art. 1 Abs. 2 lit. a) Rom III-VO, Erwägungsgrund Nr. 10 Rom III-VO.

Ob M und F vorliegend wirksam verheiratet sind, ist fraglich.

3. Behandlung der Erstfrage

Nach heute allgemeiner Meinung sind Erstfragen selbstständig nach der *lex fori* anzuknüpfen. Dies folgt aus dem logischen Zusammenhang, dass Erstfragen bereits durch das Kollisionsrecht des Forums aufgeworfen werden und also schon zu beantworten sind, **bevor** eine *lex causae* für die Hauptfrage ermittelt ist. Außerdem ist es für das Funktionieren des vom deutschen Gesetzgeber bewusst gestalteten Verweisungssystems erforderlich, dass inländische Vorstellungen darüber befinden, ob die Voraussetzungen für ein Eingreifen der Kollisionsnormen vorliegen. Hinzu tritt der Wunsch nach innerem Entscheidungseinklang.

Die selbstständige Anknüpfung der Erstfrage führt hier zu Art. 13, 11 EGBGB. Unabhängig von den sachlichen Voraussetzungen unterliegt die Ehe in ihrer Formwirksamkeit hier dem von Art. 13 Abs. 3 S. 1 EGBGB berufenen deutschen Recht. Danach ist die Ehe 1980 aber nicht wirksam geschlossen worden, da M und F weder von einem Standesbeamten (§ 11 Abs. 1 EheG) noch von einem gemäß Art. 13 Abs. 3 S. 2 EGBGB legitimierten Priester getraut worden sind.

M und F sind aus deutscher Sicht also nicht wirksam verheiratet. Dem Scheidungsantrag wird nicht stattgegeben.

Problem: M und F befinden sich in der misslichen Lage einer „hinkenden Ehe", da die Ehe nach den Vorstellungen des griechischen Rechts wirksam geschlossen wurde, nach deutschem Recht hingegen nicht.

Lösungsmöglichkeiten: Um die Ehe dennoch scheiden zu können, wird teilweise vorgeschlagen, dass der deutsche Familienrichter ein Feststellungsurteil erlassen könnte, dass die Ehe nach deutschem Recht nicht (mehr) besteht.[103] Eine hinkende Ehe könnte vorliegend auch (ausnahmsweise) durch eine unselbstständige Anknüpfung der Erstfrage nach dem IPR der *lex causae* vermieden werden, da dann griechisches IPR über die Wirksamkeit der Ehe entscheiden müsste.[104] Griechisches IPR verweist in diesem Fall auf griechisches Sachrecht, das die Ehe anerkennt, womit ebenfalls die Voraussetzungen für eine Ehescheidung geschaffen wären. Problematisch ist hier jedoch, dass bei Anwendung der Rom III-VO griechisches IPR grundsätzlich gar nicht zur Anwendung kommt, da gemäß Art. 11 Rom III-VO unmittelbar (und unter Ausschluss des renvoi) auf die griechischen Sachnormen verwiesen wird. Ein etwa zur Anwendung berufenes IPR der *lex causae* gibt es daher vorliegend nicht.

II. Vorfrage

Vorfragen sind Fragen nach dem Bestehen eines präjudiziellen Rechtsverhältnisses, die von dem Kollisionsrecht oder materiellen Recht (*lex causae*) der berufenen Rechtsordnung aufgeworfen werden. **Vorfragen stellen sich folglich erst nach der Verweisung.** 64

Fall 9: Hinkende Ehe – Teil 2

1980 heirateten die beiden spanischen Staatsangehörigen M und F in Deutschland vor dem Standesamt; eine kirchliche Trauung fand nicht statt. 2013 stirbt M in Köln, ein Testament hat er nicht hinterlassen. Ist F gesetzliche Erbin des M, wenn keine Verwandten des M mehr leben?

103 Kropholler, IPR, § 35 IV 1.

104 Kritisch hierzu von Bar/Mankowski § 7 Rdnr. 203 f.

Anmerkung:
Bis 1981 waren spanische Eheschließungen ohne kirchliche Trauung unwirksam; die Unwirksamkeit solcher „Altehen" wurde auch durch die Reform 1981 nicht geheilt. Die einschlägigen Kollisionsnormen entsprechen den deutschen. Nach spanischem Erbrecht ist die Ehefrau gesetzliche Erbin des Ehemannes.

Durch den Tod eines spanischen Staatsangehörigen wird die Rechtsordnung eines ausländischen Staates berührt. Bei Sachverhalten mit Auslandsberührung ist mangels vereinheitlichtem Sachrecht gemäß Art. 3 EGBGB über die Vorschriften des Kollisionsrechts das auf den Sachverhalt anzuwendende Sachrecht zu ermitteln.

Fraglich ist, ob vorrangige gemeinschaftsrechtliche oder staatsvertragliche Kollisionsnormen anzuwenden sind, Art. 3 Nr. 1, 2 EGBGB. Vorrangig anzuwendende gemeinschaftsrechtliche Kollisionsnormen könnten der am 16.08.2012 in Kraft getretenen ErbRVO zu entnehmen sein. Gemäß Art. 84 ErbRVO gilt diese jedoch erst ab dem 17.08. 2015, vgl. auch Art. 83 ErbRVO. Daher ist der zeitliche Anwendungsbereich der ErbRVO nicht gegeben. Diese ist daher nicht anwendbar.

Vorrangige anzuwendende staatsvertragliche Kollisionsnormen sind ebenfalls nicht ersichtlich. Folglich sind die Kollisionsnormen des deutschen autonomen IPR anzuwenden.

I. **Bestimmung der anwendbaren Rechtsordnung (Hauptfrage)**

Erbrechtliche Sachverhalte können unter Art. 25 EGBGB qualifiziert werden. Gemäß Art. 25 Abs. 1 EGBGB werden Fragen der Erbschaft und der Erbfolge an das Recht der Staatsangehörigkeit des Erblassers geknüpft. Folglich wird auf spanisches Recht verwiesen, da M im Zeitpunkt des Todes die spanische Staatsangehörigkeit besaß. Diese Verweisung wird vom spanischen Kollisionsrecht auch angenommen, sodass sich die Erbfolge nach spanischem Erbrecht richtet.

II. **Anwendung des spanischen Rechts – Aufwerfen einer Vorfrage**

Nach dem spanischen Erbrecht ist die Ehefrau die gesetzliche Erbin des verstorbenen Ehemannes. Fraglich ist daher, ob F Ehefrau des M war. Die Entscheidung der Hauptfrage hängt also von einem vorgreiflichen (präjudiziellen) Rechtsverhältnis ab, das sich aus einem Tatbestandsmerkmal einer Sachnorm ergibt. Die Hauptfrage wirft die Vorfrage des Bestehens einer Ehe auf.

Unstrittig ist, dass die Vorfrage nicht automatisch nach dem Sachrecht der Hauptfrage (hier: spanisches Erbrecht) **entschieden werden darf.** Denn der Systembegriff der Kollisionsnorm des Art. 25 Abs. 1 EGBGB erfasst nur Lebenssachverhalte aus dem Bereich der Rechtsnachfolge von Todes wegen. Im Sinne einer **„Feinabstimmung"** wird deshalb auch nur auf die Normen des spanischen Erbrechts verwiesen, nicht aber auf die sonstigen spanischen Normen, also auch nicht auf die des Familienrechts.

Anmerkung: *Selbst Fortgeschrittene machen hier in schriftlichen Arbeiten aber auch in mündlichen Prüfungen immer wieder Fehler, sodass dieser Prüfungsschritt unbedingt zu verinnerlichen ist.*

Ob die Vorfrage selbstständig nach dem IPR der *lex fori* (hier nach deutschem Kollisionsrecht) **oder unselbstständig nach dem IPR der *lex causae*** (hier spanisches Kollisionsrecht) angeknüpft wird, ist umstritten.[105]

1. **Unselbstständige Anknüpfung nach dem IPR der *lex causae***

Nach einer verbreiteten Mindermeinung ist die Vorfrage stets anhand der Kollisionsnormen des für die Hauptfrage maßgeblichen Rechts (*lex causae*) zu beantworten.[106] 65

Wenn durch die Anwendung der eigenen Kollisionsnorm bereits eine ausländische Sachnorm berufen ist, sei es nur **konsequent**, dass das Kollisionsrecht dieser ausländischen Rechtsordnung für alle mit dieser Sachnorm verbundenen Rechtsfragen zuständig bleibt. Es sei daher „widersprüchlich", aus der als maßgeblich erkannten ausländischen Sachnorm wieder in das heimische Kollisionsrecht „zurückzuspringen" und die Vorfrage selbstständig anzuknüpfen.

Für diese Meinung spricht der Gedanke des internationalen Entscheidungseinklangs, da bei der Entscheidung in dem betreffenden Land dessen Gerichte selbstverständlich ihre eigenen Kollisionsnormen anwenden würden.

Diese Meinung nimmt weiterhin für sich in Anspruch, hinkende Rechtsverhältnisse zu vermeiden.

Nach dieser Meinung wäre das Kollisionsrecht von Spanien anwendbar, das auf spanisches (Ehe-)Sachrecht verweist. Nach diesem wäre die Ehe unwirksam, da sie nicht kirchlich geschlossen wurde.

2. **Selbstständige Anknüpfung nach dem IPR der *lex fori* (h.M.)**

Nach herrschender Auffassung[107] ist die Vorfrage grundsätzlich anhand der Kollisionsnormen der *lex fori* zu beantworten (sog. selbstständige Anknüpfung). Ein Rechtsverhältnis solle im IPR stets von einheitlichen Kollisionsnormen und somit nur von einer Rechtsordnung beherrscht werden, unabhängig davon, ob es sich als eine Haupt- oder Vorfrage stelle. Diese Auffassung bevorzugt also im Allgemeinen den **inneren Entscheidungseinklang** gegenüber einer internationalen Übereinstimmung. Auch diese Auffassung nimmt für sich in Anspruch, hinkende Rechtsverhältnisse zu vermeiden. 66

Gegen eine unselbstständige Anknüpfung nach dem IPR der *lex causae* spreche u.a., dass

- es keinesfalls zwingend logisch ist, die Vorfrage nach dem IPR derjenigen Rechtsordnung anzuknüpfen, welche auf die Hauptfrage anwendbar ist.[108] Zwingend sei lediglich, dass die *lex causae* für die Hauptfrage berufen sei, aber eben auch nur für die Hauptfrage.

105 Dazu Kegel/Schurig § 9 II; von Hoffmann/Thorn § 6 III; Kropholler, IPR, § 32 IV; Ferid § 4 Rdnr. 4–48 f.

106 MünchKomm/Sonnenberger Einl. IPR, Rdnr. 542 f.; Melchior, Grundlagen des IPR, S. 256, 258; Wengler RabelsZ 8 (1934), 148, 151.

107 BGH NJW 1981, 1901; Palandt/Heldrich Einl. v. Art. 3 EGBGB Rdnr. 29; von Bar/Mankowski § 7 Rdnr. 195 m.w.N.

108 Von Bar/Mankowski § 7 Rdnr. 193; Kegel/Schurig § 9 II 1.

- hierdurch die Gefahr bestehe, dass ein einheitliches Rechtsverhältnis unterschiedlich beurteilt wird, je nachdem, ob es Vorfrage oder Hauptfrage ist. Dies sei insbesondere dann der Fall, wenn wie im Personen-, Familien- und Erbrecht oft die Hauptfrage an die Staatsangehörigkeit geknüpft wird und es so zu zufälligen und ungerechten Ergebnissen kommt, wenn für die Vorfragen das Kollisionsrecht dieser (zufällig berufenen) Rechtsordnung maßgeblich ist.[109]
- der interne dem internationalen Entscheidungseinklang deshalb vorgehe, da letzterer wegen der Vielzahl nationaler Rechte immer nur partiell erreicht werden könne und kein Selbstwert an sich sei.[110] Eine gerechte Entscheidung müsse das primäre Ziel sein, weshalb eine internationalisierbare Entscheidung nur das sekundäre sein könne.

Ausnahmsweise ist auch nach der h.M. unselbstständig anzuknüpfen, wenn der internationale Entscheidungseinklang wichtiger ist. Das ist der Fall

- in den stark öffentlich-rechtlich geprägten Gebieten des Staatsangehörigkeits- und des Namensrechts (als Ausprägung der Souveränität des Staates),
- im völkerrechtlichen Kollisionsrecht und inkorporierten Verträgen,
- bei der Verwirklichung des Günstigkeitsprinzips (z.B. Art. 19 Abs. 1 S. 1, 2 EGBGB) oder
- bei einem überwiegenden Auslandsbezug des Sachverhalts.

Folglich bestimmt sich nach dieser Auffassung die Wirksamkeit der Ehe grds. nach dem IPR der *lex fori*, d.h. nach deutschem Kollisionsrecht. Somit sind die Art. 13, 11 EGBGB anzuwenden.

a) **Materielle Ehevoraussetzungen**

Hinsichtlich der materiellen Voraussetzungen einer Eheschließung (z.B. Ehefähigkeit, Verbot der Doppelehe) beruft Art. 13 Abs. 1 EGBGB das Heimatrecht der Verlobten, konkret also spanisches Recht. Mangels entgegenstehender Anhaltspunkte ist davon auszugehen, dass die materiellen Ehevoraussetzungen aus spanischer Sicht sämtlich gegeben waren. Die spanische Regelung, die eine kirchliche Trauung vorschreibt, steht dem nicht entgegen, da sie keine materielle Voraussetzung umschreibt, sondern lediglich die Form der Eheschließung.

b) **Formelle Ehevoraussetzungen**

In ihrer Form unterliegt die Ehe grundsätzlich dem (großzügigen) Art. 11 EGBGB; für Inlandsehen gilt jedoch die Sonderregelung des Art. 13 Abs. 3 EGBGB. Art. 13 Abs. 3 S. 1 EGBGB beruft die *lex fori*. Aus deutscher Sicht ist eine Eheschließung vor dem Standesamt nicht nur ausreichend, sondern regelmäßig geboten. Die Wirksamkeit der standesamtlichen Trauung von M und F

109 Kropholler, IPR, § 32 IV 2; Kegel/Schurig § 9 II 1.

110 Von Bar/Mankowski § 7 Rdnr. 194.

kann hier unterstellt werden. Die spanische Formvorschrift, die 1980 eine kirchliche Trauung erforderlich machte, ist vom inländischen Richter nicht zu beachten, da das deutsche IPR dem spanischen Recht insofern nicht „das Wort erteilt".

Aus deutscher Sicht ist F durch die standesamtliche Trauung Ehefrau des M geworden.

3. **Differenzierender Ansatz**

Nach einer vordringenden Meinung soll die Art der Anknüpfung der Vorfrage von der Intensität der Inlandsbeziehung des Sachverhalts abhängig sein.[111] Sei sie stark, so sei selbstständig, sei sie schwach, so sei unselbstständig anzuknüpfen. Eine solche Differenzierung orientiere sich am Grundsatz der Einzelfallgerechtigkeit und komme zu angemessenen Ergebnissen. 67

Hier käme diese Meinung zu einer selbstständigen Anknüpfung nach der *lex fori*, da M und F schon seit langer Zeit in Deutschland lebten, die Inlandsbeziehung also stark war. Folge der selbstständigen Anknüpfung ist die Anwendbarkeit deutschen Sachrechts (s.o.), welches von der Wirksamkeit der Ehe ausgeht.

4. **Stellungnahme**

Gegen den differenzierenden Ansatz spricht, dass durch das unbestimmte Abgrenzungsmerkmal der starken oder schwachen Auslandsberührung das Ergebnis nur schwer vorhersehbar ist.[112] Es gibt keine Rechtssicherheit, sodass dieser Ansatz abzulehnen ist. 68

Befürworter der verbleibenden Anknüpfungsmethoden nehmen jeweils für sich in Anspruch, hinkende Rechtsverhältnisse zu vermeiden. Zu diesen kann es immer dann kommen, wenn die Wirksamkeit des Rechtsverhältnisses von der für die Vorfrage und von der für die Hauptfrage berufenen Rechtsordnung unterschiedlich beurteilt wird. Dies ist aber nach beiden Ansätzen denkbar, da im Vorhinein nicht abzusehen ist, dass die jeweiligen Kollisionsnormen für Vor- und Hauptfrage auf die gleiche Rechtsordnung verweisen, oder aber etwa beide berufenen Rechtsordnungen die Wirksamkeit des Rechtsverhältnisses einheitlich beurteilen.[113]

Für eine selbstständige Anknüpfung nach der *lex fori* spricht aber, dass der nationale Gesetzgeber ein System aufeinander abgestimmter Kollisionsnormen geschaffen hat und so zumindest eine gewisse (theoretische) Wahrscheinlichkeit dafür besteht, dass Rechtsverhältnisse einheitlich beurteilt werden können.

Vorliegend kommt aber gerade diese Qualifikationsmethode zu einem hinkenden Rechtsverhältnis, da die Ehe vom deutschen Recht (für die Vorfrage) als wirksam und vom spanischen Recht (für die Hauptfrage) als unwirksam betrachtet

111 Von Hoffmann/Thorn § 6 Rdnr. 72; Kunz, Rdnr. 89 f.; Ferid § 4 Rdnr. 4–62.

112 Vgl. von Bar/Mankowski § 7 Rdnr. 205.

113 Vgl. MünchKomm/Sonnenberger Einl. IPR, Rdnr. 539, 548 f.

wird. Dagegen vermeidet die **unselbstständige Anknüpfung der Vorfrage** nach dem IPR der *lex causae* vorliegend ein hinkendes Rechtsverhältnis, indem hinsichtlich der Vorfrage ebenfalls auf spanisches Recht verwiesen wird und somit **Vorfrage- und Hauptfragestatut einheitlich zur Unwirksamkeit der Ehe** kommen.

Mit letzterem Ergebnis ist für die Falllösung aber nichts gewonnen: Da diese Methode, gerade wie der vorliegende Fall zeigt, hinsichtlich des Vorfragestatuts vom **Nicht**bestehen des präjudiziellen Rechtsverhältnisses ausgeht, kann spanisches Erbrecht für die F erst gar nicht angewendet werden. Die selbstständige Qualifikation der Vorfrage bewirkt hier dagegen, dass die Ehe zumindest nach deutschem Recht als **wirksam** angesehen wird. Dieser Methode kommt daher eine **„validierende"** Funktion zu, die den Weg zur Anwendung des spanischen Erbrechts (Hauptfrage) erst frei macht. Gerade hierauf kommt es aber grundsätzlich auch der unselbstständigen Qualifikationsmethode an, die von der Rspr. immer nur dann angewandt wurde, wenn die Vorfrage eine Ehe betraf, die aus Sicht des Forums einmal nicht bestand.[114]

Aus **praktischen Erwägungen** ist es daher vorzuziehen, wenn allein das Forum von der Wirksamkeit des präjudiziellen Rechtsverhältnisses ausgeht, als wenn dieses nach der vom IPR der *lex causae* berufenen Rechtsordnung überhaupt nicht existiert. **Maßgeblich sind die kollisionsrechtlich relevanten Interessen bzw. Zwecke.**[115] Die Vermeidung einer hinkenden Ehe ist dagegen kein Selbstzweck.

- Um die Anwendung des ausländischen Sachrechts (und damit eine im Einzelfall gerechte Entscheidung) erreichen zu können, ist für den inländischen Rechtsanwender eine „hinkende Ehe" deshalb u.U. besser als gar keine. Der selbstständigen Qualifikationsmethode ist daher der Vorzug zu geben.

Anmerkung: *Die Diskussion zeigt, dass auch hier von beiden Ansätzen mehr oder minder zwingende dogmatische Argumente „vorgeschoben" werden, um dann im Einzelfall ein passendes Ergebnis begründen zu können. Auch die Rechtsprechung hat sich nicht festgelegt, sondern* ***„pendelt"*** *zwischen der einen und der anderen Methode hin und her.*[116] *Es besteht hierdurch die Gefahr von Einzelfallentscheidungen.*

Da somit feststeht, dass M und F wirksam verheiratet waren, liegen die Voraussetzungen der gesetzlichen Erbfolge der F nach spanischem Erbrecht vor.

Zu beachten ist, dass der Streit nur erheblich ist, wenn:

- die *lex fori* nicht mit der *lex causae* übereinstimmt,
- das IPR des Forums Haupt- und Vorfrage nicht derselben Rechtsordnung zuweist,
- die Sachnormen nicht zum gleichen Ergebnis kommen und
- keine schon entschiedene Erstfrage vorliegt, die der Vorfrage entspricht. Denn dann bliebe es beim Ergebnis der Erstfrage auch für die Vorfrage; s. dazu die Abwandlung.

114 von Bar/Mankowski § 7 Rdnr. 203.

115 MünchKomm/Sonnenberger Einl. IPR, Rdnr. 549.

116 MünchKomm/Sonnenberger Einl. IPR, Rdnr. 539.

Abwandlung (Hinkende Ehe – Teil 3):
M stirbt nicht, sondern will sich im Jahr 2013 von F scheiden lassen, die bereits seit dem Jahr 2010 wieder in Spanien lebt.

I. Ermittlung des anzuwendenden Sachrechts 69

Einschlägige Kollisionsnorm für die Ehescheidung ist mangels einer Rechtswahl und eines gemeinsamen gewöhnlichen Aufenthaltes Art. 8 lit. c) Rom III-VO (vgl. die Lösung von Fall 8, Rdnr. 63). Die von Art. 8 lit. c) Rom III-VO aufgeworfene **Erstfrage** nach dem Bestehen einer Ehe ist **selbstständig** nach dem IPR der *lex fori* gemäß Art. 13, 11 EGBGB anzuknüpfen. Aus deutscher Sicht sind M und F danach wirksam verheiratet.

Art. 8 lit. c) Rom III-VO verweist auf der dritten Stufe der Anknüpfungsleiter in Art. 8 Rom III-VO auf das Recht des Staates, dem beide Ehegatten angehören. Da M und F beide spanische Staatsangehörige sind, ist spanisches Scheidungsrecht anwendbar. Da gemäß Art. 11 Rom III-VO ein renvoi ausgeschlossen ist, unterliegt die Scheidung von M und F daher unmittelbar den Sachnormen des spanischen Scheidungsrechts.

II. Vorfrage im spanischen Sachrecht

Die Sachnormen des spanischen Scheidungsrechts setzen wiederum das Bestehen einer Ehe voraus. Damit ist an sich eine Vorfrage aufgeworfen. Diese **Vorfrage wurde aber als Erstfrage bereits beantwortet**. Ergibt die Prüfung der Erstfrage, dass das betreffende Rechtsverhältnis nach der *lex fori* besteht, so ist dies auch bei der Anwendung der ausländischen Sachnormen zugrunde zu legen, selbst wenn das nach der *lex causae* maßgebliche Recht von dessen Nichtigkeit ausgeht.[117] **Die Vorfrage wird daher nicht erneut angeknüpft.**

Problem: Die „hinkende Ehe" von M und F führt vorliegend jedoch zu der widersprüchlichen Situation, dass die Ehe nach einem Recht geschieden werden soll, das ihr Bestehen nicht anerkennt: Der spanischen Rechtsordnung wird damit eine Entscheidung aufgedrängt, die sie nicht treffen will und die möglicherweise auch den Interessen der Betroffenen nicht gerecht wird. Denn Eheschließungsrecht und Scheidungsrecht werden in ihren Wertungen nicht selten übereinstimmen (z.B. Trauung durch einen Priester – Scheidung durch einen Priester). Als Extremfall wäre denkbar, dass eine im Inland geschlossene Ehe aus Sicht der übereinstimmenden Heimatrechte nicht scheidbar und damit praktisch unauflösbar ist.[118]

Lösungsmöglichkeiten: Während einige Autoren es dennoch bei der Anwendung des berufenen Sachrechts belassen,[119] wird von der überwiegenden Auffassung vorgeschlagen, auf ein Ersatzrecht auszuweichen, welches die Ehe anerkennt.[120] Hierfür steht in Anlehnung an Art. 8 lit. d) Rom III-VO die *lex fori* zur Verfügung.

---

117 Kropholler, IPR, § 35 IV 2; von Hoffmann/Thorn § 6 Rdnr. 70.

118 Kropholler, IPR, § 35 IV 2.

119 Von Hoffmann/Thorn § 6 Rdnr. 70.

120 OLG Koblenz NJW-RR 1994, 647; Palandt/Heldrich Art. 17 EGBGB Rdnr. 10.

III. Teilfrage

70 Die Teilfrage stellt sich nur nach der Verweisung. Sie betrifft – anders als die Vor- und die Erstfrage – kein eigenständiges (präjudizielles) Rechtsverhältnis, sondern ist nur als Tatbestandsvoraussetzung einer Hauptfrage erheblich.

1. Regelanknüpfung

71 Teilfragen werden grds. vom Wirkungsstatut, also der berufenen materiellen Rechtsordnung beantwortet. Sie bilden mit der Hauptfrage einen einheitlichen Lebenssachverhalt und sollen deshalb von derselben Rechtsordnung beherrscht werden.[121]

2. Sonderanknüpfung

72 Um jedoch einzelne Interessen besser berücksichtigen zu können, bestehen für bestimmte Teilfragen Sonderanknüpfungen.

Gesetzlich geregelt sind die Sonderanknüpfungen für die folgenden Teilfragen:

- Geschäftsfähigkeit (Art. 7 Abs. 1 EGBGB);
- Form des Rechtsgeschäfts (Art. 11 EGBGB);
- Form des Testaments (Art. 26 EGBGB);
- Ehefähigkeit (Art. 14 EGBGB);
- Vertretungsmacht.

  Die Teilfrage der Vertretungsmacht ist gesetzlich nicht geregelt, jedoch *arg. ex* Art. 1 Abs. 2 lit. g) Rom I-VO als selbstständige Teilfrage anerkannt.

Fall 10: Autokauf

Der 19-jährige Millionärssohn A aus Florida ist im Frühjahr 2013 Gast bei seinem 25-jährigen deutschen Brieffreund B. Er möchte seinen Aufenthalt zum Erwerb eines Porsche 911 nutzen. Um keine Zeit für das Sight-Seeing einzubüßen, ruft er den Stuttgarter Autohändler H an und erklärt ihm, dass B ihn aufsuchen werde, um für ihn – A – einen Porsche auszuwählen und zu kaufen. Entsprechend schließt B im Namen des A einen Kaufvertrag über das Auto ab. Später gibt es Unstimmigkeiten. Die Eltern des A machen gegenüber H deutlich, dass sie von der „überdrehten Idee" ihres Sohnes nichts wissen wollen. Ist der Kauf wirksam zustande gekommen?

Anmerkung:
Es ist davon auszugehen, dass die folgenden Bestimmungen in Florida geltendes Recht sind:
1. Geschäftsfähig ist, wer das 21. Lebensjahr vollendet hat.

121 Von Hoffmann/Thorn § 6 Rdnr. 43 f.

2. Über die Geschäftsfähigkeit einer Person entscheidet das Recht ihres Wohnsitzes (*domicile*).
3. Willenserklärungen des Nichtgeschäftsfähigen sind endgültig unwirksam.

1. Abwandlung
A hat B gar keine Vollmacht erteilt. B möchte dennoch gern Porsche fahren und behauptet gegenüber H, von A bevollmächtigt worden zu sein, den Kaufvertrag abzuschließen. A wendet nach Auslieferung des Autos gegenüber H ein, B nicht bevollmächtigt zu haben. H möchte deshalb B in Anspruch nehmen. Nach welchem Recht richtet sich die Haftung des B?

2. Abwandlung
A ist mittlerweile auch nach US-amerikanischen Recht volljährig und beauftragt B, in jedem Sommer das aktuelle Zuffenhausener Modell bei H zu ordern, das H auch stets an B ausliefert und das A in jedem Jahr pünktlich bezahlt. Im Jahre 2018 möchte A nur noch elektrisch fahren und widerruft gegenüber B die Vollmacht. B, der sich mit den „pseudoökologischen Allüren" des A nicht abfinden möchte, ordert trotzdem einen Porsche bei H, den H im Vertrauen auf den Bestand der Vollmacht an B ausliefert. Als H von A Zahlung verlangt, wendet A ein, B nicht bevollmächtigt zu haben und verweigert die Zahlung. Welches Recht entscheidet darüber, ob von einer wirksamen Bevollmächtigung des B auszugehen ist?

Da der Sachverhalt wegen der Herkunft des A eine Auslandsberührung aufweist, ist das auf den Fall anzuwendende Sachrecht mittels der Vorschriften des deutschen IPR zu bestimmen. 73

I. Vereinheitlichtes Sachrecht, insbesondere **UN-Kaufrecht**, greift nicht ein, da es sich bei dem Porsche um eine Sache für den persönlichen Gebrauch handelt, vgl. Art. 2 a) CISG.

II. Fraglich ist, ob **vorrangig** zu beachtende Kollisionsnormen des **europäischen Gemeinschaftsrechts** anwendbar sind. Für Schuldverträge, die nach dem 17.12.2009 geschlossen werden, gilt gemäß Art. 3 Nr. 1 lit. b) EGBGB und Art. 28 Rom I-VO die Rom I-VO. Diese ist gemäß Art. 1 Abs. 1 Rom I-VO anwendbar auf vertragliche Schuldverhältnisse in Zivil- und Handelssachen, die eine Verbindung zum Recht verschiedener Staaten aufweisen. Hierunter fällt auch der zwischen dem US-Amerikaner A und dem Deutschen H geschlossene Kaufvertrag. Anwendbar sind daher die Art. 3 ff. Rom I-VO.

1. Eine ausdrückliche oder konkludente **Rechtswahl** der Parteien gemäß Art. 3 Rom I-VO liegt für den abgeschlossenen Kaufvertrag nicht vor.
2. Somit ist für das Vertragsstatut **objektiv anzuknüpfen**. Gemäß Art. 4 Abs. 1 lit. a) Rom I-VO unterliegen Kaufverträge über bewegliche Sachen dem Recht des Staates, in dem der Verkäufer seinen gewöhnlichen Aufenthalt hat. H hat in Stuttgart seine Niederlassung. Folglich ist deutsches Recht auf den Vertrag anwendbar.

3. Eine andere Anknüpfung ergibt sich auch nicht aus Art. 6 Rom I-VO; zwar kauft A den Wagen als Verbraucher, aber die (alternativen) Voraussetzungen des Art. 6 Abs. 1 Rom I-VO liegen sämtlich nicht vor.

III. Reichweite des Vertragsstatuts

Gefragt ist hier nach der Wirksamkeit des Kaufvertrages zwischen A und H. Als mögliche Gründe für die Unwirksamkeit des Vertrages kommen nur Mängel in der Geschäftsfähigkeit des A oder dessen Vertretung durch B in Betracht. Fraglich ist, ob Art. 4 Abs. 1 lit. a), Abs. 2 Rom I-VO auch zur Anknüpfung dieser **Teilfragen** die einschlägige Kollisionsnorm beinhaltet.

Aus Art. 10, 12 Rom I-VO ergibt sich, dass das Schuldstatut neben Fragen des Zustandekommens, der Auslegung und Wirkungen eines Vertrages auch über dessen Wirksamkeit entscheidet. Für diese Teilfragen gilt daher im Grundsatz die *lex causae* (Wirkungsstatut), hier also deutsches Recht.

Das Vertragsstatut erfasst die mit einem Schuldvertrag verbundenen Teilfragen jedoch nicht ausnahmslos. Sonderanknüpfungen bestehen insbesondere für Fragen der Geschäftsfähigkeit (Art. 7 EGBGB), der Form (Art. 11 Rom I-VO) und der Stellvertretung (vgl. Art. 1 Abs. 2 lit. g) Rom I-VO). Die Anknüpfung der Vollmacht ist gesetzlich nicht geregelt; es werden verschiedene Auffassungen hierzu vertreten:

1. Teilweise wird eine Anknüpfung an den Aufenthalt des Geschäftsherrn vorgeschlagen, andere bevorzugen die Anwendung des Vertragsstatuts oder das Recht des Wirkungsortes.

2. Herrschend ist allerdings die Auffassung, das **Recht des Gebrauchsortes** anzuwenden.[122] Für diese Auffassung spricht der Gedanke des **Verkehrsschutzes**. Der Verhandlungspartner des Vertreters soll den Umfang der Vollmacht leicht prüfen und feststellen können.[123]

74
IV. Abgrenzung des Vertrags- vom Vertretungs- bzw. Personalstatut

- Die Frage nach der Stellvertretung wirft das Vertragsstatut auf. Dieses entscheidet auch über die Rechtsfolgen der Stellvertretung. Über Wirksamkeit und Umfang[124] der Vollmacht befindet dagegen das Vertretungsstatut.

- Ähnlich liegt es für die Geschäftsfähigkeit: Die Frage ihrer Notwendigkeit ergibt sich aus dem Vertragsstatut, ihr Vorliegen dagegen aus dem von Art. 7 EGBGB berufenen Personalstatut.

V. Prüfung des anwendbaren Sachrechts

Möglicherweise wirkt der von B mit H geschlossene Kaufvertrag wegen eines Mangels in der Stellvertretung nicht für und gegen A.

---

122 BGH NJW 1982, 2733; NJW 1990, 3088; Kropholler, IPR, § 41 I 2; von Hoffmann/Thorn § 10 Rdnr. 50–51; Leible IPRax 1998, 257, 258; instruktiv zum Meinungsstand: Bamberger/Roth-Mäsch, Stellvertretung Art. 10 EGBGB Anh. Rdnr. 78 ff.

123 BGHZ 128, 47.

124 Hierunter fallen auch Duldungs- und Anscheinsvollmacht sowie die Haftung des Vertreters ohne Vertretungsmacht, vgl. Kropholler, IPR, § 42 I 3.

Das deutsche Vertragsstatut lässt eine Stellvertretung für Kaufverträge zu. Ob B den A auch wirksam vertreten hat, ist dagegen dem Vertretungsstatut zu entnehmen. Da die Vollmacht in Deutschland ausgeübt werden soll, unterliegt das Vertretungsstatut ebenfalls deutschem Recht, also den §§ 164 ff. BGB.

B hat eine eigene Willenserklärung im Namen des A abgegeben. B müsste auch mit Vertretungsmacht gehandelt haben. Eine entsprechende (Außen-)Vollmacht hat A erteilt. Das deutsche Vertretungsstatut setzt für eine solche Bevollmächtigung allerdings die Geschäftsfähigkeit des Bevollmächtigenden voraus. Die Geschäftsfähigkeit des A ist vorliegend fraglich.

1. Ob A geschäftsfähig ist, entscheidet gemäß Art. 7 i.V.m. Art. 4 Abs. 3 S. 1, 2 EGBGB das Recht von Florida als Personalstatut. Eine Unteranknüpfung war hier erforderlich, da die USA einen Mehrrechtsstaat ohne einheitliches interlokales Kollisionsrecht bilden; das *domicile* des A knüpft die engste Verbindung an das Recht von Florida. Diese Verweisung stellt nach Art. 4 Abs. 1 S. 1 EGBGB eine Gesamtverweisung dar. Der US-Staat Florida knüpft an den Wohnsitz des Handelnden an, nimmt die Verweisung also an.

   Nach dem Recht des Staates Florida ist A jedoch nicht geschäftsfähig, da er noch keine 21 Jahre alt ist.

2. Fraglich ist, welches Recht die **Folgen** eines Mangels in der Geschäftsfähigkeit regelt, das **Personalstatut**[125] oder das **Vertragsstatut**.[126] Personalstatut ist das Recht des Staates Florida: Danach sind Willenserklärungen des Nichtgeschäftsfähigen unwirksam. Vertragsstatut ist deutsches Recht: Auch danach ist der Vertrag unwirksam, da die Eltern die Genehmigung des Kaufvertrages verweigert haben, §§ 108 Abs. 1, 107, 182, 184 BGB.

3. Das **Vertrauen** des H auf die Geschäftsfähigkeit des bevollmächtigenden A könnte aber durch Art. 13 Rom I-VO geschützt sein. A befand sich wie H in Deutschland und wäre nach deutschem Recht volljährig und damit uneingeschränkt geschäftsfähig gewesen. Es bestehen auch keine Anhaltspunkte, dass H den Mangel der Geschäftsfähigkeit infolge von Fahrlässigkeit verkannt hat. Nach den konkreten Umständen des Falles dürfte die – zu unterstellende – Kenntnis des H von der ausländischen Staatsangehörigkeit des A nicht ausreichen, um ihm eine Verletzung seiner Erkundigungspflichten vorhalten zu können.

   Nach dem Wortlaut der Vorschrift beschränkt sich Art. 13 Rom I-VO allerdings auf den Abschluss von Verträgen. Eine hier infrage stehende Bevollmächtigung ist dagegen ein einseitiges Rechtsgeschäft. Denkbar wäre, das Vertrauen des H durch eine **Analogie** zu Art. 13 Rom I-VO zu schützen. Diese ließe sich damit begründen, dass eine unterschiedliche Handhabung des Vertrauensschutzes bei Verträgen und einseitigen Rechtsgeschäften sachlich nicht gerechtfertigt ist.[127]

---

125 Palandt/Heldrich Anh. zu Art. 32 EGBGB Rdnr. 3.

126 OLG Düsseldorf NJW-RR 1995, 755; zum Ganzen: Baetge JuS 1996, 803 f.

127 Vgl. Kropholler, IPR, § 42 I 3 b, str.

Folgt man der aufgezeigten Argumentation, kann A sich auf den Mangel seiner Geschäftsfähigkeit nicht berufen. Die von ihm erteilte Bevollmächtigung des B ist demnach wirksam. Die Willenserklärung des B wirkt folglich für und gegen A. Der Kaufvertrag ist somit wirksam zustande gekommen.

1. Abwandlung[128]

Die Frage der Haftung des B gegenüber H betrifft die des Vertreters ohne Vertretungsmacht (*falsus procurator*). Fraglich ist, wie diese Frage zu qualifizieren ist.

I. Rom I-VO

Gegen eine Zuordnung der *falsus procurator*-Haftung zum Vertragsbegriff der Rom I-VO könnte bereits Art. 1 Abs. 2 lit. g) Rom I-VO sprechen. Danach ist die Stellvertretung vom Anwendungsbereich der Rom I-VO ausgenommen. Dieser Ausschluss bezieht sich zwar dem Wortlaut nach nur auf die Vertretungsmacht und nicht auf die Haftung des Vertreters ohne Vertretungsmacht. Dass der Ausschluss in Art. 1 Abs. 2 lit. g) Rom I-VO seinem Inhalt nach auch den *falsus procurator* erfasst, lässt sich jedoch historisch begründen: So war in Art. 7 des ursprünglichen Entwurfs zur Rom I-VO auch eine umfassende Regelung für die Anknüpfung der rechtsgeschäftlichen Vertretung enthalten. Art. 7 Abs. 4 dieses Entwurfs erfasste das Verhältnis des Vertreters zu Dritten und damit auch die Haftung des Vertreters ohne Vertretungsmacht. Art. 7 des Entwurfs wurde zwar (aus gutem Grund) in die endgültige Fassung der Rom I-VO nicht übernommen. Dieser Entwurf lässt jedoch erkennen, dass die Haftung des Vertreters ohne Vertretungsmacht insgesamt dem Bereich der Vertretungsmacht zuzuordnen ist. Dessen Ausschluss in Art. 1 Abs. 2 lit. g) Rom I-VO erfasst daher auch die Haftung des *falsus procurator*.[129]

II. Rom II-VO

Für eine Berücksichtigung der Haftung des Vertreters ohne Vertretungsmacht im Rahmen der Rom II-VO könnte sprechen, dass in deren Art. 12 mit der *culpa in contrahendo* ein ganz ähnliches Rechtsinstitut Einzug gehalten hat. Auch die *c.i.c.* hat vertragliche Wurzeln. Wie bei der *c.i.c.* auch, wird das **Vertrauen** des (vermeintlichen) Vertragspartners **enttäuscht**.

Andererseits wird die Haftung des *falsus procurator* nicht in der abschließenden Aufzählung des Art. 2 Abs. 1 Rom II-VO genannt. Zudem handelt es sich bei der Haftung des Vertreters ohne Vertretungsmacht aus Gründen des **Verkehrsschutzes** und anders als bei der Haftung aus *Verschulden* bei Vertragsschluss um eine verschuldensunabhängige Haftung.[130] Schließlich wurde bereits ermittelt, dass die Haftung des Vertreters ohne Vertretungsmacht zumindest europarechtlich dem Bereich der Vertretungsmacht zuzuordnen ist (s.o.). Diese wird aber unstreitig nicht von der Rom II-VO erfasst, sodass diese auch die *falsus procurator*-Haftung nicht regelt.

---

128 Hierzu : Behnen, IPRax 2011, 221 ff.

129 Vgl. Behnen, IPRax 2011, 221, 224.

130 Vgl. Behnen, IPRax 2011, 221, 225.

III. **Vertragsstatut**

In Betracht kommt deshalb eine akzessorische Anknüpfung an das Vertragsstatut. Die Haftung des Vertreters ohne Vertretungsmacht unterläge damit dem Recht, das auf den (hypothetischen) Hauptvertrag zwischen dem vertretenen Prinzipal und dem Dritten anwendbar wäre. Ob ein solcher Vertrag wirksam geschlossen wurde, ist jedoch – gerade im grenzüberschreitenden Verkehr – unter Umständen nur schwer zu ermitteln. Zudem besteht durch die Möglichkeit einer Rechtswahl die Gefahr zusätzlicher Manipulationen. Der Dritte ist aber aus Gründen des **Verkehrsschutzes** darauf angewiesen, schnell zu erkennen, nach welchem Recht er Ansprüche gegen den Vertreter geltend machen kann. Dies spricht gegen eine akzessorische Anknüpfung der Haftung des *falsus procurators* an das Vertragsstatut.

IV. **Autonomes Deliktsstatut**

Gegen eine deliktische Qualifikation der *falsus procurator*-Haftung nach autonomen IPR spricht bereits, dass § 179 BGB systematisch nicht im Deliktsrecht, sondern im Allgemeinen Teil des BGB verortet wurde. Hinzu kommt, dass § 179 BGB **Verkehrs- und Vertrauensschutz** bezweckt, während das Deliktsrecht widerrechtliche Eingriffe in rechtlich geschützte Interessen zu kompensieren versucht.[131]

V. **(Hypothetisches) Vollmachtsstatut**

Der **Verkehrsschutz** und die rechtlichen Interessen des Dritten gebieten es, das auf die Haftung des *falsus procurator* anzuwendende Recht einfach und sicher zu bestimmen. Dies spricht für eine Anknüpfung an das Recht des **Gebrauchsortes** der (hypothetischen) Vollmacht. Hierbei handelt es sich auch um die für die Anknüpfung der Vollmacht nach h.M. maßgebliche Anknüpfung (s.o. im Ausgangsfall). Auf diese Weise werden Anpassungsschwierigkeiten zwischen beiden Statuten (Vollmachtsstatut einerseits, Statut der Haftung des Vertreters ohne Vertretungsmacht andererseits) vermieden. Zwar besteht technisch gesehen bei der Haftung des Vertreters ohne Vertretungsmacht gar keine Vollmacht, die gebraucht wird. Insofern ist auf den Gebrauchsort einer hypothetisch erteilten Vollmacht abzustellen.

B bestellt den Wagen bei H in Deutschland. Hierdurch bringt er gegenüber H konkludent zum Ausdruck, dazu bevollmächtigt zu sein, den Vertrag für A abschließen zu dürfen. B gebraucht „die Vollmacht" daher in Deutschland. Damit ist deutsches Recht auf die Haftung des B anwendbar. Die Haftung des B richtet sich demnach nach § 179 BGB.

2. Abwandlung

Eine rechtsgeschäftliche Bevollmächtigung des B liegt durch den Widerruf der Vollmacht durch A nicht vor. A hat jedoch durch die fortwährende Beauftragung des B den **Rechtsschein** einer Vollmacht gesetzt. Fraglich ist, welchem Recht eine solche Rechtsscheinsvollmacht unterliegt.

131 Vgl. Behnen, IPRax 2011, 221, 226.

Zu Recht wird darauf hingewiesen, dass schon die verschwimmende Grenze zwischen Duldungsvollmacht und konkludent erteilter Vollmacht zeigt, dass es wenig Sinn ergibt, über die Vertretungsmacht kraft Rechtsschein ein anderes Rechts als über die tatsächliche Bevollmächtigung entscheiden zu lassen.[132] Maßgeblich ist daher auch hier auf das Recht des Staates abzustellen, in dem von der Rechtsscheinvollmacht **Gebrauch** gemacht wird. B macht von der Anscheinsvollmacht in Deutschland Gebrauch, sodass die Wirkungen dieser Vollmacht dem deutschen Sachrecht zu entnehmen sind.

Der BGH stellt demgegenüber auf den Ort ab, „an dem der Rechtsschein entstanden ist und sich ausgewirkt hat",[133] ohne dass sich hieraus in der Praxis jedoch Abweichungen zum Gebrauchsort ergeben dürften.

Fazit: Letztlich ist in (nahezu) sämtlichen Fallgestaltungen im Bereich der Stellvertretung auf das **Recht des Gebrauchsortes der (hypothetisch) erteilten Vollmacht** abzustellen. Hierfür spricht der **Gedanke des Vertrauens- und Verkehrsschutzes**. Andere Auffassungen sind vertretbar, müssen sich jedoch mit diesem Argument auseinandersetzen.

C. Auslandserfüllung, Substitution

75 Verweisen die Kollisionsnormen auf deutsches Sachrecht, sind die deutschen Sachnormen anwendbar. Dennoch können auch auf dieser Stufe weitere Berührungspunkte zu anderen Rechtsordnungen liegen. Fraglich ist, ob die inländischen Sachnormen im Einzelfall so ausgelegt werden können, dass ihre Tatbestandsmerkmale auch durch einen ausländischen Sachverhalt erfüllt werden können.

Bei dieser Substitution unterscheidet man drei Fallgruppen:

I. Gegenstände, Naturereignisse und verfahrensunabhängige Handlungen von Privaten im Ausland

76 Gegenstände, Naturereignisse und verfahrensunabhängige Handlungen von Privaten im Ausland stehen grds. solchen im Inland gleich und können als Auslandssachverhalte die deutschen Normen erfüllen.

Beispiele:

- § 311 b Abs. 1 BGB erfasst z.B. auch ausländische Grundstücke (BGHZ:[134] „Das Berufungsgericht qualifiziert den Vertrag nach deutschem Recht als Kaufvorvertrag und wendet auf ihn § 313 BGB[135] an, da diese Vorschrift sich auch auf Kaufverträge über ausländische Grundstücke beziehe. Diese Anwendung entspricht der Rechtsprechung des Senats,[136] (...). § 313 BGB stellt gegenüber Art. 11 Abs. 1 EGBGB keine spezielle Kollisionsnorm dar.").
- § 844 BGB greift auch bei unerlaubten Handlungen, die im Ausland ausgeführt worden sind (siehe Fall 40, Rdnr. 293).

---

132 Bamberger/Roth-Mäsch, Stellvertretung Art. 10 EGBGB Anh. Rdnr. 114; a.A. Bach, IPRax 2011, 116 ff.
133 BGH NJW 2007, 1529, 1530.
134 BGHZ 57, 339.
135 Die Vorgängernorm von § 311 b BGB.
136 BGHZ 52, 239; 189, 194.

II. Behördenakte und verfahrensgebundene Privathandlungen im Ausland

Fall 11: Beurkundung während der Skireise (nach BGHZ 80, 76)

Die Gesellschafter der A-GmbH, die ihren tatsächlichen und satzungsmäßigen Sitz in Köln hat, kommen beim Ski-Fahren in Basel auf die Idee, ihre Satzung ändern zu lassen. Sie lassen den Änderungsbeschluss vor einem Schweizer Notar in Basel beurkunden. Nach schweizerischem Recht wäre die Satzungsänderung formwirksam beschlossen worden. Erfüllt die Änderung alle Formerfordernisse?

1. Abwandlung

Gesellschafter A der A-GmbH veräußert und überträgt durch notariellen Vertrag in der Schweiz seine Geschäftsanteile an B. Nach schweizerischem Recht wäre die Übertragung wirksam. Der Schweizer Notar überreicht dem Handelsregister des Amtsgerichts Köln eine geänderte Gesellschafterliste. Hat B die Geschäftsanteile des A wirksam erworben?

2. Abwandlung

Der Schweizer Notar überreicht dem Handelsregister des Amtsgericht Köln keine geänderte Gesellschafterliste. Hat B die Geschäftsanteile des A wirksam erworben?

3. Abwandlung

A veräußert und überträgt seine GmbH-Anteile privatschriftlich an B in der Schweiz. Einen Notar ziehen sie nicht hinzu. Nach schweizerischem Recht wäre die Anteilsübertragung wirksam. Hat B die Geschäftsanteile des A wirksam erworben?

Aus der Beurkundung der Satzungsänderung in der Schweiz ergibt sich eine Auslandsberührung. Daher ist zunächst anhand des IPR das anzuwendende Sachrecht zu bestimmen, Art. 3 EGBGB. Vorrangige Kollisionsnormen des Gemeinschafts- oder Völkerrechts sind nicht anwendbar, Art. 3 Nr. 1, 2 EGBGB. So regelt die Rom I-VO ausdrücklich nicht das Gesellschaftsrecht, Art. 1 Abs. 2 lit. f) Rom I-VO. 77

I. Ermittlung des Gesellschaftsstatuts

Das Gesellschaftsrecht ist im EGBGB nicht geregelt. Rechtsprechung und Lehre streiten darum, welcher Anknüpfungspunkt das für juristische Personen maßgebliche Recht bestimmen soll. Hierbei wird teilweise auf den tatsächlichen Sitz der Hauptverwaltung der Gesellschaft verwiesen (sog. Sitztheorie). Andere favorisieren das Recht, nach dem die juristische Person gegründet wurde (Gründungstheorie). Vorliegend bedarf die Streitfrage keiner Entscheidung, da Gründungs- wie Sitztheorie gleichermaßen deutsches Sachrecht berufen.

II. Erstreckung des Gesellschaftsstatuts auch auf Formfragen

Fraglich ist allerdings, ob das Gesellschaftsstatut auch über die Formgültigkeit gesellschaftsrechtlicher Akte entscheidet oder ob die **Formgültigkeit** als **Teilfrage** nicht vielmehr der Sonderanknüpfung nach Art. 11 EGBGB unterliegt. Danach ist ein Rechtsgeschäft wirksam, wenn es entweder den Formvorschriften des Wirkungsstatuts (Art. 11 Abs. 1, 1. Alt. EGBGB, „Geschäftsform") oder den Formvorschriften des

Rechts des Orts, an dem das Rechtsgeschäft vorgenommen wird (Art. 11 Abs. 1, 2. Alt. EGBGB, „Ortsform"), genügt. Geschäfts- und Ortsform stehen gleichberechtigt nebeneinander, um die Aussicht auf die Formwirksamkeit des Rechtsgeschäfts zu erhöhen **(Günstigkeitsprinzip)**.[137]

Teilweise wird Art. 11 EGBGB seinem Wortlaut nach für umfassend und damit auch im Gesellschaftsrecht für anwendbar gehalten, um die Formgültigkeit eines Rechtsgeschäfts zu bestimmen.[138] Danach könnte über Art. 11 Abs. 1, 2. Alt. EGBGB das Ortsrecht, also Schweizer Recht zur Anwendung kommen. Die Satzungsänderung wäre somit formwirksam beschlossen worden.

Andere befürchten Missbrauchsmöglichkeiten und die Umgehung einer strengeren Geschäftsform, wenn Art. 11 EGBGB zur Bestimmung des Rechts über die Formgültigkeit gesellschaftsrechtlicher Akte angewendet würde und damit den Weg zu einem großzügigeren Ortsrecht frei machte.[139] Jedenfalls **organisationsrechtliche Vorgänge**, welche die innere Verfassung der Gesellschaft also die Satzung berühren und einer Eintragung im Handelsregister bedürfen, sollen nicht dem Ortstatut, sondern ausschließlich dem Wirkungsstatut unterliegen, vorliegend also dem Recht, das auf die Gesellschaft anwendbar ist.[140] Zudem sollte nach dem Willen des Gesetzgebers das internationale Gesellschaftsrecht ohnehin nicht im EGBGB geregelt werden, was der Anwendbarkeit von Art. 11 EGBGB ebenfalls entgegenstehe.

Die zuletzt genannten Gesichtspunkte sprechen dafür, die Formgültigkeit einer Satzungsänderung, welche die Verfassung der Gesellschaft betrifft und die gemäß § 54 Abs. 1 S. 1 GmbHG zum Handelsregister anzumelden ist, nach dem Gesellschaftsstatut zu beurteilen. Die Gesellschaft wurde in Deutschland gegründet und hat dort auch ihren Sitz. Gründungs- und Sitztheorie berufen damit gleichermaßen deutsches Gesellschaftsrecht (als Wirkungsstatut). Vorliegend sind also allein die deutschen gesellschaftsrechtlichen Formvorschriften maßgeblich.

III. Anwendung deutschen Sachrechts

78 Einschlägige Formvorschrift ist § 53 Abs. 2 S. 1, 1. Halbs. GmbHG; gefordert ist eine notarielle Beurkundung der Satzungsänderung. Tatsächlich ist die Änderung der Satzung der A-GmbH von einem Notar beurkundet worden; dabei handelte es sich allerdings nicht um einen deutschen, sondern um einen Schweizer Notar.

Der Fall wirft mithin das Problem des Auslandssachverhalts bzw. der **Substitution** auf. Ein Auslandssachverhalt ist gegeben, wenn ein Tatbestandsmerkmal einer inländischen Sachnorm durch einen im Ausland bestehenden oder verwirklichten Sachverhalt erfüllt werden soll. Ein ausländisches Rechtsinstitut kann das entsprechende deutsche im Tatbestand einer inländischen Norm ersetzen (substituieren, daher Substitution), wenn

---

137 Vgl. Olk, NJW 2010, 1639, 1640.

138 Palandt/Thorn Art. 11 EGBGB Rdnr. 2, 13 m.w.N.

139 Staudinger/Großfeld, IntGesR, Rdnr. 467 f.; Koch/Magnus/Winkler von Mohrenfels, S. 222.

140 Ulmer/Habersack/Winter-Behrens, GmbHG, Einl. B Rdnr. 135; Goette, DStR 1996, 709, 710 f.

- **die anzuwendende Sachnorm nach ihrem Sinn und Zweck eine Substitution fremder Erscheinungen nicht gänzlich ausschließt und**
- **das fremde Institut dem deutschen Institut *gleichwertig* ist.**

Ob eine derartige Auslandserfüllung möglich ist, ist durch Auslegung der inländischen Sachnorm zu ermitteln.

1. **Möglichkeit der Substitution nach der deutschen Formvorschrift**

Hiergegen könnte § 17 Abs. 1 BeurkG sprechen, nach dessen Sinn die Beurkundung nicht nur der Beweissicherung und dem Übereilungsschutz dienen soll, sondern ebenfalls gewährleisten soll, dass die Beteiligten über die rechtliche Tragweite des Geschäfts belehrt werden. Es ist jedoch nicht zu erwarten, dass ein schweizerischer Notar eine solche Belehrung über deutsches Gesellschaftsrecht leisten kann.

Die fehlende Belehrung führt jedoch nicht zur Unwirksamkeit der Beurkundung, sodass es sich hierbei um eine Sollvorschrift handelt, auf deren Befolgung die Parteien verzichten können. Indem sie einen ausländischen Notar aufsuchten, verzichteten die Parteien konkludent auf die Belehrung über deutsches Gesellschaftsrecht.

BGH:[141] „Es ist richtig, dass die im § 53 Abs. 2 GmbHG geforderte notarielle Beurkundung nicht nur Warn- und Beweiszwecken dient. Es geht auch um die im § 17 BeurkundungsG vorgesehene Prüfungs- und Belehrungsfunktion des Formerfordernisses. Nur ist diese nicht Wirksamkeitsvoraussetzung der Beurkundung, sondern verzichtbar (...). Einem solchen Verzicht kommt es praktisch gleich, wenn die Beteiligten einen ausländischen Notar aufsuchen, von dem sie regelmäßig eine genaue Kenntnis des deutschen Gesellschaftsrechts und deshalb eine umfassende Belehrung nicht erwarten können."

Eine Substitution scheitert vorliegend auch nicht an überragenden öffentlichen Interessen (vgl. § 925 Abs. 1 S. 1 BGB, Grundbuchsicherheit). Ihrem Sinn und Zweck nach schließt § 53 Abs. 2 S. 1, 1. Halbs. GmbHG eine Substitution einer im Ausland erfolgten Beurkundung damit nicht aus.

2. **Funktionelle Gleichwertigkeit der ausländischen Beurkundung**

Fraglich ist, ob die Beurkundung durch einen Baseler Notar derjenigen durch einen deutschen **funktional gleichwertig** ist.

BGH:[142] „Das in § 53 Abs. 2 GmbHG vorgeschriebene Beurkundungserfordernis kann grundsätzlich auch ein ausländischer Notar erfüllen. Voraussetzung ist nur, dass die ausländische Beurkundung der deutschen gleichwertig ist. Gleichwertigkeit ist gegeben, wenn die ausländische Urkundsperson nach Vorbildung und Stellung im Rechtsleben eine der Tätigkeit des deutschen Notars entsprechende Funktion ausübt und für die Errichtung der Urkunde ein Verfahrensrecht zu beachten ist, das den tragenden Grundsätzen des deutschen Beurkundungsrechts entspricht. (...)." In der Schweiz „liegt das Beurkundungswesen in den Händen eines gut ausgebildeten Beamtennotariats, dessen Mitglieder nach Vorbildung und Stellung im Rechtsleben dem deutschen Notar gleichwertig sind (...). Auch das Beurkundungsverfahren entspricht in wesentlichen Punkten deutschem Recht. (...)"

141 BGHZ 80, 76, 78 f.

142 BGHZ 80, 76, 78 f.

Bei Beurkundungen in der Schweiz kann die Gleichwertigkeit einer Beurkundung jedoch nicht generell angenommen werden, vielmehr ist sie für den jeweiligen Kanton festzustellen. Bejaht wurde die Gleichwertigkeit bisher für den Kanton Basel-Stadt[143] und den Kanton Zürich Altstadt.[144]

In ihren wesentlichen, unverzichtbaren Funktionen entspricht die Beurkundung der Satzungsänderung durch den Notar in Basel daher der Beurkundung durch einen deutschen Notar. Die Satzungsänderung ist folglich auch i.S.d. § 53 Abs. 2 S. 1 GmbHG formwirksam.

1. Abwandlung

Beurkundet wurde die Anteilsübertragung durch einen Schweizer Notar. Hieraus ergibt sich eine Auslandsberührung. Vereinheitlichtes Sachrecht ist nicht anwendbar. Daher ist zunächst anhand des IPR das anzuwendende Sachrecht zu bestimmen, Art. 3 EGBGB.

Vorrangige Kollisionsnormen des Gemeinschafts- oder Völkerrechts sind nicht anwendbar, Art. 3 Nr. 1, 2 EGBGB. Die Rom I-VO ist nicht anwendbar, da diese nur für Schuldverträge, nicht aber für dingliche Rechtsgeschäfte wie etwa die Abtretung und Verpfändung von Geschäftsanteilen an einer deutschen GmbH einschlägig ist. Anwendbar sind daher die Kollisionsnormen des autonomen Rechts.

Umstritten ist, ob bei einer Übertragung von Geschäftsanteilen gemäß Art. 11 Abs. 1, 2. Alt. EGBGB die Ortsform genügt oder die Form des Wirkungsstatut (d.h. dem auf die Gesellschaft anwendbaren Recht) gemäß Art. 11 Abs. 1, 1. Alt. EGBGB eingehalten werden muss.[145] Gemäß dem Schweizer Ortsrecht wäre die Anteilsübertragung wirksam. Eine Streitentscheidung wäre entbehrlich, wenn die Anteilsübertragung auch nach dem deutschen Wirkungsstatut (= Gesellschaftsstatut) wirksam wäre. Gemäß 15 Abs. 3 GmbHG bedarf die Abtretung von GmbH-Geschäftsanteilen zur ihrer Wirksamkeit eines notariellen Vertrages. Ein solcher Vertrag liegt vor. Beurkundet wurde die Anteilsübertragung allerdings nicht von einem deutschen, sondern durch von einem Schweizer Notar. Fraglich ist daher, ob die Beurkundung der Anteilsübertragung eines Schweizer Notars eine Beurkundung eines deutschen Notars **substituieren** kann.

I. Substituierbarkeit von § 15 Abs. 3 GmbHG

§ 15 Abs. 3 GmbHG müsste einer Substitution zugänglich sein. Auch seit Geltung des MoMiG wird dies bejaht.[146] Der Zweck des § 15 GmbHG besteht darin, einen allzu raschen Umsatz von GmbH-Anteilen zu erschweren. Dieser Zweck wird auch bei einer Beurkundung der Anteilsübertragung vor einem ausländischen Notar erreicht. Bei § 15 Abs. 3 GmbHG handelt es sich um eine sog. „offene Norm", die Auslandssachverhalten zugänglich ist.

143 OLG München, GmbHR 1998, 46 (Anteilsübertragung).

144 BGH NJW 1981,1160 (Satzungsänderung).

145 Vgl. hierzu: Schulze, IPRax 2011, 365.

146 Vgl. hierzu: Scholz-Seibt, GmbHG, 11. Aufl. 2012, § 15 Rdnr.. 87b.

II. Funktionelle Gleichwertigkeit der ausländischen Beurkundung

Die funktionelle Gleichwertigkeit einer Beurkundung durch einen Notar in Basel mit der durch einen Notar in Deutschland wurde bereits bejaht (s.o.).[147]

Fraglich ist, ob sich etwas anderes daraus ergibt, dass nach Inkrafttreten des MoMiG gemäß § 40 Abs. 2 S. 1 GmbHG nur ein deutscher Notar dazu verpflichtet ist, die veränderte Gesellschafterliste zum Handelsregister einzureichen. Das Landgericht Frankfurt hatte in einem *obiter dictum* festgestellt, dass ein Baseler Notar wegen des Fehlens von Amtsbefugnissen in Deutschland dieser Verpflichtung nicht nachkommen kann und deshalb die Gleichwertigkeit der Auslandsbeurkundung angezweifelt.[148]

Richtig ist zwar, dass die Pflicht aus § 40 Abs. 2 S. 1 GmbHG nur einen deutschen Notar trifft. Dies spricht jedoch nicht dagegen, dass auch ein ausländischer Notar dazu befugt sein kann, eine Gesellschafterliste entsprechend den Anforderungen des § 40 Abs. 2 GmbHG im Parteiauftrag erstellen zu lassen.[149] Zudem kennt das Schweizer GmbH-Recht mit dem Anteilsbuch (Art. 790 OR) ein der Gesellschafterliste ähnliches Instrument, sodass auch nicht unterstellt werden kann, dass der Schweizer Notar bei der Erstellung der Gesellschafterliste eine Handlung vornimmt, die ihm nach seiner Vorbildung und seiner Stellung im Rechtsleben fremd ist.[150] § 40 Abs. 2 GmbH bezweckt in erster Linie keine Richtigkeitsgewähr, sondern eine Verfahrensvereinfachung. Diese kann auch durch einen ausländischen Notar erreicht werden.

§ 40 Abs. 2 S. 1 GmbH steht der funktionellen Gleichwertigkeit der ausländischen Beurkundung der Anteilsübertragung daher nicht entgegen. Die Gleichwertigkeitsanerkennung erstreckt sich neben der Geschäftsbeurkundung auch auf die im Ausland gefertigte und ins Inland übermittelte Gesellschafterliste, die der ausländische Notar im Auftrag der Parteien erstellt hat.[151]

Damit ist die Anteilsübertragung auch nach dem deutschen Wirkungsstatut wirksam.

2. Abwandlung

Fraglich ist, ob die in der Schweiz beurkundete Anteilsübertragung formnichtig ist, weil der Schweizer Notar entgegen § 40 Abs. 2 GmbHG keine aktualisierte Gesellschafterliste beim Handelsregister eingereicht hat.

Bei § 40 Abs. 2 S. 1 GmbHG handelt es sich nach ganz h.M. jedoch nicht um eine Formvorschrift, die auch nicht unter Art. 11 EGBGB zu qualifizieren ist.[152] Die bloße den Informationsinteressen Dritter dienende Mitteilungspflicht gemäß § 40 Abs. 2 S. 1 GmbHG ist kein Bestandteil einer wirksamen Beurkundung, sondern lediglich eine **„Folgeforma-**

147 Vgl. insoweit auch BGH NJW-RR 1989, 1259, 1261.

148 LG Frankfurt, IPRax 2011, 398 (Rz. 14).

149 Schulze, IPRax 2011, 365, 368; so auch OLG Düsseldorf. IPRax 2011, 395, 396; a.A. Scholz-Seibt, GmbHG, 11. Aufl. 2012, § 15 Rdnr. 87c.

150 Schulze, IPRax 2011, 365, 368.

151 Schulze, IPRax 2011, 365, 368.

152 Schulze, IPRax 2011, 365, 366 f.

lie".[153] Der Anteilsübergang ist daher wirksam. Gemäß § 16 Abs. 1 GmbHG gilt im Verhältnis zur Gesellschaft jedoch weiterhin A als Anteilsinhaber bis eine richtige Gesellschafterliste beim Handelsregister eingereicht wurde.

3. Abwandlung

Fraglich ist, ob der in der Schweiz privatschriftlich vereinbarte Anteilsübergang formwirksam ist. Dies wäre dann nicht der Fall, wenn gemäß Art. 11 Abs. 1, 1. Alt EGBGB das deutsche Gesellschaftsstatut anwendbar wäre, da dieses gemäß § 15 Abs. 3 GmbHG zwingend eine notarielle Beurkundung der Abtretung verlangt. Eine Substitution kommt daher von vornherein nicht in Betracht. Anders als bei der 1. Abwandlung kommt es daher hier darauf an, den Meinungsstreit zwischen den Befürwortern der Anwendbarkeit des Ortstatuts und den Befürwortern des Wirkungsstatuts zu entscheiden.

I. **Zulässigkeit der Anwendbarkeit des Ortstatuts bei Anteilsübertragungen**

Die h.M. spricht sich bei Anteilsübertragungen im Ausland dafür aus, die Ortsform genügen zu lassen, sofern das Ortsstatut eine Gesellschaftsform kennt, die der GmbH entspricht.[154] Art. 11 EGBGB lasse keinen Ausschluss des Gesellschaftsrechts erkennen und sei daher jedenfalls auf Anteilsübertragungen anwendbar.

Das anwendbare Schweizer Ortsrecht kennt die GmbH und lässt mittlerweile auch privatschriftliche Anteilsübertragungen (Art. 785 Abs. 1 OR) zu. Danach wäre die Anteilsübertragung wirksam.

II. **Unzulässigkeit der Anwendbarkeit des Ortstatuts bei Anteilsübertragungen**

Demgegenüber stellt eine Mindermeinung darauf ab, dass durch eine leichtere Ortsform entgegen dem Zweck von § 15 GmbHG der Handel mit GmbH-Anteilen erleichtert werden würde.[155] Deshalb sei es nicht zulässig, bei Anteilsübertragungen die Ortsform in Anspruch zu nehmen. Zudem bestehe bei einer privatschriftlichen Übertragung der Geschäftsanteile eine erhöhte Missbrauchsgefahr. Auch für die formwirksame Übertragung von GmbH-Geschäftsanteilen sei daher ausschließlich das gesellschaftsrechtliche Wirkungsstatut einschlägig. Danach wäre die Anteilsübertragung gemäß § 15 Abs. 3 GmbHG formunwirksam.

III. **Stellungnahme**

Für die h.M. spricht, dass durch Art. 11 EGBGB der grenzüberschreitende Geschäftsverkehr erleichtert werden sollte. Dieser macht auch vor Anteilsübertragungen nicht halt. Zudem ist nicht davon auszugehen, dass die Gesellschafter „voreilig" Anteile übertragen, wenn sie sich hierfür ins Ausland begeben. Anders als bei der Beurkundung der Satzungsänderung im Ausgangsfall handelt es sich bei einer bloßen Anteilsübertragung auch nicht um einen organisationsrechtlichen Vorgang, welcher die innere Verfassung der Gesellschaft betrifft und daher die zwingende Anwendung des Gesellschaftsstatuts rechtfertigen könnte. Zwar besteht mittlerweile die Pflicht,

---

153 Begr. RegE, BT-Drucks. 16/6140, S. 44; Scholz-Seibt, GmbHG, 11. Aufl. 2012, § 15 Rz. 87d; Schulze, IPRax 2011, 365, 368.

154 Scholz-Seibt, GmbHG, 11. Aufl. 2012, § 15 Rdnr.. 82 m.w.N.; Schulze, IPRax 2011, 365, 368 f m.w.N.; vgl. auch BGH GmbHR 2005, 53, 54.

155 MünchKomm/Kindler, IntGesR, Rdnr. 558; Bayer, DNotZ 2009, 887, 894.

die geänderte Gesellschafterliste beim Handelsregister einzureichen. Durch diese Pflicht und deren Wirkungen gemäß § 16 GmbHG wird jedoch (häufig) ein hinreichender Schutz für Gesellschaft und Rechtsverkehr vor Missbrauchsfällen gewährleistet. Damit ist eine Anknüpfung an die Ortsform gemäß Art. 11 Abs. 1, 2. Alt. EGBGB bei Anteilsübertragungen zulässig.

§ 15 Abs. 3 GmbHG ist auch keine zwingende Eingriffsnorm i.S.v. Art. 9 Rom I-VO.

Anhaltspunkte für eine Gesetzesumgehung (*fraus legis*, vgl. hierzu **Fall 16**, Rdnr. 94) liegen durch den bloßen Abschluss einer privatschriftlichen Vereinbarung ebenfalls nicht vor.

Die Anteilsübertragung ist daher wirksam.

III. Gerichtliche Entscheidungen

Für gerichtliche Entscheidungen ist die Anerkennung des ausländischen Urteils Voraussetzung (i.d.R. nach der EuGVVO oder § 328 ZPO, vgl. Rdnr. 153). **79**

D. Anpassung (Angleichung)

Durch Anpassung (Angleichung) sollen materiell-rechtliche Widersprüche zwischen mehreren zur Anwendung berufenen Rechtsordnungen beseitigt werden. Die berufene Rechtsordnung wird dann in modifizierter Weise angewendet. **80**

Widersprüche entstehen dadurch, dass ein einheitlicher Lebenssachverhalt kollisionsrechtlich „zerrissen" wird. So können u.U. mehrere miteinander inkompatible Rechtsordnungen berufen werden. Diese Inkompatibilität macht eine Anpassung erforderlich. Jedoch ergeben sich diese Anpassungszwänge erst nach der Ermittlung der maßgeblichen Rechtsordnungen. Die Qualifikation geht also der Anpassung vor.

I. Normenhäufung

Unter einer Normenhäufung versteht man, dass die beteiligten Rechtsordnungen jeweils konkurrierende Normen bereithalten, deren Nebeneinander aus logischen oder teleologischen Gründen nicht möglich bzw. nicht gewünscht ist.[156] **81**

Ein Beispiel für einen logischen Konflikt ist z.B., dass das Eigentum an einem Gegenstand nach der einen berufenen Rechtsordnung A, nach der parallel berufenen Rechtsordnung dagegen B zusteht.

II. Normenmangel

Das Gegenteil bildet der sog. Normenmangel. Hier regelt keine Rechtsordnung den Fall positiv. Das Resultat ist aber ein tatsächlich von keiner Rechtsordnung angestrebtes materielles Ergebnis.[157] **82**

---

156 Von Hoffmann/Thorn § 6 Rdnr. 31 f.; Ferid § 4 Rdnr. 4–71.

157 Von Hoffmann/Thorn § 6 Rdnr. 31 f.; Ferid § 4 Rdnr. 4–74.

III. Lösungswege

Fall 12: Erb- oder Güterrecht?

Ein englisches Ehepaar zieht nach Schweden und erwirbt dort die schwedische Staatsangehörigkeit. Der Mann stirbt und hinterlässt Frau und Tochter als gesetzliche Erben. Welche Rechte stehen der Witwe nach deutschem IPR an seinem Nachlass zu?

Anmerkung:
Schwedisches Güterrecht beteiligt den überlebenden Ehegatten neben einem gemeinsamen Kind zur Hälfte am Nachlass, eine erbrechtliche Regelung existiert nicht; englisches Erbrecht beruft ihn dagegen zu 3/4, eine güterrechtliche Regelung existiert nicht. Etwaige Verweisungen nehmen die ausländischen Rechte an.

83 Der Tod des Mannes wirft nicht nur erbrechtliche, sondern durch die Beendigung der Ehe auch güterrechtliche Fragen auf. Im materiellen deutschen Recht werden beide rechtlichen Gesichtspunkte durch die §§ 1931, 1371 BGB zusammengeführt. In anderen Ländern wird dies jedoch getrennt behandelt.

I. **Ermittlung des anwendbaren Sachrechts**

Fraglich ist, ob sich die Ermittlung des anwendbaren Sachrechts nach vorrangigen gemeinschaftsrechtlichen oder staatsvertraglichen Kollisionsnormen richtet, Art. 3 Nr. 1, 2 EGBGB. Vorrangig anzuwendende gemeinschaftsrechtliche Kollisionsnormen könnten der am 16.08.2012 in Kraft getretenen ErbRVO zu entnehmen sein. Gemäß Art. 84 ErbRVO gilt diese jedoch erst ab dem 17.08.2015, vgl. auch Art. 83 ErbRVO. Daher ist der zeitliche Anwendungsbereich der ErbRVO nicht gegeben. Diese ist daher nicht anwendbar. Staatsverträge mit Großbritannien oder Schweden, welche erbrechtliche Kollisionsnormen enthalten, bestehen ebenfalls nicht. Daher sind die Kollisionsnormen des deutschen autonomen IPR anzuwenden.

Deutsches IPR beruft für erbrechtliche Fragen mangels vorrangigem vereinheitlichtem Sachenrecht und mangels vorrangiger gemeinschaftsrechtlicher und staatsvertraglicher Kollisionsnormen gemäß Art. 25 Abs. 1 EGBGB das Heimatrecht des Erblassers, vorliegend also schwedisches Recht. Dieses nimmt die Verweisung an. Für die im gesetzlichen Güterstand lebende Ehefrau kennt das schwedische Recht allerdings keine erbrechtliche, sondern nur eine güterrechtliche Beteiligung am Vermögen des Mannes.

Der zu qualifizierende Lebenssachverhalt könnte aber auch Fragen des Güterrechts betreffen. Gemäß Art. 15 Abs. 1 EGBGB unterliegen die güterrechtlichen Wirkungen der Ehe dem **bei** der Eheschließung für die allgemeinen Wirkungen der Ehe maßgebenden Recht. Art. 15 Abs. 1 EGBGB verweist insofern auf Art. 14 EGBGB. **Bei** der Eheschließung waren beide Ehegatten aber noch englische Staatsangehörige, sodass gemäß Art. 15 Abs. 1 i.V.m. Art. 14 Abs. 1 Nr. 1 EGBGB anwendbares Güterrecht englisches Recht ist.

Anmerkung: *Die sog.* ***Versteinerung*** *des Güterrechtsstatuts bewirkt hier, dass eine nachträgliche Änderung der Staatsangehörigkeit sich auf das anzuwendende Güterrecht* ***nicht*** *auswirkt.*

Englisches Recht wiederum berücksichtigt den überlebenden Ehegatten nicht güter-, sondern allein erbrechtlich. Damit ginge die Witwe hier im Ergebnis leer aus, obwohl ihr sämtliche beteiligten Rechtsordnungen – jeweils auf den gesamten Lebenssachverhalt angewandt – einen Teil des Nachlasses zusprechen würden.

- Diese Konstellation bezeichnet man als **„Normenmangel"**.

II. Durchführung einer Anpassung 84

Dieser Normenmangel macht eine Anpassung der materiell inkompatiblen Rechtsordnungen notwendig.

1. Anpassungsmethode

Einerseits lässt sich der Konflikt der Sachrechte auf der Ebene des Kollisionsrechts lösen. Entweder kann die erbrechtliche Verweisung in das schwedische Recht um die Beurteilung der güterrechtlichen Fragen erweitert werden oder umgekehrt englisches Güterrecht auf die einschlägigen englischen Erbrechtsnormen ausgedehnt werden. Diese Lösung verhindert einen Normenwiderspruch. **Die kollisionsrechtliche Lösung vor der Verweisung beugt daher vor**.

Kollisionsrechtliche Lösung:

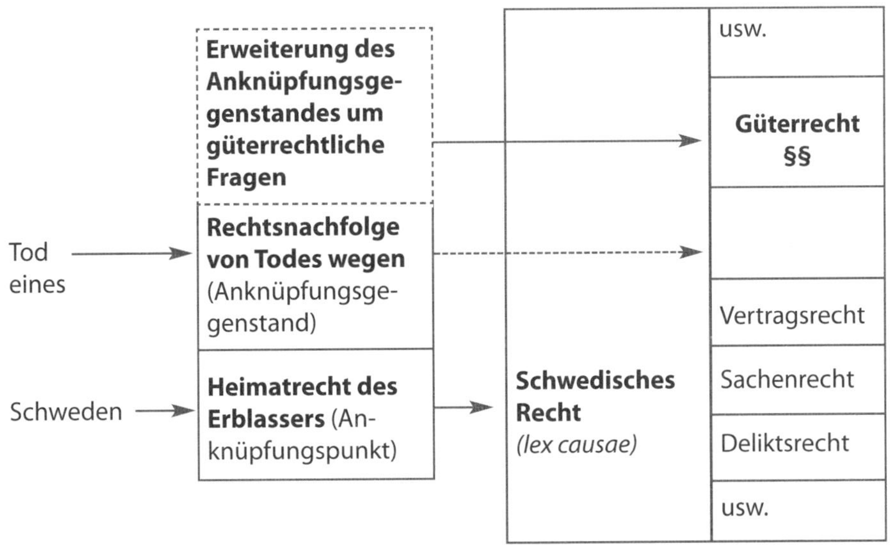

Erklärung: Die erbrechtliche Verweisung in das schwedische Erbrecht wird um die Beurteilung güterrechtlicher Fragen erweitert, sodass auch schwedisches Güterrecht von der Verweisung umfasst ist.

Die Anpassung kann auch auf der Ebene des materiellen Rechts erfolgen, indem entweder das schwedische oder das englische oder auch beide Sachrechte zugunsten der Witwe modifiziert werden. Diese Lösung lässt den Normenwiderspruch entfallen. **Eine solche materiell-rechtliche Lösung nach der Verweisung heilt.**

Welcher Weg der richtige ist, ist eine Wertungsfrage.[158] Um zu einer möglichst „realen Entscheidung" zu gelangen, ist im Einzelfall gegeneinander abzuwägen, ob ein möglichst schonender Eingriff auf der Ebene des Kollisionsrechts oder des materiellen Rechts zu erfolgen hat. Gegen eine materiell-rechtliche Lösung spricht allerdings grundsätzlich, dass durch die Modifikation Sachnormen geschaffen werden, die in keiner der beteiligten Rechtsordnungen existieren.[159] Andererseits können so im Interesse der Einzelfallgerechtigkeit materiell-rechtlich flexiblere Lösungen erreicht werden.

85 2. **Umfang der Anpassung**

In jedem Fall hat der Richter einen erheblichen Gestaltungsspielraum, je nachdem, welche Rechtsordnung er ausschließlich beruft (kollisionsrechtliche Lösung) oder wie er die Sachrechte modifiziert (materiell-rechtliche Lösung). Damit stellt sich die Frage eines inhaltlichen Maßstabs für die Anpassung. Vorliegend kommt eine Nachlassbeteiligung der Witwe zwischen 1/2 (schwedisches Güterrecht; deutsches Recht gemäß §§ 1931 Abs. 1 S. 1, 1371 Abs. 1 BGB) und 3/4 (englisches Erbrecht) in Betracht. Es werden verschiedene Ansätze diskutiert.

Eine **reale Entscheidung** würde am ehesten dadurch erreicht, wenn der Witwe ein Anteil nur in der Höhe zugesprochen würde, wie er ihr nach jeder der beteiligten Rechtsordnungen zusteht. Dies wäre die Hälfte am Nachlass. Dass ihr nach der englischen Rechtsordnung mehr zustünde, wird nicht berücksichtigt. **Es ist also im Fall des <u>Normenmangels</u> die für den Betroffenen <u>ungünstigste</u> Regelung anzuwenden.**[160]

Dieses Ergebnis lässt sich **möglichst schonend** so erreichen, indem im Rahmen einer hier vorzunehmenden kollisionsrechtlichen Lösung die erbrechtliche Verweisung in das schwedische Erbrecht um die Beurteilung güterrechtlicher Fragen erweitert wird. Damit wäre auch schwedisches Güterrecht von der Verweisung umfasst. Für diese kollisionsrechtliche Anpassungsmethode spricht hier, dass sich der Konflikt auch auf der Ebene des Kollisionsrechts stellt. Der in Rede stehende Lebenssachverhalt wurde jeweils an ein Recht angeknüpft, das keine dem Systembegriff entsprechenden Sachnormen enthielt. Die Verweisungen gingen folglich ins Leere, sodass der Verweisungsbefehl erweitert werden musste.

Bei einer materiell-rechtlichen Anpassung bietet sich andererseits die Möglichkeit, einen „internationalen Mittelwert" der Nachlassbeteiligung zu errechnen und die berufenen Sachrechte entsprechend zu modifizieren.[161] In diesem Fall erhielte die Witwe vorliegend fünf Achtel des Nachlasses. Alternativ ließe sich die „richtige" Nachlassbeteiligung auch daran orientieren, welche Quote das Sachrecht der *lex fori* vorsieht, das wäre hier die Hälfte.

---

158 Kegel/Schurig § 8 III 1; Kropholler, IPR, § 34 IV 2.

159 Von Hoffmann/Thorn § 6 Rdnr. 37.

160 Palandt/Thorn Art. 15 EGBGB Rdnr. 26.

161 Von Hoffmann/Thorn § 6 Rdnr. 37; kritisch hierzu: von Bar/Mankowski § 7 Rdnr. 256.

Fall 13: Probleme mit Österreich? (nach LG Mosbach ZEV 1998, 489)

Der Österreicher Ö heiratet die Deutsche D in Deutschland. Beide haben dort ihren gewöhnlichen Aufenthalt. Aus der Ehe gehen zwei Kinder hervor, ein Testament oder ein Ehevertrag bestehen nicht. Welche Rechte stehen der Witwe nach dem Tod ihres Mannes nach deutschem IPR an seinem Nachlass zu?

Anmerkung:
Österreichisches Erbrecht beteiligt den überlebenden Ehepartner zu einem Drittel am Nachlass, eine güterrechtliche Regelung existiert in Österreich nicht.

I. Ermittlung des anwendbaren Sachrechts

Fraglich ist, ob sich die Ermittlung des anwendbaren Sachrechts nach vorrangigen gemeinschaftsrechtlichen oder staatsvertraglichen Kollisionsnormen richtet, Art. 3 Nr. 1, 2 EGBGB. Vorrangig anzuwendende gemeinschaftsrechtliche Kollisionsnormen könnten der am 16.08.2012 in Kraft getretenen ErbRVO zu entnehmen sein. Gemäß Art. 84 ErbRVO gilt diese jedoch erst ab dem 17.08.2015, vgl. auch Art. 83 ErbRVO. Daher ist der zeitliche Anwendungsbereich der ErbRVO nicht gegeben. Diese ist daher nicht anwendbar. Staatsverträge mit Österreich, welche erbrechtliche Kollisionsnormen enthalten, bestehen ebenfalls nicht. Daher sind die Kollisionsnormen des deutschen autonomen IPR anzuwenden.

Deutsches IPR beruft für **erbrechtliche Fragen** mangels vorrangigem vereinheitlichtem Sachrecht und mangels vorrangiger gemeinschaftsrechtlicher und staatsvertraglicher Kollisionsnormen gemäß Art. 25 Abs. 1 EGBGB das Heimatrecht des Erblassers, vorliegend also österreichisches Recht. Dieses nimmt die Verweisung, die gemäß Art. 4 Abs. 1 S. 1 EGBGB eine Gesamtverweisung darstellt, an.[162] Nach dem österreichischen Erbrecht erhält die Ehefrau 1/3 des Nachlasses.

Fraglich ist, ob sich dieser Erbteil nach § 1371 Abs. 1 BGB um ein weiteres Viertel erhöhen könnte. Dann müsste § 1371 Abs. 1 BGB anwendbar sein. Die kollisionsrechtliche Einordnung von § 1371 Abs. 1 BGB ist umstritten (**vgl. Fall 2**, Rdnr. 41).

1. Güterrechtliche Qualifikation von § 1371 Abs. 1 BGB

Nach einer Auffassung ist § 1371 Abs. 1 BGB güterrechtlich zu qualifizieren. Dementsprechend kann § 1371 Abs. 1 BGB dann Anwendung finden, wenn für **güterrechtliche Fragen** deutsches Recht anwendbar ist. Dies ist hier gemäß Art. 15 Abs. 1, Art. 14 Abs. 1 Nr. 2 EGBGB der Fall, da die Ehegatten zum Zeitpunkt der Eheschließung ihren gemeinsamen gewöhnlichen Aufenthalt in Deutschland hatten.

Mangels entgegenstehender Vereinbarungen ist davon auszugehen, dass die Ehegatten im Güterstand der Zugewinngemeinschaft lebten. § 1371 BGB ist somit anwendbar. Der Witwe steht somit der pauschalierte Zugewinnausgleich in Gestalt eines zusätzlichen Viertels des Nachlasses zu, wenn § 1371 Abs. 1 BGB güterrechtlich qualifiziert wird.

162 Vgl. Art. 28 Abs. 1, Art. 9 Abs. 1 österr. IPRG.

2. **Erbrechtliche Qualifikation von § 1371 Abs. 1 BGB**

Eine Mindermeinung qualifiziert § 1371 Abs. 1 BGB erbrechtlich. Danach kann § 1371 Abs. 1 BGB nur dann Anwendung finden, wenn deutsches Erbrecht anwendbar ist. Das ist hier jedoch nicht der Fall, da gemäß Art. 25 Abs. 1 EGBGB österreichisches Erbrecht anwendbar ist.

3. **Doppelqualifikation**

Eine weitere Auffassung befürwortet wegen der Doppelfunktionalität des § 1371 Abs. 1 BGB eine Doppelqualifikation. Die Norm kann nur dann angewendet werden, wenn deutsches Recht sowohl als Ehegüter- als auch als Erbstatut berufen ist. Deutsches Recht ist vorliegend jedoch nur als Ehegüter-, nicht dagegen als Erbstatut berufen. Nach dieser Auffassung wäre § 1371 Abs. 1 BGB nicht anwendbar.

4. **Stellungnahme**

Anmerkung: *Nur die rein güterrechtliche Qualifikation führt hier zu dem Anpassungsproblem, auf das der Sachverhalt hinweist. Wer hier den beiden anderen Auffassungen folgt, was gut vertretbar ist, verkürzt jedoch den Fall. Deshalb soll hier aus „taktischen Gründen" der güterrechtlichen Qualifikation der Vorzug gegeben werden. Dies kann wie folgt begründet werden:*

Gegen die erbrechtliche Qualifikation von § 1371 Abs. 1 BGB spricht, dass die pauschale Erhöhung des gesetzlichen Erbteils es noch nicht rechtfertigt, diese Norm als erbrechtlich zu qualifizieren. Gegen die Lehre der Doppelqualifikation von § 1371 Abs. 1 BGB spricht, dass diese den Anwendungsbereich dieser Vorschrift unangemessen verkürzt. Deutsches Güterrecht ist gemäß Art. 15 Abs. 1, Art. 14 Abs. 1 Nr. 2 EGBGB anwendbar. Dennoch soll eine zentrale Norm des deutschen Güterrechts, § 1371 Abs. 1 BGB, nicht anwendbar sein. Dies ist nicht einzusehen. Damit ist der güterrechtlichen Qualifikation dieser Vorschrift der Vorzug zu geben.

Damit erhielte die Witwe bei Anwendung von § 1371 Abs. 1 BGB jedoch insgesamt 7/12 aus dem Nachlass. Dies ist mehr, als ihr nach jeder der zur Anwendung berufenen Rechtsordnungen zustehen würde. Diese Konstellation bezeichnet man als **„Normenhäufung"**.

II. **Durchführung einer Angleichung**

Die Normenhäufung erfordert eine Anpassung bzw. Angleichung der materiell inkompatiblen Rechtsordnungen.

Ob vorliegend der kollisionsrechtlichen oder materiell-rechtlichen Anpassungsmethode gefolgt wird, hängt wiederum von einer **Interessenabwägung im Einzelfall** ab.

Normenhäufung ist ebenfalls vielfach durch die kollisionsrechtliche Lösung zu beseitigen, einem der beiden Sachrechte den Vorzug zu geben. Dann müsste vorliegend entweder das deutsche Güterstatut auch die erbrechtliche Rechtsposition oder nur das österreichische Erbstatut die auch güterrechtliche Rechtsposition der deutschen Ehefrau insgesamt umschreiben.

Dies führt hier jedoch zu Schwierigkeiten. Zum einen kennt das österreichische Recht einen erbrechtlichen pauschalierten Zugewinnausgleich nicht, da in Österreich gesetzlicher Güterstand die Gütertrennung ist. Zum anderen wäre die Entscheidung, einem der beiden Sachrechte den Vorzug zu geben, willkürlich.[163]

§ 1371 Abs. 1 BGB kann auf materiell-rechtlicher Ebene so **ausgelegt** werden, dass im Wege der **Substitution** der gesetzliche Erbteil nach § 1931 BGB durch ein dem ausländischen Recht unterliegendes Erbrecht ersetzt wird.[164] Dies spricht hier auf Ebene der beteiligten Sachrechte für eine materiell-rechtliche Anpassung, welche in dieser Konstellation schonender ist als eine kollisionsrechtliche Anpassung.[165] Zu diesem Zweck sind beide Rechtsordnungen danach zu vergleichen, was dem überlebenden Ehegatten zustünde, wenn entweder die eine oder die andere Rechtsordnung erb- und ehegüterrechtlich zur Anwendung käme.[166] Die für die Witwe günstigere Rechtsordnung bildet die Obergrenze, auf welche ihre Beteiligung am Nachlass zu kürzen ist.[167]

Im Fall der Normenhäufung bekommt die Witwe also höchstens das, was sie nach der einen oder anderen Rechtsordnung bekäme.

Nach deutschem (Güter- und Erb-)Recht bekäme die Ehefrau die Hälfte des Nachlasses (1/4 über § 1371 Abs. 1 BGB + 1/4 über § 1931 Abs. 1 S. 1 BGB), nach österreichischem (Erb-)Recht ein Drittel. Das deutsche Recht bildet folglich die Obergrenze. Das österreichische erbrechtliche Drittel ist damit im Wege der Substitution auf ein Viertel zu kürzen. Die Witwe bekommt folglich die Hälfte des Nachlasses.

E. Statutenwechsel/Transposition

Ein Wechsel im Statut ist der Wechsel der zur Beurteilung eines konkreten Rechtsverhältnisses berufenen Privatrechtsordnung. **86**

I. Ursachen

Zu einem Statutenwechsel kommt es durch die Änderung der für die Anknüpfung erheblichen Umstände (z.B. die Verlagerung des Wohnsitzes, den Wechsel der Staatsangehörigkeit), durch die Änderung einer Kollisionsnorm (z.B. bei einer Reform des IPR wie durch das IPRG 1986) oder bei intertemporalen Normen (wie beim Beitritt der DDR). **87**

Unwandelbare Anknüpfungen (Art. 13, 15 EGBGB) werden von dem Statutenwechsel, ausgenommen der Änderung der Kollisionsnorm, nicht erfasst. Die Problematik stellt sich nur bei wandelbaren Anknüpfungen, bei denen der Zeitpunkt der Anknüpfung also nicht ausdrücklich oder schlüssig festgelegt ist und auf den jeweiligen Zeitpunkt abgestellt wird (z.B. Art. 14, 43 Abs. 1 EGBGB, beachte aber Art. 21 EGBGB, bei Dauerrechtsverhältnissen und gestreckten Tatbeständen).

163 LG Mosbach ZEV 1998, 489, 490.

164 Staudinger/Dörner Art. 25 EGBGB Rdnr. 34; Dörner, ZEV 2005, 444, 445.

165 Vgl. Staudinger/Dörner Art. 25 EGBGB Rdnr. 711, 717; Kropholler, IPR, § 34 IV b).

166 Staudinger/Dörner Art. 25 EGBGB Rdnr. 711, 717.

167 LG Mosbach ZEV 1998, 489, 490; von Bar/Mankowski § 7 Rdnr. 256; Kropholler, IPR, § 34 IV 2 b).

II. Wirkung

88 Grundsätzlich wirkt der Statutenwechsel *ex nunc*. Die Vergangenheit unterfällt dem alten Sachrecht.

Spezialregelungen, die überwiegend die Fortgeltung der Wirkungen der alten Rechtsordnung anordnen, finden sich z.B. in den Art. 7 Abs. 2, 26 Abs. 5 S. 2 EGBGB. Dabei wird Art. 7 Abs. 2 EGBGB nach h.M. allseitig ausgebaut, sodass er auf den Wechsel jeder Staatsangehörigkeit anwendbar ist.

Bei einem Statutenwechsel ist zwischen abgeschlossenen und offenen Tatbeständen zu unterscheiden.

1. Abgeschlossene Tatbestände

89 In der Vergangenheit abgeschlossene Tatbestände bleiben vom Statutenwechsel unberührt (Schutz wohlerworbener Rechte). Die gegenwärtigen und die künftigen Wirkungen des abgeschlossenen Tatbestands werden vom neuen Statut bestimmt.

Ob ein Tatbestand abgeschlossen ist, bestimmt die alte *lex causae*, also das zunächst geltende Recht. Ist das wohlerworbene Recht der neuen Rechtsordnung nicht bekannt (so oft im Sachenrecht wegen des *numerus clausus* der Sachenrechte), muss es nach h.M. in ein vergleichbares der neuen Rechtsordnung übersetzt werden **(Transposition)**. Mit Transposition wird die **Übersetzung eines ausländischen Rechtsinstituts in ein funktionsäquivalentes des anzuwendenden Sachrechts** bezeichnet. Ziel einer Transposition ist es, auf diese Weise ein im Ausland wirksam entstandenes fremdes Recht auch im Inland wirksam werden zu lassen bzw. seine wesentlichen Wirkungen aufrecht zu erhalten.[168] Die Rspr. verfährt hierzu in der Auslegung der Normen der eigenen Rechtsordnung großzügig.

Ein Beispiel hierfür ist die Transposition dem deutschen Recht unbekannter ausländischer Sachenrechte.

Fall 14: Umzug mit dem Lamborghini

Der Italiener I hat sich in Sant Agata/Italien einen Lamborghini Miura S gekauft. Bald danach gerät er in finanzielle Nöte und bestellt zugunsten seines Gläubigers G eine Hypothek an dem Auto (nach dem italienischen Recht in wirksamer Weise) i.H.v. 300.000 €. Kurz darauf nimmt I eine Stelle in Düsseldorf an und zieht mit der Familie und dem Lamborghini nach Deutschland. Hat G ein dingliches Recht an dem Lamborghini?

I. **Hypothek zugunsten des G**

1. **Entstehen einer Hypothek**

90 Für G könnte eine Hypothek an dem Fahrzeug entstanden sein. Laut Sachverhalt hat I nach italienischem Recht eine Hypothek an dem Fahrzeug zugunsten des G begründet. Aus italienischer Sicht ist damit eine Hypothek entstanden. Die Beurteilung des Sachverhalts durch einen inländischen Rechtsanwender hängt nun

168 BGHZ 39, 173; von Hoffmann/Thorn § 6 Rdnr. 38 f.

davon ab, ob die Vorschriften des italienischen Hypothekenrechts aus deutscher Sicht internationalprivatrechtlich anwendbar sind, Art. 3 EGBGB. Vorrangige gemeinschaftsrechtliche oder staatsvertragliche Kollisionsnormen sind nicht anwendbar, Art. 3 Nr. 1, 2 EGBGB. Daher sind die Kollisionsnormen des deutschen autonomen IPR anzuwenden.

Abgesehen von Spezialregelungen für Schiffe und Luftfahrzeuge gilt der in Art. 43 Abs. 1 EGBGB niedergelegte Grundsatz der *lex rei sitae*, also das Recht des Staates, in welchem sich die Sache befindet. Zum Zeitpunkt der Rechtsbegründung befand sich der Lamborghini in Italien. Es gilt daher das italienische Recht, das ebenfalls die *lex rei sitae* beruft[169] und die Verweisung des deutschen IPR somit annimmt.

Damit ist auch aus deutscher Sicht eine wirksame Hypothek an dem Fahrzeug entstanden. Dass eine Hypothek nach deutschem Sachenrecht nur an unbeweglichen Gegenständen begründet werden kann, ist insoweit nicht von Bedeutung.

2. **Erlöschen/Transposition der Hypothek**

Die Hypothek könnte aber mit dem Verbringen des Wagens nach Deutschland untergegangen sein. Mit dem Überqueren der Grenze hat sich der Staat der Belegenheit als eine anknüpfungsrelevante Tatsache geändert, es ist ein **Statutenwechsel** eingetreten. Sobald der Lamborghini auf deutschem Hoheitsgebiet ist, unterfällt er entsprechend Art. 43 Abs. 1 EGBGB deutschem Sachenrecht.

Wirksam begründete dingliche Rechte stellen **abgeschlossene Tatbestände** dar; auf sie hat ein Statutenwechsel grds. keinen Einfluss. Die Rechte bestehen in ihrer bisherigen Prägung im Rahmen der neuen *lex rei sitae* fort **(Schutz wohlerworbener Rechte)**.

Problematisch ist in diesem Fall jedoch, dass dem deutschen Sachenrecht eine Hypothek an beweglichen Gegenständen unbekannt ist. Gemäß Art. 43 Abs. 2 EGBGB werden die der neuen *lex rei sitae* unbekannten Institute nur übernommen, wenn sie nicht im Widerspruch zu der neuen Rechtsordnung stehen.[170] Die Vorschrift könnte folglich einem Fortwirken der Autohypothek in Deutschland entgegenstehen.

Fraglich ist demnach, ob das deutsche Recht die Autohypothek anerkennt. Dazu ist nach h.M. zu versuchen, das ausländische Recht – wegen des *numerus clausus* inländischer Sachenrechte – in ein ähnlich wirkendes deutsches Sachenrecht zu „übersetzen". Es geht mithin um die **Transposition** eines fremden Sicherungsrechts in ein funktionsäquivalentes deutsches, mit dem Ziel, auf diese Weise das im Ausland wirksam entstandene fremde Recht auch im Inland wirksam werden zu lassen bzw. seine wesentlichen Wirkungen aufrechtzuerhalten. Derart soll sowohl das Vertrauen des Sicherungsnehmers in den Bestand der Sicherung als auch das Vertrauen des inländischen Verkehrs in die Integrität der inländischen Gläubigerordnung geschützt werden **(Verkehrsschutz)**.

169 Wagner IPRax 1998, 435.
170 Von Hoffmann/Thorn § 12 Rdnr. 31.

Die Grenze der Wirkungserhaltung liegt dort, wo kein funktionsäquivalentes deutsches Sachenrecht existiert und damit kein inländisches Instrument zur Wirkungsperpetuierung zur Verfügung steht. Allerdings verfährt die jüngere Rechtsprechung hier sehr großzügig, sodass es in letzter Zeit nicht mehr zu einer Ablehnung der Transpositionsfähigkeit gekommen ist.

Zur italienischen Autohypothek sagt der BGH:[171] „Die dem deutschen Recht fremde Autohypothek ist nach dem Statutenwechsel anzuerkennen. Denn eine solche im Ergebnis wie ein besitzloses Pfandrecht wirkende Hypothek ist mit der deutschen Sachenrechtsordnung nicht unvereinbar (...). Einem nach französischem Recht an einem LKW begründeten Registerpfandrecht hat der VIII. Zivilsenat[172] die Anerkennung in Deutschland nicht versagt."

Somit ist die Autohypothek in Deutschland wie eine Sicherungsübereignung zu betrachten. Als Hypothek kommt der Rechtsposition des G am Lamborghini in Deutschland jedoch keine Wirkung zu.

II. Sicherungseigentum des G

Die Hypothek wird damit in eine Sicherungsübereignung transponiert und ist folglich nach den für das Sicherungseigentum entwickelten Regeln zu verwerten.[173]

Fall 15: Der Lamborghini in Österreich

I lebt weiterhin mit seinem Lamborghini in Italien. Im Sommerurlaub entschließt er sich, mit dem Auto eine Tour quer durch Europa zu machen. Dabei fährt er auch durch Österreich, dessen Recht keinerlei besitzlose Pfandrechte kennt. Was geschieht nach deutschem IPR mit der Autohypothek?

Anmerkung: Auch in Österreich gilt im Sachenrecht die *lex rei sitae.*

91 Nach der vorstehenden Darstellung bestimmt sich der dingliche Status einer Sache grundsätzlich nach dem Recht des Staates, in dessen Grenzen sie sich befindet. Nach der geschilderten **Transpositionslehre** verliert ein dingliches Recht seine Wirkungen durch Statutenwechsel, wenn die neue *lex rei sitae* eine äquivalente Rechtsposition nicht kennt.

OGH:[174] „Der Erwerb und der Verlust dinglicher Rechte an körperlichen Sachen, einschließlich des Besitzes sind (...) nach dem Recht des Staates zu beurteilen, in dem sich die Sachen bei Vollendung des dem Erwerb oder Verlust zugrunde liegenden Sachverhalts befinden. (...) Die Wirkungen des allenfalls nach dem Recht eines anderen Staates erworbenen dinglichen Rechts richten sich daher nach dem Recht des jeweiligen Lageortes. Gelangt eine Sache ins Inland, so kann das im Ausland entstandene dingliche Recht (...) nur dann dingliche Wirkung entfalten, wenn es mit der inländischen Sachenrechtsordnung vereinbar ist (...).

Diese für das besitzlose Pfandrecht entwickelten Grundsätze können auch auf das hier zur Entscheidung stehende Sicherungseigentum übertragen werden. Im Gegensatz zur Lehre und Rechtsprechung in der Bundesrepublik Deutschland, in der die Sicherungsübereignung das Hauptanwendungsgebiet

171 BGH NJW 1991, 1416.

172 BGH 39, 173.

173 Vgl. Kropholler, IPR, § 54 III 1 b).

174 OGH IPRax 1985, 165.

des das Besitzkonstitut regelnden § 930 BGB bildet, ist nach österreichischer herrschender Lehre (...) das Besitzkonstitut als Erwerbsart für das Sicherungseigentum ausgeschlossen (...)."

Somit wirkt die Autohypothek des G nicht fort, sobald der Lamborghini österreichisches Hoheitsgebiet erreicht.

I. Die Hypothek **lebt nach der herrschenden Transpositionslehre allerdings wieder auf**, wenn durch neuerlichen Statutenwechsel eine Rechtsordnung maßgeblich wird, welche das Institut kennt oder es „übersetzen" kann.[175] Denn die Transpositionslehre nimmt lediglich ein Ruhen des dinglichen Rechts im Interesse des inländischen Rechtsverkehrs an, ohne das Recht endgültig beseitigen zu wollen.[176]

II. Hiergegen wurde vonseiten der Hinnahmetheorie eingewandt, dass die Transpositionslehre zu einer unnötigen Veränderung oder gar Aufwertung des fremden dinglichen Rechts führe.[177] Auch könne die Transpositionslehre nicht erklären, warum bei einem weiteren Statutenwechsel nicht das transformierte Recht fortbesteht, sondern das originäre Recht wieder auflebt. Dem vormaligen (österreichischen) Belegenheitsrecht komme daher ein „Reinigungseffekt" zu mit der Folge, dass das Recht endgültig untergegangen sei.

III. Zum einen wird durch letztere Auffassung dem vormaligen Belegenheitsstatut zu viel Macht eingeräumt.[178] Zum anderen wirft das mögliche Erlöschen eines Sicherungsrechts bei Verbringung der Sache von einem Mitgliedstaat der EU in einen anderen die Frage auf, inwieweit dies einen Verstoß gegen die Warenverkehrsfreiheit (Art. 28 AEUV = Zollunion, 34 AEUV = ex Art. 28 EGV) bedeutet.[179] Der „Wiedererweckungslehre" ist somit der Vorzug zu geben.

Insbesondere für Transportmittel im internationalen Verkehr erscheint eine Anknüpfung an den jeweiligen Belegenheitsort mit unter Umständen stündlich wechselnden Rechtsverhältnissen wenig sinnvoll. Es drohen zufällige Ergebnisse (insbesondere, wenn während der Reise Verfügungen über den Gegenstand getroffen werden). Angeknüpft wird über Art. 45 EGBGB am Recht des Heimatortes bzw. dem Ort der Zulassung. Für Kraftfahrzeuge wird allerdings überwiegend an der Belegenheitsregel festgehalten.[180]

Anmerkung: *Der italienischen Mobiliarhypothek ist das* ***französische Registerpfandrecht*** *ähnlich. Auch hierbei handelt es sich um ein Sicherungsrecht, das dem deutschen Recht fremd ist und am ehesten dem deutschen Sicherungseigentum entspricht. Der Fall wäre entsprechend zu lösen.*

---

2. Offene Tatbestände

Offene Tatbestände sind solche, bei denen vor dem Statutenwechsel die Rechtsänderung noch nicht vollständig abgeschlossen war. Das neue Statut gilt hier nicht nur hin- 92

175 Kropholler, IPR, § 54 III 1 b).
176 Von Hoffmann/Thorn § 12 Rdnr. 35.
177 Vgl. Kegel/Schurig § 19 III; Staudinger/Stoll, Internationales Sachenrecht, Rdnr. 356.
178 Kropholler, IPR, § 54 III 1 c).
179 Kropholler, IPR, § 54 II 1 a): *„Die Schwierigkeiten könnten durch eine Harmonisierung des Rechts der Mobiliarsicherheiten beseitigt werden. Einen ersten bescheidenen Ansatz für den Eigentumsvorbehalt enthält Art. 4 I der Richtlinie vom 29.06.2000 zur Bekämpfung von Zahlungsverzug im Geschäftsverkehr."*
180 Wagner IPRax 1998, 436; Kropholler, IPR, § 54 V 1 m.w.N.

sichtlich noch fehlender Voraussetzungen, sondern auch bezüglich der Anerkennung noch unter dem alten Recht verwirklichter Merkmale. Einzig bei einem besonderen Schutz des Vertrauens der erworbenen Rechte werden die bereits verwirklichten Merkmale automatisch anerkannt.[181]

Das Problem der Anerkennung eines unbekannten ausländischen Rechtsinstituts stellt sich hier nicht, da sich der Rechtserwerb vollständig nach dem neuen Recht richtet. **Einer Transposition bedarf es somit nicht.**

Offene Tatbestände werden auch sachenrechtlich entsprechend Art. 43 Abs. 3 EGBGB nach dem neuen Recht behandelt. Die im Ausland bereits erfüllten Handlungen und Merkmale werden als Auslandssachverhalt anerkannt.

5. Abschnitt: Schranken der Anwendung

A. Die Gesetzesumgehung *(fraus legis)*

93 Auch im Internationalen Privatrecht besteht die Gefahr, dass Vorschriften missbräuchlich verwendet bzw. umgangen werden, um zur Anwendung eines für die Betroffenen günstigeren Rechts zu kommen (*fraus legis*). Um die Gesetzesumgehung unwirksam zu machen, ist das umgangene ungünstige Recht dennoch anzuwenden und das erschlichene Recht nicht anzuwenden.[182]

I. Voraussetzungen und Fallgruppen der Gesetzesumgehung

Eine Gesetzesumgehung liegt vor, wenn die für eine Anknüpfung und Qualifikation erheblichen Tatsachen zwar tatsächlich vorgelegen haben, aber zweckentfremdet worden sind.

In der Praxis kommt häufig der Fall vor, dass Anknüpfungspunkte bewusst verändert werden. Diese (Ver-)Änderung kann bewirken, dass auf eine abweichende Rechtsordnung verwiesen wird. Es besteht deshalb die Gefahr, dass die Anknüpfung bewusst manipuliert wird, um so die günstigste Gesetzeslage ausnutzen zu können. Gelegenheit hierfür bieten vor allem die „mobilen Anknüpfungspunkte" wie der Handlungs- und der Aufenthaltsort, aber auch ein Wechsel des Wohnsitzes oder der Staatsangehörigkeit.[183]

Da nicht jedes Ausnutzen einer vom Gesetzgeber geschaffenen günstigen Möglichkeit verwerflich ist, liegt ein Fall der Gesetzesumgehung nur dann vor, wenn der erzielte Erfolg in **krassem Widerspruch zum Gesetzeszweck steht.**[184] Solche Fälle sind jedoch nur **ausnahmsweise** anzunehmen, da nach dem Willen des Gesetzgebers grundsätzlich bis zur Grenze des *ordre public* erlaubt ist, was nicht ausdrücklich verboten ist.[185]

---

181 Kropholler, IPR, § 27 II, § 21.

182 MünchKomm/Mayer-Maly/Armbrüster § 134 BGB, Rdnr. 11 f.

183 BGH NJW 1971, 2124.

184 Von Hoffmann/Thorn § 6 Rdnr. 124 m.w.N.

185 Von Bar/Mankowski § 7 Rdnr. 132 f.

Fall 16: Grundstückskauf ohne Notar

V ist Eigentümer eines Grundstücks in Deutschland, welches K kaufen möchte. V und K besitzen beide die deutsche Staatsangehörigkeit. Der Kaufvertrag wird – dem dänischen Recht entsprechend – formlos in Dänemark geschlossen. Die Notarkosten konnten so eingespart werden. Ist der Kaufvertrag wirksam zustande gekommen?

Es liegt ein Fall mit Auslandsberührung vor, da die Parteien den Kaufvertrag in Dänemark **94**
abgeschlossen haben. UN-Kaufrecht als vorrangiges zu prüfendes vereinheitlichtes Sachrecht ist nur auf Waren und somit nicht auf Grundstückskaufverträge anwendbar.

I. **Kollisionsrechtliche Hauptfrage**

In Betracht kommt vorliegend gemäß Art. 3 Nr. 1 lit. b) EGBGB die Anwendbarkeit der Art. 3 ff. Rom I-VO. Da die Parteien kein Vertragsrecht i.S.d. Art. 3 Abs. 1 Rom I-VO gewählt haben, ist nach Art. 4 Rom I-VO objektiv anzuknüpfen. Vorliegend soll ein Grundstück verkauft und das Eigentum daran übertragen werden. Hierbei handelt es sich um einen Vertrag, der ein dingliches Recht an einer unbeweglichen Sache zum Gegenstand hat, Art. 4 Abs. 1 lit. c) Rom I-VO. Das Grundstück befindet sich in Deutschland. Art. 4 Abs. 1 lit. c) Rom I-VO verweist damit auf deutsches Recht. Anhaltspunkte für eine Korrektur dieser Vermutung nach Art. 4 Abs. 3 Rom I-VO liegen nicht vor.

II. **Teilfrage Form**

Im deutschen Recht sind Kaufverträge über Grundstücke formbedürftig, § 311 b BGB. Die **Teilfrage** der Formwirksamkeit ist jedoch nicht nach der *lex causae*, sondern gemäß Art. 11 Rom I-VO selbstständig anzuknüpfen.

Anmerkung: *Im Rahmen des Anwendungsbereichs der Rom I-VO ist Art. 11 Rom I-VO vorrangig von Art. 11 EGBGB anzuwenden.*

Gemäß Art. 11 Rom I-VO ist entweder die Form des Geschäftsstatuts (Art. 11 Abs. 1, 1. Alt. Rom I-VO, hier: deutsches Recht, insbes. § 311 b Abs. 1 BGB) oder die Ortsform (Art. 11 Abs. 1, 2. Alt. Rom I-VO hier: dänisches Recht, Formfreiheit) ausreichend. Ein formfreier Abschluss nach dem dänischen Recht würde damit genügen.

Jedoch müssen gemäß Art. 11 Abs. 5 Rom I-VO bei Verträgen, die ein dingliches Recht an einem Grundstück zum Gegenstand haben, die international **zwingenden Formvorschriften** des Belegenheitsortes eingehalten sein. Wäre § 311 b Abs. 1 BGB eine solche, wäre die notarielle Form für die Wirksamkeit des Kaufvertrags zwingend erforderlich. Nach herrschender Meinung[186] erhebt diese Formvorschrift jedoch keinen Anspruch auf unbedingte Anwendbarkeit im Inland. Art. 11 Abs. 5 Rom I-VO steht der Formwirksamkeit des Vertrags folglich nicht entgegen.

III. **Vorliegen einer Gesetzesumgehung** *(fraus legis)*

Der Kaufvertrag könnte aber dennoch unwirksam sein, wenn die Parteien nur deshalb nach Dänemark gefahren sind, um die deutsche Formvorschrift des § 311 b

186 Palandt/Thorn Art. 11 Rom I-VO Rdnr. 16 mit Verweis auf RegE, BT-Drs. 10/504, 49.

Abs. 1 BGB zu umgehen. Sie könnten so den Anknüpfungspunkt absichtlich in *fraudem legis* missbräuchlich manipuliert haben, um eine für sie günstige Gesetzeslage ausnutzen zu können.

Neben der **objektiven Voraussetzung** – Manipulation des Anknüpfungspunktes – erfordert die Gesetzesumgehung auch eine **subjektive Komponente**: Der Wechsel muss missbräuchlich vorgenommen worden sein, d.h. in einem nicht zu billigenden Verhalten der Parteien bestehen.

Vorliegend haben V und K den Ort ihres Vertragsschlusses eigens nach Dänemark verlegt und sich so dem deutschen Recht bewusst entzogen. Für die Missbräuchlichkeit ihres Verhaltens spricht der Umstand, dass weder die Parteien noch der Vertrag selbst eine Beziehung zu dänischem Recht aufweisen.

Andererseits ist zu berücksichtigen, dass der „umgangene" Gesetzgeber durch seine großzügige Regelung in Art. 11 Rom I-VO zu einem derartigen Verhalten einlädt. Er hat damit in Kauf genommen, dass die Parteien den Ort ihres Vertragsschlusses von den dort geltenden Formvorschriften abhängig machen. Offensichtlich wurden Fragen der Form als nicht so wichtig angesehen, dass ihre bewusste Vermeidung die Unwirksamkeit des Geschäfts nach sich ziehen soll. Jedenfalls wiegt das Interesse an der Einhaltung bestimmter Formvorschriften geringer, als die Einbuße an Rechtssicherheit. Diese entstünde aber, wenn man die Wirksamkeit eines Geschäfts von einer Motivforschung bei den Vertragsparteien abhängig machen wollte.[187] **Eine Kollisionsnorm, die ausdrücklich die Ortsform genügen lässt, muss sich daher beim Wort nehmen lassen.**

Daher liegt kein fraudulöses Geschäft vor und es kommen ausschließlich dänische Formvorschriften zur Anwendung.

Damit ist der Kaufvertrag zwischen V und K formwirksam.[188]

Anmerkung: *Deshalb ist auch das forum shopping kein Fall der Gesetzesumgehung. Der Gesetzgeber hat die freie Wahl des Gerichtsstandortes von Gesetzes wegen erlaubt, indem er mehrere Gerichtszuständigkeiten eröffnet.*

---

95 Kein Fall der Gesetzesumgehung liegt vor, wenn die anknüpfungs- oder qualifikationserheblichen Tatsachen nur vorgetäuscht, also simuliert werden (auch *unechte* Gesetzesumgehung).[189] Das Institut der *fraus legis* ist für die Anwendbarkeit der eigentlich einschlägigen Normen nicht erforderlich. Unwahre Sachverhalte sind schon dem Wortlaut der Qualifikationsnorm nach nicht zulässig.

187 Vgl. Kunz, Rdnr. 139.

188 Dazu BGHZ 73, 391: veränderte Fallkonstellation.

189 Von Bar/Mankowski § 7 Rdnr. 136.

II. Fraudulöse Geschäfte in der Praxis

Im Allgemeinen nimmt die deutsche Rechtsprechung eine Gesetzesumgehung – aus den genannten Gründen – nur selten an. Eine Umgehung muss über das Ausnutzen der durch den Gesetzgeber eröffneten Möglichkeiten hinausgehen. **96**

So ist zum Beispiel das Ausflaggen von Schiffen zur Sicherung der Wettbewerbsfähigkeit erlaubt. Hochzeitsparadiese (Gretna Green, Tondern) und Scheidungsparadiese (Nevada) fördern legal den Tourismus. Auch die Gründung von Briefkastenfirmen in Steueroasen wie Liechtenstein und Delaware bewegt sich noch innerhalb des gesetzlichen Rahmens.

B. *Ordre Public*

Auch bei Verweisungen auf ausländische Rechtsordnungen dürfen keine Ergebnisse entstehen, die mit wesentlichen Grundsätzen der nationalen Rechtsordnung unvereinbar sind. **97**

I. Funktionen des *ordre public*

Durch den *ordre public* (öffentliche Ordnung) werden Normen, die zu unvereinbaren Ergebnissen mit der deutschen Rechtsordnung führen, nicht angewandt. Der Unterscheidung zwischen **negativem** (Abwehr ausländischer Normen) und **positivem** *ordre public* (Durchsetzung inländischer Vorschriften) kommt heute keine Bedeutung mehr zu. Beide fließen ineinander. Mit den speziellen Formen des *ordre public* und der Generalklausel des Art. 6 EGBGB besteht ein bewegliches System. Das Eingreifen der Normen hängt von einer Gesamtschau der einzelnen Merkmale ab. **98**

II. *Ordre public*, Eingriffsnormen und Sonderanknüpfungen

Vom *ordre public* zu trennen sind die sog. **Eingriffsnormen** und **Sonderanknüpfungen**. Diese verfolgen die bevorzugte Durchsetzung inländischer Normen, vorwiegend solcher, die einen öffentlich-rechtlichen Charakter oder die besondere spezial- oder wirtschaftspolitische Zwecke zum Ziel haben. **99**

Eingriffsnormen finden über Art. 9 Rom I-VO Anwendung. Hierbei handelt es sich zum einen um Normen, die dem **Schutz staatlicher Interessen** dienen:

Beispiel: Waffenexport
Eine deutsche Gesellschaft beabsichtigt den Export von 100 Granatwerfern nach Nordkorea. Vereinbart wird die Geltung nordkoreanischen Rechts. Das deutsche Kriegswaffenkontrollgesetz und das Außenwirtschaftsgesetz setzen für die Ausfuhr derartiger Güter eine Genehmigung voraus. Ohne diese ist der Vertrag (schwebend) unwirksam. Dies gilt wegen Art. 9 Rom I-VO unabhängig von der von den Parteien gewählten *lex causae*.

Art. 9 Rom I-VO gilt aber auch für international zwingende Normen des Sonderprivatrechts. Dazu gehört z.B. der Verbraucherschutz, die Wohnraummiete oder das Arbeitsrecht (§ 7 Abs. 1 AEntG, § 61 BörsenG, evtl. MuSchG, EFZG).

Sonderanknüpfungen wie Art. 6 Rom I-VO dienen dagegen dem Ausgleich typischer Ungleichgewichtslagen zwischen den Vertragsparteien, dienen also dem Schutz des Schwächeren.[190] Diese Normen sind gegenüber Art. 9 Rom I-VO *leges specialis*.

Deutsches **Eingriffsrecht** und **Sonderanknüpfungen** setzen sich **unbedingt** durch. Im Unterschied dazu ist der Einsatz des *ordre public* **abhängig** von der Anstößigkeit des kraft fremden Rechts erzielten Ergebnisses.[191]

III. Spezielle Ausprägungen des *ordre public*

100 Die Art. 13 Abs. 2, 17 Abs. 1 S. 2, 17 Abs. 2 EGBGB sind Spezialregeln des *ordre public*. Weitere Ausprägungen finden sich auch in den staatsvertraglichen Vorbehaltsklauseln, z.B. Art. 16 MSA.

Der verfahrensrechtliche *ordre public* greift bei der Anerkennung und Vollstreckung ausländischer Entscheidungen ein. Die Entscheidungen müssen hiernach insbesondere den Art. 101–104 GG entsprechen.

Spricht eine ausländische Rechtsordnung einen renvoi aus, ist ihr *ordre public* auch vom deutschen Richter zu berücksichtigen.[192]

IV. Art. 6 EGBGB

101 Gemäß der Generalklausel des Art. 6 S. 1 EGBGB ist eine Rechtsnorm eines anderen Staates nicht anzuwenden, wenn ihre Anwendung zu einem Ergebnis führt, das mit wesentlichen Grundsätzen des deutschen Rechts offensichtlich unvereinbar ist.

1. Ausländisches Recht

102 Voraussetzung für ein Eingreifen des *ordre public* ist zunächst, dass ausländisches Sach- oder Kollisionsrecht[193] angewandt wird.

2. Ergebnis der Anwendung

103 Es erfolgt **keine abstrakte Kontrolle der Norm**. Vielmehr werden die Folgen der Anwendung der ausländischen Norm, also das durch sie erzielte **Ergebnis im konkreten Fall**, herausgestellt.

3. Wesentliche Grundsätze

104 Dieses Ergebnis ist an den wesentlichen Grundsätzen der deutschen Rechtsordnung zu messen. Was im Einzelnen wesentlich ist, muss durch die Rechtsprechung näher ausgestaltet werden. Indizien für die Wesentlichkeit eines Grundsatzes sind z.B. die Strafbewehrung bei einem Verstoß oder der Schutz durch die Menschenrechtskonvention oder die Verfassung.

---

190 Von Hoffmann/Thorn § 10 Rdnr. 95.

191 Von Bar/Mankowski § 7 Rdnr. 275.

192 Kropholler, IPR, § 3 c VII.

193 So die h.M., auch BGHZ 60, 78.

Spätestens seit dem **Spanier-Beschluss** des BVerfG[194] besteht kein Zweifel, dass die Normen des nationalen IPR unmittelbar an den Grundrechten zu messen sind. Ein Spanier wollte damals eine geschiedene Deutsche heiraten. Für die Ehevoraussetzungen verwies das EGBGB auf das spanische Heimatrecht des Mannes, das eine Wiederheirat ausschloss. Das BVerfG nahm u.a. einen Verstoß des deutschen Kollisionsrechts gegen das Gleichheitsrecht aus Art. 3 Abs. 2 GG an und lieferte damit den Anstoß zur Reform des deutschen IPR. Jeder Grundrechtsverstoß ist wesentlich.

- **Die Betroffenen genießen deshalb auch dann den Schutz der Grundrechte, wenn durch Kollisionsrecht ausländisches Recht berufen wird.**[195]

Jedes Gericht ist über Art. 1 Abs. 3, 20 Abs. 3 GG bei seiner Entscheidung an die Grundrechte gebunden. So fallen zwangsläufig auch die vom Gericht angewandten Normen unter die Grundrechtsbindung. Folglich unterliegen auch ausländische Vorschriften den Grundrechten, wenn sie nach dem Wortlaut, dem Inhalt und ihrer Funktion unter Berücksichtigung der Gleichstellung anderer Staaten und der Eigenständigkeit ihrer Rechtsordnungen für auslandsbezogene Sachverhalte gelten.

BVerfGE:[196] „Das ausländische Recht wird nicht losgelöst von der dortigen Verfassung und den Gegebenheiten seines nationalen Geltungsbereichs generell auf seine Übereinstimmung mit dem GG geprüft. Vielmehr kommt es allein darauf an, ob eine innerstaatliche Rechtshandlung deutscher Staatsgewalt in Bezug auf einen konkreten Sachverhalt, der eine mehr oder weniger starke Inlandsbeziehung aufweist, zu einer Grundrechtsverletzung führt."

Dabei gelten die Grundrechte unter Privaten jedoch auch im IPR nicht unmittelbar, sondern werden wie im übrigen Privatrecht als objektive Wertordnung mittelbar über die Generalklauseln der Rechtsordnung berücksichtigt. Eine solche Generalklausel im Kollisionsrecht ist Art. 6 EGBGB, also der *ordre public.*

Auch europäische und universelle Grund- und Menschenrechte bilden den Maßstab für den *ordre public.* Diese ergeben sich aus der Grundrechte-Charta der Europäischen Union, den allgemeinen Rechtsgrundsätzen sowie den menschenrechtlichen europäischen und universellen Übereinkommen, wie der EMRK und verschiedenen Pakten und Übereinkommen der UN.[197]

4. Offensichtliche Unvereinbarkeit

Die Folge der Rechtsanwendung im konkreten Fall muss mit solch einem wesentlichen Grundsatz **offensichtlich unvereinbar** sein. Das Ergebnis der Anwendung der ausländischen Norm muss in einem **schwerwiegenden Widerspruch** zu Gerechtigkeitsvorstellungen und Grundgedanken der deutschen Regelungen stehen, sodass die Anwendung der Norm unzumutbar ist. Dabei wird ein nicht gerechtfertigter Grundrechtseingriff mit der Rechtsordnung immer offensichtlich unvereinbar sein. 105

194 BVerfGE 31, 58.

195 BVerfGE 31, 58, 73.

196 BVerfGE 31, 58, 60.

197 Von Bar/Mankowski § 7 Rdnr. 271 f.; Kropholler, IPR, § 36 IV 2; instruktiv: Scholz IPRax 2008, 213.

5. Hinreichender Inlandsbezug

106 Über den Wortlaut der *ordre-public*-Regel aus Art. 6 EGBGB hinaus, muss der Fall einen **hinreichenden Inlandsbezug** aufweisen, der über die bloße Anrufung eines deutschen Gerichts hinausgeht. Diese ungeschriebene Voraussetzung ergibt sich aus dem Grundsatz, dass Personen, die keinen Bezug zur deutschen Rechtsordnung haben, durch den *ordre public* keine deutschen Werte aufgedrängt werden dürfen.

Man spricht von der **Relativität des *ordre public***: Je schwächer der Inlandsbezug ist, umso intensiver muss der Verstoß gegen die deutsche Rechtsordnung sein, damit der *ordre public* eingreifen kann.[198] Entscheidend ist, ob ein deutsches Gericht bei seiner Entscheidung selbst *ordre-public*-widrige Zustände schaffen würde.

Fall 17: Walayat (nach BGHZ 120, 29)

Die Iraner M und F haben im Iran geheiratet und sind schiitischen Glaubens. Sie leben seit vielen Jahren in Köln mit ihrem dreizehnjährigen – ebenfalls iranischen – Sohn S. Im Jahr 2013 wird die Ehe in Deutschland rechtskräftig geschieden. Nun streiten sich M und F um das Sorgerecht für S. M beruft sich auf den für Muslime geltenden § 1180 des iranischen ZGB, nach dem minderjährige Kinder grundsätzlich unter der Gewalt („*walayat*") des Vaters stehen. F sagt, das Wohl des Kindes spreche gegen die Sorgerechtserteilung an M. S will, befürwortet vom Jugendamt, bei seiner Mutter leben. Wie wird das zuständige deutsche Familiengericht entscheiden?

107 Bei einem Sachverhalt mit Auslandsberührung, der sich hier durch die iranische Staatsangehörigkeit der Beteiligten ergibt, ist mangels der Anwendbarkeit von vereinheitlichtem Sachrecht gemäß Art. 3 EGBGB mithilfe des IPR das anzuwendende Sachrecht zu bestimmen.

I. **Einschlägige Kollisionsnormen**

Fraglich ist, welche Kollisionsnorm über eine sorgerechtliche Fragestellung entscheidet. Vor einem Rückgriff auf das autonome Kollisionsrecht ist gemäß Art. 3 Nr. 2 EGBGB staatsvertragliches Kollisionsrecht auf seine Anwendbarkeit zu prüfen.

1. **Art. 15 Haager Kinderschutzüberkommen (KSÜ)**

Als einschlägige Kollisionsnorm kommt Art. 15 Abs. 1 des Haager Kinderschutzübereinkommens vom 19.10.1996 (KSÜ) in Betracht.[199]

a) **Anwendbarkeit des KSÜ**

Das KSÜ ist am 01.01.2011 für Deutschland in Kraft getreten und hat das Haager Minderjährigenschutzabkommen vom 05.10.1961 (MSA) abgelöst (vgl. Art. 51 KSÜ).

Das KSÜ ist als *loi uniforme* ausgestaltet. Das bedeutet, dass die Vertragsstaaten es nicht nur im Verhältnis zu weiteren Vertragsstaaten, sondern auch im

198 Von Bar/Mankowski § 7 Rdnr. 263; Kropholler, IPR, § 36 II 2; von Hoffmann/Thorn § 6 Rdnr. 142.

199 Palandt/Thorn, Anh. Art. 24 EGBGB Rdnr. 15; vgl. hierzu: Wagner/Janzen, FPR 2011, 110 ff.

Verhältnis zu allen anderen Staaten anwenden. Dass der Iran dem KSÜ nicht beigetreten ist, steht dessen Anwendbarkeit somit nicht entgegen.

S ist minderjährig. Gemäß Art. 2 KSÜ ist das Übereinkommen damit anwendbar.

b) **Bestimmung des anwendbaren Rechts**

Das anwendbare Recht richtet sich gemäß Art. 15 Abs. 1 KSÜ nach der Zuständigkeit. Zuständig sind gemäß Art. 5 Abs. 1 KSÜ die Gerichte und Behörden des Staates, in dem der Minderjährige seinen gewöhnlichen Aufenthalt hat. Die danach zuständigen Gerichte und Behörden wenden gemäß Art. 15 Abs. 1 KSÜ grundsätzlich ihr eigenes Recht an. Hierdurch wird ein **Gleichlauf** zwischen anwendbaren Recht und internationaler Zuständigkeit hergestellt.

S hat seinen gewöhnlichen Aufenthalt in Köln. Demnach sind gemäß Art. 5 Abs. 1 KSÜ die deutschen Gerichte und Behörden zuständig, die gemäß Art. 15 Abs. 1 KSÜ grundsätzlich ihr eigenes Recht anwenden.

Fraglich ist, ob sich aus der Ausweichklausel gemäß Art. 15 Abs. 2 KSÜ etwas anderes ergibt. Danach ist ausnahmsweise das Recht eines anderen Staates, zu dem der Sachverhalt eine **enge Verbindung** hat, anwendbar, wenn der Schutz des Kindes dies erfordert. Art. 15 Abs. 2 KSÜ ist eng auszulegen. In Betracht kommt dessen Anwendung z.B. bei einer Veräußerung von wesentlichen Vermögensgegenständen im Ausland.[200] Die Familie des S lebt jedoch bereits seit vielen Jahren in Köln. Die iranische Staatsangehörigkeit allein vermag eine enge Verbindung zum iranischen Recht nicht herzustellen. Damit bleibt es bei der Anwendbarkeit deutschen Rechts.

2. **Art. 8 Abs. 3 Deutsch-Iranisches Niederlassungsabkommen (DIN)**

Das KSÜ könnte allerdings vom Deutsch-Iranischen Niederlassungsabkommen vom 17.02.1929[201] verdrängt werden. Dieses sieht in seinem Art. 8 Abs. 3 i.V.m. dem Schlussprotokoll zum Abkommen vor, dass die Angehörigen der Vertragsstaaten in allen familienrechtlichen Fragen ihrem Heimatrecht unterworfen bleiben. Danach wäre das iranische Heimatrecht auf die Sorgerechtsentscheidung anwendbar.

Das DIN ist nach wie vor in Kraft. Das Verfahren vor dem deutschen Familiengericht fällt damit in sachlicher wie persönlicher Hinsicht (Staatsangehörigkeit der Beteiligten) in den Anwendungsbereich des Abkommens.

Fraglich ist, welche staatsvertragliche Kollisionsnorm vorrangig ist. Gemäß Art. 52 Abs. 1 KSÜ lässt das KSÜ internationale Übereinkünfte unberührt, denen Vertragsstaaten als Parteien angehören und die Bestimmungen über die im vorliegenden Übereinkommen geregelten Angelegenheiten enthalten. Das DIN betrifft das Familienrecht insgesamt und daher auch den sachlichen Anwendungsbereich des KSÜ.

---

200 Palandt/Thorn, Anh. Art. 24 EGBGB Rdnr. 19.

201 Jayme/Hausmann, Nr. 17.

Da Deutschland und der Iran auch nicht erklärt haben, dass das KSÜ vorrangig gelten soll, geht Art. 8 Abs. 3 DIN somit Art. 15 Abs. 1 KSÜ vor.[202] Danach ist iranisches Familienrecht anzuwenden.

II. Anwendung des iranischen Sachrechts

1. Ergebnis nach iranischem ZGB

108 Entsprechend § 1180 ZGB steht S unter dem „*walayat*" seines Vaters M. Das Gericht müsste M das Sorgerecht für S erteilen.

Die Vaterschaft des V wirft eine laut Sachverhalt allerdings unproblematisch zu bejahende Vorfrage auf. Zudem macht die interpersonelle Rechtsspaltung im Iran eine Unteranknüpfung erforderlich, die dann entsprechend Art. 4 Abs. 3 EGBGB zum schiitischen Recht und § 1180 ZGB führt.

2. Eingreifen des deutschen *ordre public*, Art. 6 EGBGB

Möglicherweise ist das iranisch-schiitische Sachrecht jedoch wegen eines Eingreifens des deutschen *ordre public* nicht anwendbar. Das deutsch-iranische Niederlassungsabkommen als vorrangige staatsvertragliche Regelung verhindert einen Rückgriff auf Art. 6 EGBGB nicht grundsätzlich, vielmehr lässt Art. 8 Abs. 3 S. 2 DIN eine Berufung auf den *ordre public* nach denn allgemein im Verhältnis zu fremden Staaten üblichen Grundsätzen zu.[203] Gemäß Art. 6 S. 1 EGBGB wird die Anwendung der Rechtsnormen eines anderen Staates untersagt, wenn diese (konkrete) **Anwendung** zu einem Ergebnis führen würde, das mit **wesentlichen Grundsätzen des deutschen Rechts offensichtlich unvereinbar** ist. Dabei stellt S. 2 in Art. 6 EGBGB klar, dass eine ausländische Norm *insbesondere* dann nicht anzuwenden ist, wenn ihre Anwendung mit den **Grundrechten** unvereinbar ist.

Es ist also zu prüfen, ob die Anwendung des ausländischen Rechts in Bezug auf den konkreten Fall zu untragbaren Ergebnissen führt, der Verstoß also „offensichtlich" ist. Ein offensichtlicher Verstoß ist immer zu bejahen, wenn ein Grundrecht, welches in einem Sachverhalt mit Auslandsbezug Geltung erlangt, durch ausländisches Recht verletzt wird. Eine Unterscheidung zwischen tragbaren und untragbaren Grundrechtsverstößen ist nicht zulässig.[204]

109 Auch ist zu berücksichtigen, dass es nicht auf den konkreten Inhalt der ausländischen Norm ankommt. Erforderlich für ein Eingreifen des *ordre-public*-Vorbehalts sind allein die Wirkungen der Norm im Rahmen des **konkret zu entscheidenden Sachverhalts**.

a) Verstoß gegen wesentliche Grundsätze des deutschen Rechts

Das durch § 1180 ZGB erlangte Ergebnis könnte gegen das Recht des Kindes (über Art. 2 Abs. 1 GG auch des ausländischen) auf Entfaltung seiner Persönlichkeit i.S.d. Art. 1 Abs. 1 i.V.m. Art. 2 Abs. 1 GG verstoßen. Der verfassungsrechtliche Schutz des Kindeswohls ist über Art. 6 S. 2 EGBGB ein wesentlicher

202 Palandt/Thorn, Anh. Art. 24 EGBGB Rdnr. 27

203 OLG Düsseldorf IPRax 2009, 520, 521.

204 BVerfGE 31, 58, 50.

Grundsatz des deutschen *ordre public*. Dem Kindeswohl entspricht es, wenn nach dem Förderungsprinzip derjenige Elternteil das Sorgerecht erhält, bei dem das Kind vermutlich die meiste Unterstützung für den Aufbau seiner Persönlichkeit erwarten kann.[205] Nach objektiver Auffassung des Jugendamts kann die Mutter F das Wohl des S am besten fördern. Auch die Entscheidung des Sohnes, bei der Mutter bleiben zu wollen, muss berücksichtigt werden, da diesem mit 13 Jahren die nötige Reife für eine solche Entscheidung zugetraut werden kann. Folglich widerspräche die Sorgerechtserteilung an M dem Grundrecht des Kindes aus Art. 2 Abs. 1 i.V.m. Art. 1 Abs. 1 GG.

Zudem kann ein Verstoß gegen Art. 3 GG angenommen werden. Das konkrete Ergebnis der Anwendung ausländischen Rechts, die Sorgerechtsentscheidung zugunsten des Vaters M, stellt hierbei noch keinen Verstoß dar. Durch die grundsätzliche und ausnahmslose Übertragung des Sorgerechts auf den Vater wird die Mutter jedoch in verfassungsrechtlich nicht gerechtfertigter Weise diskriminiert, sodass hierin ein Verstoß gegen den *ordre public* gesehen werden kann.[206]

Anmerkung: *Das BVerfG hat den Schutz des Persönlichkeitsrechts (Art. 2 Abs. 1 i.V.m. Art. 1 Abs. 1 GG) auch zur Begründung herangezogen, den ausschließlichen Verweis eines in Deutschland lebenden Transsexuellen auf sein Heimatrecht über Art. 7, 10 EGBGB als Verstoß gegen den deutschen ordre public anzusehen, wenn das Heimatrecht dieses Ausländers dem deutschen Recht vergleichbare Regelungen über die Namensänderung und die Geschlechtsumwandlung nicht bereithält.*[207] *Die deutschen Sachnormen des Transsexuellengesetzes (TSG) wurden für entsprechend anwendbar erklärt. Der Inlandsbezug war bereits dadurch hergestellt, dass der Transsexuelle sich nicht „nicht nur vorübergehend" in Deutschland aufhielt.*

Damit wird gegen wesentliche Grundsätze des deutschen Rechts i.S.d. Art. 6 S. 1 EGBGB verstoßen.

b) **Hinreichender Inlandsbezug**

Zusätzlich müsste die Entscheidung für das Eingreifen des *ordre public* einen hinreichenden Bezug zum Inland aufweisen können. Beide Elternteile leben seit Jahren in Deutschland. S ist in Deutschland aufgewachsen. Die Familie hat hier ihren Lebensmittelpunkt. Ein hinreichender Inlandsbezug liegt damit vor.

c) **Ergebnis**

Bei dieser engen Inlandsbeziehung ist es mit wesentlichen Grundsätzen des deutschen Rechts offensichtlich unvereinbar, wenn ein deutsches Gericht, das auch bei der Anwendung einer ausländischen Rechtsnorm deutsche Staatsgewalt ausübt, die unter den Geboten des Art. 1 Abs. 3 GG und Art. 20 Abs. 3 GG steht, eine Entscheidung zur elterlichen Sorge trifft, die dem Kindeswohl zuwiderläuft und einen Elternteil gleichheitswidrig benachteiligt.[208]

Daher verstößt eine Anwendung des berufenen iranischen Sachrechts vorliegend gegen den deutschen *ordre public*.

205 BVerfGE 55, 181.

206 Offengelassen von BGHZ 120, 36 f.

207 BVerfG NJW 2007, 900, 902.

208 Vgl. BGHZ 120, 36; Henrich IPRax 1993, 83.

III. Folge des Eingreifens des *ordre public*

110 Das Eingreifen des *ordre public* bewirkt, dass die ausländische Rechtsfolgenanordnung vom deutschen Gericht nicht befolgt wird. Häufig genügt diese **„negative"** Auswirkung des *ordre public*. In anderen Fällen – wie dem vorliegenden hinsichtlich der elterlichen Sorge – bedarf es allerdings einer **positiven** Regelung.

Eine solche Regelung wird regelmäßig der *lex fori*, also dem inländischen Recht zu entnehmen sein.[209] Lässt sich das ausländische Recht sinnvoll modifizieren, ist dieses anzuwenden, um den Eingriff in das kollisionsrechtliche System möglichst gering zu halten. Eine solche Anpassung eröffnet dem Richter allerdings einen erheblichen Gestaltungsspielraum; sie ist so zwangsläufig mit einer Einbuße der Vorhersehbarkeit und damit an Rechtssicherheit verbunden. Hilfsweise wird die *lex fori* angewendet.

Im vorliegenden Fall lässt sich die iranische Regelung durch eine Aufteilung des Sorgerechts dergestalt modifizieren, dass dem Vater die Vermögenssorge und der Mutter die Personensorge für S übertragen wird. Eine solche Differenzierung ist im iranischen Sorgerecht unter bestimmten Umständen vorgesehen. Man gelangt derart zu einer Lösung, die unter größtmöglicher Beachtung der Wertvorstellungen des iranischen Rechts mit der Werteordnung des GG vereinbar ist.

Fall 18: Die dritte Frau

Der Tunesier T hat in seiner Heimat drei Frauen wirksam geheiratet. Dann ist die Familie nach Deutschland gezogen. Zwei Frauen des T sterben. Kurze Zeit später auch der T. Tunesisches Erbrecht verweist für die Erbfolge auf den Wohnsitz. Erbt die dritte Frau F?

111 I. Der Fall hat durch die tunesische Staatsangehörigkeit des T Auslandsberührung. Vereinheitlichtes Sachrecht ist nicht anwendbar. Daher ist zunächst die maßgebliche Rechtsordnung zu bestimmen.

Fraglich ist, ob sich die Ermittlung des anwendbaren Sachrechts nach vorrangigen gemeinschaftsrechtlichen oder staatsvertraglichen Kollisionsnormen richtet, Art. 3 Nr. 1, 2 EGBGB. Vorrangig anzuwendende gemeinschaftsrechtliche Kollisionsnormen könnten der am 16.08.2012 in Kraft getretenen ErbRVO zu entnehmen sein. Gemäß Art. 84 ErbRVO gilt diese jedoch erst ab dem 17.08.2015, vgl. auch Art. 83 ErbRVO. Daher ist der zeitliche Anwendungsbereich der ErbRVO nicht gegeben. Diese ist daher nicht anwendbar. Staatsverträge mit Tunesien, welche erbrechtliche Kollisionsnormen enthalten, bestehen ebenfalls nicht. Daher sind die Kollisionsnormen des deutschen autonomen IPR anzuwenden.

II. Erbrechtliche Fragen werden unter Art. 25 Abs. 1 EGBGB qualifiziert.

Anknüpfend an die Staatsangehörigkeit des T wird auf tunesisches Recht, einschließ-

---

209 Von Bar/Mankowski § 7 Rdnr. 285.

lich seiner Kollisionsnormen, verwiesen. Tunesisches IPR verweist zurück auf den letzten Wohnsitz des Erblassers, also auf deutsches Recht. Hier endet die Verweisungskette, Art. 4 Abs. 1 S. 2 EGBGB. Damit findet deutsches materielles Erbrecht als anwendbares Sachrecht Anwendung.

III. Gemäß § 1931 BGB erbt die Ehefrau. Damit F also erben kann, müsste sie die Ehefrau des T gewesen sein. Die Vorfrage, ob eine wirksame Ehe zwischen T und F bestanden hat, muss nach h.M. selbstständig angeknüpft werden. Art. 11, 13 EGBGB verweisen auf tunesisches Recht. Dessen Voraussetzungen lagen vor. Die Ehe war also wirksam. Die dritte Ehefrau F hat einen Erbanspruch.

IV. Fraglich ist aber, ob dieses Ergebnis angesichts des deutschen *ordre public* Bestand haben kann. Hier wurde offensichtlich gegen den deutschen Grundsatz der Einehe verstoßen. Jedoch fehlt der **hinreichende Inlandsbezug**, da die Ehe früher und im Ausland geschlossen wurde. Die Hauptfrage der Versorgung einer Ehefrau schafft keinen *ordre-public*-widrigen Zustand. Sie gibt dem Richter keinen Anlass, deutsche Wertmaßstäbe zu exportieren. **Die Rechtsfolgen aus im Ausland begründeten *ordre-public*-widrigen Rechtsverhältnissen werden anerkannt *(effet atténué)*.** Eine Nichtanerkennung der Ehe würde vor allem die Interessen der F ungerechtfertigt beeinträchtigen.
Es bleibt bei dem **Erbschaftsanspruch** der F.

V. Wandelbarkeit des *ordre public*

Der *ordre public* ist kein starres Gebilde, sondern unterliegt dem stetigen Wandel gesell- **112**
schaftlicher Wertvorstellungen.

In Deutschland hielt der BGH 1958 den Anspruch nach § 1300 BGB a.F. (Kranzgeld der Verlobten bei außerehelichem Beischlaf und nachträglicher Lösung der Verlobung durch den Verlobten) für einen unverzichtbaren Teil der Rechtsordnung, der auch international mithilfe des *ordre-public*-Vorbehalts durchgesetzt werden müsse.[210] Zum 01.07.1998 wurde die Vorschrift dagegen aufgehoben, da sie vor dem Hintergrund der Gleichberechtigung von Mann und Frau nach Art. 3 Abs. 2 GG umstritten war.

Der ordre public (Überblick)	
Voraussetzungen	**Rechtsfolgen**
1. Ausländisches Recht	Nichtanwendung der ausländischen Norm, evtl. Lückenfüllung erforderlich aus ausländischem Recht oder lex fori
2. Ergebnis der Anwendung	
3. Wesentliche Grundsätze	
4. Offensichtlich unvereinbar	
5. Hinreichender Inlandsbezug	

210 Vgl. von Hoffmann/Thorn § 6 Rdnr. 141.

2. Teil: Internationales Zivilverfahrensrecht

1. Abschnitt: Allgemeines

A. Aufgaben des Internationalen Zivilverfahrensrechts (IZVR)

113 Hat ein Fall Auslandsberührung, so muss zunächst geklärt werden, welche Gerichte welchen Landes für die Entscheidung über die Sache **international zuständig** sind. Die *lex fori* der international zuständigen Gerichte bestimmt dann, welches Recht auf den Fall anwendbar ist.

Anmerkung: *Im IPR lautet die Fragestellung: „Welches Recht ist anwendbar.", im IZVR: „Welche Gerichte welchen Landes sind international zuständig."*

Es kann auch sein, dass zu dem Sachverhalt bereits eine Entscheidung eines ausländischen Gerichts ergangen ist. Dann ist zu klären, ob das nationale Gericht diese Entscheidung **anerkennen** und gegebenenfalls **vollstrecken** muss.

B. Grundsatz der Anwendung der *lex fori*

Im IZVR ist vom Grundsatz her anerkannt, dass das Gericht sein eigenes Verfahrensrecht anwendet. Dieses unterliegt daher der *lex fori*. Hierfür sprechen vor allem folgende drei Erwägungen:

- Öffentlich-rechtliche Natur der Verfahrensvorschriften;

  Das Zivilverfahrensrecht regelt die hoheitliche Tätigkeit der Gerichte. Für die internationale Anwendung öffentlich-rechtlicher Normen gilt daher das **Territorialitätsprinzip**, sodass die eigenen Verfahrensnormen anzuwenden sind.

- Neutralität des Verfahrensrechts;

  Das Verfahrensrecht beeinflusst die Sachentscheidung grundsätzlich nicht.[211]

- Praktikabilitätserwägungen.

  Die eigenen Gerichte sind mit der Anwendung ihres eigenen Verfahrensrechts vertraut.

2. Abschnitt: Internationale Entscheidungszuständigkeit deutscher Gerichte

114 Die Regeln über die internationale Zuständigkeit bestimmen, welche Gerichte welchen Landes international zuständig sind bzw. ob das deutsche Gericht für einen Fall mit Auslandsberührung international zuständig ist.

Vorrangig zu den nationalen Vorschriften über die internationale Zuständigkeit sind auch hier internationale Abkommen und Verordnungen zu prüfen, insbesondere diejenigen der Europäischen Gemeinschaft.

211 Kegel/Schurig § 22; von Hoffmann/Thorn § 3; Kropholler, IPR, §§ 56–60.

A. EuGVVO

Seit dem 01.03.2002 ist die Verordnung Nr. 44/2001 des Rates über die gerichtliche Zuständigkeit und die Anerkennung und Vollstreckung von Entscheidungen in Zivil- und Handelssachen vom 23.12.2000 (EuGVVO)[212] in allen EU-Staaten in Kraft getreten – bis auf Dänemark. Dort gelten die Regeln der EuGVVO aufgrund eines völkerrechtlichen Vertrages zwischen Dänemark und der EG seit dem 01.07.2007. Die EuGVVO bestimmt die internationale Zuständigkeit innerhalb der EU für Zivil- und Handelssachen. **115**

Zuvor war das Brüsseler EWG-Übereinkommen über die gerichtliche Zuständigkeit und Vollstreckung in Handelssachen von 1968 (EuGVÜ)[213] als völkerrechtlicher Vertrag der EG die maßgebliche Rechtsquelle für die Bestimmung der internationalen Zuständigkeit innerhalb der EU.

I. Anwendbarkeit der EuGVVO

Die Vorschriften der EuGVVO sind nur einschlägig, wenn der Anwendungsbereich der Verordnung sachlich, zeitlich und räumlich-persönlich eröffnet ist. **116**

WICHTIG: Um den Anwendungsbereich der EuGVVO zu bestimmen, müssen nicht nur die einzelnen Vorschriften, sondern ggf. auch die **Erwägungsgründe** hinzugezogen werden. Dies gilt insbesondere dann, wenn die Vorschriften auszulegen sind. Die Erwägungsgründe sind zu Beginn der Verordnungstextes abgedruckt.

1. Sachlicher Anwendungsbereich der EuGVVO

Die EuGVVO ist **sachlich** – ebenso wie das EuGVÜ – für materiell-rechtliche Zivil- und Handelssachen, Art. 1 Abs. 1 EuGVVO, einschlägig. **117**

Für welche Gebiete die EuGVVO nicht gilt, ergibt sich aus Art. 1 Abs. 2 EuGVVO.

2. Zeitlicher Anwendungsbereich der EuGVVO

Zeitlich gilt die EuGVVO für alle nach dem 01.03.2002 erhobenen Klagen oder aufgenommenen Urkunden (Art. 66 Abs. 1 EuGVVO). **118**

3. Räumlich-persönlicher Anwendungsbereich der EuGVVO

Erforderlich ist ein hinreichend räumlicher Bezug zum Gebiet der EU, der bei natürlichen Personen (Art. 2 Abs. 1, 4 Abs. 1 EuGVVO) durch den Wohnsitz des Beklagten vermittelt wird. Bei juristischen Personen wird gem. Art. 60 Abs. 1 EuGVVO für die Bestimmung des Wohnsitzes alternativ auf den satzungsmäßigen Sitz (lit. a)), die Hauptverwaltung (lit. b)) oder die Hauptniederlassung (lit. c)) abgestellt. **119**

Hat der Beklagte seinen Wohnsitz nicht in einem Mitgliedstaat der EU, ist die EuGVVO auch dann anwendbar, wenn die Parteien eine Gerichtsstandsvereinbarung zugunsten der Gerichte eines Mitgliedstaates getroffen haben, Art. 4 Abs. 1, 23 EuGVVO. Für Immobilien ist der Belegenheitsort (Art. 22 Nr. 1 EuGVVO) maßgeblich, für bestimmte gesellschaftsrechtliche Streitigkeiten gilt Art. 22 Nr. 2 EuGVVO.

---

212 ABlEG 2001 Nr. 212, S. 1; Schönfelder-Ergänzungsband Nr. 103.

213 Übereinkommen der Europäischen Gemeinschaft über die gerichtliche Zuständigkeit und die Vollstreckung gerichtlicher Entscheidungen in Zivil- und Handelssachen vom 27.09.1968, BGBl. 1972 II, 773; Jayme/Hausmann, Nr. 150.

II. Zuständigkeitsregelungen

1. Exklusive Zuständigkeit

120 Die in Art. 22 EuGVVO zusammengefassten exklusiven Gerichtsstände können weder über eine Gerichtsstandsvereinbarung noch durch Einlassung vor einem unzuständigen Gericht derogiert werden, Art. 23 Abs. 5, 24 EuGVVO. Diese Zuständigkeiten sind also **vorrangig zu beachten**, ebenso die besonderen Vorschriften für Versicherungs-, Verbraucher- oder Arbeitssachen (Art. 23 Abs. 5 EuGVVO).

a) Gerichtsstandsvereinbarungen

121 Soweit keine exklusive Zuständigkeit und keine Versicherungs-, Verbraucher- oder Arbeitssache vorliegt, können die Parteien nach Maßgabe des Art. 23 Abs. 1 EuGVVO eine Vereinbarung zugunsten der internationalen und auch der örtlichen Zuständigkeit der Gerichte eines Mitgliedstaates treffen.

Fall 19: Gerichtsstandsvereinbarung

B ist eine Privatperson in England, die im März 2013 für ihre Tochter zum ersten Mal bei der A-GmbH mit Sitz in Köln Kinderspielzeug bestellt. Der Empfangsbestätigung der A-GmbH waren deren AGB beigefügt, in denen es in § 5 heißt: Gerichtsstand und Erfüllungsort sind in Frankreich. B zahlt nicht. Daraufhin verklagt die A-GmbH die B in Frankreich. Sind die französischen Gerichte international zuständig?

Die internationale Zuständigkeit der französischen Gerichte könnte sich aus den Normen der EuGVVO ergeben. Dann müsste diese Verordnung anwendbar sein.

I. **Anwendbarkeit der EuGVVO**

1. **Sachlicher Anwendungsbereich der EuGVVO**

   Die EuGVVO ist gem. ihrem Art. 1 Abs. 1 auf Zivil- und Handelssachen anzuwenden. Hierunter fällt auch der zwischen der A-GmbH und B geschlossene Kaufvertrag. Der sachliche Anwendungsbereich ist damit gegeben.

2. **Zeitlicher Anwendungsbereich**

   Gemäß Art. 76 EuGVVO ist die VO am 01.03.2002 in Kraft getreten. Gemäß Art. 66 Abs. 1 EuGVVO sind die Vorschriften der Verordnung auf alle Klagen anzuwenden, die nach diesem Zeitpunkt erhoben werden. Die Klage ist in Frankreich nach diesem Datum erhoben worden, sodass der zeitliche Anwendungsbereich der VO ebenfalls gegeben ist.

3. **Räumlich-persönlicher Anwendungsbereich der EuGVVO**

   Gemäß Art. 2 Abs. 1 EuGVVO muss der Beklagte seinen Wohnsitz im Hoheitsgebiet eines Mitgliedstaates haben. Beklagte ist B. Diese hat ihren Wohnsitz in England und damit im Hoheitsgebiet eines Mitgliedstaates. Der räumlich-persönliche Anwendungsbereich ist damit eröffnet.

Die EuGVVO ist damit anwendbar.

II. Zuständigkeitsvereinbarung

Aufgrund der Vereinbarung des französischen Gerichtsstandes in den AGB der A-GmbH ist zunächst eine **Zuständigkeitsvereinbarung** zu prüfen. Diese richtet sich im Rahmen der EuGVVO nach deren Art. 23 und ist vorrangig zu prüfen, da diese Zuständigkeit im Zweifel **ausschließlich** wäre, vgl. Art. 23 Abs. 1 S. 2 EuGVVO.

1. Die Zuständigkeitsvereinbarung ist nicht durch Art. 17 EuGVVO eingeschränkt. Zwar ist B Verbraucher. Es liegt jedoch keine der in Art. 15 EuGVVO abschließend aufgeführten Abschlusssituationen vor, sodass es sich schon nicht um eine Verbrauchersache nach Art. 15 EuGVVO handelt.

   Anmerkung: *Für den Fall, dass die Voraussetzungen des Art. 15 EuGVVO gegeben sind und ein Verbraucher mit einer Gerichtsstandsvereinbarung in AGB konfrontiert ist, richtet sich die Wirksamkeit einer solchen Vereinbarung* ***allein*** *nach der EuGVVO und nicht nach nationalem AGB-Recht, da die Stellung des Verbrauchers über die Art. 23, 17, 15 EuGVVO ausreichend geschützt ist.*[214]

2. Gemäß Art. 23 Abs. 1 S. 1 EuGVVO muss zumindest **eine** Partei ihren Wohnsitz im Hoheitsgebiet eines Mitgliedstaates haben. Sowohl B als auch die A-GmbH haben ihren Wohnsitz (vgl. Art. 59, 60 EuGVVO) in einem Mitgliedstaat.

3. Mit der Vereinbarung, dass in Frankreich der Gerichtsstand sei, werden auch die Gerichte eines **Mitgliedstaates** bestimmt.

   Beide Voraussetzungen des Art. 23 Abs. 1 S. 1 EuGVVO sind damit erfüllt.

   Anmerkung: *Von Art. 23 Abs. 1 EuGVVO sind nach h.M.*[215] *und Auffassung des EuGH*[216] *auch solche Auslandsfälle erfasst, die einen Zuständigkeitsbezug nur zu einem Mitgliedstaat haben.*

4. Weiter müsste eine der in Art. 23 Abs. 1 S. 3 EuGVVO genannten Formalternativen einer Gerichtsstandsvereinbarung vorliegen.

   a) Eine **schriftliche Vereinbarung** i.S.d. Art. 23 Abs. 1 S. 3, **lit. a), 1. Alt.** EuGVVO liegt nicht vor, da sich B nicht schriftlich zu dem Bestätigungsschreiben der A-GmbH geäußert hat.

   b) Die in den AGB enthaltene Gerichtsstandsvereinbarung könnte allerdings als **schriftliche Bestätigung** i.S.d. Art. 23 Abs. 1 S. 3, **lit. a), 2. Alt.** EuGVVO aufzufassen sein (sog. *Halbschriftlichkeit*).[217] Dann müsste die Gerichtsstandsvereinbarung aber vorher mündlich vereinbart worden sein. Anhaltspunkte hierfür bestehen nicht.

   Anmerkung: *Dieses Problem stellt sich immer dann, wenn Art. 23 EuGVVO anwendbar ist und eine Gerichtsstandsvereinbarung in AGB vorliegt!*

---

214 Kropholler, EuZPR, Art. 23 EuGVVO, Rdnr. 19 f. m.w.N.

215 Kropholler, EuZPR, Art. 23 EuGVVO, Rdnr. 4 f. m.w.N.

216 EuGH 13.07.2000 – 412/98 Group Josi (Nrn. 41 f.); 01.03.2005 – 281/02 Owusu/Jackson u.a. (Nr. 28).

217 Vgl. BGH NJW 1995, 2700.

c) Geschäftliche Kontakte bestanden zwischen den Parteien vorher nicht, sodass die Gerichtsstandsvereinbarung in Form von AGB nicht in einer Form erfolgte, die den **Gepflogenheiten entspricht**, die zwischen den Parteien entstanden sind, Art. 23 Abs. 1 S. 3, **lit. b)** EuGVVO.

d) In Betracht kommt auch nicht Art. 23 Abs. 1 S. 3, **lit. c)** EuGVVO. Bei B handelte es sich um einen Verbraucher und nicht um einen Kaufmann, sodass **internationale Handelsbräuche** für ihn nicht gelten.

- Die Gerichtsstandsklausel ist somit nicht anwendbar.

III. Seinen **allgemeinen Gerichtsstand** hat der Beklagte nicht in Frankreich (Art. 2, 59 Abs. 1 EuGVVO), sodass sich hieraus nicht die internationale Zuständigkeit französischer Gerichte ergibt.

IV. **Besonderer Gerichtsstand des Erfüllungsortes**

Aufgrund der Vereinbarung in den AGB, dass der **Erfüllungsort** in Frankreich sei, könnte sich die Zuständigkeit französischer Gerichte nach Art. 5 Nr. 1 EuGVVO ergeben.

1. B hat seinen Wohnsitz in einem Mitgliedstaat und soll in einem anderen verklagt werden, sodass die zusätzlichen räumlichen Voraussetzungen des Art. 5 EuGVVO erfüllt sind.

2. Dann müsste der Erfüllungsort in Frankreich liegen. Art. 5 Nr. 1 **lit. b)** EuGVVO geht für die Bestimmung des Erfüllungsortes vom Prinzip der vertragstypischen Leistung aus, eine abweichende Vereinbarung (Wortlaut: „– und sofern nichts anderes vereinbart worden ist –") ist jedoch möglich.

Fraglich ist daher, ob § 5 der AGB eine wirksame Erfüllungsortvereinbarung darstellt.

a) Die Wirksamkeit einer solchen Regelung richtet sich grundsätzlich danach, ob das auf den Vertrag anwendbare Recht *(lex causae)* diese anerkennt.[218]

b) Zu beachten ist jedoch, dass die Vereinbarung eines Erfüllungsortes einen besonderen Gerichtsstand schafft. Fehlt es aber an einer unmittelbaren Verbindung zwischen dem Rechtsstreit und dem angerufenen Gericht, besteht die **Gefahr, dass so die strengen Formvorschriften des Art. 23 Abs. 1 EuGVVO umgangen werden.**

- Deshalb müssen Erfüllungsortvereinbarungen, die nicht den tatsächlichen Leistungsort, sondern **nur** den Gerichtsstand festlegen wollen, an Art. 23 EuGVVO gemessen werden.[219]

Auch im vorliegenden Fall besteht keinerlei Verbindung zwischen Frankreich und dem Vertrag, sodass diese **abstrakte Erfüllungsortvereinbarung** an Art. 23 EuGVVO zu messen ist. Dessen Voraussetzungen sind aber nicht erfüllt (s.o.).

Die französischen Gerichte sind somit nicht international zuständig.

---

218 EuGH IPRax 1981, 75, 89; Kropholler, EuZPR, Art. 5 EuGVVO Rdnr. 35, 51.

219 EuGH JZ 1997, 836, 839 (*Mainschiffahrts-Genossenschaft*); von Hoffmann/Thorn § 3 Rdnr. 225 a.

b) Gerichtsstand durch rügelose Einlassung, Art. 24 EuGVVO

Auch ein unzuständiges Gericht wird nach Art. 24 S. 1 EuGVVO zuständig, wenn der Beklagte die (internationale) Zuständigkeit nicht rügt, sondern sich auf das Verfahren einlässt. **122**

Will der Beklagte eine fehlende internationale Zuständigkeit des angerufenen Gerichts rügen, reicht es nach zutreffender Meinung aus, die örtliche Zuständigkeit des angerufenen Gerichts zu rügen.[220] Im Wege der Auslegung ist zu ermitteln, dass mit einer solchen Rüge auch die internationale Zuständigkeit gemeint sei, sodass dieses Vorbringen nicht als vorbehaltloses Verhandeln i.S.d. Art. 24 S. 1 EuGVVO gewertet werden kann.

Nach einer Mindermeinung muss der Beklagte dagegen ausdrücklich die *internationale Zuständigkeit* rügen.[221]

Auch ein hilfsweises Verhandeln zur Hauptsache nach Rüge der internationalen Zuständigkeit ist unschädlich, sodass hierdurch nicht die internationale Zuständigkeit des angerufenen Gerichts begründet wird.[222]

2. Allgemeiner Gerichtsstand

Sofern keine vorgenannte Zuständigkeitsregelung eingreift, bestimmt sich die internationale Zuständigkeit nach dem Wohnsitz der beklagten Partei, **Art. 2 Abs. 1 EuGVVO**. Der Wohnsitz ist dabei nach dem nationalen Recht festzustellen, Art. 59 EuGVVO. Für juristische Personen gilt Art. 60 EuGVVO. **123**

3. Besondere Gerichtsstände

Alternativ zum allgemeinen Gerichtsstand stellen die Art. 5 und 6 der EuGVVO dem Kläger fakultativ weitere internationale Zuständigkeiten zur Wahl. Diese Zuständigkeiten begründen jedoch nur dann einen Gerichtsstand, wenn die bezeichneten Anknüpfungspunkte in dem Gebiet eines Mitgliedstaates der EuGVVO liegen. Sie regeln nicht nur die internationale, sondern auch die örtliche Zuständigkeit des Gerichts. **124**

a) Besonderer Gerichtsstand des Erfüllungsortes, Art. 5 Nr. 1 EuGVVO

Der besondere Gerichtsstand des Erfüllungsortes ist in Art. 5 Nr. 1 EuGVVO geregelt. Fraglich ist, wo der Erfüllungsort bei einem Vertrag liegt. **125**

aa) Art. 5 Nr. 1 lit. b) EuGVVO

Art. 5 Nr. 1 lit. b) EuGVVO ist **vorrangig vor Art. 5 Nr. 1 lit. a) EuGVVO zu prüfen**, was sich aus Art. 5 Nr. 1 lit. c) EuGVVO ergibt.

---

220 BGH MDR 2006, 46, 47; Thomas/Putzo Art. 24 EuGVVO Rdnr. 3; Kropholler, EuZPR, Art. 24 EuGVVO Rdnr. 8.

221 Geimer/Schütze, EuZVR, Art. 24 EuGVVO Rdnr. 6; Zöller/Geimer Art. 24 EuGVVO Rdnr. 3.

222 Kropholler, EuZPR, Art. 24 EuGVVO Rdnr. 10 ff. mit Hinweis auf den geänderten Wortlaut des Art. 24 S. 2 EuGVVO im Hinblick auf die Vorgängervorschrift des Art. 18 EuGVÜ.

Art. 5 Nr. 1 **lit. b)** EuGVVO bestimmt den Erfüllungsort prozessrechtlich autonom. Diese Vorschrift findet Anwendung, wenn der **Erfüllungsort in einem Mitgliedstaat** liegt und **Gegenstand des Vertrages ein Warenkauf oder eine Dienstleistung**[223] ist.

Problematisch ist die Bestimmung des Erfüllungsortes bei Verträgen über Warenkäufe und Dienstleistungen, wenn der Verkäufer oder Dienstleister an **verschiedenen Orten** zu leisten hat. Der EuGH hat auch in diesen Fällen die Anwendbarkeit von Art. 5 Nr. 1 lit. b) EuGVVO bestätigt und entschieden, dass derjenige Ort der Erfüllungsort ist, an dem die engste Verknüpfung zwischen dem Vertrag und dem zuständigen Gericht besteht.[224] Regelmäßig ist dies der Ort, wo die Leistung hauptsächlich erbracht wird. Lässt sich diese „hauptsächliche Leistung" anhand von wirtschaftlichen Kriterien nicht eindeutig ermitteln, darf der Kläger jedenfalls bei Kaufverträgen wählen, an welchem Erfüllungsort er die Klage erhebt.

bb) Art. 5 Nr. 1 lit. a) EuGVVO

126 Art. 5 Nr. 1 **lit. a)** EuGVVO findet gemäß Art. 5 Nr. 1 **lit. c)** EuGVVO dagegen ersatzweise in den übrigen Fällen Anwendung, wenn der Gegenstand des Vertrages nicht ein Warenkauf oder eine Dienstleistung ist oder der Erfüllungsort dieser Verträge sich nicht in einem Mitgliedstaat befindet.[225]

Art. 5 Nr. 1 **lit. a)** EuGVVO übernimmt den Wortlaut seiner Vorgängervorschrift, Art. 5 Nr. 1, 1. Halbs. EuGVÜ, und ist daher auf Grundlage der zu dieser Vorschrift ergangenen *Tessili/de Bloos*-Rechtsprechung des EuGH auszulegen:

(1) Zur Bestimmung des Erfüllungsortes ist nach der ***de Bloos*-Rechtsprechung** diejenige streitige Verpflichtung maßgeblich, die Gegenstand der Klage ist.[226] Es kommt somit **nicht** auf den Erfüllungsort der vertragscharakteristischen Leistung an, d.h., die **Erfüllungsorte sind für die Leistung** der einen Partei **und die Gegenleistung** der anderen Partei nach Art. 5 Nr. 1 **lit. a)** EuGVVO bzw. Art. 5 Nr. 1 EuGVÜ **getrennt zu bestimmen**.

Bei einer auf mehrere Verpflichtungen aus einem einzigen Vertrag gestützten Klage entscheidet die **Hauptleistungspflicht**, um eine Zuständigkeitszersplitterung zu vermeiden. Die Zahlung des Kaufpreises als Hauptleistungspflicht des Käufers geht der Abnahmepflicht, die regelmäßig nur Nebenleistungspflicht ist, vor.

(2) Ist die zu erfüllende Hauptleistungspflicht identifiziert, kommt es darauf an, **wo** diese zu erfüllen ist. Fraglich ist daher, **nach welchem Recht** der Erfüllungsort der Kaufpreisforderung zu bestimmen ist.

Da Art. 5 Nr. 1 lit. a) EuGVVO keine Kriterien für eine selbstständige Bestimmung des Erfüllungsortes enthält, ist nach der ***Tessili*-Rechtsprechung** des EuGH der Erfüllungsort nach der *lex causae* zu bestimmen. Dies ist das Recht, das nach dem IPR der *lex fori* für die streitige Verpflichtung maßgeblich ist.[227]

223 Vgl. hierzu: Wagner IPRax 2010, 143 ff.; Metzger IPRax 2010, 420 ff.
224 EuGH IPRax 2007, 444 (*Color Drack*); EuGH IPRax 2011, 73 (*Wood Floor*).
225 Von Hoffmann/Thorn § 3 Rdnr. 224; Koch/Magnus/Winkler von Mohrenfels, S. 40.
226 Zum EuGVÜ siehe EuGH, Slg. 1976, 1497; zur EuGVVO vgl. Piltz NJW 2002, 789, 793.
227 EuGHE 1976, 1473 (*Tessili*); EuGHE 1999, I-6307 (*Groupe Concorde/Suhadiwarno Panjan*); a.A. Schack, IZVR, Rdnr. 269 f.

Das anwendbare Sachrecht **(Vertragsstatut)** bestimmt folglich, an welchem Ort die jeweils streitige Verpflichtung zu erfüllen ist (h.M., Bestimmung des Erfüllungsortes nach der *lex causae).*

Vorteil:

- Es wird ein Gleichlauf zwischen dem materiellen Erfüllungsort und dem Gerichtsstand des Erfüllungsortes erzielt. Der Schuldner soll dort verklagt werden, wo er auch leistet.[228]

Nachteile:

- Gegen die Bestimmung des Erfüllungsortes nach der *lex causae* spricht zunächst, dass dies im Widerspruch zum Grundsatz der euro-autonomen Auslegung der EuGVVO steht.
- Jede (Hauptleistungs-)Vertragspflicht hat so ihr eigenes Forum. Dies führt zu einer **Zersplitterung** der Gerichtsstände.
- Entscheidend wurde gegen die Bestimmung des Erfüllungsortes nach der *lex causae* vorgebracht, dass man auf diese Weise zu einem **Verkäufergerichtsstand** kommt, wenn das auf die Pflichten aus dem Hauptvertrag anzuwendende Sachrecht die Geldschuld als Bringschuld ausgestaltet. Dies ist namentlich der Fall, wenn der Vertrag dem UN-Kaufrecht unterliegt. Gemäß Art. 57 Abs. 1 lit. a) CISG ist eine Geldschuld am Sitz des Verkäufers zu zahlen, sodass dort der Erfüllungsort ist. Auf diese Weise droht der Grundsatz des *actor sequitor forum rei* unterlaufen zu werden. Neben dem allgemeinen Gerichtsstand am Wohnort des Beklagten hat der Verkäufer somit bei sich zu Hause eine „zweite Chance", die Kaufpreisklage am besonderen Gerichtsstand des Erfüllungsortes geltend zu machen.

Fraglich ist, ob diese Kritikpunkte durch die vorrangig zu prüfende Vorschrift des Art. 5 Nr. 1 lit. b) EuGVVO ausgeräumt werden konnten (hierzu der nachfolgende Fall).

Fall 20: Gerichtsstand des Erfüllungsortes beim Versendungskauf

Die A-GmbH aus Münster und die B-SARL mit der Hauptniederlassung Brüssel schließen seit Jahren Verträge über den Kauf von Kinderspielzeug ab. Die B-SARL bestellt bei der A-GmbH am 10.03.2013 Waren im Wert von 10.000 €. Die A-GmbH soll das Spielzeug nach Brüssel liefern. Die A-GmbH übergibt die Waren einem Speditionsunternehmen in Münster, welches die Beförderung nach Brüssel übernimmt. Eine Woche später erhält die B-SARL die Lieferung, nimmt diese aber nicht ab. B meint, dass kein Vertrag zwischen den Parteien zustande gekommen sei, da ihre Anfrage vom 10.03.2013 kein vertragliches Angebot gewesen sei. Im August 2013 klagt die A-GmbH vor dem Landgericht Münster auf Abnahme der Waren und Zahlung des Kaufpreises. Ist das Gericht in Münster international zuständig?

228 Vgl. Gsell IPRax 2002, 484, 487.

Abwandlung:
Die Parteien haben in dem Liefervertrag den Incoterm „Ex Works" vereinbart. Die A-GmbH übergibt die Ware wiederum in Münster einem Speditionsunternehmen, das die Ware zur B-SARL bringt. Ist das Gericht in Münster international zuständig?

127 A. **Deutsche Gerichtsbarkeit**

Zunächst müsste die deutsche Gerichtsbarkeit gegeben sein, d.h. die hoheitliche Befugnis, Recht zu sprechen.[229]

Diese ist z.B. ausgeschlossen, wenn Rechtssubjekte am Verfahren beteiligt sind, die Immunität genießen (vgl. §§ 18–20 GVG). Zu beachten ist hier die relative oder beschränkte Immunität. Danach können ausländische Staaten oder ihre Organe als Völkerrechtssubjekte zwar nicht bei hoheitlichem Handeln gerichtlich belangt werden, wohl aber bei nicht-hoheitlichem Tätigwerden.

Im vorliegenden Fall ist die Gerichtsbarkeit unproblematisch gegeben.

Anmerkung: *Dieser Punkt ist wenig prüfungsrelevant und sollte daher nur dann kurz angesprochen werden, wenn sich ausnahmsweise einmal Probleme ergeben. Da dies in der Regel aber nicht der Fall ist, wird in den folgenden Falldarstellungen auf die Erörterung dieses Punktes verzichtet.*

B. **Internationale Zuständigkeit der deutschen Gerichte**

Damit das Landgericht Münster zuständig ist, müssten die deutschen Gerichte international zuständig sein. Die internationale Zuständigkeit der deutschen Gerichte könnte sich aus der EuGVVO ergeben.

I. **Anwendbarkeit der EuGVVO**

1. **Sachlicher Anwendungsbereich der EuGVVO**

Die EuGVVO ist gem. ihrem Art. 1 Abs. 1 auf Zivil- und Handelssachen anzuwenden. Hierunter fällt auch der zwischen der A-GmbH und der B-SARL geschlossene Kaufvertrag. Der sachliche Anwendungsbereich ist damit gegeben.

2. **Zeitlicher Anwendungsbereich**

Die Klage ist in Münster nach dem 01.03.2002, dem Inkrafttreten der EuGVVO (vgl. Art. 66 Abs. 1, Art. 76 EuGVVO), erhoben worden, sodass der zeitliche Anwendungsbereich der VO ebenfalls gegeben ist.

3. **Räumlich-persönlicher Anwendungsbereich der EuGVVO**

Gemäß Art. 2 Abs. 1 EuGVVO muss der Beklagte seinen Wohnsitz im Hoheitsgebiet eines Mitgliedstaates haben. Beklagte ist die B-SARL, eine Gesellschaft. Der „Wohnsitz" von Gesellschaften und juristischen Personen wird durch Art. 60 EuGVVO autonom bestimmt. Danach ist alternativ deren satzungsmäßiger Sitz, deren Hauptverwaltung oder deren Hauptniederlassung maßgeblich.

Die B-SARL hat ihre Hauptniederlassung in Brüssel und damit in einem Mitgliedstaat der EU.

Die EuGVVO ist damit anwendbar.

229 Vgl. von Hoffmann/Thorn § 3 Rdnr. 13 ff.

II. Ermittlung des nach der EuGVVO maßgeblichen Gerichtsstandes

1. Ausschließlicher Gerichtsstand nach Art. 22 Nr. 2 EuGVVO

Der ausschließliche Gerichtsstand nach Art. 22 Nr. 2 EuGVVO ist nicht begründet, da nur die in Nr. 2 abschließend aufgeführten Klagen (z.B. §§ 246 ff., 275 AktG, §§ 61, 75 GmbHG, § 94 GenG, §§ 133, 161 Abs. 2 HGB, §§ 723, 724 BGB[230]) erfasst sind. Eine solche Klage auf Gültigkeit, Nichtigkeit oder Auflösung der Gesellschaft oder der Gültigkeit der Beschlüsse ihrer Organe ist hier aber nicht erhoben worden.

2. Allgemeiner Gerichtsstand nach Art. 2 Abs. 1 EuGVVO

Die EuGVVO folgt wie die ZPO dem Grundsatz des *„actor sequitor forum rei"* und begründet einen allgemeinen Gerichtsstand am Wohnsitz des Beklagten, Art. 2, 3, 4 EuGVVO.

Der Wohnsitz der Beklagten, der B-SARL, ist am Ort ihrer Hauptniederlassung, also in Brüssel (Art. 60 Abs. 1 lit. c) EuGVVO). Aus dem allgemeinen Gerichtsstand ergibt sich daher nicht die internationale Zuständigkeit der deutschen Gerichte.

3. Besonderer Gerichtsstand des Erfüllungsortes, Art. 5 Nr. 1 EuGVVO 128

Es könnte sich eine besondere Zuständigkeit der deutschen Gerichte aus Art. 5 Nr. 1 EuGVVO ergeben. Dann müsste in Deutschland der Erfüllungsort des Vertrages liegen.

Zur Bestimmung des Erfüllungsortes ist vorrangig Art. 5 Nr. 1 lit. b) EuGVVO zu prüfen, was sich aus Art. 5 Nr. 1 lit. c) EuGVVO ergibt.

Dieser findet Anwendung, wenn der Erfüllungsort in einem Mitgliedstaat liegt und **Gegenstand des Vertrages ein Warenkauf oder eine Dienstleistung** ist. Vorliegend kann der Erfüllungsort des Vertrages, der auch einen Warenkauf zum Gegenstand hat, nur in Deutschland oder Belgien liegen, welche beide Mitgliedstaaten sind.

Daher richtet sich die Bestimmung des Erfüllungsortes nach Art. 5 Nr. 1 lit. b) EuGVVO.

Art. 5 Nr. 1 **lit. b)** EuGVVO enthält einen **autonomen Ansatz** (vgl. den Wortlaut: *„im Sinne dieser Vorschrift"*) zur Bestimmung des Erfüllungsortes, der im Gegensatz zu Art. 5 Nr. 1 EuGVÜ/Art. 5 Nr. 1 **lit. a)** EuGVVO unabhängig von der jeweils streitigen Verpflichtung für alle Ansprüche aus Warenkauf- bzw. Dienstleistungsverträgen gilt. Entscheidend ist danach für **alle vertraglichen Ansprüche** einschließlich des Anspruchs auf Zahlung nur noch der Ort, an dem die Lieferung bzw. die Dienstleistung erbracht worden ist oder hätte erbracht werden müssen. Abgestellt wird demnach auf den Ort, an dem die **vertragscharakteristische Leistung** erbracht worden ist.

Vorliegend haben die Parteien einen Kaufvertrag geschlossen. Bei einem Kaufvertrag hat der Verkäufer die vertragscharakteristische Leistung zu erbringen, vgl. Art. 4 Abs. 1 lit. a), Abs. 2 Rom I-VO.

---

230 Vgl. Schillig IPRax 2005, 208, 213.

- **Haben die Parteien einen Kaufvertrag abgeschlossen und sich auf eine Hol- oder Bringschuld geeinigt, ist der Ort, an dem die vertragscharakteristische Leistung zu erbringen ist, der tatsächliche Übergabeort der Ware.**[231]

a) **Einigkeit** besteht zumindest darüber, dass dieser Erfüllungsort einen **einheitlichen Gerichtsstand** für alle Klagen aus dem Vertrag begründet und es damit zu keiner Gerichtsstandszersplitterung bzgl. der jeweils streitigen Leistung mehr kommt.[232]

A und B haben vereinbart, dass der Verkäufer A die Ware an den Käufer B zu versenden hat. Die Parteien haben sich mithin nicht auf eine Hol- oder Bring-, sondern auf eine **Schickschuld** geeinigt. Als Erfüllungsort kommen hier der Absendeort oder der Bestimmungsort der Ware in Betracht.

- **Fraglich ist, wo der Erfüllungsort bei einem Versendungskauf liegt.**

Der autonomen Auslegung folgend soll der Erfüllungsort zunächst durch Auslegung der Parteivereinbarung (vgl. den Wortlaut: „*– und sofern nichts anderes vereinbart worden ist –*") ohne Rückgriff auf das auf den Vertrag anwendbare Recht (die *lex causae*) ermittelt werden.

Eine besondere Vereinbarung über den Erfüllungsort haben A und B nicht getroffen. Auch aus den sonstigen Umständen – insbesondere der Übergabe der Ware an einen Spediteur – ergibt sich nichts für eine konkludente Erfüllungsortvereinbarung.

129 b) **Umstritten** ist, wie der Erfüllungsort beim Versendungskauf zu ermitteln ist, wenn dieser sich nicht eindeutig aus den Parteiabreden oder sonstigen Umständen ergibt. Verschiedene Ansätze wurden hierzu diskutiert:[233]

aa) Teilweise wird (autonom) auf den **Bestimmungsort der Ware** abgestellt und damit auf den Ort, an dem der Käufer die Ware entgegennimmt.[234] Ausschlaggebend sei die **Sach- und Beweisnähe.** Dort, wo sich die Ware befinde, könne am ehesten geklärt werden, ob der Verkäufer seine Pflichten ordnungsgemäß erbracht hat.

- **Vorteil:** Dieser Ansatz verhindert am ehesten einen „Verkäufergerichtsstand".

Kritik:

- Das Argument, einen Verkäufergerichtsstand verhindern zu wollen, ist keinesfalls zwingend. Bei Art. 5 Nr. 1 EuGVVO handelt es sich um

231 Kropholler, EuZPR, Art. 5 EuGVVO Rdnr. 47; Geimer/Schütze, EuZVR, Art. 5 EuGVVO Rdnr. 86.

232 D.h. keine getrennte Behandlung von Leistung und Gegenleistung, vgl. BGH RIW 2006, 861 ff.; Wagner IRPax 2010, 143 f.

233 Vgl. BGH NJW 2008, 3001, 3004; Kropholler, EuZPR, Art. 5 EuGVVO Rdnr. 49.

234 OLG Karlsruhe NJOZ 2009, 2282, 2288; zumindest i.E.: von Hoffmann/Thorn § 3 Rdnr. 223 b, die in ihrem Beispiel auf den „tatsächlichen Lieferort" abstellen; Kropholler, EuZPR, Art. 5 EuGVO Rdnr. 49; Hau IPRax 2010, 44; s.a. Kubis ZEuP 2001, 739, 749, 750; Hager/Bentele IPRax 2004, 73, 75 ff., die durch Auslegung der EuGVVO, verbraucherschützende Erwägungen und Rechtsvergleichung zu diesem Ergebnis kommen.

einen besonderen Gerichtsstand, alternativ zum allgemeinen des Art. 2 EuGVVO, der den Grundsatz des *actor sequitor forum rei* bereits berücksichtigt. Wenn der Verordnungsgeber nach seinem Willen besondere Gerichtsstände schafft, ergibt es wenig Sinn, diese im Ergebnis wie den allgemeinen Gerichtsstand zu behandeln. Das Zuständigkeitsgleichgewicht zwischen den Parteien würde hierdurch gestört.

- Wortlaut des Art. 5 Nr. 1 lit. b) EuGVVO: *„... Ort ..., an dem* ***(nicht: an den)*** *... geliefert worden sind ...“*[235]

bb) Deshalb wird teilweise autonom auf den Ort abgestellt, an dem der Verkäufer die **Lieferhandlung** vornimmt, d.h. dem Beförderer die Ware übergibt.[236] Dieser Auffassung hat sich auch das OLG München angeschlossen.[237]

Kritik: Zwar handelt es sich bei dieser Lösung um einen autonomen Ansatz. Dieser führt allerdings einseitig zu einer Bevorzugung des Verkäufers und ist daher ebenfalls Bedenken ausgesetzt.[238]

cc) Eine weitere Meinung stellt deshalb zur Bestimmung des Erfüllungsortes analog zu Art. 5 Nr. 1 lit. a) EuGVVO auf das Sachrecht *(lex causae)* ab, das auf den **Kaufvertrag** anwendbar ist.[239] Dieses Sachrecht wäre dann nach dem IPR der *lex fori* zu bestimmen.

Gegen diese Bestimmung des Erfüllungsortes auf Grundlage des Art. 5 Nr. 1 lit. a) EuGVVO spricht , dass letztere Vorschrift sich so von dem Ziel, einen autonomen Ansatz zu verfolgen, lösen würde und damit ähnlichen Bedenken ausgesetzt wäre wie die Vorgängervorschrift Art. 5 Nr. 1 EuGVÜ.

dd) In der Sache *Car Trim* hat der **EuGH** erstmals zu dieser Problematik Stellung genommen und entschieden, dass der Lieferort i.S.d. Art. 5 Nr. 1 b) EuGVVO beim Versendungskauf beweglicher Sachen der **endgültige Bestimmungsort** ist, wenn die Parteien nichts anderes vereinbart haben.[240] Zur Begründung führt der EuGH an, dass dieses Kriterium in hohem Maße vorhersehbar („einfache Bestimmbarkeit“) ist und auch dem Ziel der räumlichen Nähe entspricht. Es werde dort entschieden, wo sich die Waren nach der Erfüllung des Vertrages befinden.

Problematisch ist dieser Gerichtsstand allerdings dann, wenn die Parteien keine Rechtswahl getroffen haben und das Gericht am Wohnsitz des Käufers dann gemäß Art. 4 Abs. 1 lit. a) Rom I-VO gezwungen wäre, das

---

235 Vgl. hierzu auch die entsprechende spanische und italienische Fassung in: Hager/Bentele IPRax 2004, 73, 74.

236 MünchKommZPO-Gottwald, Art. 5 EuGVVO Rdnr. 19; vgl. Piltz NJW 2002, 789, 793 mit Hinweis auf die englische Übersetzung „delivery“.

237 OLG München, Urt. v. 17.04.2008 – 23 U 4589/07, BeckRS 2009, 07614; i.E. auch OLG Stuttgart, NJOZ 2008, 2648, 2653 f.

238 I.E. auch Hager/Bentele IPRax 2004, 73, 74.

239 Offengelassen von EuGH NJW 2007, 1799 ff. m. Anm. Piltz NJW 2007, 1801 f.; vgl. Kropholler, EuZPR, Art. 5 EuGVVO Rdnr. 49 m.w.N.; Rauscher, FS Heldrich (2005), 944.

240 EuGH, Urt. v. 25.02.2010 – Rs. C-381/08 (*Car Trim GmbH ./.KeySafety Systems SrL*), RIW 2010, 220, 224 (Tz. 60).

Recht des Verkäufers anzuwenden. In der Praxis führt dies zu Rechtsunsicherheit und Verfahrensverzögerungen.[241] Ob es darüber hinaus sachgerecht ist, einen Verkäufer, der lediglich auf Wunsch des Käufers die Versendung übernommen hat, so zu behandeln, als hätten die Parteien eine Bringschuld vereinbart, darf zumindest bezweifelt werden. Das Kriterium der räumlichen Nähe greift zudem dann nicht durch, wenn wie häufig, die Mangelfreiheit der gelieferten Ware unstreitig ist und der Käufer nur nicht zahlen kann oder will oder aber andere Aspekte des Vertrags streitig sind.[242] Der Gerichtsstand des Erfüllungsortes wird für Verkäufer bei reinen Zahlungsklagen daher i.d.R. leerlaufen, wenn die Parteien diesen nicht i.S.d. Art. 5 Nr. 1 lit. b) EuGVVO gesondert vereinbaren.[243]

Nach der Rechtsprechung des EuGH läge der Erfüllungsort i.S.d. Art. 5 Nr. 1 lit. b) EuGVVO somit in Brüssel.

Ergebnis: Die deutschen Gerichte sind gem. Art. 5 Nr. 1 lit. b) EuGVVO somit nicht international zuständig. Das Landgericht Münster ist damit nicht zuständig.

Abwandlung:

Fraglich ist, ob sich aus Art. 5 Nr. 1 lit. b) EuGVVO die internationale Zuständigkeit der deutschen Gerichte ergibt.

1. Der autonomen Auslegung folgend soll der Erfüllungsort zunächst durch Auslegung der Parteivereinbarung (vgl. den Wortlaut: *„– und sofern nichts anderes vereinbart worden ist –"*) ohne Rückgriff auf das auf den Vertrag anwendbare Recht (die *lex causae*) ermittelt werden. Eine besondere Vereinbarung über den Erfüllungsort haben A und B nicht getroffen.

2. Die Parteien haben jedoch Incoterm „Ex Works" vereinbart. Fraglich ist, ob diese Parteiabrede dazu dienen kann, den Erfüllungsort autonom zu bestimmen. Der EuGH hat in einer jüngeren Entscheidung die zu *Car Trim* ergangene Rechtsprechung bekräftigt und zugleich festgestellt, dass das angerufene nationale Gericht alle einschlägigen Bestimmungen und Klauseln des Vertrages, einschließlich der allgemein anerkannten und im internationalen Handelsverkehr üblichen Klauseln wie der von der Internationalen Handelskammer formulierten **Incoterms** zu berücksichtigen hat, **wenn diese eine eindeutige Bestimmung des Erfüllungsortes ermöglichen.**[244]

3. Fraglich ist daher, ob der Incoterm „Ex Works" die Bestimmung des Erfüllungsortes **eindeutig ermöglicht**. Überprüft werden muss folglich, ob die entsprechende Klausel nicht nur eine Gefahrtragungsregel oder Kostenregel enthält, sondern, ob sie darüber hinaus auch den Lieferort der Ware „nach dem Vertrag" i.S.v. Art. 5 Nr. 1 EuGVVO bestimmt.[245]

---

241 Vgl. Eckhoff, GWR 2010, 291.

242 Vgl. Metzger IPRax 2010, 420, 423.

243 Vgl. OLG Karlsruhe NJOZ 2009, 2282, 2289 f.; Geimer LMK 2010, 301, 816; Haas/Vogel NZG 2011, 766, 769

244 EuGH, Urt. v. 09.06.2011 – Rs. C-87/10 (*Electrosteel Europe SA ./. Edil Centro SpA*), EuZW 2011, 603, 604 (Tz. 22).

245 EuGH, Urt. v. 09.06.2011 – Rs. C-87/10 (*Electrosteel Europe SA ./. Edil Centro SpA*), EuZW 2011, 603, 604 (Tz. 23).

Die Klausel „Ex Works" enthält nicht nur die Punkte A5 und B5 („Gefahrübergang") und die Punkte A6 und B6 („Kostenverteilung"), sondern in A4 und B4 („Lieferung" / „Übernahme") darüber hinaus auch Regelungen, welche sich auf den Lieferort der Ware beziehen und dadurch eine Bestimmung des Lieferortes des Waren ermöglichen.[246] Gemäß Punkt A4 des Incoterm „Ex Works" hat der Verkäufer die Ware an den Frachtführer an der gegebenenfalls vereinbarten Stelle zum vereinbarten Zeitpunkt zu übergeben. Vereinbart haben die Parteien, dass A die Ware einem Spediteur in Münster zu übergeben hat. Damit findet die Lieferung i.S.v. Punkt A4 des Incoterm „Ex Works" in Münster statt. Hierbei handelt es sich auch um den Lieferort i.S.v. Art. 5 Nr. 1 lit. b) EuGVVO. Incoterm „Ex Works" ermöglicht somit die eindeutige Bestimmung des Erfüllungsortes. Damit liegt der Erfüllungsort in Münster. Folglich wären die deutschen Gerichte international zuständig.

Wichtig: Aus dem betreffenden Incoterm muss sich ein **eindeutiger Hinweis** auf den Lieferort ergeben. Incoterms lassen sich in verschiedene Klauselgruppen einteilen (Ex Works, F-Klauseln, C-Klauseln und D-Klauseln). Die jeweiligen Klauseln haben Unterpunkte wie z.B. A4 „Lieferung" (s.o.). Bei den D-Klauseln, mit denen üblicherweise eine Bringschuld vereinbart wird, liegen der Lieferort und der Gerichtsstand des Erfüllungsortes im Land der Auslieferung. Dagegen verorten die F-Klauseln den Lieferort und damit den Gerichtsstand des Erfüllungsortes im Land des Verkäufers. Bei diesen Klauselgruppen lässt sich der Lieferort somit hinreichend deutlich bestimmen.

Dies gilt jedoch nicht in jedem Fall für die C-Klauseln, wenn sich aus diesen der Verschiffungsort bzw. der Ort der Übergabe an den Frachtführer nicht ergibt.[247] Dies kann z.B. dann der Fall sein, wenn lediglich die Verschiffung von einem beliebigen europäischen Hafen vereinbart wurde.[248] In einem solchen Fall ergibt sich der für den Gerichtsstand relevante Lieferort nicht aus den Incoterms.[249] Es bleibt dann bei der *Car Trim*-Rechtsprechung, d.h., der Lieferort ist im Zweifel der endgültige Bestimmungsort der Ware.

---

cc) Erfüllungsortvereinbarungen

Nicht nur im Anwendungsbereich des Art. 5 Nr. 1 lit. b) EuGVVO, wo dies ausdrücklich 130
erwähnt ist, können die Parteien vertraglich einen Erfüllungsort vereinbaren, sondern auch im Rahmen des Auffangtatbestandes des Art. 5 Nr. 1 lit. a) EuGVVO.[250] Bei einer Erfüllungsortvereinbarung handelt es sich um die Begründung eines Gerichtsstandes unabhängig von Art. 23 EuGVVO, sodass insbesondere die Formvoraussetzungen dieser Vorschrift nicht erfüllt werden müssen.

246 EuGH, Urt. v. 09.06.2011 – Rs. C-87/10 (*Electrosteel Europe SA ./. Edil Centro SpA*), EuZW 2011, 603, 604 (Tz. 23).
247 Zarth, GWR 2011, 307.
248 Zarth, GWR 2011, 307.
249 Zarth, GWR 2011, 307.
250 Kropholler, EuZPR, Art. 5 EuGVVO Rdnr. 35, 51.

Die Erfüllungsortvereinbarung muss jedoch

- den Voraussetzungen des auf den Vertrag anwendbaren Rechts entsprechen
- und einen Zusammenhang mit der Vertragswirklichkeit aufweisen.

Das auf den Vertrag anwendbare Recht ist das durch das IPR der *lex fori* ermittelte Vertragsstatut.[251] Ein Zusammenhang mit der Vertragswirklichkeit muss deshalb bestehen, weil ansonsten durch eine sog. **abstrakte Erfüllungsortvereinbarung** die Formerfordernisse des Art. 23 EuGVVO umgangen würden.[252]

b) Besonderer Gerichtsstand am Ort der unerlaubten Handlung, Art. 5 Nr. 3 EuGVVO

Fall 21: Caroline von Hannover – 1. Teil

In der Zeitschrift „B" heißt es auf der Titelseite und auf S. 3 unter dem Bild von Caroline von Hannover (C): „Exklusiv – Caroline spricht zum 1. Mal von Traurigkeit, Hass auf die Welt, Glückssuche". Im Inhaltsverzeichnis wird unter „Titelthemen" der Artikel „Exklusiv: Caroline von Monaco. Warum ich das Leben hasse" angekündigt, der dort ab S. 16 mit der Überschrift „Caroline. Das Psycho-Interview" abgedruckt ist. Die Zeitschrift wird in Hamburg verlegt und gedruckt.
Die Zeitschrift erscheint nicht nur in Deutschland, sondern wird weltweit veröffentlicht, unter anderem auch mit einigen Exemplaren in Frankreich. Tatsächlich hat das Interview nie stattgefunden. Die Bilder sind von einem Paparazzi aufgenommen worden. C, die in Frankreich ihren Wohnsitz hat, klagt im Juni 2002 in Frankreich gegen die „B" auf Schadensersatz wegen der Verletzung ihres Persönlichkeitsrechts.

Sind die französischen Gerichte international zuständig?

1. Abwandlung:
C klagt auch in Deutschland gegen B. Sind die deutschen Gerichte international zuständig?

2. Abwandlung:
Die Zeitung wird im Internet veröffentlicht. Sind die französischen Gerichte international zuständig?

Anmerkung: Das Thema „Caroline" wirft auch in vollstreckungsrechtlicher und kollisionsrechtlicher Hinsicht Fragen auf, die an anderer Stelle dieses Skriptes in den Parallelfällen behandelt werden, vgl. Fall 24, Rdnr. 155, Fall 25, Rdnr. 157, Fall 41, Rdnr. 296 f.

131 Die **internationale Zuständigkeit** der französischen Gerichte könnte sich aus der EuGVVO ergeben. Dann müsste diese anwendbar sein.

251 Kropholler, EuZPR, Art. 5 EuGVVO Rdnr. 51.

252 S.o. Fall 19: Gerichtsstandsvereinbarung, Rdnr. 121; vgl. Kropholler, EuZPR, Art. 5 EuGVVO Rdnr. 36.

A. Anwendbarkeit der EuGVVO

I. Sachlicher Anwendungsbereich der EuGVVO

Die EuGVVO ist gemäß ihrem Art. 1 Abs. 1 auf Zivil- und Handelssachen anzuwenden. Hierunter fallen auch Schadensersatzansprüche wegen Persönlichkeitsrechtsverletzungen.

II. Zeitlicher Anwendungsbereich

Gemäß Art. 76 EuGVVO ist die VO am 01.03.2002 in Kraft getreten. Da C die Klage nach diesem Datum erhoben hat, ist der zeitliche Anwendungsbereich gegeben.

III. Räumlich-persönlicher Anwendungsbereich

Gemäß Art. 2 Abs. 1 EuGVVO muss der Beklagte seinen Wohnsitz im Hoheitsgebiet eines Mitgliedstaates haben. Beklagte ist B. Diese ist eine juristische Person. Gemäß Art. 60 EuGVVO wird der „Wohnsitz" von juristischen Personen autonom bestimmt. Die Zeitung wird in Hamburg verlegt. Daher ist davon auszugehen, dass sich in Hamburg auch der Ort der Hauptverwaltung i.S.d. Art. 60 Abs. 1 lit. b) EuGVVO befindet. Damit ist der räumlich-persönliche Anwendungsbereich eröffnet.

B. Ermittlung des nach der EuGVVO maßgeblichen Gerichtsstandes

I. Allgemeiner Gerichtsstand, Art. 2 Abs. 1 EuGVVO

Da sich die Hauptverwaltung der B in Deutschland und nicht in Frankreich befindet, ergibt sich die internationale Zuständigkeit der französischen Gerichte nicht aus Art. 2 Abs. 1 EuGVVO.

II. Besonderer Gerichtsstand der unerlaubten Handlung, Art. 5 Nr. 3 EuGVVO

Die internationale Zuständigkeit französischer Gerichte würde sich aus Art. 5 Nr. 3 EuGVVO ergeben, wenn die unerlaubte Handlung bzw. das schädigende Ereignis in Frankreich stattgefunden hätte. Der Begriff der „unerlaubten Handlung" wird autonom ausgelegt.[253] Er umfasst auch eine hier in Betracht kommende Persönlichkeitsverletzung. Als schädigendes Ereignis kommen hier zum einen der Druck und der Vertrieb der Zeitung in Deutschland und zum anderen deren weltweite Verbreitung in Betracht.

Bei *Distanzdelikten*, wenn also Handlungs- und Erfolgsort in verschiedenen Staaten liegen, wie bei grenzüberschreitenden Luft- oder Wasserverschmutzungen, wird grundsätzlich jeder der beiden Orte für maßgebend gehalten **(Ubiquitätsprinzip)**. Das Zuständigkeitsrecht räumt dem Kläger ein **Wahlrecht** ein, weil an beiden Orten wesentliche Tatbestandsmerkmale verwirklicht worden sind und die zuständigkeitsbegründende Sachnähe des Gerichts also gegeben ist.[254] **132**

253 EuGHE 1998, I-6511 – Réunion.

254 EuGH RIW 1977, 356 (Bier/Mines de Potasse d'Alsace); Kropholler, IPR, § 58 III 3 a).

Im Falle von *Persönlichkeitsrechtsverletzungen* durch Presseerzeugnisse ist Handlungsort die Niederlassung des Herausgebers, Erfolgsort jeder Mitgliedstaat, an dem die Veröffentlichung verbreitet wird.[255] Durch die weltweite Verbreitung des Presseerzeugnisses kommt es bei **Pressedelikten** daher nicht nur zu einem Erfolgsort, sondern **zu mehreren Erfolgsorten**. Es handelt sich somit nicht um ein Distanzdelikt, sondern um ein ***Streudelikt***.

Bei konsequenter Anwendung des Ubiquitätsprinzips müsste bei Pressedelikten die internationale Zuständigkeit der Gerichte sämtlicher (Mitglied-)Staaten, in denen das Persönlichkeitsrecht des Geschädigten durch bestimmungsgemäße Verbreitung des Presseartikels verletzt worden ist, gegeben sein.

Der EuGH entschied in der Entscheidung *Shevill/Presse Alliance S.A.*, dass der Geschädigte eine Schadensersatzklage wegen Ehrverletzungen durch einen Presseartikel zwar sowohl bei den Gerichten des Verlagsortes als auch bei den Gerichten derjenigen Staaten, in denen die Veröffentlichung verbreitet worden ist, geltend machen kann.

Um der Gefahr des *forum shopping* zu begegnen,[256] die sich aus einer Vielzahl der Wahlmöglichkeiten des Erfolgsortes für den Geschädigten ergibt, entschied der EuGH jedoch ebenfalls, dass das angerufene **Erfolgsortgericht nur für diejenigen Schadensfolgen zuständig ist, die auf dem Territorium seines Staates eingetreten sind**.[257]

Um den gesamten Schaden geltend machen zu können, müsste der Kläger daher entweder am Handlungsort oder kumulativ an allen Erfolgsorten **(Mosaik)** bzgl. des jeweils dort eingetretenen Schadens klagen.

133 Diese **„Mosaikbeurteilung"** des EuGH wurde vielfach kritisiert:

1. Die *Shevill*-Entscheidung sei **unlogisch:** Auf Grundlage des Ubiquitätsprinzips sei es nicht zu verstehen, dass der Kläger am Handlungsort den **gesamten** Schaden geltend machen kann, am Erfolgsort aber nur den **jeweils entstandenen Schaden**. Eine Begründung hierfür liefere der EuGH nicht.[258]

2. Die *Shevill*-Entscheidung sei **unpraktikabel und führe zu einer *de facto* Abschaffung des Art. 5 Nr. 3 EuGVVO bei grenzüberschreitenden Streudelikten**.[259]

Daher wurden folgende **abweichende Lösungsvorschläge** diskutiert:

1. Handlungsort bei Pressedelikten sei nicht nur der Niederlassungsort des Verlegers, sondern auch jeder Ort, an dem das Presseerzeugnis verbreitet werde. Erfolgsort sei der Wohnsitz des Geschädigten.

---

255 Von Hoffmann/Thorn § 3 Rdnr. 228.

256 Vgl. Rdnr. 149, 151 ff.

257 EuGHE 1995, I-415 Rdnr. 30–33.

258 Kreuzer/Klötgen IPRax 1996, 90, 94 m.w.N.

259 Kreuzer/Klötgen IPRax 1996, 90, 95 f. m.w.N.

Hierdurch würde jedoch zum einen ein *forum actoris* eingeführt, d.h. die Zuständigkeit des Wohnsitzgerichts des Klägers, wenn das Presseerzeugnis auch dort verbreitet wird. Zum anderen lassen die nationalen Rechtsordnungen des angerufenen Staates oft nur die Geltendmachung des Schadens zu, der sich in ihrem Staat ereignet hat, sodass sich hierdurch im Vergleich zur *Shevill*-Rechtsprechung nichts ändern würde.[260]

2. Teilweise wird mit unterschiedlicher Begründung das Ubiquitätsprinzip bei *Streudelikten* ganz abgelehnt.

a) Maßgeblich sei nach einer Ansicht nur der Handlungsort. Hiergegen spricht, dass der Kläger dann nicht mal mehr in seinem Wohnsitzstaat den dort verursachten Schaden einklagen kann.

b) Deshalb wird vertreten, der Wohnsitzstaat des Klägers sei ausschließlich maßgeblich, um den Schaden geltend zu machen. Dagegen spricht, dass es Persönlichkeitsrechtsverletzungen geben kann, die sich nicht am Wohnsitzstaat des Klägers ereignen. Auch durch diesen Vorschlag wird letztlich ein abzulehnendes *forum actoris* eingeführt.

c) Nach einer weiteren Auffassung sollen für die internationale Zuständigkeit nur Orte einer bestimmungsmäßigen Verbreitung berücksichtigt werden. Hiergegen spricht, dass eine *bestimmungsmäßige Verbreitung* von Presseerzeugnissen im Einzelfall schwer festzustellen ist und es auch und gerade zu Persönlichkeitsrechtsverletzungen durch nicht bestimmungsgemäß verbreitete Presseerzeugnisse kommen kann.

Fazit: Auch die Gegenvorschläge können daher nicht restlos überzeugen. Zudem ist die EuGH-Rechtsprechung *de facto* bindend, da ein Gericht, das von der EuGH-Rechtsprechung in dieser Rechtsfrage abweichen wollte, die Frage dem EuGH erneut vorlegen müsste.

Ergebnis: Mit der Rechtsprechung des EuGH ist die internationale Zuständigkeit der französischen Gerichte auf Grundlage des Art. 5 Nr. 3 EuGVVO gegeben – allerdings nur für die in Frankreich eingetretene Beeinträchtigung des Persönlichkeitsrechts der C, da sich in Frankreich nur der Erfolgsort für die dort eingetretenen Schäden befindet.

1. Abwandlung:

Der Anwendungsbereich der EuGVVO ist eröffnet (s. Ausgangsfall). Da sich die Hauptverwaltung der B in Deutschland befindet (Art. 60 Abs. 1 lit. b) EuGVVO), ergibt sich die internationale Zuständigkeit deutscher Gerichte schon aus Art. 2 Abs. 1 EuGVVO (allgemeiner Gerichtsstand). In Deutschland liegt der Handlungsort. Dort kann C den gesamten eingetretenen Schaden geltend machen.

2. Abwandlung:

Fraglich ist, wo i.S.v. Art. 5 Nr. 3 EuGVVO der „Ort, an dem das schädigende Ereignis eingetreten ist oder einzutreten droht" bei Persönlichkeitsverletzungen im Internet liegt.

1. In einer jüngeren Entscheidung, welche zwei Internetdelikte betraf, bestätigt der EuGH die *Shevill*-Rechtsprechung ausdrücklich und bekräftigt, dass der „Ort, an dem das schädigende Ereignis eingetreten ist" i.S.v. Art. 5 Nr. 3 EuGVVO sowohl den Ort des ursächlichen Geschehens **(Handlungsort)** als auch den Ort der Verwirklichung des Schadenserfolgs meint **(Erfolgsort)**.[261]

---

260 Wagner RabelsZ 1998, 243, 280.

261 EuGH, Urt. v. 25.10.2011 – Rs. C-509/09 (*eDate Advertising GmbH ./. X und Martinez ./. MGN Limited*), EuZW 2011, 962, 963 (Tz. 41).

***Anm.:** Insoweit ergibt sich eine Abweichung zu Art. 4 Abs. 1 Rom II-VO, der nur auf den Erfolgsort abstellt. Dies kann dazu führen, dass internationale Zuständigkeit und anwendbares Recht nicht gleichlaufen.*

2. Laut dem EuGH lassen sich die in der Sache *Shevill* maßgeblichen Erwägungen auch auf andere Medien und Kommunikationsmittel wie das Internet übertragen.[262]
3. Bei Persönlichkeitsverletzungen im Internet sei jedoch zusätzlich zu beachten, dass die ehrverletzenden Inhalte von einer unbestimmten Zahl von Internetnutzern überall auf der Welt unmittelbar abgerufen werden können, unabhängig davon, ob es in der Absicht des Urhebers lag, dass sie über seinen Sitzmitgliedstaat abgerufen werden, und ohne dass er Einfluss darauf hätte.[263]
4. Daher sei es bei Ehrverletzungen im Internet kaum möglich, den in einem bestimmten Mitgliedstaat entstehenden Schaden zu quantifizieren und zu beziffern. Hinzu kommt, dass der Verletzte hinnehmen muss, dass der sein Persönlichkeitsrecht verletzende Inhalt an jedem Ort der Welt zugänglich ist.[264]
5. Laut dem EuGH ist die grundsätzlich beizubehaltende *Shevill*-Entscheidung bei Persönlichkeitsverletzungen im Internet daher **anzupassen**. Der Geschädigte hat nunmehr eine dreifache Wahl hinsichtlich des deliktischen Gerichtsstandes:
   - Der Geschädigte kann am Handlungsort den gesamten Schaden geltend machen (wie bisher nach Maßgabe von *Shevill*);[265]
   - Der Geschädigte kann am Erfolgsort, also in jedem Mitgliedstaat, in dessen Hoheitsgebiet ein im Internet veröffentlichter Inhalt zugänglich ist oder war, den Schaden geltend machen, der in diesem Mitgliedstaat verursacht worden ist.[266]
   - Neu ist, dass der Geschädigte nunmehr auch an dem Ort, an dem er **den Mittelpunkt seiner Interessen** hat, den gesamten Schaden geltend machen kann.[267] Laut dem EuGH können die Gerichte dieses Ortes die Auswirkungen eines im Internet veröffentlichten Inhaltes auf die Persönlichkeitsrechte einer Person am besten beurteilen.
6. Der Ort, an dem eine Person den Mittelpunkt ihrer Interessen hat, entspricht im Allgemeinen ihrem gewöhnlichen Aufenthalt. Allerdings kann sich auch aus der Ausübung einer beruflichen Tätigkeit ein maßgeblicher Interessenmittelpunkt ergeben.[268]

---

262 EuGH, Urt. v. 25.10.2011 – Rs. C-509/09 (*eDate Advertising GmbH ./. X und Martinez ./. MGN Limited*), EuZW 2011, 962, 964 (Tz. 44).

263 EuGH, Urt. v. 25.10.2011 – Rs. C-509/09 (*eDate Advertising GmbH ./. X und Martinez ./. MGN Limited*), EuZW 2011, 962, 964 (Tz. 45).

264 EuGH, Urt. v. 25.10.2011 – Rs. C-509/09 (*eDate Advertising GmbH ./. X und Martinez ./. MGN Limited*), EuZW 2011, 962, 964 (Tz. 47).

265 EuGH, Urt. v. 25.10.2011 – Rs. C-509/09 (*eDate Advertising GmbH ./. X und Martinez ./. MGN Limited*), EuZW 2011, 962, 964 (Tz. 52).

266 EuGH, Urt. v. 25.10.2011 – Rs. C-509/09 (*eDate Advertising GmbH ./. X und Martinez ./. MGN Limited*), EuZW 2011, 962, 964 (Tz. 51).

267 EuGH, Urt. v. 25.10.2011 – Rs. C-509/09 (*eDate Advertising GmbH ./. X und Martinez ./. MGN Limited*), EuZW 2011, 962, 964 (Tz. 48).

268 EuGH, Urt. v. 25.10.2011 – Rs. C-509/09 (*eDate Advertising GmbH ./. X und Martinez ./. MGN Limited*), EuZW 2011, 962, 964 (Tz. 49).

C hat ihren gewöhnlichen Aufenthalt in Frankreich. Dort liegt der Mittelpunkt ihrer Interessen. Daher kann C in Frankreich den gesamten entstandenen Schaden einklagen.

Anmerkung: *Formal überträgt der EuGH durch die ausdrückliche Bestätigung der Shevill-Rechtsprechung und der Aufrechterhaltung mehrerer Erfolgsorte für den gesamten Schaden die* ***Mosaiktheorie*** *auf Internetdelikte.*[269] ***De facto*** *dürfte er sie aber durch die neu eingeräumte Möglichkeit, den gesamten Schaden am Ort des Mittelpunktes der Interessen einklagen zu dürfen, jedenfalls in diesem Bereich* ***abgeschafft*** *haben. Die eh schon kaum praktikable Verteilung des gesamten Schadens auf mehrere Erfolgsorte dürfte in der Praxis bei Internetdelikten kaum (noch) vorkommen.*

---

c) Verbrauchergerichtsstände

Fall 22: Gewinnmitteilung aus dem Ausland

Eine in den Niederlanden ansässige Versandhandelsgesellschaft V-BV (Besloten Vennootschap) teilte der in Mönchengladbach wohnhaften Rentnerin A in einem mit „Wichtige Benachrichtigung wegen Bargeld-Zuteilung nach Auswahlverfahren" betitelten Schreiben am 30.06.2013 mit, sie habe einen Bargeldbetrag i.H.v. 6.000 € gewonnen.

A erkannte zwar die „Bauernfängerei", sandte aber dennoch den ausgefüllten „Ziehungs-Bescheid" zurück und erhielt – wie erwartet – den Gewinn nicht. A erhebt Klage gegen die Gesellschaft auf Zahlung der 6.000 € vor dem Landgericht Mönchengladbach.

1. Frage: Sind die deutschen Gerichte international zuständig? Ist das Landgericht Mönchengladbach sachlich und örtlich zuständig?

2. Frage: Könnte eine fehlende internationale Zuständigkeit des Gerichts von der Beklagten in der Berufung oder Revision geltend gemacht werden?

Anmerkung: Das Thema „Gewinnmitteilung aus dem Ausland" wirft auch in kollisionsrechtlicher Hinsicht Fragen auf, die an anderer Stelle dieses Skriptes in dem Parallelfall 36, Rdnr. 228 behandelt werden.

1. Frage: Internationale Zuständigkeit der deutschen Gerichte 134

A. **Anwendbarkeit der EuGVVO**

Zunächst ist zu prüfen, ob die EuGVVO anwendbar ist.

I. **Sachlicher Anwendungsbereich der EuGVVO**

Die EuGVVO ist gem. Art. 1 Abs. 1 auf Zivil- und Handelssachen anzuwenden. Hierunter fällt auch die Gewinnzusage über einen Bargeldgewinn.

---

269 Vgl. Mansel/Thorn/Wagner, IPRax 2012, 1, 12.

II. **Zeitlicher Anwendungsbereich**

Gem. Art. 76 EuGVVO ist die VO am 01.03.2002 in Kraft getreten. Da die Klage vor dem LG Mönchengladbach nach diesem Datum erhoben wurde, ist der zeitliche Anwendungsbereich gegeben.

III. **Räumlich-persönlicher Anwendungsbereich**

Gem. Art. 2 Abs. 1 EuGVVO muss der Beklagte seinen Wohnsitz im Hoheitsgebiet eines Mitgliedstaates haben. Beklagte ist die V-BV, eine Gesellschaft. Der „Wohnsitz" wird von Gesellschaften und juristischen Personen durch Art. 60 EuGVVO autonom bestimmt. Danach ist alternativ deren satzungsmäßiger Sitz, deren Hauptverwaltung oder deren Hauptniederlassung maßgeblich. Die V-BV ist in den Niederlanden ansässig. Die V-BV hat somit ihren „Wohnsitz" in einem Mitgliedstaat. Damit ist auch der räumlich-persönliche Anwendungsbereich eröffnet.

Die EuGVVO ist somit anwendbar.

B. **Ermittlung des nach der EuGVVO maßgeblichen Gerichtsstandes**

Um einen Anspruch aus einer (isolierten) Gewinnzusage vor den deutschen Gerichten geltend machen zu können, kommen der Verbrauchergerichtsstand (Art. 15–17 EuGVVO) bzw. der Vertragsgerichtsstand (Art. 5 Nr. 1 EuGVVO) und der Gerichtsstand der unerlaubten Handlung (Art. 5 Nr. 3 EuGVVO) in Betracht.

135 I. **Verbrauchergerichtsstand, Art. 16 Abs. 1 EuGVVO**

Art. 16 Abs. 1 EuGVVO ist *lex specialis* zu Art. 5 Nr. 1 EuGVVO aber auch vorrangig gegenüber Art. 5 Nr. 3 EuGVVO.[270] Fraglich ist daher, ob die Voraussetzungen des Art. 15 EuGVVO erfüllt sind.

1. **Persönlicher Anwendungsbereich**

A müsste Verbraucherin i.S.d. des Art. 15 EuGVVO sein. Die Verbrauchereigenschaft ist in Art. 15 Abs. 1 EuGVVO legaldefiniert. Verbraucher ist danach, wer den Vertrag zu einem Zweck geschlossen hat, der nicht der beruflichen oder gewerblichen Tätigkeit dieser Person zugerechnet werden kann. A geht als Rentnerin überhaupt keiner beruflichen oder gewerblichen Tätigkeit nach, sodass sie Verbraucherin i.S.d. Art. 15 EuGVVO ist.

Fraglich ist, ob der andere Vertragspartner **Unternehmer** sein muss. Hierüber trifft Art. 15 EuGVVO nicht für alle Varianten eine verbindliche Aussage. Die Unternehmereigenschaft des Vertragspartners wird jedoch von Art. 15 Abs. 1 lit. c) EuGVVO vorausgesetzt. Im Wege der *(autonomen)* Auslegung ist der Normzweck der Art. 15 ff. EuGVVO zu berücksichtigen. Dieser besteht im prozessualen Schutz der schwächeren Vertragspartei. Hieraus ergibt sich, dass die Art. 15 ff. EuGVVO nur auf Verträge *mit* Verbrauchern, nicht aber auf Verträge *zwischen* Verbrauchern zugeschnitten sind und somit die andere Vertragspar-

270 Vgl. Kropholler, IPR, § 58 III 3.

tei Unternehmer sein muss. Vertragspartner der A ist die V-BV. Als gewerblich handelnde Gesellschaft niederländischen Rechts ist diese Unternehmerin.

2. **Räumlicher Anwendungsbereich**

Der Vertrag müsste einer der in Art. 15 Abs. 1 EuGVVO genannten Alternativen zuzuordnen sein. Vorliegend handelt es sich weder um einen Kauf beweglicher Sachen auf *Teilzahlung* (Art. 15 Abs. 1 lit. a) EuGVVO) noch um einen mit einem *Darlehen* finanzierten Kauf (Art. 15 Abs. 1 lit. b) EuGVVO).

Hier kommt daher nur ein „anderer Fall" i.S.d. Art. 15 Abs. 1 lit. c) EuGVVO in Betracht. Voraussetzung hierfür ist, dass eine in Art. 15 Abs. 1 lit. c) EuGVVO genannte **Abschlusssituation** vorliegt, aus der sich ein räumlicher Bezug zum Wohnsitzstaat des Verbrauchers ergibt. Die V-BV wurde zwar selbst nicht im Wohnsitzstaat der A, in Deutschland, gewerblich oder beruflich tätig (1. Alt.). In Betracht kommt jedoch, dass sie durch das Verschicken der Gewinnmitteilung an A ihre gewerbliche Tätigkeit auf Deutschland **ausgerichtet** (2. Alt.) hat. Der BGH verlangt in diesem Zusammenhang, dass das Ausrichten der Tätigkeit den Verbraucher zum Vertragsschluss „motiviert" haben muss und deshalb **kausal** gewesen ist.[271] Unabhängig davon, ob überhaupt ein Vertrag vorliegt, hat A erst das von der V-BV nach Deutschland versandte Schreiben zum Anlass genommen, die Gewinnzusage einzufordern. Damit liegt eine Ausrichtung i.S.d. Art. 15 Abs. 1 lit. c), 2. Alt. EuGVVO vor. Der räumliche Anwendungsbereich ist damit gegeben.

Anmerkung: *Für Verbraucherverträge, die über das Internet geschlossen werden, eröffnet Art. 15 Abs. 1 lit. c) EuGVVO einen Gerichtsstand in allen Mitgliedstaaten, in denen die Seite aufgerufen werden kann. Dies gilt auch, wenn der Verbraucher aufgrund des Internetangebots die Initiative ergreift, der Vertragsschluss letztlich aber nicht über das Internet zustande kommt.*[272]

3. **Sachlicher Anwendungsbereich**

Sachlich ist Art. 15 Abs. 1 EuGVVO anwendbar, wenn die Gewinnzusage ein „Vertrag" ist.

Der Begriff Vertrag ist **autonom i.S. der Verordnung** und im Hinblick auf die **Schutzwürdigkeit des Verbrauchers weit auszulegen.**[273] Ob eine sog. isolierte Gewinnzusage, bei der die Auszahlung des Gewinns nicht von einer Bestellung des Adressaten abhängt, als Vertrag qualifiziert werden kann, ist umstritten.

a) **Vertragliche Qualifikation der isolierten Gewinnzusage** 136

Nach Ansicht des BGH handelt es sich bei einer isolierten Gewinnzusage nicht um einen Vertrag, sondern um ein einseitiges Rechtsgeschäft[274] oder

271 BGH NJW 2009, 298; vgl. auch HK-Dörner, Art. 15 EuGVVO Rdnr. 15; kritisch: Mankowski IPrax 2008, 333 ff.

272 OLG Dresden IPRax 2006, 44.

273 EuGHE 1983, 987; Bitter IPRax 2008, 96, 97.

274 So auch Dörner, FS Kollhosser, 2004, Bd. II, S. 75, 77 ff.

um eine geschäftsähnliche Handlung.[275] Da diese jedoch darauf **abziele, einen künftigen Vertrag anzubahnen**, ist es nach Auffassung des BGH gerechtfertigt, eine vertragliche Qualifikation anzunehmen.[276]

In der Entscheidung *Engler* hat der EuGH ebenfalls eine vertragliche Qualifikation für eine isolierte Gewinnzusage bejaht.[277]

Entscheidend für eine vertragliche Qualifikation sei nicht ein „Vertragsschluss", mithin ob Angebot und Annahme vorliegen, sondern ob der Beklagte die Verpflichtung freiwillig eingegangen sei.[278]

Zwar sieht auch der EuGH die Problematik, dass bei einem bloß einseitigen Rechtsgeschäft der Wortlaut „Vertrag" überdehnt würde. Der Notwendigkeit einer Analogie entgeht der EuGH jedoch mit dem Hinweis, dass der Verbraucher schließlich durch die Einforderung des Gewinns die Gewinnzusage „angenommen" habe.[279]

Anmerkung: *Die Entscheidung erging zwar noch zur Vorgängervorschrift des EuGVÜ. Der EuGH bejahte den allgemeinen Vertragsgerichtsstand des Art. 5 Nr. 1 EuGVÜ und nicht einen hier in Rede stehenden Verbrauchergerichtsstand. Allerdings verlangt auch der Verbrauchergerichtsstand einen „Vertrag". Mit der Erweiterung des sachlichen Anwendungsbereichs des Verbrauchergerichtsstandes in Art. 15, 16 EuGVVO („Ausrichtung der gewerblichen Tätigkeit auf den Wohnsitzstaat des Verbrauchers" [s.o.]) gegenüber Art. 13 EuGVÜ (Verbrauchergerichtsstand a.F.) können nunmehr auch Fälle der isolierten Gewinnzusage unter den Verbrauchergerichtsstand subsumiert werden. Die Rechtsprechung des EuGH kann somit auf die heutige Rechtslage i.F. des Art. 15 EuGVVO übertragen werden.*[280]

In der Entscheidung *Ilsinger* hat der EuGH diesen Standpunkt bestätigt und dies u.a. mit dem weiten Anwendungsbereich des Art. 15 Abs. 1 lit. c) EuGVVO begründet, welcher keine synallagmatischen Pflichten voraussetze.[281] Auch eine isolierte Gewinnzusage sei als vertraglich i.S.d. Art. 15 Abs. 1 lit. c) EuGVVO zu qualifizieren, wenn eine gewerbsmäßig handelnde Person sich rechtlich gebunden habe, dem Verbraucher den Preis auszuzahlen.[282]

Die gewerbsmäßig handelnde V-BV als Beklagte wurde hier auf eigene Initiative tätig und schickte ein Schreiben an die Adresse des Verbrauchers, in welchem A verbindlich als Gewinnerin benannt wurde, ohne dass diese in

---

275 BGH NJW 2003, 426, 427; siehe auch BGH, Urt. v. 01.12.2005 – III ZR 191/03 = NJW 2006, 230 ff.

276 BGH a.a.O., S. 428; kritisch hierzu BGH NJW 2006, 230, 231.

277 EuGH, Urt. v. 20.01.2005 – Rs. C-27/02 – Petra Engler ./. Janus Versand GmbH, IPRax 2005, 239 ff., Nr. 16 Rdnr. 45–48.

278 EuGH a.a.O. Rdnr. 50 f. unter Bestätigung der Rspr. Tacconi/Wagner, EuGH NJW 2002, 3159 Rdnr. 24.

279 Vgl. EuGH a.a.O. Rdnr. 55; bestätigend BGH, Urt. v. 01.12.2005 – III ZR 191/03, Rdnr. 22 = RÜ 2006, 59, 61.

280 Lorenz/Unberath IPRax 2005, 221 f.; Reich EuZW 2004, 244 f.; a.A. Kropholler, EuZPR, Art. 15 EuGVVO Rdnr. 20, der in diesem Fall aber den Vertragsgerichtsstand des Art. 5 Nr. 1 EuGVVO für eröffnet sieht.

281 EuGH, Urt. v. 14.05.2009 – C-180/06 (Renate Ilsinger ./. Martin Drescher als Insolvenzverwalter im Konkurs der Schlank & Schick GmbH, EuZW 2009, 489, 490 Rdnr. 49 f.

282 EuGH, Urt. v. 14.05.2009 – C-180/06 (Renate Ilsinger ./. Martin Drescher als Insolvenzverwalter im Konkurs der Schlank & Schick GmbH, EuZW 2009, 489, 490 Rdnr. 55.

irgendeiner Weise darum gebeten hätte. In diesem Verhalten der V-BV kann nach Ansicht des EuGH eine solche „freiwillig eingegangene" Verpflichtung gesehen werden.[283]

Nach dieser Auffassung liegt ein Vertrag i.S.d. Art. 15 EuGVVO vor, sodass Art. 16 Abs. 1 EuGVVO für die Bestimmung der Zuständigkeit einschlägig wäre.

b) Deliktsrechtliche Qualifikation der isolierten Gewinnzusage 137

Gegen das Vorliegen eines „Vertrages" wird vorgebracht, dass der Erklärende bei einer Gewinnzusage unabhängig davon hafte, ob bei ihm ein Wille zur Gewinnauskehr vorhanden war, und auch unabhängig davon, ob der Empfänger die wahre Intention des Absenders erkannt habe oder nicht.[284] Daher müssten auch alle Einordnungsversuche als Vertrauens- oder Rechtsscheinstatbestand scheitern.[285]

Zur Begründung ihrer Ansicht verweisen deren Vertreter auf § 661 a BGB. Diese Norm würde wettbewerbswidriges Verhalten sanktionieren und sei daher wettbewerbsrechtlich zu qualifizieren.

Anmerkung: *§ 661 a BGB ist auf verschiedenste Weise gedeutet worden: Unerlaubte Handlung, einseitiges Rechtsgeschäft, Rechtsscheinshaftung, geschäftsähnliche Handlung oder Schenkungsvertrag.*[286]

Das Wettbewerbsrecht stehe dem Deliktsrecht aber näher als dem Vertragsrecht; Ansprüche aus unlauterem Wettbewerb seien daher am Gerichtsstand der unerlaubten Handlung einzuklagen.[287] Der Unternehmer werde bei einer Gewinnzusage für sein – i.d.R. vorsätzlich abgegebenes – täuschendes Versprechen „bestraft", indem er gemäß § 661 a BGB hierfür dem Verbraucher auf Erfüllung hafte. Dieser Strafcharakter spreche weiter für eine deliktische Einordnung. Die deliktische Qualifikation einer Klage aus einer Gewinnzusage wahre zugleich die Parallelität zu den Wettbewerbssachen.[288]

Dem Verbraucher geschehe hierdurch kein Leid, da auch durch Art. 5 Nr. 3 EuGVVO ein Klägergerichtsstand am Erfolgsort besteht.[289] Auch das Argument der besonderen Schutzwürdigkeit des Verbrauchers könne somit nicht überzeugen.

c) Stellungnahme 138

Das erste Problem einer rechtsgeschäftlichen Qualifikation liegt darin, dass der ausnahmslos vorhandene und grundsätzlich gemäß § 116 S. 1 BGB un-

283 EuGH, Urt. v. 20.01.2005 – Rs. C-27/02 – Petra Engler ./. Janus Versand GmbH, IPRax 2005, 239 ff., Nr. 16 Rdnr. 52, 53.

284 Leible NJW 2003, 407.

285 Leible a.a.O.

286 Vgl. Lorenz/Unberath IPRax 2005, 219, 220; Dörner, FS Kollhosser, 2004, Bd. II, 75, 78 ff.

287 Vgl. BGH IPRax 1989, 98, 99.

288 Felke/Jordans IPRax 2004, 409, 411.

289 A.A. von Hoffmann/Thorn § 3 Rdnr. 225 b.

beachtliche geheime Vorbehalt in nicht wenigen Fällen vom Verbraucher – wie im vorliegenden Fall – als dreiste „Bauernfängerei" erkannt wird.[290] Dann wäre an sich die Willenserklärung bei unterstellter Anwendung deutschen Sachrechts gemäß § 116 S. 2 BGB nichtig. Teilweise wird deshalb vorgeschlagen, § 116 S. 2 BGB einzuschränken, wenn die Gültigkeit der Erklärung im öffentlichen Interesse liegt.[291] Dies sei hier aus wettbewerbs- und verbraucherschützenden Erwägungen zu bejahen.

Weiter spricht gegen eine vertragliche Qualifikation, dass es sich vorliegend um eine sog. **isolierte Gewinnzusage** handelt, d.h. um eine, die gerade nicht davon abhängig gemacht wird, dass der Adressat Waren bestellt. Ein Vertrag wird gerade nicht geschlossen. Hierauf kommt es nach Ansicht des EuGH aber auch nicht an (s.o.).

Umgekehrt kann zur Begründung des Art. 5 Nr. 3 EuGVVO (deliktische Qualifikation) nicht unmittelbar auf § 661 a BGB verwiesen werden, da die Heranziehung dieser Norm dem Grundsatz der autonomen Auslegung der EuGVVO widersprechen würde. Selbst wenn dies möglich wäre, kann aus § 661 a BGB nicht zwingend ein deliktischer Anspruch begründet werden. Zum einen hat der Gesetzgeber die Norm systematisch nicht dem Deliktsrecht zugeordnet, sondern in die Nähe der einseitigen Rechtsgeschäfte Auslobung (§ 657 BGB) und Preisausschreiben (§ 661 BGB).[292] Zum anderen ist die Rechtsfolge der Vorschrift, Erfüllung, dem Deliktsrecht fremd, dem Schuldrecht dagegen nicht.

Für eine deliktische Qualifikation wird angeführt, dass bei Gewinnzusagen nicht für das Versprechen selbst, sondern lediglich für den Schein eines Versprechens als wettbewerbswidriges Verhalten gehaftet wird. Fraglich ist jedoch, ob nicht bereits dieser Schein als zu qualifizierender Lebenssachverhalt unter Art. 15 EuGVVO subsumiert werden kann, ohne hierbei den Grundsatz der autonomen Auslegung dieser Vorschrift zu verletzen.

Diesen Schein hat der Unternehmer freiwillig und mit **Erklärungsbewusstsein** erweckt. Ein solches Verhalten kann damit als rechtsgeschäftliche Handlung eingeordnet werden.[293] Auf eine solche Handlung können die für Willenserklärungen geltenden Regeln entsprechend angewendet werden, sodass auch für die isolierte Gewinnzusage eine vertragliche Qualifikation vorzugswürdig ist.[294]

Damit ist Art. 15 EuGVVO auch in sachlicher Hinsicht anwendbar, sodass in Deutschland ein Verbrauchergerichtsstand begründet ist. Durch eine solche Auslegung wird auch der Grundsatz der autonomen Auslegung der Eu-

290 Vgl. Dörner, FS Kollhosser, 2004, Bd. II, 75, 78.

291 Dörner, FS Kollhosser, 2004, Bd. II, 78.

292 Vgl. auch BGH NJW 2006, 230, 232 in ausdrücklicher Abkehr zu BGH NJW 2003, 426, 427. Diese Entscheidung hatte die Möglichkeit einer deliktischen Qualifikation noch offengelassen.

293 Vgl. Palandt/Heldrich Vorbem. v. Art. 27 EGBGB Rdnr. 2; Dörner, FS Kollhosser, 2004, Bd. II, 76.

294 Vgl. MünchKommBGB-Martiny Art. 4 Rom I-VO Rdnr. 241; von Hoffmann/Thorn § 10 Rdnr. 22 b; Lorenz/Unberath IPRax 2005, 219, 221.

GVVO gewahrt, da entscheidend für die Anwendbarkeit des Art. 15 EuGVVO auf eine rechtsgeschäftliche Handlung i.S. einer freiwilligen Verpflichtung, nicht aber auf einen Vertragsschluss selbst abgestellt wird. Die deutschen Gerichte sind damit international zuständig.

II. Örtliche und sachliche Zuständigkeit

Gemäß Art. 16 Abs. 1 EuGVVO sind die Gerichte am Wohnsitz des Verbrauchers international zuständig. Hierdurch wird auch die örtliche Zuständigkeit der Gerichte am Wohnsitz des Verbrauchers begründet. Die sachliche Zuständigkeit des Landgerichts ergibt sich aus §§ 23, 71 GVG.

2. Frage:

Grundsätzlich kann die Berufung (§ 513 Abs. 2 ZPO) oder Revision (§ 545 Abs. 2 ZPO) **139**
nicht darauf gestützt werden, dass das Gericht des ersten Rechtszuges seine Zuständigkeit zu Unrecht angenommen oder verneint hat.

Hiermit ist jedoch nicht die internationale Zuständigkeit gemeint. Diese bestimmt nicht die örtliche Zuständigkeit eines bestimmten Gerichts, sondern grenzt die Kompetenzen zwischen Gerichten verschiedener Staaten ab. Im Rahmen der internationalen Zuständigkeit wird also lediglich darüber befunden, ob inländische Gerichte in ihrer Gesamtheit zuständig sind, ohne jedoch das im Einzelfall örtlich zuständige zu benennen.

Rechtsmittel können also darauf gestützt werden, dass das Gericht der Vorinstanz international nicht zuständig war. Dies war für die Vorgängervorschriften der §§ 512 a, 549 Abs. 2 ZPO a.F. anerkannt und gilt auch für die Nachfolgeregelungen der §§ 513 Abs. 2, 545 Abs. 2 ZPO.[295]

Der Grund hierfür liegt nicht nur in den weitreichenden Konsequenzen einer einmal fehlerhaft angenommenen internationalen Zuständigkeit (jedes Land hat sein eigenes Internationales Privatrecht, welches bestimmt, nach welchem materiellen Recht das streitige Rechtsverhältnis zu beurteilen ist), sondern auch darin, dass sich die Bundesrepublik Deutschland im Rahmen der internationalen Zuständigkeit völkerrechtlich und gemeinschaftsrechtlich verpflichtet hat. Könnte eine einmal angenommene fehlerhafte Zuständigkeit nicht korrigiert werden, würde das einen Verstoß gegen geltende Vertragspflichten bzw. gegen Gemeinschaftsrecht bedeuten.

Abwandlung:

In dem Benachrichtigungsschreiben wurde als Bedingung angegeben, dass A bei der Versandhandelsgesellschaft Waren im Wert von 15 € bestellen müsse, damit es zur Gewinnauszahlung komme. A bestellt diese Waren auch.
Sind die deutschen Gerichte international zuständig? Ist das Landgericht Mönchengladbach örtlich und sachlich zuständig?

295 BGH NJW 2003, 426, 427.

140 A. **Anwendbarkeit der EuGVVO**

An der Anwendbarkeit der EuGVVO ändert sich im Hinblick auf den Ausgangsfall nichts.

B. **Ermittlung des nach der EuGVVO maßgeblichen Gerichtsstandes**

I. **Verbrauchergerichtsstand, Art. 16 EuGVVO**

1. **Persönlicher Anwendungsbereich (+)** s.o.

2. **Räumlicher Anwendungsbereich (+)** s.o.

3. **Sachlicher Anwendungsbereich**

Sachlich ist Art. 15 Abs. 1 EuGVVO anwendbar, wenn die Gewinnzusage ein „Vertrag" ist (s.o.). Im Unterschied zum Ausgangsfall handelte es sich vorliegend aber nicht um eine isolierte Gewinnzusage; vielmehr wurde die Zuteilung eines Gewinns davon abhängig gemacht, dass der Vertragspartner Waren bestellt, also einen Kaufvertrag abschließt. Zwar ist Gegenstand der Klage die Gewinnzusage und nicht der Kaufvertrag.

Nach Ansicht des EuGH stellen die Schreiben, die der Gewerbetreibende an den Verbraucher gesandt hat, jedoch eine **untrennbare Verbindung** zwischen der Gewinnzusage und der Warenbestellung her, die der Verkäufer – gerade um den Verbraucher zum Vertragsschluss zu bewegen – als **Vorbedingung** für den Erhalt des versprochenen Gewinns dargestellt hat.[296] Außerdem habe der Verbraucher den Vertrag im Wesentlichen, wenn nicht ausschließlich, geschlossen, um den Gewinn zu erhalten.[297] Daher könne der Verbraucher die Klage bei demselben Gericht erheben, das für eine Entscheidung über den vom Verbraucher geschlossenen Vertrag zuständig wäre.

Nach anderer Ansicht bleibt es bei einer deliktischen Einordnung der Gewinnzusage.[298] Angesichts ihrer **Akzessorietät** zu einem bestehenden vertraglichen Anspruch wird diese jedoch aus Gründen der Prozessökonomie und des zivilverfahrensrechtlichen Verbraucherschutzes dem Verbrauchergerichtsstand unterstellt.[299]

Aufgrund der bestehenden engen Verbindung zwischen Gewinnzusage und der Warenbestellung ist Art. 15 Abs. 1 EuGVVO auch in sachlicher Hinsicht anwendbar.

II. **Örtliche und sachliche Zuständigkeit**

Gemäß Art. 16 Abs. 1 EuGVVO sind die Gerichte am Wohnsitz des Verbrauchers international zuständig. Hierdurch wird auch die örtliche Zuständigkeit der Gerichte am Wohnsitz des Verbrauchers begründet. Die sachliche Zuständigkeit des Landgerichts ergibt sich wie im Ausgangsfall aus §§ 23, 71 GVG.

Ergebnis: Die deutschen Gerichte sind international zuständig. Das Landgericht Mönchengladbach ist sachlich und örtlich zuständig.

---

296 EuGH IPRax 2003, 50, 54, Rdnr. 54 (Gabriel).

297 EuGH a.a.O.

298 Leible IPRax 2003, 28, 32.

299 Leible a.a.O.

Fall 23: Fahrradkauf im Internet

Der niederländische Rentner R möchte sich im März 2013 ein neues Fahrrad kaufen. R gibt den Begriff „fietse“ (niederländisch für Fahrrad) in die Suchmaschine seines niederländischen Internetproviders ein. Die Suchmaschine nennt als ersten Anbieter von Fahrrädern den in Köln ansässigen Fahrradhändler I. I hatte einen Internetreferenzierungsdienst beauftragt, dafür zu sorgen, dass die Homepage des I bei Suchmaschinenanfragen in den Niederlanden an erster Stelle genannt wird. Die Begrüßungsseite der Homepage www.fahrrad-i.eu erlaubt dem Kunden die Wahl zwischen niederländischer, spanischer, englischer, italienischer und deutscher Sprache. I wirbt damit, Kunden in ganz Europa mit seinen Fahrrädern zu beliefern. Im Impressum des I ist seine Telefonnummer wie folgt aufgeführt: +49(0)221 ... .

Vor Abschluss eines Vertrages muss der Kunde die AGB des I, die automatisch ebenfalls in niederländischer, spanischer, englischer, italienischer und deutscher Sprache aufgerufen werden können, bestätigen. In denen heißt es u.a.:

§ 8: Der Gerichtsstand befindet sich in Deutschland.

R signalisiert online seine Zustimmung zu den AGB, indem er ein Konsensfeld per Maus anklickt und bestellt ein Herrenrad. Das Fahrrad wurde an R versandt, kam bei ihm jedoch mit einem Gabelbruch beschädigt an. I weigert sich nachzuliefern. R verklagt I daraufhin in Amsterdam.

Sind die niederländischen Gerichte international zuständig?

Anmerkung:
Das Thema „Verbraucherschutz im Internet“ wirft auch in kollisionsrechtlicher Hinsicht Fragen auf, die an anderer Stelle dieses Skriptes in dem Parallelfall 37, Rdnr. 230, behandelt werden.

Die internationale Zuständigkeit der niederländischen Gerichte könnte sich aus der EuGVVO ergeben. Dann müsste diese Verordnung anwendbar sein. 141

A. Anwendbarkeit der EuGVVO

I. Sachlicher Anwendungsbereich der EuGVVO

Die EuGVVO ist gemäß ihrem Art. 1 Abs. 1 auf Zivil- und Handelssachen anzuwenden. Hierunter fällt auch der zwischen R und I abgeschlossene Kaufvertrag.

II. Zeitlicher Anwendungsbereich

Gemäß Art. 76 EuGVVO ist die Verordnung am 01.03.2002 in Kraft getreten. Da die Klage nach diesem Datum erhoben wird (vgl. Art. 66 EuGVVO), ist der zeitliche Anwendungsbereich gegeben.

III. Räumlich-persönlicher Anwendungsbereich

Grundsätzlich muss gemäß Art. 2 Abs. 1 EuGVVO der Beklagte seinen Wohnsitz im Hoheitsgebiet eines Mitgliedstaates haben, damit der räumlich-persönliche Anwendungsbereich der EuGVVO eröffnet ist.

Im Falle einer **Gerichtsstandsvereinbarung** zugunsten der Gerichte eines Mitgliedstaates findet die EuGVVO zwar auch unabhängig vom Wohnsitz des Beklagten Anwendung, vgl. Art. 4 Abs. 1, 23 Abs. 1 EuGVVO.[300]

Beklagter ist jedoch I, der seinen Wohnsitz in Deutschland und damit in einem Mitgliedstaat der EU hat (zur Wohnsitzbestimmung von natürlichen Personen vgl. Art. 59 EuGVVO). Der räumlich-persönliche Anwendungsbereich der EuGVVO ist damit **in jedem Fall eröffnet**, sodass es hierfür nicht darauf ankommt, ob überhaupt die Voraussetzungen des Art. 23 EuGVVO vorliegen.[301]

Aufbauhinweis: *Dieser Aufbau ist in jedem Fall dann zu empfehlen, wenn der Beklagte seinen Aufenthalt in einem Mitgliedstaat hat. Dies folgt auch aus Art. 4 Abs. 1 EuGVVO: „Hat der Beklagte keinen Wohnsitz im Hoheitsgebiet eines Mitgliedstaates." Erst dann muss für die Frage der Anwendbarkeit der EuGVVO auf deren Art. 22, 23 eingegangen werden.*

Der Prüfling kann so zeigen, dass er das Problem gesehen hat und ansonsten zwischen der Anwendbarkeit der EuGVVO einerseits und der Eröffnung eines ausschließlichen Gerichtsstandes andererseits zu unterscheiden weiß. Ansonsten müsste Art. 23 EuGVVO schon für die Frage der Anwendbarkeit der VO in allen Einzelheiten durchgeprüft werden. Die Prüfung des Art. 23 EuGVVO ist aber recht aufwendig, insbesondere, wenn – wie im vorliegenden Fall – Verbraucher in den Fall involviert sind. Hierdurch besteht die Gefahr, dass die Prüfung kopflastig wird.

Die EuGVVO ist damit anwendbar. Da R den I in den Niederlanden verklagt, müssten die niederländischen Gerichte nach der EuGVVO international zuständig sein.

B. Ermittlung des nach der EuGVVO maßgeblichen Gerichtsstandes

I. Zuständigkeitsvereinbarung

142 1. Aufgrund der Vereinbarung in § 8 der AGB, dass der **Gerichtsstand** in Deutschland sei, ist zunächst eine **Zuständigkeitsvereinbarung** zu prüfen. Diese richtet sich im Rahmen der EuGVVO nach Art. 23 EuGVVO und ist vorrangig zu prüfen, da diese im Zweifel **ausschließlich** wäre, vgl. Art. 23 Abs. 1 S. 2 EuGVVO.

Die Zulässigkeit einer solchen Vereinbarung könnte jedoch durch Art. 17 EuGVVO ausgeschlossen sein. Dann müsste es sich bei dem Vertrag um eine **Verbrauchersache** i.S.d. Art. 15 EuGVVO handeln und eine der in Art. 15 Abs. 1 EuGVVO alternativ aufgeführten Abschlusssituationen vorliegen. Mangels Teilzahlungs- oder Ratenkreditkaufs (lit. a)) kommt hier nur ein „anderer Fall" i.S.d. Art. 15 Abs. 1 lit. c) EuGVVO in Betracht.

2. **Voraussetzungen des Art. 15 Abs. 1 lit. c) EuGVVO**

R ist **Verbraucher**, da er das Fahrrad für seinen eigenen Gebrauch gekauft hat. I hat den Vertrag im Rahmen seiner **beruflichen** und **gewerblichen Tätigkeit** abgeschlossen. Da I diese Tätigkeit nicht im Wohnsitzstaat des R ausübt, müss-

300 Kropholler, IPR, § 58 III; von Hoffmann/Thorn § 3 Rdnr. 204.

301 Vgl. Zöller/Geimer, Art. 23 EuGVVO Rdnr. 7 ff.; Thomas/Putzo Art. 23 EuGVVO Rdnr. 2.

te I diese in irgendeiner Weise auf den Wohnsitzstaat des R **ausgerichtet** haben.

Fraglich ist, ob I durch seine Internethomepage seine berufliche Tätigkeit auf den Wohnsitzstaat des R ausgerichtet hat. Die EuGVVO enthält keine Definition des in ihrem Art. 15 Abs. 1 lit. c) verwendeten Begriffs einer auf den Wohnsitzstaat des Verbrauchers „ausgerichteten Tätigkeit". Dieser Begriff ist autonom auszulegen, wobei nach Auffassung des EuGH in erster Linie die Systematik und die Zielsetzung der EuGVVO zu berücksichtigen sind, um deren volle Wirksamkeit zu sichern.[302]

Systematisch ist zunächst der 19. Erwägungsgrund der EuGVVO zu berücksichtigen. Danach besteht Kontinuität zwischen der EuGVVO und deren Vorgängerregelungen aus dem EuGVÜ. Die unmittelbare Vorgängernorm zu Art. 15 Abs. 1 lit. c) EuGVVO war Art. 13 EuGVÜ. Zu dieser Norm hatte der EuGH wiederholt entschieden, dass sie die Funktion hat, bei Verbraucherverträgen für einen angemessenen Schutz des Verbrauchers als wirtschaftlich schwächerem und rechtlich weniger erfahrenen Geschäftspartner zu sorgen.[303] Art. 15 Abs. 1 lit. c) EuGVVO bezweckt damit den Verbraucherschutz.

Dies bedeutet nach Auffassung des EuGH jedoch nicht, dass dieser Schutz absolut ist. Speziell bei dem Betrieb einer Internetseite ist zu berücksichtigen, dass diese Kommunikationsform ihrem Wesen nach zwar eine globale Reichweite hat und somit in der gesamten Europäischen Union zugänglich ist. Im Internethandel könnte dies jedoch zu einer unüberschaubaren Ausweitung der Gerichtspflichtigkeit von Unternehmen führen.[304] In Erwägungsgrund Nr. 24 der Rom I-VO heißt es zudem, dass die Zugänglichkeit einer Website allein nicht ausreicht, um die Anwendbarkeit von Art. 15 Abs. 1 EuGVVO zu begründen, erforderlich ist vielmehr ein Vertragsschluss im Fernabsatz. Dies ist ebenfalls bei der gemäß Erwägungsgrund Nr. 7 gebotenen einheitlichen Auslegung von EuGVVO einerseits und Rom I-VO andererseits zu berücksichtigen. Aus dem Betrieb einer Homepage folgt somit noch nicht ein „ausrichten" i.S.v. Art. 15 Abs. 1 lit. c) EuGVVO. Andernfalls hätte der Unionsgesetzgeber als Anwendungsvoraussetzung der Vorschriften über Verbraucherverträge nicht „Ausrichten einer Tätigkeit auf einen Mitgliedstaat", sondern das bloße Betreiben einer Website festgelegt.[305]

Ursprünglich wurde beim Internethandel zwischen *aktiven* Websites (über die unmittelbar ein Vertragsschluss im Fernabsatz möglich ist) und *passiven* Websites unterschieden. Nur das Unterhalten einer (inter-)aktiven Website begründete danach die erforderliche Ausrichtung der Tätigkeit.[306]

302 EuGH NJW 2011, 505, 507 (*Pammer* und *Hotel Alpenhof*) m.w.N.
303 EuGH NJW 2005, 653 (*Gruber*); EuGH NJW 2005, 811 (*Engler*)
304 Von Hoffmann/Thorn § 3 Rdnr. 236 b.
305 EuGH NJW 2011, 505, 508 (*Pammer* und *Hotel Alpenhof*)
306 Vgl. BGH NJW 2009, 298 m.w.N.

Diese mitunter schwierige Abgrenzung zwischen aktiven und passiven Websites hat der EuGH nun aufgegeben. Vielmehr ist nach dem EuGH nunmehr bei Verbraucherverträgen zu ermitteln, ob Anhaltspunkte dafür vorliegen, dass der Gewerbetreibende Geschäfte mit Verbrauchern **aus einem anderen Mitgliedstaat der EU** tätigen wollte und hierzu bereit war.[307] Hierfür nennt der EuGH folgenden **nicht abschließenden** Kriterienkatalog:[308]

- Sprache(n) der Website;
- Angegebene Zahlungs- und Versandmodalitäten (z.B. andere Währung);
- „internationaler" Charakter der beworbenen Leistung (z.B. Fernreisen in der Tourismusbranche);
- Angabe von Anfahrtsbeschreibungen von anderen Mitgliedstaaten aus zu dem Ort, in dem der Unternehmer niedergelassen ist;
- Telefonnummern mit internationaler Vorwahl;
- Top-level-domain im Wohnsitzstaat des Verbrauchers;
- Ausgaben für Internetreferenzierungsdienst, d.h. den Auftrag an eine Suchmaschine, die Internetadresse des Unternehmers im Wohnsitzstaat des Verbrauchers bevorzugt anzuzeigen[309];
- Hinweise auf Kunden in verschiedenen Staaten (insbesondere durch die Wiedergabe von Kundenbewertungen).
- Keine Ausrichtung liegt dagegen vor, wenn die Website ausdrücklich durch einen Disclaimer[310] oder konkludent durch den Charakter des beschriebenen Produktes, Sprache, Währung oder Zahlungsmodalitäten einen geschäftlichen Kontakt mit Verbrauchern aus diesem Staat ausschließt.[311]

Vorliegend liegen gleich mehrere Anhaltspunkte aus dem – nicht abschließenden Katalog – des EuGH dafür vor, dass I seine Tätigkeit auf die Niederlande, den Wohnsitzstaat des R, ausgerichtet hat. I hat einen Internetreferenzierungsdienst damit beauftragt, seine Adresse bei Suchanfragen aus den Niederlanden bevorzugt zu nennen. Durch die Verwendung einer „eu"-Internetadresse gibt I zudem zu erkennen, Kunden in ganz Europa ansprechen zu wollen. Des Weiteren hatte I auch damit geworben, Kunden aus ganz Europa mit Fahrrädern beliefern zu können. Auch der weitere Auftritt der Website, wie die Verwendung mehrerer Sprachen und die Angabe einer internationalen Telefonnummer im Impressum sprechen für eine internationale Tätigkeit. I hat daher gezielt Kunden in den Niederlanden ansprechen wollen. I hat seine Tätigkeit daher ausgerichtet i.S.v. Art. 15 Abs. 1 lit. c) EuGVVO.

---

307 EuGH NJW 2011, 505, 508 (*Pammer* und *Hotel Alpenhof*).

308 EuGH NJW 2011, 505, 510 (*Pammer* und *Hotel Alpenhof*); instruktiv: Mankowski IPRax 2012, 144, 149.

309 Borges WM 2001, 1542, 1547; Clausnitzer EuZW 2010, 374, 377.

310 Vgl. hierzu: Mankowski IPRax 2012, 144, 154; Kritisch: Clausnitzer EuZW 2010, 374, 376.

311 Kropholler, EuZPR, Art. 15 EuGVVO Rdnr. 25; Micklitz/Rott EuZW 2001, 325, 331 m.w.N.; von Hein IPRax 2006, 16, 19.

R wurde zudem durch die Website zum Vertragsschluss **„motiviert"**, sodass die vom BGH neuerdings geforderte **Kausalität** zwischen Ausrichtung und Vertragsschluss ebenfalls erfüllt ist.[312]

Die Parteien haben den Vertrag auch im Fernabsatz abgeschlossen.

Eine Ausrichtung i.S.d. Art. 15 Abs. 1 lit. c) EuGVVO liegt somit vor. Damit handelt es sich um eine Verbrauchersache i.S.d. Art. 15 EuGVVO.

II. **Rechtsfolge**

Eine Gerichtsstandsvereinbarung unterliegt daher den Voraussetzungen des Art. 17 EuGVVO. Da die Voraussetzungen dieser Vorschrift nicht erfüllt sind (keine nachträgliche [Nr. 1] oder den Verbraucher einseitig begünstigende Vereinbarung [Nr. 2], die Parteien hatten ihren Wohnsitz auch nicht in demselben Staat [Nr. 3]), ist die Gerichtsstandsvereinbarung **unzulässig**.

Der Verbraucher hat daher gemäß Art. 16 Abs. 1 EuGVVO die **Wahl**, ob er die Klage vor dem Wohnsitzstaat des Vertragspartners oder vor den Gerichten des Staates erhebt, an dem er selbst seinen Wohnsitz hat.

Indem R die Klage gegen I in den Niederlanden erhob, hat er diese Wahl wirksam ausgeübt. Die niederländischen Gerichte sind daher international zuständig.

B. Europarecht: Die EheGVO

Die Verordnung Nr. 2201/2003 (EheGVO oder „Brüssel IIa-VO") über die Zuständigkeit und die Anerkennung und Vollstreckung von Entscheidungen in Ehesachen hat die Verordnung Nr. 1347/2000 abgelöst. Die neue EheGVO trat am 01.08.2004 in Kraft und gilt seit dem 1. März 2005. Sie enthält direkte Zuständigkeitsvorschriften sowie Anerkennungs- und Vollstreckungsregeln im Bereich der Ehe- und Kindschaftssachen und gilt unmittelbar zwischen den Mitgliedstaaten. Hierzu Näheres unten im 3. Teil, 4. Abschnitt Rdnr. 236 ff. 143

C. Internationale Abkommen

I. Luganer Übereinkommen von 2007

Das Lugano-Übereinkommen vom 30.10.2007 ist das Nachfolgeabkommen zum Lugano-Übereinkommen über die gerichtliche Zuständigkeit und die Vollstreckung gerichtlicher Entscheidungen in Zivil- und Handelssachen vom 16.09.1988. Gleichzeitig stellt es das Parallel-Abkommen zur EuGVVO dar. Dem Übereinkommen können auch Staaten beitreten, die nicht Mitglied der EU sind. Unterzeichnet haben es die Schweiz, Dänemark, Island, Norwegen und die EU. 144

312 Vgl. BGH NJW 2009, 298: *„Darüber hinaus ist für die Erfüllung des Merkmals des „Ausrichtens" der gewerblichen Tätigkeit auf den Wohnsitzstaat des Verbrauchers erforderlich, dass er dort zum Vertragsschluss zumindest motiviert worden ist,..."*

II. CMR und WA

145 Das Genfer Übereinkommen über den Beförderungsvertrag im internationalen Straßengüterverkehr[313] (CMR) regelt das Verfahrensrecht der Beförderungsverträge auf der Straße, das Warschauer Abkommen zur Vereinheitlichung von Regeln über die Beförderung im internationalen Luftverkehr[314] (WA) regelt das Verfahrensrecht der Beförderungsverträge in der Luft einheitlich.

III. KSÜ (Haager Kindesschutzübereinkommen)

Siehe Rdnr. 262.

D. Autonomes deutsches Recht

146 Ist der Anwendungsbereich von Verordnungen oder Staatsverträgen nicht einschlägig, bestimmt sich die internationale Zuständigkeit nach dem autonomen Recht.

I. Gerichtsstandsvereinbarung

147 Die Parteien können eine Vereinbarung darüber treffen, welches Gericht für ihren Rechtsstreit international zuständig sein soll. Diese Gerichtsstandsvereinbarung ist ein materiell-rechtlicher Vertrag über die prozessrechtlichen Beziehungen entsprechend §§ 38–40 ZPO.

Ihr **Zustandekommen** richtet sich nach h.M. zur einheitlichen Orientierung analog der Art. 3 ff. Rom I-VO nach der *lex causae*, d.h. nach dem auf die Gerichtsstandsvereinbarung anwendbaren materiellen Recht.[315]

Unabhängig davon besteht Einigkeit, die **Zulässigkeit, die Wirkungen und die Form** der Gerichtsstandsvereinbarung nach der *lex fori* zu beurteilen. Die Formerfordernisse des § 38 ZPO werden nicht durch Art. 11 EGBGB aufgehoben.[316]

Die Begründung einer an sich nicht gegebenen Zuständigkeit durch eine Gerichtsstandsvereinbarung nennt man **Prorogation**. Im Gegensatz dazu wird der Ausschluss einer an sich gegebenen Zuständigkeit als **Derogation** bezeichnet.[317]

II. Gesetzliche Regelung

1. Ausdrückliche Regelungen

148 Das autonome deutsche Zivilprozessrecht regelt die internationale Entscheidungszuständigkeit der deutschen Gerichte nur in wenigen Fällen ausdrücklich (§ 98 Abs. 1 FamFG in Ehesachen, § 100 FamFG in Kindschaftssachen, § 38 ZPO, § 98 Abs. 1 FamFG, § 12 VerschG).

---

313 CMR; Jayme/Hausmann, Nr. 161, 161 a.

314 WA; Jayme/Hausmann, Nr. 162, 163.

315 H.M., BGHZ 49, 384; 59, 26 f.; MünchKommBGB-Martiny Vor Art. 1 Rom I-VO Rdnr. 71; von Hoffmann/Thorn § 3 Rdnr. 75 f.

316 MünchKommBGB-Spellenberg Art. 11 EGBGB Rdnr. 30.

317 Von Hoffmann/Thorn § 3 Rdnr. 72.

2. Ableitungen

Im Übrigen wird die internationale Zuständigkeit aus den Regeln zur örtlichen Zuständigkeit abgeleitet. Die örtliche Zuständigkeit hat also eine **Doppelfunktion**.[318] 149

BGH:[319] „**Die ZPO regelt die internationale Zuständigkeit**, d.h. die Grenzziehung zwischen der Zuständigkeit deutscher Gerichte und der Zuständigkeit ausländischer Gerichte nicht ausdrücklich und unmittelbar (Ausnahme: § 606 b ZPO [§ 98 FamFG), sondern grundsätzlich nur mittelbar durch stillschweigende Verweisung auf die Vorschriften der §§ 12 ff. ZPO über den Gerichtsstand: Soweit nach diesen Vorschriften ein deutsches Gericht örtlich zuständig ist, ist es nach deutschem Recht auch international, d.h. im Verhältnis zu ausländischen Gerichten zuständig. Auf dieser Verknüpfung von örtlicher und internationaler Zuständigkeit im deutschen Zivilprozessrecht beruht die bisherige Rechtsprechung (...)."

Allgemeiner Gerichtsstand einer natürlichen beklagten Person ist gemäß §§ 12, 13 ZPO ihr Wohnsitz. Bei juristischen Personen ist gemäß §§ 12, 17 Abs. 1 S. 1 ZPO grundsätzlich der satzungsmäßige Sitz entscheidend.

Besondere Gerichtsstände sind z.B.

- § 21 ZPO, Gerichtsstand der Niederlassung;
- § 23 S. 1, 1. Alt. ZPO, Gerichtsstand des Vermögens (sog. *umbrella rule*);

  Der Gerichtsstand des Vermögens soll die Rechtsverfolgung im Inland erleichtern und international das *forum shopping* verhindern. § 23 ZPO ist dementsprechend eng auszulegen. Als zusätzliche Voraussetzung für die Zuständigkeit des Gerichts muss ein **hinreichender Inlandsbezug** des Sachverhalts bzw. der erforderliche Schutz inländischer Interessen vorliegen.[320] In Anspielung an die sog. ***umbrella rule*** soll es eben nicht ausreichen, einen Regenschirm in einem Hamburger Hotelzimmer zu vergessen, um die internationale Zuständigkeit deutscher Gerichte zu begründen.

- §§ 27, 28 ZPO, Gerichtsstand der Erbschaft;
- §§ 23, 24, 29 a ZPO, Gerichtsstand der belegenen Sache;
- § 29 ZPO, Gerichtsstand des Erfüllungsortes;

  Um den Gerichtsstand des Erfüllungsortes gemäß § 29 ZPO bestimmen zu können, wird dreistufig geprüft. Erstens muss ein vertraglicher Anspruch geltend gemacht werden. Zweitens wird auf das Primärinteresse, also die konkret streitige Verpflichtung der Parteien abgestellt und dann erst drittens der Erfüllungsort dieser Verpflichtung nach der *lex causae*, dem Vertragsstatut, ermittelt. So geht der Gerichtsstand mit dem Erfüllungsort einher, wenn es so auch in der Regel zu einem verbraucherfeindlichen Verkäufergerichtsstand kommt.[321]

- § 32 ZPO, Gerichtsstand der unerlaubten Handlung auch im weiteren Sinne mit dem Wahlrecht nach dem Handlungs- oder nach dem Erfüllungsort.[322]

Die internationale Zuständigkeit kann auch dadurch begründet werden, dass sich der Beklagte entsprechend § 39 ZPO rügelos auf den Gerichtsstand einlässt.[323] Im Geltungsbereich der EuGVVO geht deren Art. 24 dem § 39 ZPO vor.

---

318 Vgl. hierzu: Huber IPrax 2009, 134 ff.

319 BGH NJW 1965, 1665.

320 Thomas/Putzo § 23 ZPO Rdnr. 2, 5 ff.

321 Thomas/Putzo § 29 ZPO Rdnr. 5 ff.

322 Vgl. Huber IPRax 2010, 134, 135 m.w.N.

323 BGH NJW 1993, 1270.

3. Notzuständigkeit

150 Wird auch hiernach noch kein Gericht als zuständig erklärt, ist das deutsche Gericht bei einem Minimalkontakt zum Staatsgebiet als Mindestvoraussetzung **notzuständig**. Bei einem negativen Kompetenzkonflikt darf es zu keiner Rechtsschutzverweigerung kommen.

Beispiel: Wenn die deutschen Regelungen des IZVR zu einer ausschließlichen Zuständigkeit eines Gerichts eines Staates kommen, welcher keine Regelungen über die Zuständigkeit kennt, sind nach der gesetzlichen Regelung weder die Gerichte in Deutschland noch die in diesem Staat zuständig. Bei einem Kontakt des Sachverhalts zu deutschem Staatsgebiet kann sich hieraus eine Notzuständigkeit des deutschen Gerichts ergeben.

4. *Forum Shopping/perpetuatio fori/forum non conveniens*

151 Als *forum shopping* bezeichnet man die Wahl eines von mehreren international zuständigen Gerichten. Die Diskussion um das *forum shopping* hat zugenommen mit der steigenden Tendenz, Klagen vor US-amerikanische Gerichte zu bringen, vor allem weil dort z.T. exorbitant hohe Schadensersatzsummen nach amerikanischem Haftungsrecht, sog. *punitive damages*, zugesprochen werden.

Die Wahl eines von mehreren international zuständigen Gerichten durch den Kläger kann grundsätzlich nicht beanstandet werden, auch wenn die Wahl nur das Ziel hat, zur Anwendung eines günstigen Sachrechts zu gelangen. Hierbei handelt es sich um eine zulässige Maßnahme des Klägers, was auch zur Folge hat, dass der den Kläger vertretende Anwalt auf diese Möglichkeit hinweisen muss, wenn er sich nicht schadensersatzpflichtig machen will.

Aus Sicht des Klägers bestimmen vor allem drei Punkte die Günstigkeit eines Gerichtsortes:

- Günstigkeit des Prozessrechts (insbesondere des Beweisrechtes und der Kostenfolgen);

  Auch hier bietet das US-amerikanische Zivilprozessrecht vor allem für den Kläger Vorteile:

  Jury in der 1. Instanz, die sich aus juristischen Laien zusammensetzt;

  (Pretrial) discovery, der Beklagte muss bei Vermeidung von Sanktionen dem Kläger alle für die Prozessführung erforderlichen Dokumente zur Verfügung stellen;

  Beweisrecht: überwiegende Wahrscheinlichkeit ausreichend, statt an Sicherheit grenzender Wahrscheinlichkeit wie in Deutschland;[324]

  Kostenrecht: Nach der *American Rule* muss unabhängig vom Ausgang des Prozesses jede Partei ihre Kosten selbst tragen; Möglichkeit mit dem Anwalt ein Erfolgshonorar (*contingency fee*) auszuhandeln; geringe Gerichtsgebühren, ca. $ 150 streitwertunabhängig;

- Günstigkeit des Kollisionsrechts und des dadurch berufenen Sachrechts (insbesondere im Hinblick auf den möglichen Zuspruch von *punitive damages*);

- Anerkennung und Vollstreckung der Entscheidungen des angerufenen Gerichts.

Durch die Ausgestaltung von besonderen Gerichtsständen abweichend vom allgemeinen Gerichtsstand am Wohnsitz des Beklagten haben auch die nationalen Gesetzgeber dazu eingeladen, dem Kläger weitere Foren zu eröffnen (vgl. § 35 ZPO). Im Deliktsrecht kommt dem Kläger sogar das Ubiquitätsprinzip zugute; hier kann er sowohl vor den Ge-

324 Vgl. Schack, Einf. in das US-amerikanische Zivilprozessrecht, S. 67.

richten des Handlungs- als auch vor Gerichten des Erfolgsortes klagen (vgl. Art. 5 Nr. 3 EuGVVO, § 32 ZPO).

Unzulässig ist das *forum shopping* jedoch dann, wenn der Kläger ein international unzuständiges Gericht anruft, um die Furcht des Beklagten vor einer Verurteilung durch dieses Gericht dazu auszunutzen, auf diesen (finanziell) Druck auszuüben und die eigene Verhandlungsposition zu stärken.[325]

Durch eine Vereinheitlichung des Sachrechts, aber vor allem auch des Internationalen Zivilverfahrensrechts selbst, kann dem *forum shopping* entgegengewirkt werden.[326]

Mit der h.M. entscheidet die erste Rechtshängigkeit eines Konflikts entsprechend § 261 Abs. 3 Nr. 1 ZPO über das zuständige Gericht, unter der Bedingung, dass die spätere Anerkennung der Entscheidung i.S.d. § 328 Abs. 1 ZPO nicht ausgeschlossen ist.[327] Eine einmal begründete Zuständigkeit bleibt trotz nachträglicher Veränderung der die Zuständigkeit begründenden Tatsachen bestehen, § 261 Abs. 3 Nr. 2 ZPO (*perpetuatio fori*).

Diese Differenzierung führt stets zu einem geeigneten zuständigen Gericht. Anders als die angloamerikanischen Gerichte, die ihre Zuständigkeit verweigern können, wenn ein anderes Gericht besser geeignet scheint *(forum non conveniens)*,[328] müssen die deutschen Gerichte das Zuständigkeitssystem annehmen.

E. Die Behandlung des ausländischen Rechts im Prozess

Wird in einem Prozess im Inland ausländisches Recht zur Entscheidung berufen, so wird es dadurch nicht in inländisches transformiert. Es wird so angewandt, wie es der ausländische Richter selbst anwenden würde. Um zur Rechtsfindung zu kommen, ist gemäß § 293 ZPO **ausnahmsweise ein Freibeweis** möglich, d.h., der Richter kann z.B. ein Gutachten zu dem Thema anfordern. 152

Ansonsten gilt im deutschen Recht der Grundsatz, dass der Richter das Recht kennen muss (*iura novit curia*). Ist das ausländische Recht nicht zu ermitteln, so ist das nächst verwandte Recht, allgemeine Rechtsgrundsätze oder die *lex fori* bei starkem Inlandsbezug anzuwenden.

Die **Neufassung des § 545 Abs. 1 ZPO** stellt gegenüber der vorher geltenden Fassung nicht mehr nur auf die Verletzung von Bundesrecht, sondern auf eine „Verletzung des Rechts" ab. Umstritten ist derzeit noch, ob die Revision deshalb nun auch darauf gestützt werden kann, dass die Vorinstanz ausländisches Recht verletzt hat. Dies wird teilweise deshalb verneint, weil sich in der Gesetzesbegründung hierauf kein Hinweis finde.[329] Mit der herrschenden Gegenauffassung ist dies jedoch zu bejahen; hierfür sprechen sowohl der Wortlaut der Neufassung als auch die steigende Bedeutung ausländischen Rechts für die inländische Rechtspraxis (z.B. private limited companies).[330]

325 Vgl. Mankowski IPRax 2009, 23, 24 f.; Klicka, FS Kollhosser, 2004, Bd. II, S. 309 ff.

326 Schack, IZVR, Rdnr. 228.

327 EuGH IPRax 1989, 157.

328 Vgl. Piper v. Reyno, 454 US 235 (1981); Schack, Einf. in das US-amerikanische Zivilprozessrecht, S. 33 ff.

329 Roth JZ 2009, 585, 590; Althammer IPrax 2009, 381, 389.

330 Hess/Hübner NJW 2009, 3132, 3135; Eichel IPRax 2009, 389, 393.

EuGVVO	Autonomes Recht
▪ Die EuGVVO findet Anwendung in Zivil- und Handelssachen unter Einschluss des Arbeits- und Unterhaltsrechts, Art. 1 Abs. 1 EuGVVO. ▪ Die Zuständigkeitsvorschriften der EuGVVO sind immer dann anwendbar, wenn der Beklagte seinen Wohnsitz in einem Mitgliedstaat der EU hat (vgl. Art. 2, 3 u. 4 EuGVVO). ▪ Die EuGVVO regelt neben dem allgemeinen Gerichtsstand am Wohnsitz des Beklagten exklusive und besondere Gerichtsstände.	▪ Ausdrückliche Regelung in §§ 98 Abs. 1, 100, 103 FamFG; § 12 VerschG, im Übrigen Ableitung aus den Regeln örtlicher Zuständigkeit. ▪ Notzuständigkeit bei negativem Kompetenzkonflikt (keine Rechtsschutzverweigerung). ▪ Sofern nicht eine ausschließliche Zuständigkeit besteht, hat der Kläger grds. die Wahl (§ 35 ZPO) zwischen verschiedenen Gerichtsständen („*forum shopping*"). ▪ Zuständigkeitsfortdauer: Eine einmal begründete Zuständigkeit bleibt trotz nachträglicher Veränderung zuständigkeitsbegründender Tatsachen bestehen („*perpetuatio fori*").

3. Abschnitt: Anerkennung und Vollstreckung ausländischer Entscheidungen

153 Eine Entscheidung eines Gerichtes entfaltet als staatlicher Hoheitsakt nur in dem Staat unmittelbare Wirkung, in dem sie ergangen ist. Damit die Entscheidung in einem anderen Land wirksam werden kann, ist es grundsätzlich erforderlich, dass sie dort anerkannt wird.

Nach einer Anerkennung erstreckt sich die gleiche Wirkung der Entscheidung auch auf das anerkennende Land. Für Zwangsmaßnahmen im Inland ist jedoch grundsätzlich ein inländischer Vollstreckungstitel erforderlich.

- Die Anerkennung einer ausländischen Entscheidung ist also grundsätzlich Voraussetzung für deren Vollstreckung im Inland.

Gesetzliche Regelungen zur Anerkennung und Vollstreckung finden sich vor allem in der EuGVVO, der EheGVO und subsidiär im autonomen Recht.

A. Anerkennung und Vollstreckung nach der EuGVVO

154 Die EuGVVO regelt in Kapitel III die Anerkennung und Vollstreckung.

I. Anerkennung ausländischer Entscheidungen i.R.d. EuGVVO

Die **Anerkennung** (Art. 33–37 EuGVVO) erfolgt ohne besonderes Verfahren.

Anerkennungshindernisse sind in Art. 34, 35 EuGVVO geregelt. Die internationale Entscheidungszuständigkeit wird nicht geprüft, Art. 35 Abs. 3 S. 1 EuGVVO. Auf das Gegenseitigkeitserfordernis (vgl. § 328 Abs. 1 Nr. 5 ZPO) kommt es innerhalb der EU nicht an.

Zur Wahrung des rechtlichen Gehörs kommt es in Art. 34 Nr. 2 EuGVVO im Gegensatz zum EuGVÜ nicht mehr auf eine „ordnungsgemäße" Zustellung des verfahrenseinleitenden Schriftstückes nach den nationalen Zustellungsvorschriften an, vielmehr reicht eine Zustellung „in einer Weise", die dem Beklagten eine Verteidigung ermöglicht.

II. Vollstreckung ausländischer Entscheidungen i.R.d. EuGVVO

Fall 24: Caroline von Hannover – 2. Teil

Ein französisches Gericht spricht C Schadensersatz i.H.v. 50.000 € zu und verurteilt B, eine Widerrufserklärung auf der ersten Seite zu drucken. Im Urteil heißt es zur Begründung der hohen Schadensersatzsumme, dass potenzielle Nachahmer abgeschreckt und der Schädiger bestraft werden solle, damit er sich nicht auf Kosten des Opfers bereichere.

Könnte das französische Urteil in Deutschland vollstreckt werden? Kann B hiergegen vorgehen?

Anmerkung: Das Thema „Caroline" wirft auch im Hinblick auf die internationale Zuständigkeit und in kollisionsrechtlicher Hinsicht Fragen auf, die an anderer Stelle dieses Skriptes in den Parallelfällen 21, Rdnr. 131 ff., 25, Rdnr. 157, 41, Rdnr. 296 behandelt werden.

Fraglich ist, ob das französische Urteil in Deutschland vollstreckt werden kann. 155

I. Nach autonomem Recht ist grundsätzlich Voraussetzung für die Vollstreckung eines ausländischen Urteils die Durchführung des ***kontradiktorischen*** **Exequaturverfahrens**, §§ 722, 723, 328 ZPO (vgl. Fall 26, Rdnr. 162 ff.).

II. Im Anwendungsbereich des EuGVÜ wurde dieses Verfahren durch die Einführung eines ***einseitigen*** **Beschlussverfahrens** erheblich vereinfacht. Durch die EuGVVO (Art. 38–52 EuGVVO) ist es zu einer weiteren Vereinfachung gekommen.

Einzelheiten des Vollstreckungsverfahrens sind in Deutschland im Anerkennungs- und Vollstreckungsausführungsgesetz (AVAG) vom 19.02.2001 geregelt, das auch auf die Vollstreckbarkeitserklärung nach der EuGVVO anwendbar ist. Bestimmte Vorschriften des AVAG werden gemäß § 55 AVAG durch die EuGVVO verdrängt, da im Anwendungsbereich einer EG-Verordnung kein gleichlautendes innerstaatliches Recht erlassen werden darf.

Die EuGVVO ist vorliegend auch anwendbar (s.o. Rdnr. 134).

1. In einem **ersten Verfahrensabschnitt** werden die Urteile eines Vertragsstaates auf Antrag eines Berechtigten (Art. 38 EuGVVO) an das zuständige Gericht (Art. 39 EuGVVO) ohne Anhörung des Schuldners unverzüglich gem. Art. 41 EuGVVO für vollstreckbar erklärt.

   Anmerkung: *Die Anerkennungshindernisse der Art. 34, 35 EuGVVO werden an dieser Stelle nicht überprüft, vgl. Art. 41 EuGVVO.*

   Der Antragsteller hat lediglich die Formvorschriften des Art. 53 EuGVVO zu beachten.

   C muss folglich einen entsprechenden Antrag auf Vollstreckung des französischen Urteils vor dem zuständigen deutschen Landgericht stellen. Zuständig sind die Gerichte am Wohnsitz des Vollstreckungsschuldners, Art. 39 Abs. 2 EuGVVO. Da sich der Verlagssitz der B (vgl. Art. 60 EuGVVO) in Hamburg befindet, wäre das LG Hamburg örtlich zuständig.

2. Erst in einem gegebenenfalls vom Schuldner einzuleitenden **Rechtsbehelfsverfahren (zweiter Verfahrensschritt)** kann die Vollstreckbarerklärung aus inhaltlichen Gründen (nachträglich) aufgehoben werden, Art. 45 EuGVVO. Die in Art. 45 EuGVVO aufgeführten Gründe sind abschließend normiert, insbesondere unterbleibt eine Überprüfung der Gesetzmäßigkeit des ausländischen Urteils.

Anmerkung: *Erst an dieser Stelle werden die Anerkennungshindernisse der Art. 34, 35 EuGVVO überprüft.*

Leitet B gegen die nach Art. 41 EuGVVO erstinstanzlich ergangene Entscheidung das Rechtsbehelfsverfahren gemäß Art. 43 ff. EuGVVO fristgerecht ein, kommt nachträglich die Versagung oder Aufhebung der Vollstreckbarkeitserklärung bei Vorliegen der in den Art. 34 ff. EuGVVO genannten Aufhebungsgründe in Betracht.

Das französische Urteil hob einerseits den Abschreckungscharakter der Schadensersatzsumme hervor und verurteilte B andererseits dazu, eine Widerrufserklärung abdrucken zu müssen. In Betracht kommt daher ein Aufhebungsgrund nach Art. 34 Nr. 1 EuGVVO. Dann müsste das französische Urteil dem deutschen *ordre public* offensichtlich widersprechen.

a) Nach einer früheren Entscheidung des BGH ist die Anerkennung eines ausländischen Urteils, soweit dieses pauschal Strafschadensersatz gewährt (sog. *punitive damages*) mit dem deutschen *ordre public* unvereinbar.[331] Allerdings sind der Klägerin schon in der ersten „*Caroline von Monaco*-Entscheidung" des BGH höhere Summen wegen der Verletzung ihres allgemeinen Persönlichkeitsrechts zugesprochen worden.[332] Der präventive Aspekt der Schadenssumme wurde hierbei ausdrücklich betont.

   Ein ausländisches Urteil, das gleichermaßen argumentiert, läuft somit nicht dem deutschen *ordre public* zuwider.

b) Hinsichtlich der Verurteilung der B, eine Widerrufserklärung auf der ersten Seite abdrucken zu müssen, kommt eine Beeinträchtigung der über Art. 19 Abs. 3 GG auch für juristische Personen wie B gewährleisteten Pressefreiheit gemäß Art. 5 Abs. 1 S. 1, 2. Fall GG in Betracht.

   Grundrechte gehören zu den elementaren Grundvorstellungen im deutschen Recht, sodass ein *ordre-public*-Verstoß möglich erscheint. Allerdings ist über Art. 2 Abs. 1 i.V.m. Art. 1 Abs. 1 GG auch das allgemeine Persönlichkeitsrecht der C grundrechtlich geschützt. Dass das ausländische Urteil bei seiner Abwägung dem allgemeinen Persönlichkeitsrecht der C gegenüber der Pressefreiheit der B den Vorrang einräumte, ist auch nach den Wertvorstellungen des deutschen Rechts nicht zu beanstanden: Auch in Deutschland ist es schon zum Schutze des Persönlichkeitsrechts des Betroffenen zur Verurteilung einer Zeitung zum Abdruck eines Widerrufs auf der Titelseite gekommen,[333] sodass die

331 BGH NJW 1992, 3096.

332 BGH NJW 1995, 861, 865.

333 BGH NJW 1995, 861, 863 m.w.N.

französische Entscheidung nicht in untragbarem Widerspruch zu elementaren deutschen Grundvorstellungen des Rechts steht.

Weitere Versagungs- oder Aufhebungsgründe i.S.d. Art. 34 f. EuGVVO sind nicht ersichtlich.

Ein von B angestrengtes Rechtsbehelfsverfahren hätte daher keinen Erfolg.

Ergebnis: Das französische Urteil kann daher unter den Voraussetzungen der Art. 38–42 EuGVVO in Deutschland vollstreckt werden, ohne dass C die erfolgreiche Durchführung eines Rechtsbehelfsverfahrens befürchten müsste.

B. Der einheitliche Europäische Vollstreckungstitel

Eine weitere Vereinfachung des Vollstreckungsverfahrens innerhalb der Gemeinschaft stellt die Einführung des Europäischen Vollstreckungstitels für unbestrittene Forderungen (EuVTVO) dar. Die EG-Verordnung über den Europäischen Vollstreckungstitel ist am 21.01.2005 in Kraft getreten. In vollem Umfang gilt sie aber erst seit dem 21.10.2005. **156**

Der Europäische Vollstreckungstitel soll das Exequaturverfahren gänzlich abschaffen. Im Mittelpunkt der Kritik zum EuVTVO steht der Grundsatz, die Vollstreckung einer ausländischen Entscheidung – insbesondere einer Säumnisentscheidung – ohne jegliche Kontroll- oder Eingriffsmöglichkeit seitens der Gerichte des Vollstreckungsmitgliedstaates (Zweitstaates) zuzulassen.[334]

In den §§ 1079–1086 ZPO finden sich Durchführungsvorschriften für den Europäischen Vollstreckungstitel.

Art. 5 EuVTVO lautet: *„Eine Entscheidung, die im Ursprungsmitgliedstaat als Europäischer Vollstreckungstitel bestätigt worden ist, wird in den anderen Mitgliedstaaten anerkannt und vollstreckt, ohne dass es einer Vollstreckbarerklärung bedarf und ohne dass die Anerkennung und Vollstreckung angefochten werden kann."*

Aufgrund der weitreichenden Konsequenzen wird vertreten, den Rechtsschutz der Beteiligten und insbesondere des Urteilsschuldners durch einige zusätzliche Regelungen (Rechtsbehelfe) – allerdings um den Preis eines gewissen Effizienzverlustes – zu verbessern.[335]

Gemäß § 1086 ZPO ist gegen den Europäischen Vollstreckungstitel auch die Vollstreckungsabwehrklage statthaft. Dies ist nicht unproblematisch, da durch die Beseitigung der Vollstreckungsfähigkeit im **Zweitstaat** die europaweite Freizügigkeit des Europäischen Vollstreckungstitels gekappt werden könnte.[336]

Verbraucher genießen besonderen Schutz über Art. 6 der VO. Gemäß Art. 6 Abs. 1 lit. d) EuVTVO werden Entscheidungen in Verbrauchersachen nur dann als Vollstreckungstitel bestätigt, wenn sie gegen den Verbraucher in dessen Wohnsitzstaat (vgl. Art. 59 EuGVVO) ergangen sind.

---

334 Stein IPRax 2004, 181, 182 f; vgl. auch Giebel IPRax 2011, 529 ff.

335 Stein IPRax 2004, 181, 190.

336 Vgl. hierzu Hess IPRax 2004, 493, 494.

Fall 25: Caroline von Hannover – 3. Teil

Könnte C eine am 15.03.2013 ergangene Entscheidung des französischen Gerichts als Europäischen Vollstreckungstitel in Frankreich bestätigen lassen und in Deutschland gegen B vollstrecken, wenn B nach ordnungsgemäßer Ladung unter Einhaltung aller Formalien vor dem französischen Gericht säumig gewesen ist?

157 Sachlich ist die EuVTVO in Zivil- und Handelssachen anwendbar, räumlich gilt die VO für alle Mitgliedstaaten außer Dänemark, zeitlich gilt sie für Entscheidungen, die nach dem 21.01.2005 ergangen sind. Da die französische Entscheidung nach diesem Zeitpunkt erging, ist die EuVTVO anwendbar. Gemäß ihrem Art. 3 Abs. 1 S. 1 gilt die Verordnung für unbestrittene (fällige) Forderungen. Unbestritten ist die Forderung, wenn der Schuldner

- der Forderung *ausdrücklich* durch Anerkenntnis oder in einem *gerichtlichen Vergleich* zugestimmt hat (Art. 3 Abs. 1 S. 2, lit. a) EuVTVO);
- der Forderung im gerichtlichen Verfahren nach dem Recht des Erststaates zu keiner Zeit widersprochen hat (*Säumnissituation*, Art. 3 Abs. 1 S. 2, lit. b) EuVTVO);
- der Forderung zwar zunächst widersprochen hat, aber nach dem Recht des Erststaates dann doch noch *säumig* geworden ist (Art. 3 Abs. 1 S. 2, lit. c) EuVTVO);
- die Forderung ausdrücklich in einer öffentlichen Urkunde *anerkannt* hat (Art. 3 Abs. 1 S. 2, lit. d) EuVTVO).

Da B säumig war, ist die Forderung unwidersprochen i.S.d. Art. 3 Abs. 1 S. 2, lit. b) EuVTVO. Laut Sachverhalt sind in dem Verfahren vor den französischen Gerichten auch die Mindestvorschriften der Art. 12 ff. EuVTVO (ordnungsgemäße Ladung und Zustellung, Möglichkeit der Verteidigung, rechtliches Gehör, Konsequenzen der Nichtteilnahme, etc.) eingehalten worden.

Die siegreiche Klägerin C kann sich die gerichtliche Entscheidung somit auf Antrag in Frankreich (Erststaat) als Europäischen Vollstreckungstitel **bestätigen** lassen (sog. Bestätigungsverfahren).

Um im Zweitstaat vollstrecken zu können, muss C lediglich eine Ausfertigung der erststaatlichen Entscheidung und der Bestätigungsbescheinigung bei den Vollstreckungsbehörden in Deutschland (Zweitstaat) einreichen (vgl. Art. 20 Abs. 2 EuVTVO).[337]

Die **Rechtsschutzmöglichkeiten** der Vollstreckungsschuldnerin B sind beschränkt (Art. 21–23 EuVTVO). Praktisch bedeutsam ist Art. 23 EuVTVO. Danach kann sie zwar einen Antrag auf Aussetzung oder auf Beschränkung der Vollstreckung oder auf Anordnung einer Sicherheitsleistung im Zweitstaat stellen. Dies aber auch nur, wenn sie im Erststaat einen Rechtsbehelf gegen die Entscheidung eingelegt hat.

---

337 Vgl. hierzu: Bittmann IPRax 2008, 445 ff.

C. Anerkennung und Vollstreckung nach der EheGVO

Seit dem 01.03.2001 ist die Verordnung des Rates Nr. 2201/2203 über die Zuständigkeit **158**
und die Anerkennung und Vollstreckung von Entscheidungen in Ehesachen und in Verfahren betreffend die elterliche Verantwortung für die gemeinsamen Kinder der Ehegatten (EheGVO, auch „Brüssel IIa-VO" genannt), gestützt auf Art. 81 AEUV, in Kraft. Die Bestimmungen entsprechen den diesbezüglichen Bestimmungen der alten EheGVO Nr. 1347/2000. Seit dem 01.08.2004 ist eine erweiterte Fassung in Kraft, die in vollem Umfang jedoch erst seit dem 01.03.2005 anwendbar ist.

Mit der Verordnung wird die Anerkennung aller Entscheidungen im Rahmen ihres Anwendungsbereichs sichergestellt, ohne dass es hierfür eines Zwischenverfahrens bedarf, Art. 21 EheGVO. Wie bei der EuGVVO ist Voraussetzung für die Vollstreckung im Rahmen der EheGVO (Art. 28–36) die Durchführung eines bloß **einseitigen Beschlussverfahrens** (im Gegensatz zu einem kontradiktorischen Gerichtsverfahren wie nach §§ 722, 723 ZPO). Die Gegenseite wird also nicht gehört. Anders als bei der EuGVVO werden die **Versagungsgründe**, die einer Anerkennung entgegenstehen können, jedoch **schon in diesem ersten Verfahrensschritt geprüft**, Art. 31 Abs. 2 EheGVO:

Ein Versagungsgrund besteht nach Art. 22 EheGVO, wenn z.B.

- die Anerkennung der öffentlichen Ordnung widerspricht;
- sich der Antragsgegner nicht verteidigen konnte, weil ihm das verfahrenseinleitende Schriftstück nicht rechtzeitig zugegangen ist;
- die Anerkennung mit einer anderen Entscheidung unvereinbar ist.

Bei Entscheidungen über die elterliche Verantwortung gelten gemäß Art. 23 EheGVO zusätzliche Gründe für eine Nichtanerkennung, die etwa dann gegeben sind, wenn

- das Kind keine Gelegenheit hatte, gehört zu werden;
- eine Person dies mit der Begründung beantragt, dass die Entscheidung in die elterliche Verantwortung eingreift, falls die Entscheidung ergangen ist, ohne dass die Person die Möglichkeit hatte, gehört zu werden.

Gegen die Entscheidung über den Antrag auf Vollstreckbarerklärung kann jede Partei gemäß Art. 33 Abs. 1 EheGVO einen Rechtsbehelf einlegen.

Entscheidungen über das **Umgangsrecht** und die **Rückgabe des Kindes**, die in Übereinstimmung mit den Bestimmungen der EheGVO ergangen sind, werden (wie beim Europäischen Vollstreckungstitel für unbestrittene Forderungen) in allen Mitgliedstaaten anerkannt und vollstreckt, ohne dass es eines weiteren Verfahrens oder einer Vollstreckbarerklärung bedarf, vorausgesetzt, dass eine Bescheinigung über die Entscheidung ausgestellt wurde, Art. 41 Abs. 1, 42 Abs. 1 EheGVO. Gegen die Bescheinigung, die ausgestellt wird, um die Vollstreckung der Entscheidung zu erleichtern, ist kein Rechtsbehelf möglich, Art. 43 Abs. 2 EheGVO. Es kann nur Klage auf Berichtigung eingelegt werden, sofern der Inhalt der Entscheidung in der Bescheinigung nicht korrekt wiedergegeben ist.

Die Vollstreckung wird nach dem nationalen Recht des Vollstreckungsstaates vollzogen.

D. AVAG

159 Das bisher nur für die Durchführung der Vollstreckbarkeitserklärung des EuGVÜ geltende Anerkennungs- und Vollstreckungsausführungsgesetz vom 30. Mai 1988 ist neu formuliert worden. Das Gesetz gilt sowohl für die EuGVVO als auch die EheGVO und ist am 01.03.2002 in Kraft getreten.[338] Bestimmte Vorschriften des AVAG sind jedoch durch die EuGVVO verdrängt worden.

E. Autonomes Recht

I. Anerkennung ausländischer Entscheidungen

160 Außerhalb des Anwendungsbereichs der EuGVVO und der EheGVO (und anderer bilateraler Abkommen, Staatsverträge und Verordnungen) werden ausländische Urteile nach deutschem autonomem Recht anerkannt, somit nach § 328 ZPO bzw. für Entscheidungen der freiwilligen Gerichtsbarkeit nach § 109 FamFG. Ein besonderes Anerkennungsverfahren ist insoweit nicht vorgesehen, sondern es wird inzident durchgeführt.
Mit der Anerkennung entfaltet das Urteil im Inland die gleichen rechtlichen Wirkungen wie das Urteil eines deutschen Gerichts **(Wirkungserstreckung)**, z.B. materielle Rechtskraft. Die **Vollstreckungswirkung** dagegen wird nicht durch Anerkennung geschaffen, sondern wird für das Inland originär verliehen.

II. Vollstreckung ausländischer Entscheidungen nach der ZPO

161 Eine im Ausland ergangene Gerichtsentscheidung kann keine ausreichende Ermächtigung für einen deutschen Gerichtsvollzieher sein. Für die Zwangsvollstreckung in das Vermögen des Schuldners ist gemäß §§ 722, 723 ZPO ein deutscher Vollstreckungstitel erforderlich. Diesen erhält der Gläubiger durch ein Urteil im Exequaturverfahren gemäß §§ 722, 723 ZPO. In diesem Exequaturverfahren werden vor allem auch die Anerkennungshindernisse des § 328 Abs. 1 Nrn. 1–5 ZPO geprüft. Ein anderer Weg wäre eine Klage in Deutschland auf Leistung aus dem ausländischen Urteil.

Fall 26: Crash in China

Zwei deutsche Urlauber aus Köln stoßen in China mit ihren Autos zusammen. Der Schädiger B ist von einem chinesischen Gericht verurteilt worden, an den Geschädigten A Schadensersatz und ein geringes Schmerzensgeld zu zahlen. Als B nicht zahlt, will A aus dem rechtskräftigen chinesischen Urteil in Deutschland vollstrecken. Was muss er tun?

162 A. **Vollstreckungsmaßnahmen auf der Grundlage des chinesischen Urteils**

A könnte möglicherweise allein aufgrund des in China ergangenen Urteils gegen B vollstrecken.

Die Durchführung von Zwangsvollstreckungsmaßnahmen liegt in der Hand der dafür zuständigen hoheitlichen Organe (Gerichtsvollzieher, Vollstreckungsgericht etc.).

338 Dazu: Puszkajler, Das internationale Scheidungs- und Sorgerecht nach In-Kraft-Treten der Brüssel II-Verordnung, IPRax 2001, 81.

Diese prüfen das Bestehen des zu befriedigenden Anspruchs grundsätzlich nicht. Ausreichend, aber auch erforderlich ist eine vollstreckbare Ausfertigung eines Vollstreckungstitels, im gesetzlichen Regelfall eines Urteils (§ 704 Abs. 1 ZPO).

Ist der zu vollstreckende Anspruch durch ein ausländisches Gericht festgestellt worden, kann dies jedoch keine ausreichende Ermächtigung für den deutschen Gerichtsvollzieher sein, Zwangsmaßnahmen im Inland gegen den Schuldner zu ergreifen. Zudem kann er nicht prüfen, ob und unter welchen weiteren Voraussetzungen die ausländische Entscheidung eine Vollstreckung erlaubt.

B. Vollstreckungsmaßnahmen aufgrund eines inländischen Titels

Erforderlich für eine Zwangsvollstreckung gegen B ist demnach ein deutscher Vollstreckungstitel. Um diesen zu erlangen, kommen für A grundsätzlich zwei Wege in Betracht.

I. Vollstreckbarerklärung des chinesischen Urteils

Soweit keine völkerrechtliche Vereinbarung greift, regeln die §§ 722, 723 ZPO die Vollstreckung aus ausländischen Entscheidungen. 163

Da die EuGVVO nur die Vollstreckung aus einer „in einem Vertragsstaat ergangenen" Entscheidung erfasst (Art. 38 Abs. 1 EuGVVO[339]), ist sie auf das vorliegende Urteil des chinesischen Gerichts nicht anwendbar.

Die Regeln des autonomen Rechts (ZPO) kommen damit zur Anwendung. Danach muss A die ausländische Entscheidung durch das Urteil eines inländischen Gerichtes für vollstreckbar erklären lassen (sog. **Exequaturverfahren**). Vollstreckungstitel ist dann das deutsche Urteil.

Das von A anzurufende Gericht wird ein solches Vollstreckungsurteil erlassen, wenn die Vollstreckungsklage des A zulässig und begründet ist.

1. Zulässigkeit

Im Rahmen der Zulässigkeit ist das für die Vollstreckbarerklärung zuständige Gericht zu bestimmen. Gem. §§ 722 Abs. 2 ZPO, 23 Nr. 1 GVG ist das AG sachlich zuständig; die örtliche und – in entsprechender Anwendung – internationale Zuständigkeit des AG Köln ergibt sich aus §§ 722 Abs. 2, 13 ZPO.

2. Begründetheit

Ein ausländisches Urteil ist für vollstreckbar zu erklären, wenn es Rechtskraft erlangt hat (§ 723 Abs. 2 S. 1 ZPO) und überdies gem. § 328 ZPO anerkennungsfähig ist, § 723 Abs. 2 S. 2 ZPO.

Die Voraussetzung des § 723 Abs. 2 S. 1 ZPO ist mit der Rechtskraft des chinesischen Urteils erfüllt. Zudem dürfte keine der Voraussetzungen, unter denen § 328 ZPO eine Anerkennung ausschließt, erfüllt sein.

339 Zum Europäischen Vollstreckungstitel vgl. Wagner IPRax 2005, 189 ff.

a) **Anerkennungszuständigkeit, § 328 Abs. 1 Nr. 1 ZPO**

Gem. § 328 Abs. 1 Nr. 1 ZPO müsste das chinesische Gericht international zuständig gewesen sein. Diese sog. Anerkennungszuständigkeit ist grundsätzlich entsprechend der deutschen Regeln zur Entscheidungszuständigkeit zu bestimmen (vgl. Wortlaut: „nach den deutschen Gesetzen"). Es ist folglich zu fragen, ob das chinesische Gericht bei unterstellter Geltung deutschen Prozessrechts als *lex fori* international zuständig gewesen wäre (sog. *Spiegelbildtheorie*).

Ausnahmen vom Spiegelbildprinzip sind die Zuständigkeitsvorschriften des § 98 FamFG, § 39 ZPO (wenn die rügelose Einlassung im ausländischen Recht beachtlich ist).

Der allgemeine Gerichtsstand (§§ 12, 13 ZPO) des B liegt in Köln und damit in Deutschland. Möglicherweise besteht für China aber ein besonderer Gerichtsstand, den A dann analog § 35 ZPO (sog. Doppelfunktionalität der ZPO als Regelung über die internationale Zuständigkeit) als Prozessort wählen konnte. Der von A verfolgte Klageanspruch stützt sich auf einen Unfall, also eine unerlaubte Handlung. Damit ist der besondere Gerichtsstand des Tatorts gem. § 32 ZPO begründet. Das chinesische Gericht war also aus der Sicht deutschen autonomen Rechts international zuständig.

Fraglich könnte hier sein, ob die Regeln der ZPO über die Anerkennungszuständigkeit vorliegend nicht durch die EuGVVO verdrängt werden. Die **EuGVVO** regelt die vorliegend in Rede stehende **Anerkennungszuständigkeit** für gerichtliche Entscheidungen aus Drittstaaten aber gerade nicht (vgl. den Wortlaut der Art. 32, 33 EuGVVO, die auf Entscheidungen eines **„Vertrags- bzw. Mitgliedstaates"** abstellen[340]). Insofern bleibt es bei den Normen des autonomen Rechts, nach denen – siehe oben – die Anerkennungszuständigkeit des chinesischen Gerichts gegeben ist.

b) **Verwehrung rechtlichen Gehörs, § 328 Abs. 1 Nr. 2 ZPO**

Gem. § 328 Abs. 1 Nr. 2 ZPO kann der Beklagte rügen, dass sein Recht auf Gehör im Ausgangsverfahren verletzt worden sei, und so eine Vollstreckbarerklärung verhindern. Dafür, dass B in China nicht ordnungsgemäß oder rechtzeitig geladen wurde, bestehen aber keine Anhaltspunkte. Jedenfalls müsste B im Verfahren vor dem AG Köln einen entsprechenden Verstoß ausdrücklich rügen.

c) **Entgegenstehende Entscheidung, § 328 Abs. 1 Nr. 3 ZPO**

Auch ein widersprechendes früheres Urteil in derselben Sache (§ 328 Abs. 1 Nr. 3, 1. Alt. ZPO) oder die frühere Rechtshängigkeit eines inländischen Verfahrens (2. Alt.) stehen der Anerkennung des chinesischen Urteils nicht entgegen.

164 d) ***Ordre public*, § 328 Abs. 1 Nr. 4 ZPO**

Die Anerkennung der chinesischen Entscheidung dürfte überdies nicht zu einem Ergebnis führen, das mit wesentlichen Grundsätzen des deutschen

340 Ferner Zöller/Geimer Anh. I Art. 3 GVÜ Rdnr. 29; Schärtl IPRax 2006, 438 ff.

Rechts offensichtlich unvereinbar ist (Vorbehalt des *ordre public*). Bei dieser Prüfung ist zu beachten, dass eine sog. *révision au fond* („Ist das richtige Recht richtig angewandt worden?") nicht zulässig ist (vgl. für die Vollstreckungsklage § 723 Abs. 1 ZPO).

Die Überprüfung der Entscheidung bezieht sich auf das vorangegangene Verfahren und ihren Inhalt, also sowohl auf

- Prozessrecht *(verfahrensrechtlicher ordre public)*
- wie auch auf materielles Recht *(materiell-rechtlicher ordre public)*.[341]

Verfahrensrechtlich ist die Entscheidung insbesondere auf die Unabhängigkeit, Unparteilichkeit und anhand der Art. 101–104 GG zu überprüfen. Auch die Garantien der EMRK i.V.m. Art. 6 S. 2 EGBGB wirken über die Generalklausel des § 328 Abs. 1 Nr. 4 ZPO (oder auch Art. 34 Nr. 1 EuGVVO) mittelbar auf das europäische Zivilprozessrecht.

Materiell entspricht die Prüfung dem zu Art. 6 EGBGB Gesagten. Im Rahmen der Anerkennung sind insbesondere die Marktfreiheiten des AEUV zu beachten.

Es könnte ein Verstoß gegen den *ordre public* gemäß § 328 Abs. 1 Nr. 4 ZPO wegen der Zumessung eines Schmerzensgeldes vorliegen. Zu berücksichtigen ist hierbei jedoch, dass auch nach der deutschen Rechtsordnung dem Geschädigten ein Schmerzensgeld gemäß § 253 Abs. 2 BGB zusteht. Die „billige" Höhe liegt im Ermessen des Richters. Art. 40 Abs. 3 EGBGB ist bzgl. der Höhe direkt nicht anwendbar, kann aber ein Indiz für die Auslegung des § 328 Abs. 1 Nr. 4 ZPO sein. Demnach können nur sehr hohe unangemessene Schmerzensgeldansprüche gegen den *ordre public* verstoßen. Das hier nur geringe Schmerzensgeld verstößt nicht gegen § 328 ZPO.

e) **Verbürgung der Gegenseitigkeit, § 328 Abs. 1 Nr. 5 ZPO** **165**

Schließlich setzt die Anerkennung eines ausländischen Urteils gem. § 328 Abs. 1 Nr. 5 ZPO auch die Verbürgung der Gegenseitigkeit voraus. Am Sinn dieser Vorschrift wird vielfach gezweifelt. Dem kommt die Rechtsprechung durch die Anwendung großzügiger Maßstäbe entgegen. So soll für die Gegenseitigkeit ausreichen, wenn im Urteilsstaat „im Wesentlichen gleichwertige Maßstäbe" für die Anerkennung eines deutschen Urteils gelten.[342] Dies ist für China der Fall.[343]

Damit ist das chinesische Urteil anerkennungsfähig i.S.v. § 328 ZPO.

Die Vollstreckungsklage des A ist insgesamt zulässig und begründet. Das AG Köln wird das Urteil des chinesischen Gerichts für vollstreckbar erklären.

341 Von Hoffmann/Thorn § 3 Rdnr. 166 f.

342 Zum Ganzen: von Hoffmann/Thorn § 3 Rdnr. 175 f.

343 Zöller/Geimer Anh. III m.w.N.

Gegen das Urteil im Exequaturverfahren kann der Schuldner als Rechtsmittel die Vollstreckungsgegenklage gemäß § 767 ZPO erheben.

II. **Erneute Leistungsklage im Inland**

B kann aber auch anstelle einer Vollstreckungsklage unmittelbar auf die Zahlung aus dem chinesischen Urteil klagen. Die h.M. eröffnet diese wahlweise Möglichkeit.[344] Aus einem obsiegenden Urteil des zuständigen Gerichts könnte er dann vollstrecken. Das inländische Gericht ist an die Rechtskraft des ausländischen Urteils gebunden, sofern wie hier die Anerkennungsvoraussetzungen vorliegen. Es hätte den A folglich ohne eigene Sachprüfung zu verurteilen.

Sofern dem Kläger kein vereinfachtes Exequaturverfahren wie nach der EuGVVO zur Verfügung steht, wird man ihm auch nicht das Rechtsschutzbedürfnis für eine solche Klage absprechen können. Denn das Klageverfahren gemäß der §§ 722, 723 ZPO ist weder einfacher noch billiger.

---

166 **Anerkennung und Vollstreckung ausländischer Entscheidungen**

nach EuGVVO	nach autonomem Recht
■ Art. 38–52 EuGVVO: Vollstreckbarerklärung in einseitigem Verfahren vor dem LG; Schuldner ist auf Rechtsbehelfsverfahren verwiesen.	■ Grds. anwendbar auf jede Entscheidung eines ausländischen Gerichtes.
■ Gem. Art. 33–37 EuGVVO erfolgt die Anerkennung ohne besonderes Verfahren; anders als bei § 328 ZPO grds. keine Prüfung der internationalen Zuständigkeit des Erstgerichtes.	■ Vollstreckung erfordert die Vollstreckbarerklärung durch Urteil eines inländischen Gerichtes, §§ 722, 723 ZPO.
■ Die Anerkennung von Ehescheidungen erfolgt nach der EheGVO.	■ Sonstige Wirkungen (z.B. Rechtsgestaltung) durch Anerkennung der Entscheidung nach § 328 ZPO grds. ohne eigenständiges Verfahren oder Ausspruch => inzident.

4. Abschnitt: Internationale freiwillige Gerichtsbarkeit

167 Zu dem Gebiet der internationalen freiwilligen Gerichtsbarkeit gehören die gerichtlichen und behördlichen Maßnahmen, die nicht dem streitigen Verfahren zuzuordnen sind, aber trotzdem bestimmt und geeignet sind, rechtliche Wirkungen für die Beteiligten herbeizuführen. Als Beispiele zu nennen sind die Durchführung einer Adoption, die Bestellung einer Pflegschaft oder die Erteilung eines Erbscheins.

Die Trennung der freiwilligen Gerichtsbarkeit von anderen Verfahren beruht auf römischem Recht. Im Common-Law-Rechtskreis wird dieser Rechtsbereich eher der Verwaltungsbehörde zugeordnet.

Vorschriften der freiwilligen Gerichtsbarkeit finden sich im FamFG, der GBO, im PStG, VerschG, HGB (§§ 8–16) und werden international insbesondere von der Haager Konferenz für IPR und der CIEC (Comission Internationale de l'Etat Civil) weiterentwickelt.

Der Gerichtsstand wird teilweise durch den Aufenthalt, teilweise durch die Staatsangehörigkeit begründet.

---

344 BGH NJW 1987, 1146; Zöller/Geimer § 722 ZPO Rdnr. 96 f.

Die Anerkennung ist dem streitigen Verfahren nachgebildet. Sie erfolgt ohne förmliches Verfahren, § 109 Abs. 1 FamFG entspricht § 328 Abs. 1 Nrn. 1–4 ZPO. Die Vollstreckung kann gemäß § 89 FamFG bei inzidenter Prüfung der Anerkennung direkt ohne Klage durchgesetzt werden.

5. Abschnitt: Schiedsgerichtsbarkeit

Ein Schiedsverfahren ist ein auf einer vertraglichen Einigung der Parteien beruhende Streitentscheidung durch einen privaten Schiedsrichter. Das Verfahren zwischen den Parteien erfolgt unter Ausschluss der staatlichen Gerichte, hat aber zwischen den Parteien die gleiche Wirkung wie ein gerichtliches Urteil. **168**

Über das Zustandekommen und die materielle Wirksamkeit der Schiedsvereinbarung entscheidet das über die Art. 3 ff. Rom I-VO berufene Recht. Die Formerfordernisse werden unter Art. 11 Rom I-VO qualifiziert. Der deutsche Gesetzgeber hat Vorschriften zur Durchführung des Schiedsverfahrens in den §§ 1025–1066 ZPO erlassen.

Aufgrund der Parteivereinbarung wird sich das Schiedsgericht oftmals in einem neutralen Drittstaat befinden. Es kennt deshalb keine *lex fori*. Die Schiedsrichter müssen, sofern die Parteien kein Recht gewählt haben, das anzuwendende Recht nach eigenem Ermessen sachgerecht bestimmen.

3. Teil: Internationales Privatrecht, Besonderer Teil

169 Neben den allgemeinen Lehren regelt das Internationale Privatrecht die einzelnen Rechtsgebiete (Personenrecht, Vertragsrecht, Familienrecht, Erbrecht, Sachenrecht, Delikts- und Bereicherungsrecht u.s.w.) in besonderen Kollisionsnormen.

1. Abschnitt: Das IPR der natürlichen Personen

170 Im Kollisionsrecht sind auch die grundlegenden Rechtsverhältnisse der natürlichen Personen geregelt. Gemäß Art. 1 Abs. 2 lit. a) Rom I-VO ist dieser Bereich von dem sachlichen Anwendungsbereich der Rom I-VO ausgenommen, sodass hier autonomes IPR gilt. Einen Sonderfall für die Rechts-, Geschäfts- und Handlungsunfähigkeit bei Verträgen regelt jedoch Art. 13 Rom I-VO (vgl. Fall 10, Rdnr. 73).

A. Allgemeine Rechtsfähigkeit

I. Anknüpfung

171 Gemäß Art. 7 Abs. 1 S. 1 EGBGB wird die Rechtsfähigkeit nach dem Recht des Staates bestimmt, dem die Person angehört.

Nach dem deutschen Recht beginnt die allgemeine Rechtsfähigkeit gemäß § 1 BGB mit der Vollendung der Geburt. Anders in Spanien, wo die Rechtsfähigkeit einer Person erst 24 Stunden nach der Geburt zugestanden wird, oder in Frankreich mit der Lebensfähigkeit.

Sie endet im deutschen Recht mit dem Tod des Menschen oder mit seiner Todeserklärung nach dem VerschG.

Welchem Recht die **Todeserklärung** unterliegt, wird im nationalen Kollisionsrecht gesondert gemäß **Art. 9 EGBGB** auch anhand der Staatsangehörigkeit angeknüpft.

II. Statutenwechsel, Art. 7 Abs. 2 EGBGB

172 Eine einmal erworbene Rechtsfähigkeit wird gemäß **Art. 7 Abs. 2 EGBGB** von einem Verlust der Rechtsstellung als Deutscher nicht berührt. Die Norm ist zusätzlich **allseitig auszubauen**.

Ausländische Staaten knüpfen die Rechtsfähigkeit in ihrem Kollisionsrecht teilweise nicht an die Staatsangehörigkeit, sondern z.B. an den Aufenthalt der Person an. Bei einem allseitigen Ausbau des Art. 7 Abs. 2 EGBGB darf folglich auch eine Änderung des Aufenthalts o.Ä. eine einmal entstandene Rechtsfähigkeit nicht berühren.

III. Vertrauensschutz, Art. 13 Rom I-VO, Art. 12 EGBGB

173 Gemäß Art. 13 Rom I-VO wird der andere Vertragsteil in seinem guten Glauben an eine bestehende Rechtsfähigkeit nach den Vorschriften des Staates des Vertragsabschlusses geschützt.

Außerhalb des Anwendungsbereichs der Rom I-VO gilt dies gemäß Art. 12 EGBGB entsprechend, ausgenommen im Familien- und Erbrecht und bei in einem anderen Staat belegenen Grundstücken.

B. Geschäftsfähigkeit

Die allgemeine Geschäftsfähigkeit richtet sich, wie die Rechtsfähigkeit, gemäß Art. 7 EGBGB nach der Staatsangehörigkeit. Sie ist von der Ehe-, Erb- und Vererbfähigkeit und der Deliktsfähigkeit zu trennen, die nach dem jeweiligen Familien-, Erb- oder Deliktsstatut behandelt werden. 174

Art. 7 Abs. 2 EGBGB und Art. 13 Rom I-VO sind auch im Rahmen der Geschäftsfähigkeit zu beachten.[345]

C. Name

Der **Name** einer Person wird gemäß Art. 10 Abs. 1 EGBGB an die Staatsangehörigkeit angeknüpft. So ist eine einheitliche Behandlung des Namens im privaten wie auch im öffentlichen Recht gewährleistet.

Die Wahl eines **Ehenamens** ist unbefristet gemäß Art. 10 Abs. 2 EGBGB möglich. Probleme, die bei Vorliegen verschiedener Namen entstehen, werden nach dem durch Art. 10 Abs. 2 EGBGB zu bestimmenden Recht entschieden. Im ausländischen IPR wird der Ehename oftmals familienrechtlich qualifiziert.

In Art. 10 Abs. 3 EGBGB werden Regelungen bzgl. des Kindesnamens getroffen. Als Erstfrage ist gemäß Art. 19 EGBGB zunächst die Abstammung des Kindes zu klären.

Beachten Sie auch Art. 2 des Istanbuler CIEC-Übereinkommens über die Änderung von Namen und Vornamen. Hiernach ist jeder Staat nur für Namensänderungen eigener Staatsangehöriger zuständig.

Wichtig: Der EuGH hat in der Angelegenheit *Grunkin/Paul* entschieden, dass bei der Anwendung von Namensrecht innerhalb der EU das Freizügigkeitsrecht des Namensträgers gemäß **Art. 21 AEUV** zu beachten ist.[346] Diese Norm ist verletzt, wenn bei der Anwendung des Namensrechts eines Mitgliedstaates (konkret: deutsches Namensrecht) die Anerkennung eines nach dem Wohnortrecht eines anderen Mitgliedstaates (konkret: dänisches Wohnortrecht) gebildeten Nachnamens eines Kindes verweigert wird.[347]

In einer neueren Entscheidung hat der EuGH eine Verletzung von Art. 21 AEUV jedoch abgelehnt, wenn Vor- und Nachnamen nach den offiziellen Schreibregeln eines Mitgliedstaates in Personenstandsurkunden eingetragen werden, ohne dass dies bei einer vorzunehmenden **Interessenabwägung** zu schwerwiegenden beruflichen oder privaten Nachteilen der betroffenen Person führt.[348]

345 Vgl. Fall 10, Rdnr. 73 f.

346 EuGH, Urt. v. 14.10.2008 – Rs. C-353/06, Slg. 2008 I-7639.

347 Vgl. hierzu: Mansel/Thorn/Wagner, IPRax 2009, 2–4.

348 EuGH, Urt. v. 12.05.2011 – Rs. C-391/09, ABl. C 194, 4.

2. Abschnitt: Das IPR der juristischen Personen/ Internationales Gesellschaftsrecht

A. Verfahrensrecht

175 Für das Verfahrensrecht gilt im Geltungsbereich der EuGVVO der ausschließliche Gerichtsstand des Art. 22 Nr. 2 EuGVVO.[349]

Für die Restzuständigkeit gilt mangels vorrangiger staatsvertraglicher Regelungen die ZPO, insbesondere deren §§ 12, 13 und § 17.

B. Kollisionsrecht

176 Das IPR der juristischen Personen ist im Verhältnis zu Deutschland nur in wenigen bilateralen Staatsverträgen geregelt. Beispiele hierfür sind der Freundschafts-, Handels-, und Schifffahrtsvertrag mit den USA von 1964[350] und der Niederlassungsvertrag mit Spanien von 1970.

Im EGBGB oder in der Rom I-VO finden sich keine Regelungen zum Internationalen Gesellschaftsrecht, vgl. Art. 1 Abs. 2 lit. f) Rom I-VO. Die Bundesjustizministerin hat zwar am 07.01.2008 einen Gesetzesentwurf für ein Gesetz zum Internationalen Privatrecht der Gesellschaften, Vereine und juristischen Personen vorgelegt.[351] Dieser auf das Register- bzw. auf das Gründungsrecht der Gesellschaft abstellende Entwurf wurde jedoch bisher nicht umgesetzt und es ist auch nicht abzusehen, dass dies noch geschieht.

Die EU-Kommission hat am 20.02.2012 ein Konsultationspapier zum Europäischen Gesellschaftsrecht veröffentlicht, um dessen Modernisierung voranzutreiben.[352]

I. Umfang

177 Das Gesellschaftsstatut entscheidet über die Innen- und Außenbeziehungen einer Gesellschaft von deren Anfang bis zu deren Ende.[353] Umfasst sind daher:

- die Rechts-, Partei- und Prozessfähigkeit der Gesellschaft;
- deren Organisation (Satzung, Rechtsstellung der Organe und deren Haftung, Vertretungsmacht sowie die unternehmerische Mitbestimmung) und
- deren Auflösung, Beendigung und Abwicklung.

Es ist umstritten, ob das Gesellschaftsstatut über die **Formgültigkeit gesellschaftlicher Rechtsakte** entscheidet (Formfrage als unselbstständige Teilfrage) oder ob die Teilfrage der Formgültigkeit nicht vielmehr der Sonderanknüpfung nach Art. 11 EGBGB unterliegt. Wegen ihrer in Teilen voneinander ab-

349 Hierauf wird an späterer Stelle eingegangen, vgl. Fall 31, Rdnr. 209.

350 Vgl. BGH DNotZ 2005, 141 ff.

351 Referentenentwurf des Bundesjustizministeriums vom 07.01.2008 für ein Gesetz zum Internationalen Privatrecht der Gesellschaften, Vereine und juristischen Personen, abrufbar auf der Homepage des Bundesjustizministeriums www.bmj.de; vgl. hierzu Wagner/Timm IPRax 2008, 81 ff.; Franz BB 2009, 1250 ff.

352 http://ec.europa.eu/yourvoice/ipm/forms/dispatch?form=companylaw2012.

353 MünchKomm/Kindler, IntGesR, Rdnr. 520 ff.; Kropholler, IPR, § 55 II; von Hoffmann/Thorn § 7 Rdnr. 23; vgl. auch den Katalog in Art. 10 Abs. 2 EGBGB-E im Referentenentwurf der Bundesjustizministerin.

weichenden Verweisungen sind die Kollisionsnormen der Form und der juristischen Person gegeneinander abzugrenzen. Es stellt sich ein Qualifikationsproblem.[354]

II. Anknüpfung

Der Anknüpfungspunkt für einen Gesamtverweis zu der maßgeblichen Rechtsordnung ist bei juristischen Personen umstritten. Im Wesentlichen stehen sich die Vertreter zweier Theorien gegenüber: 178

1. Sitztheorie

Nach der Sitztheorie[355] ist das Recht des Staates maßgeblich, in dem die juristische Person ihren **tatsächlichen Sitz der Hauptverwaltung** (Verwaltungssitz) hat.[356] Dies ist der Ort, an dem die grundlegenden Entscheidungen der Unternehmensleitung effektiv in laufende Geschäftsführungsakte umgesetzt werden. Diese Sichtweise ist (noch) vorherrschend in Deutschland, Österreich, Frankreich, Luxemburg, Portugal, Spanien, Polen, Griechenland, der Türkei und Belgien.[357] 179

Vorteile: Die **(Dritt-)Interessen** der Gläubiger, Arbeitnehmer, Minderheitsgesellschafter und des Rechtsverkehrs können einfacher verwirklicht und geschützt werden. Zudem besteht ein Schutz vor der „Überflutung" mit ausländischem Gesellschaftsrecht. Die Sitztheorie dient somit den **Kontrollbedürfnissen** des Sitzstaates, der „Herr im eigenen Haus bleibt".

Nachteile: Das Auffinden des tatsächlichen Verwaltungssitzes kann Schwierigkeiten bereiten, wenn die Gesellschaft in mehreren Ländern vertreten ist. Zudem ist die Mobilität der Gesellschaft durch eine **Sitzverlegung** erheblich eingeschränkt. Da der **Sitz der Gesellschaft die anknüpfungsrelevante Tatsache** ist, führt eine **Sitzverlegung ins Ausland** aus Sicht der Sitztheorie zu einem **Statutenwechsel**.

Die juristische Person besteht danach nur dann fort, wenn dies *kumulativ*

- 1. sowohl dem Recht des bisherigen wie auch
- 2. dem Recht des neuen Sitzstaates entspricht.

Dies bedeutet, dass (auch für die **Falllösung!**) zunächst sowohl das IPR des bisherigen wie auch das IPR des neuen Sitzstaates zu befragen sind, wenn die *lex fori* der Sitztheorie folgt.[358]

Bei den Verweisungen handelt es sich um **Gesamtverweisungen** (Art. 4 Abs. 1 S. 1 EGBGB). Hieraus folgt, dass auch nach der Sitztheorie die Gründungstheorie anzuwenden ist, wenn das IPR des Staates, auf den die Sitztheorie verweist, der Gründungstheorie folgt.

---

354 Zum Streit siehe oben Fall 11: Beurkundung während der Skireise, Rdnr. 77 f.

355 Vgl. MünchKomm/Kindler, IntGesR, Rdnr. 420 ff. m.w.N.

356 Kropholler, IPR, § 55 I 2; Kunz, Rdnr. 413 ff.

357 Vgl. MünchKomm/Kindler, IntGesR, Rdnr. 511.

358 MünchKomm/Kindler, IntGesR, Rdnr. 519; Kropholler, IPR, § 55 I 2 b).

a) Zuzugsfälle

180 Wird der tatsächliche Sitz der Hauptverwaltung einer ausländischen Gesellschaft beispielsweise in die Bundesrepublik Deutschland verlegt, stellt dies aus Sicht der Sitztheorie einen Statutenwechsel dar (s.o.).

Unterstellt, dass der Wechsel nach der vom Ursprungsstaat berufenen Rechtsordnung wirksam ist, muss für diese Frage sodann auch das Recht des neuen Sitzstaates, folglich deutsches IPR befragt werden.[359]

Da Deutschland im Bereich des Internationalen Gesellschaftsrecht (noch) der Sitztheorie folgt und die Gesellschaft nunmehr in Deutschland ihren Sitz hat, wird auf deutsches materielles Gesellschaftsrecht verwiesen.

Wegen des *numerus clausus* der Gesellschaftsformen werden ausländische Gesellschaften in Deutschland aber grundsätzlich nicht anerkannt. Es bedarf daher in Deutschland grundsätzlich einer **Neugründung**,[360] wenn diese nicht als rechts- und parteifähige Personengesellschaften anerkannt werden können.

b) Wegzugsfälle

181 Wird umgekehrt der Verwaltungssitz einer nach deutschem Recht gegründeten Gesellschaft von Deutschland ins Ausland verlegt, führt dies nach den Vertretern der Sitztheorie grundsätzlich zur Abwicklung und **Auflösung** der Gesellschaft.[361]

Wenn der neue Sitzstaat der **Sitztheorie** folgt, werden i.d.R. die Gründungsvorschriften des neuen Staates nicht eingehalten worden sein, sodass es einer Neugründung bedarf.[362]

Folgt der neue Sitzstaat dagegen der **Gründungstheorie**, wird auf deutsches Recht zurückverwiesen, da die Gesellschaft nach deutschem Recht gegründet wurde. Die Verweisung wird an dieser Stelle abgebrochen (Art. 4 Abs. 1 S. 2 EGBGB), sodass deutsches Sachrecht über die Wirksamkeit des Wegzugs zu entscheiden hat.[363] Nach bis zum Inkrafttreten des MoMiG geltender Auffassung scheiterte die Beibehaltung der Identität daran, dass die juristische Person als Schöpfung eines bestimmten Rechts spezifisch in das soziale und wirtschaftspolitische Umfeld des Herkunftsstaates integriert sei, das sich zumeist erheblich von dem Umfeld des Zuzugsstaates unterscheide.[364] Nach Inkrafttreten des MoMiG dürfen Kapitalgesellschaften ihren Verwaltungssitz jedoch auch im Ausland wählen, (§§ 4 a GmbHG, 5 AktG). Personengesellschaften werden bei einem Wegzug nach wie vor aufgelöst und abgewickelt, können jedoch ihre Rechtsfähigkeit behalten.

---

359 Vgl. MünchKomm/Kindler, IntGesR, Rdnr. 534 f.; Kropholler, IPR, § 55 I 2 b).

360 Kropholler, IPR, § 55 I 2 b); von Hoffmann/Thorn § 7 Rdnr. 30.

361 BayObLG JZ 1993, 372; Staudinger/Großfeld, IntGesR, Rdnr. 608 ff., 664 ff.

362 MünchKomm/Kindler, IntGesR, Rdnr. 521 m.w.N.

363 MünchKomm/Kindler, IntGesR, Rdnr. 523; i.E. auch Kropholler, IPR, § 55 I 2 b) und 3 c).

364 Staudinger/Großfeld, IntGesR, Rdnr. 618; krit. MünchKomm/Kindler, IntGesR, Rdnr. 525 ff.

2. Gründungstheorie

Nach der Gründungstheorie (auch Inkorporationstheorie) entscheidet das **Recht, nach dem die juristische Person gegründet worden ist**, über ihre Rechtsverhältnisse.[365] Sie wird in den angloamerikanischen Staaten, in der Schweiz, Liechtenstein und den Niederlanden vertreten. 182

Vorteile: Nach der Gründungstheorie ändert sich durch eine Sitzverlegung nichts an der Rechtspersönlichkeit der Gesellschaft, da maßgeblicher Anknüpfungspunkt nicht der Sitz, sondern nur das Gründungsrecht der Gesellschaft ist. Dieses ändert sich durch eine Verlegung des Sitzes der Hauptverwaltung ins Ausland aber eben nicht, sodass hierdurch **kein** Statutenwechsel eintritt.

- Die Gründungstheorie fördert somit den Fortbestand der Rechtspersönlichkeit und begünstigt den internationalen Handelsverkehr.[366]

Nachteile: Die Gefahr des **Rechtsmissbrauchs** ist hoch. Z.B. kann eine Gesellschaft formal in einem Staat mit einem für die Gesellschaft günstigen Recht gegründet werden, während die Geschäfte dann aber in einem anderen Staat betrieben werden (Briefkastenfirma). Zudem besteht die Gefahr, dass durch einen **Wettbewerb der Gesellschaftsrechte** sich am Ende dasjenige durchsetzt, das den geringsten Schutz der Interessen Dritter (Gläubiger, Arbeitnehmer, Minderheitsgesellschafter) bietet (*race to the bottom*, Bsp.: USA [Delaware]). Dieser Wettbewerb der Gesellschaftsrechte wird von den Befürwortern der Gründungstheorie aber auch durchaus positiv gesehen.[367]

III. Kurzüberblick der Rechtsprechung des EuGH zum Internationalen Gesellschaftsrecht

Bewegung in die Kontroverse zwischen Sitz- und Gründungstheorie ist durch die Rechtsprechung des EuGH gekommen. Dies gilt insbesondere vor dem Hintergrund der auch für Gesellschaften geltenden Niederlassungsfreiheit (Art. 49, 54 AEUV). 183

- Für die Lösung von Fällen aus dem Gesellschaftsrecht mit Auslandsberührung innerhalb der EU ist daher die Kenntnis dieser Rechtsprechung Voraussetzung.
- Gleichzeitig ist bei der Falllösung nicht pauschal die gesamte Rechtsprechung anzuwenden („runterzurattern"), sondern danach zu differenzieren, ob ein sog. Wegzugsfall, Zuzugsfall oder ein (Zweig-)Niederlassungsfall vorliegt.
- Fälle aus dem Internationalen Gesellschaftsrecht sind danach zunächst unter Skizzierung der unterschiedlichen Ansätze von Gründungs- und Sitztheorie zu lösen, um sodann aufzuzeigen, ob vor allem ein mit der Sitztheorie gewonnenes Ergebnis der Niederlassungsfreiheit standhält.

---

365 Kropholler, IPR, § 55 I 4 a); von Hoffmann/Thorn § 7 Rdnr. 24.

366 Kropholler, IPR, § 55 I 4 a).

367 Eidenmüller ZIP 2002, 2233, 2234 f.; Forsthoff DB 2002, 2471, 2476.

Wichtig:

Zu unterscheiden ist die primäre Niederlassungsfreiheit von der sekundären Niederlassungsfreiheit. Die primäre Niederlassungsfreiheit ist die Freiheit, sich ohne Beschränkungen in einem Mitgliedstaat niederlassen zu können, Art. 49 Abs. 1 S. 1 AEUV. Die primäre Niederlassungsfreiheit ist in den sogenannten „Zuzugs-" und „Wegzugsfällen" betroffen. Die sekundäre Niederlassungsfreiheit betrifft das Recht, Zweigniederlassungen zu errichten, Art. 49 Abs. 1 S. 2 AEUV. Die sekundäre Niederlassungsfreiheit ist in den (hier so bezeichneten) „Zweigniederlassungsfällen" betroffen.

Auf den folgenden drei Seiten soll die bisherige Entwicklung dieser Rechtsprechung daher kurz dargestellt werden.

1. Daily-Mail[368] (Wegzugsfall)

184 **Sachverhaltskonstellation:** Verlegung des Verwaltungssitzes einer englischen private limited company von einem Mitgliedstaat (England) in den anderen (Niederlande).

Problemstellung: Beurteilung eines steuerrechtlichen Hindernisses des englischen Rechts, das der Verlegung des Verwaltungssitzes in einen anderen Mitgliedstaat entgegenstand.

Kernaussage: Die Verlegung des Verwaltungssitzes ist ein Problem, das **nicht über die Bestimmungen des EG-Vertrages über die Niederlassungsfreiheit zu lösen ist.**[369]

Folgerungen: H.M.: Da die Niederlassungsfreiheit das nationale Kollisionsrecht der Mitgliedstaaten nicht berührt, **gilt** dieses weiterhin und **damit auch die Sitztheorie**, sofern ein Mitgliedstaat dieser folgt.

2. Centros[370] (Wendepunkt: Zweigniederlassungsfall, „1. Etappe")

185 **Sachverhaltskonstellation:** Gründung einer Gesellschaft in Großbritannien. Die Geschäftstätigkeit der Gesellschaft beschränkt sich ausschließlich auf Dänemark. Die Eintragung der Gesellschaft als „Zweigniederlassung" in das dänische Handelsregister wird beantragt.

Problemstellung: Ablehnung der Eintragung durch die dänischen Behörden, welche die Gefahr der Umgehung der (strengeren) dänischen Gründungsvorschriften sahen. Dies warf die Frage auf, ob diese Ablehnung der dänischen Behörde einen Verstoß gegen die Niederlassungsfreiheit darstellt.

Kernaussage: Die Eintragungsverweigerung unter Berufung auf inländisches Gesellschaftsrecht stellt selbst dann einen Verstoß gegen Art. 54 i.V.m. Art. 49 AEUV (ex Art. 48, 54 EGV) dar, wenn die Gesellschaft am Hauptsitz als reine Briefkastenfirma betrieben wird. **Dies stellt keinen Missbrauch der Niederlassungsfreiheit dar, selbst wenn die**

368 EuGH, Urt. v. 27.09.1988, *The Queen ./. Daily Mail and General Trust PLC*, EuGHE 1988, 5483 ff.

369 EuGHE 1988, 5483, 5512.

370 EuGH, Urt. v. 09.03.1999, *Centros Ltd. ./. Erhvervs-og Selskabsstyrelsen*, WM 1999, 956.

Gründung im Ausland alleine dazu dient, inländische Mindestkapitalvorschriften zu umgehen.

Folgerungen: H.M.: Die Sitztheorie verstößt *insofern* gegen die Niederlassungsfreiheit, als die *Gründungsvorschriften* des Sitzstaates auf eine Gesellschaft aus einem anderen Mitgliedstaat nicht angewendet werden dürfen.

3. Überseering[371] (Zuzugsfall)

Sachverhaltskonstellation: Eine in den Niederlanden in der Rechtsform der BV gegründete Kapitalgesellschaft wurde von zwei Deutschen erworben, welche die Gesellschaft in Deutschland weiterführten. Die Gesellschaft klagt in Deutschland. **186**

Problemstellung: Rechts- und Parteifähigkeit einer in einem Mitgliedstaat wirksam gegründeten Gesellschaft vor den Gerichten eines anderen Mitgliedstaates, in den die Gesellschaft ihren tatsächlichen Verwaltungssitz verlegt hat.

Kernaussage: Die Versagung der Rechts- und Parteifähigkeit einer Gesellschaft mangels inländischer Neugründung verstößt gegen die Niederlassungsfreiheit. **Das Recht des Gründungsstaates ist im Zuzugsstaat anzuerkennen.**

Folgerungen: H.M.: Die Sitztheorie verstößt *insofern* gegen die Niederlassungsfreiheit, als die *Gründungsvorschriften* des Sitzstaates eine in einem anderen Mitgliedstaat gegründete Gesellschaft nicht anerkennen.

4. Inspire Art[372] (Zweigniederlassungsfall, „2. Etappe")

Sachverhaltskonstellation: Gründung einer Gesellschaft in Großbritannien. Die Geschäftstätigkeit der Gesellschaft beschränkt sich ausschließlich auf die Niederlande. Die Eintragung der Gesellschaft als „Zweigniederlassung" in das niederländische Handelsregister wird beantragt. **187**

Problemstellung: Niederländisches Gesetz enthält eine Reihe von Sonderanknüpfungen für „formal ausländische Gesellschaften", die in den Niederlanden tätig werden. Die sich hieraus für ausländische Gesellschaften ergebenden Pflichten hinsichtlich des Mindestkapitals sowie der Publizität und Sanktionen im Rahmen der Haftung der Geschäftsführer sind teilweise strenger als für inländische Gesellschaften. Hierbei handelte es sich um Gründungsvorschriften, aber **auch um Vorschriften, die während des Bestehens der Gesellschaft eingreifen**.

Kernaussage: Die Anwendung der gesellschaftsrechtlichen Vorschriften des Niederlassungsstaates auf eine ausländische Gesellschaft verstößt gegen die Niederlassungsfreiheit.

Folgerungen: H.M.: *Alle* gesellschaftsrechtlichen Vorschriften des Niederlassungsstaates dürfen auf eine in einem anderen Mitgliedstaat wirksam gegründete Gesellschaft

371 EuGH, Urt. v. 05.11.2002, *Überseering BV ./. Nordic Construction Company Baumanagement GmbH (NCC)*, IPRax 2003, 65.

372 EuGH, 30.09.2003 – Rs. C-167/01, *Kamer van Koophandel en Fabrieken voor Amsterdam/Inspire Art Ltd.*, NJW 2003, 3331; vgl. Behrens IPRax 2004, 20–26.

nicht angewendet werden. **Die Sitztheorie ist im Anwendungsbereich der Niederlassungsfreiheit daher insgesamt zu verwerfen** (str.).

5. Cartesio[373] (Wegzugsfall)

188 **Sachverhaltskonstellation:** Verlegung des Verwaltungssitzes einer ungarischen KG von einem Mitgliedstaat (Ungarn) in den anderen (Italien).

Problemstellung: Beurteilung eines registerrechtlichen Hindernisses des ungarischen Rechts, das der Verlegung des Verwaltungssitzes in einen anderen Mitgliedstaat entgegenstand.

Kernaussagen:

- Es verstößt nicht gegen die Niederlassungsfreiheit, wenn ein Mitgliedstaat es nach seinem nationalen Recht einer Gesellschaft nicht gestattet, ihren Verwaltungssitz unter Wahrung ihrer Rechtsform in einen anderen Mitgliedstaat zu verlegen.[374]
- Das nationale Recht eines Mitgliedstaates darf allerdings nicht verhindern, dass eine Gesellschaft, die ihren Verwaltungssitz in einen anderen Mitgliedstaat verlegt, sich in eine Gesellschaft nach dem Recht dieses anderen Mitgliedstaates umwandelt.

Folgerungen: Die Sitztheorie verstößt nicht gegen die Niederlassungsfreiheit, soweit sie einen **die Rechtsform wahrenden** Wegzug von einem Mitgliedstaat in einen anderen Mitgliedstaat verhindert. Der Übergang zur Gründungstheorie ist gemeinschaftsrechtlich nicht geboten.

IV. Vertiefung der Entscheidungen: *Überseering, Inspire Art* und *Cartesio*

Fall 27: Überseering (Zuzugsfall)

Die Gesellschaft Überseering war im August 1990 in den Niederlanden im Einklang mit niederländischen Vorschriften als B.V. (Besloten Vennootschap) wirksam gegründet worden. Im gleichen Jahr erwarb die Gesellschaft ein Grundstück in Düsseldorf. 1992 gab die Gesellschaft Baumaßnahmen an dem Grundstück bei der Firma Nordic Construction Baumanagement GmbH in Auftrag. 1994 erwarben zwei Deutsche sämtliche Anteile der Gesellschaft und führten von diesem Zeitpunkt an die Gesellschaft von Deutschland aus. Die Arbeiten wurden von NCC nach Ansicht der Überseering mangelhaft durchgeführt. Im Jahre 1996 verklagte Überseering daher die NCC vor dem LG Düsseldorf auf Schadensersatz i.H.v. 1 Mio. DM für Mängelbeseitigungskosten und Folgeschäden.
Ist die Klage zulässig?

Anmerkung: Deutschland folgt der Sitztheorie, die Niederlande der Gründungstheorie.

---

373 EuGH, Urt. v. 16.12.2008, *Cartesio*, NJW 2009, 560 ff.

374 EuGHE 1988, 5483, 5512.

Zulässigkeit der Klage 189

I. Parteifähigkeit der Gesellschaft Überseering

Die Klage der Überseering könnte mangels Parteifähigkeit dieser Gesellschaft vor deutschen Gerichten unzulässig sein.

1. Nach einer Auffassung richtet sich die Rechts-, Partei- und Prozessfähigkeit einer Gesellschaft nach dem Gesellschaftsstatut.[375]

2. Nach anderer Auffassung gilt für die Parteifähigkeit als verfahrensrechtliche Frage die *lex fori*. Gemäß § 50 Abs. 1 ZPO ist parteifähig, wer rechtsfähig ist. Die Rechtsfähigkeit einer Gesellschaft wird aber auch nach dieser Ansicht nach dem Gesellschaftsstatut beurteilt.

   Fraglich ist daher, welches Recht (Statut) auf die Gesellschaft Überseering anzuwenden ist. Das autonome Kollisionsrecht trifft hierüber ebenfalls keine Aussage (Art. 1 Abs. 2 lit. f) Rom I-VO). Die Anknüpfung des Gesellschaftsstatuts ist umstritten.

   Nach der auch in Deutschland (noch) vorherrschenden **Sitztheorie** ist für das Gesellschaftsstatut das Recht des Staates maßgeblich, in dem die Gesellschaft ihren tatsächlichen Sitz der Hauptverwaltung hat. Dies ist der Ort, an dem die grundlegenden Entscheidungen der Unternehmensleitung effektiv in laufende Geschäftsführungsakte umgesetzt werden.[376]

   Der tatsächliche Sitz der Hauptverwaltung befindet sich nunmehr in Deutschland. Danach findet deutsches Gesellschaftsrecht Anwendung. Voraussetzung für die Anwendung von deutschem Recht ist aber, dass die Gesellschaft aus deutscher Sicht überhaupt besteht.

   - Die Existenz der Gesellschaft wird somit als **Vorfrage** vom berufenen deutschen Sachrecht aufgeworfen.

   Da *lex fori* und *lex causae* hier gleichermaßen deutsches Recht sind, ist diese Vorfrage unstreitig nach den Kollisionsnormen des deutschen Rechts anzuknüpfen. Folglich entscheidet auch über die Frage der Existenz der Gesellschaft die im Gesellschaftsrecht maßgebliche Sitztheorie.

   Mit der Verlegung des Sitzes der Hauptverwaltung von den Niederlanden nach Deutschland im Jahr 1994 hat sich der für die Sitztheorie maßgebliche Anknüpfungspunkt verschoben. Auf Grundlage der Sitztheorie ist durch die Sitzverlegung daher ein **Statutenwechsel** eingetreten. 190

   - Aus Sicht der Sitztheorie besteht die juristische Person deshalb nur dann fort, wenn dies *erstens* sowohl dem Recht des bisherigen wie auch *zweitens* dem Recht des neuen Sitzstaates entspricht.[377]

375 Kropholler, IPR, § 55 II 1.

376 BGHZ 97, 29.

377 Vgl. von Hoffmann/Thorn § 7 Rdnr. 26, 30; Kropholler, IPR, § 55 I 2 b).

a) **Recht des bisherigen Sitzstaates**

Ihren bisherigen Verwaltungssitz hatte die Gesellschaft in den Niederlanden. Zu befragen ist daher zunächst das niederländische IPR. Das niederländische Kollisionsrecht folgt der **Gründungstheorie**, wonach das Recht entscheidend ist, nach dem die Gesellschaft gegründet worden ist.

Die Gesellschaft ist nach niederländischem Recht gegründet worden, sodass hiernach niederländisches materielles Gesellschaftsrecht auf die Gesellschaft anwendbar ist. Auf der Grundlage des niederländischen Gesellschaftsrechts ist die Gesellschaft wirksam gegründet worden und war danach auch partei- und rechtsfähig.

Fraglich ist, ob sich aus Sicht der hier berufenen Gründungstheorie etwas anderes daraus ergibt, dass die Gesellschaft ihren Verwaltungssitz nach Deutschland verlegt hat. Der Verwaltungssitz der Gesellschaft ist aus Sicht der Gründungstheorie jedoch keine anknüpfungsrelevante Tatsache. Die Sitzverlegung ins Ausland berührt hiernach nicht die Existenz der Gesellschaft, sodass sie nach niederländischem Recht in Deutschland einfach fortbesteht.

b) **Recht des neuen Sitzstaates**

Der neue Sitzstaat liegt in Deutschland. Fraglich ist, ob auch das neue Gesellschaftsstatut die Gesellschaft fortbestehen lässt. Deutschland folgt der Sitztheorie. Bei einer Verwaltungssitzverlegung kommt es nach der Sitztheorie für die Frage des Fortbestehens der Gesellschaft im neuen Sitzstaat nicht auf das Gründungsrecht der Gesellschaft an, sondern auf das (Gesellschafts-)Recht des neuen Sitzstaates. Da sich der neue Sitz der Hauptverwaltung in Deutschland befindet, beurteilt sich die Frage des Fortbestehens der Gesellschaft nach deutschem materiellem Gesellschaftsrecht.

Wegen des *numerus clausus* der Gesellschaftsformen hätte es in Deutschland aber einer Neugründung der Gesellschaft bedurft. Da diese jedoch in Deutschland unterblieben ist, ist die Gesellschaft aus deutscher Sicht als rechtliches *nullum* zu betrachten.[378]

Die Gesellschaft wäre vor deutschen Gerichten daher weder rechts- noch parteifähig.

c) **Neue Sitztheorie**

191 Etwas anderes könnte sich jedoch auf Grundlage der sog. neuen Sitztheorie ergeben. Der für das Gesellschaftsrecht zuständige II. Zivilsenat des BGH entschied, dass eine ausländische Gesellschaft mit Verwaltungssitz in Deutschland als Personengesellschaft anzusehen und damit rechts- und parteifähig ist.[379]

---

378 Vgl. Behrens IPRax 2004, 20, 21 f.

379 BGHZ 151, 204; NJW 2002, 3539; BGH NJW 2009, 289, 291; zustimmend: MünchKomm/Kindler, IntGesR, Rdnr. 425 m.w.N.; kritisch: u.a. Behrens IPRax 2003, 193, 199 ff.; Lieder/Kliebisch BB 2009, 338, 341.

Die ausländische Gesellschaft wird in eine inländische Gesellschaftsform *transponiert*, um die wohlerworbenen Rechte der Gesellschaft zu wahren. Voraussetzung für eine Transposition eines ausländischen Rechtsinstituts in ein inländisches ist jedoch, dass das inländische Rechtsinstitut mit dem ausländischen im Wesentlichen vergleichbar ist (sog. Funktionsäquivalenz). Auch wenn die Rechtsprechung hierbei grundsätzlich großzügig verfährt, ist vorliegend fraglich, ob ausländische (Kapital-)Gesellschaften pauschal in inländische Personengesellschaften „übersetzt" werden können:

Unabhängig von der Frage, ob diese Umqualifizierung einer ausländischen Gesellschaft in eine deutsche Personengesellschaft (Wechselbalglehre) einen Verstoß gegen die Niederlassungsfreiheit darstellt (vgl. hierzu unten II. 3., Rdnr. 193), wirft sie eine derartige Fülle nur schwer in den Griff zu bekommender Probleme auf, dass man sie nicht als praktikabel ansehen kann und aufzugeben hat.[380]

Da eine Personengesellschaft keine gegenüber einer Kapitalgesellschaft funktionsäquivalente Rechtsform ist, ist eine Transposition nicht möglich.[381] Die neue Sitztheorie ist somit abzulehnen.

Danach bliebe es bei dem Ergebnis, dass die Gesellschaft vor deutschen Gerichten nicht parteifähig wäre.

3. Verstoß gegen die Niederlassungsfreiheit

Dieses Ergebnis könnte gegen die auch für Gesellschaften geltende Niederlassungsfreiheit gemäß Art. 49, 54 AEUV (ex Art. 43, 48 EGV) verstoßen. **192**

a) Teilweise wird aus der *Centros*-Entscheidung[382] abgeleitet, dass die Sitztheorie mit der Niederlassungsfreiheit insgesamt nicht zu vereinbaren sei, weshalb sie zumindest innerhalb der EU abzulehnen sei. Im Unterschied zur *Centros*-Entscheidung geht es im vorliegenden Fall aber nicht um die Eintragung einer Gesellschaft als Zweigniederlassung in einem anderen Mitgliedstaat (*sekundäre* Niederlassungsfreiheit), sondern lediglich um die Existenz und die Anerkennung einer zugezogenen Gesellschaft (*primäre* Niederlassungsfreiheit). Hierüber traf die *Centros*-Entscheidung aber (zumindest unmittelbar) keine Aussage.[383]

b) Umgekehrt lässt sich, bezogen auf den vorliegenden Fall, aus der *Daily-Mail*-Entscheidung des EuGH keine gegenteilige positive Aussage für die Sitztheorie entnehmen. Bei der der *Daily-Mail*-Entscheidung zugrunde liegenden Sachverhaltskonstellation handelte es sich um einen *Wegzugsfall* und nicht wie hier um einen *Zuzugsfall*.

c) Auf zwei Vorlagefragen des VII. Zivilsenats des BGH entschied der EuGH in der Sache *Überseering*:[384]

aa) Es verstößt gegen die Art. 43 u. 48 EGV (nunmehr Art. 49, 54 AEUV), wenn einer Gesellschaft, die nach dem Recht des Mitgliedstaats, in dessen Hoheitsgebiet sie ihren satzungsmäßigen Sitz hat, gegründet worden ist und

380 Forsthoff DB 2002, 2471, 2476; Behrens IPRax 2004, 20, 21.

381 Vgl. von Bar/Mankowski § 3 Rdnr. 44.

382 EuGH WM 1999, 956.

383 Vgl. von Bar/Mankowski § 3 Rdnr. 45.

384 EuGH NJW 2002, 3614, Rdnr. 52 ff., 95.

von der nach dem Recht eines anderen Mitgliedstaats angenommen wird, dass sie ihren tatsächlichen Verwaltungssitz dorthin verlegt hat, in diesem Mitgliedstaat die Rechtsfähigkeit und damit die Parteifähigkeit vor seinen nationalen Gerichten für das Geltendmachen von Ansprüchen aus einem Vertrag mit einer inländischen Gesellschaft abgesprochen wird.

bb) Macht eine Gesellschaft, die nach dem Recht eines Mitgliedstaats, in dessen Hoheitsgebiet sie ihren satzungsmäßigen Sitz hat, in einem anderen Mitgliedstaat von ihrer Niederlassungsfreiheit Gebrauch, so ist dieser andere Mitgliedstaat nach den Art. 43 u. 48 EGV (nunmehr Art. 49, 54 AEUV) verpflichtet, die Rechtsfähigkeit und damit die Parteifähigkeit zu achten, die diese Gesellschaft nach dem Recht ihres Gründungsstaates besitzt.

Hieraus folgt, dass die Gesellschaft vor deutschen Gerichten parteifähig ist.

Der BGH ist in seinem abschließenden Urteil der Auffassung des EuGH gefolgt.[385]

193 II. Fraglich ist, welche **weiteren Folgen** sich aus der *Überseering*-Entscheidung des EuGH ergeben.[386]

1. Die Niederlassungsfreiheit gebietet die Anerkennung einer in einem Mitgliedstaat nach dessen Recht wirksam gegründeten Gesellschaft. Die Sitztheorie ist *insofern* abzulehnen, als sie diese Anerkennung verweigert.[387] Nicht anders verhält es sich aber insofern auch bei natürlichen Personen: Einem französischen Staatsbürger wird bei einer Klage vor deutschen Gerichten nicht zugemutet, die französische Staatsangehörigkeit aufzugeben und die deutsche anzunehmen.[388]

2. Der Erkenntnisgewinn aus der *Überseering*-Entscheidung ist daher verhältnismäßig gering, da ihr keine unmittelbare Aussage für die Aufgabe der Sitztheorie zu entnehmen ist.[389]

3. Die **Transposition einer in einem anderen EU-Mitgliedstaat** wirksam gegründeten Gesellschaft in eine inländische Personengesellschaft auf Grundlage der *neuen Sitztheorie* **verstößt** – neben dogmatischen und pragmatischen Schwierigkeiten (s.o.) – **gegen die Niederlassungsfreiheit**.[390] Der EuGH führt hierzu aus, dass die Gesellschaft Überseering aufgrund der Niederlassungsfreiheit das Recht genieße, „als Gesellschaft niederländischen Rechts in Deutschland von ihrer Niederlassungsfreiheit Gebrauch zu machen". Mit dieser Formulierung stellt der Gerichtshof unmissverständlich klar, dass die Verlegung des Verwaltungssitzes nicht zu einer Umqualifizierung in eine deutsche Gesellschaft führen darf.[391]

---

385 BGHZ 154, 185.

386 Vgl. Roth IPRax 2003, 117, 120 ff.

387 MünchKomm/Sonnenberger Einl. IPR, Rdnr. 162; Palandt/Heldrich Anh. Art. 12 EGBGB Rdnr. 6; Leible/Hoffmann ZIP 2003, 925, 926; Behrens IPRax 2003, 193, 200 f.

388 Vgl. Forsthoff DB 2002, 2471, 2475.

389 Vgl. MünchKomm/Kindler, IntGesR, Rdnr. 109; Behrens IPRax 2004, 20, 22.

390 Behrens IPRax 2004, 20, 21; a.A. MünchKomm/Kindler, IntGesR, Rdnr. 109.

391 Forsthoff DB 2002, 2471, 2474.

4. Grundsätzlich lässt die *Überseering*-Entscheidung die Möglichkeit von Sonderanknüpfungen des Sitzstaates zugunsten dritter schützenswerter Interessen zu. Fraglich ist jedoch, ob diese Sonderanknüpfungen in Form von Eingriffsnormen ihrerseits einen Verstoß gegen die Niederlassungsfreiheit darstellen (hierzu der nächste Fall).

5. Die Sitztheorie wird nach wie vor für *Zuzugsfälle* von Gesellschaften aus Drittstaaten, die außerhalb der EU gegründet wurden, angewendet.[392] So hat der BGH in der Entscheidung *Trabrennbahn* entschieden, dass eine schweizerische AG, die ihren Verwaltungssitz nach Deutschland verlegt, nach Maßgabe der geltenden Sitztheorie in Deutschland als Personengesellschaft zu behandeln ist.[393]

***Wichtig:** Die auf die Niederlassungsfreiheit in Art. 49 AEUV (ex Art. 43 EGV) gestützte Rechtsprechung Überseering erging zu einem Fall, in dem der **Verwaltungssitz** einer Gesellschaft von einem Mitgliedstaat in einen anderen verlegt wurde. Auf die Verlegung des **Satzungssitzes** in einen anderen Mitgliedstaat ist diese Rechtsprechung dagegen nach h.M. nicht anwendbar.[394] Art. 49 Abs. 2 AEUV (ex Art. 43 Abs. 2 EGV) bezieht die Niederlassungsfreiheit auf die „Aufnahme und Ausübung selbstständiger Tätigkeiten" sowie auf die „Gründung und Leitung von Unternehmen" mittels einer festen Einrichtung auf unbestimmte Zeit. Hierbei handelt es sich um wirtschaftliche Vorgänge, die den tatsächlichen Verwaltungssitz der Gesellschaft betreffen. Bei der Satzungssitzverlegung handelt es sich dagegen um einen rein rechtlichen Vorgang, der mit dem satzungsändernden Beschluss der Gesellschafter beginnt und mit der Eintragung der Gesellschaft im Zuzugsstaat sowie mit deren Löschung im Wegzugsstaat endet.[395] Die Neudefinition des rechtlichen Sitzes in der Satzung und die Anpassung der Satzung an das neue Gesellschaftsrecht betrifft die tatsächliche Lokalisierung der Gesellschaft jedoch nicht und ist für die Niederlassungsfreiheit daher nicht relevant.[396] Diese „Lücke" soll jedoch durch Art. 10 b EGBGB-E, der die grenzüberschreitende Verlegung des Satzungssitzes vorsieht, geschlossen werden.[397]*

Fall 28: Inspire Art

Der in den Niederlanden ansässige Kunsthändler K hatte sich im Jahre 2000 entschieden, seine Geschäfte in der Rechtsform einer private limited company englischen Rechts zu betreiben. Zu diesem Zweck hat er als alleiniger Geschäftsführer (director) die Inspire Art Ltd. mit Satzungssitz im Vereinigten Königreich gegründet. Die Geschäftstätigkeit der Gesellschaft beschränkt sich jedoch ausschließlich auf die Niederlande. Dort hat sie eine Zweigniederlassung in Amsterdam gegründet. Die Handelskammer in Amsterdam verlangte daher deren Eintragung, allerdings mit dem Zusatz „formal ausländische Gesellschaft".

392 Vgl. BayObLG DB 2003, 819.

393 BGH NJW 2009, 289, 291; kritisch: Lieder/Kliebisch BB 2009, 338, 341 ff.

394 BayObLG BB 2004, 570, 572; Ulmer/Habersack/Winter-Behrens, GmbHG, 2005, Einl. B 122; Lutter/Hommelhoff, GmbHG, 16. Aufl. 2004, § 4 a Rdnr. 22; MünchKommAktG/Altmeppen, 2. Aufl. 2006, Europ. Aktienrecht, Rdnr. 174.

395 Ulmer/Habersack/Winter-Behrens, GmbHG, 2005, Einl. B 122.

396 Ulmer/Habersack/Winter-Behrens, GmbHG, 2005, Einl. B 122.

397 S.o., Rdnr. 176 f.

Das niederländische „Gesetz über die formal ausländischen Gesellschaften" (WFBV) enthält eine Reihe von Sonderanknüpfungen zugunsten des niederländischen Rechts für Auslandsgesellschaften, deren Geschäftstätigkeit sich auf das Inland beschränkt (Art. 1 WFBV). Dazu gehören u.a.:

Kapital: Das gezeichnete Kapital einer Scheinauslandsgesellschaft muss mindestens dem Betrag des Mindestkapitals entsprechen, das für niederländische Gesellschaften mit beschränkter Haftung vorgesehen ist (18.000 €). Das Eigenkapital muss sich mindestens auf das gezeichnete Kapital belaufen. Zur Prüfung des Kapitals muss die Scheinauslandsgesellschaft eine entsprechende Erklärung eines Wirtschaftsprüfers beim Handelsregister hinterlegen. Verfügt eine Scheinauslandsgesellschaft bei der Gründung **(oder zu einem späteren Zeitpunkt)** nicht über das vorgeschriebene Kapital, besteht eine persönliche Haftung der Geschäftsführer für Verbindlichkeiten der Gesellschaft (Art. 4 WFBV).

Über die Anwendbarkeit der Bestimmungen der WFBV auf die Inspire Art Ltd. kam es zum Rechtsstreit zwischen der Handelskammer Amsterdam und der Gesellschaft vor dem zuständigen Gericht in Amsterdam.

K ist der Auffassung, dass die Vorschriften des WFBV gegen die Niederlassungsfreiheit, Art. 49, 54 AEUV (vormals Art. 43, 48 EGV) verstoßen. Die niederländische Regierung ist anderer Auffassung. Die Berufung der Inspire Art Ltd. auf die Niederlassungsfreiheit sei missbräuchlich, da die Gesellschaft, welche ausschließlich in den Niederlanden tätig wird, nur deshalb nach englischem Recht gegründet wurde, um die strengeren niederländischen Vorschriften zu umgehen. Auch stellen diese Vorschriften nach Ansicht der niederländischen Regierung keine Beschränkung dar, da die ausländische Gesellschaft anerkannt werde und die Eintragung ja nicht insgesamt verweigert werde. Zumindest hält sie die Vorschriften aber für gerechtfertigt, da die durch sie geschützten Interessen Gläubigerschutz, Bekämpfung einer missbräuchlichen Ausnutzung der Niederlassungsfreiheit, Erhaltung der Wirksamkeit von Steuerkontrollen und der Lauterkeit des Handelsverkehrs zwingende Gründe des Allgemeininteresses darstellen.

1. Nehmen Sie zu aufgeführten Argumenten unter Einbeziehung der Rechtsprechung des EuGH Stellung.
2. Welche Folgerungen ergeben sich hieraus?

A. Stellungnahme

194 Das Gesetz verstößt gegen die Niederlassungsfreiheit (Art. 49, 54 AEUV), wenn diese im vorliegenden Fall anwendbar ist (I.) und durch das Gesetz eine Beschränkung erfährt (II.), die nicht gerechtfertigt ist (III.).

I. Anwendbarkeit der Niederlassungsfreiheit

Die Niederlassungsfreiheit müsste anwendbar sein. Im Anschluss insbesondere an die Entscheidung *Centros* wies der EuGH in der Entscheidung *Inspire Art Ltd.* zunächst darauf hin, dass es für die Niederlassungsfreiheit ohne Bedeutung und auch **kein Missbrauch** derselben ist, wenn eine Gesellschaft in einem Mitgliedstaat nur errichtet wurde, um sich in einem zweiten Mitgliedstaat niederzulassen, in dem die Tätigkeit im Wesentlichen oder ausschließlich ausgeübt werden soll.[398]

Hieraus zieht der EuGH ebenfalls unter Bezugnahme auf die *Centros*-Entscheidung die Schlussfolgerung, dass die in irgendeinem Mitgliedstaat niedergelassenen Unternehmen die Freiheit haben, sich nach dem Gesellschaftsrecht irgendeines Mitgliedstaates zu gründen.[399]

Somit schließt der Umstand, dass die Inspire Art Ltd. in England gegründet wurde, um die Vorschriften des Mindestkapitals und des strengeren niederländischen Gesellschaftsrechts zu umgehen, nicht aus, dass die Errichtung einer **Zweigniederlassung** dieser Gesellschaft in den Niederlanden unter die Niederlassungsfreiheit nach den Art. 49, 54 AEUV fällt.

Etwas anderes kommt nur dann in Betracht, wenn **im konkreten Fall** ein **Missbrauch** oder **Betrug nachgewiesen** wird. Hierfür bestehen vorliegend jedoch keine Anhaltspunkte. Die Niederlassungsfreiheit ist daher anwendbar.

II. Beschränkung der Niederlassungsfreiheit

Die Anwendung der gesellschaftsrechtlichen Bestimmungen der Niederlande als **195**
Niederlassungsstaat müsste eine Beschränkung der Niederlassungsfreiheit der Inspire Art Ltd. darstellen.

Das WFBV hat zur Folge, dass die Vorschriften aus dem niederländischen Gesellschaftsrecht über das Mindestkapital und die Haftung der Geschäftsführer **zwingend** auf ausländische Gesellschaften wie die Inspire Art Ltd. angewandt werden, wenn sie ihre Tätigkeiten ausschließlich oder nahezu ausschließlich in den Niederlanden ausüben.

Die Regelung des WFBV, welche die Zweigniederlassung einer nach dem Recht eines Mitgliedstaates gegründeten Gesellschaft dazu verpflichtet, die Vorschriften des Niederlassungsstaates über das Stammkapital und die Haftung der Geschäftsführer zu beachten, führt dazu, dass die Ausübung der vom Vertrag anerkannten Niederlassungsfreiheit durch diese Gesellschaft **behindert** wird.[400]

Aus dem Vorstehenden folgt, dass die Bestimmungen des WFBV über das Mindestkapital (sowohl im Zeitpunkt der Gründung **als auch während des Bestehens der Gesellschaft**) und über die Haftung der Geschäftsführer Beschränkungen der in den Art. 49, 54 AEUV garantierten Niederlassungsfreiheit darstellen.[401]

III. Rechtfertigung der Beschränkung der Niederlassungsfreiheit

Zunächst ist festzustellen, dass sich eine Rechtfertigung der niederländischen **196**
Vorschriften nicht aus dem speziellen Rechtfertigungsgrund des Art. 52 AEUV (vormals Art. 46 EGV) ergibt, da es bei der Anwendung inländischen Gesellschafts-

398 EuGH NJW 2003, 3331, 3333, Rdnr. 95, 96; vgl. Behrens IPRax 2004, 20, 23.
399 EuGH NJW 2003, 3331, 3333, Rdnr. 97.
400 EuGH NJW 2003, 3331, 3333, Rdnr. 101.
401 EuGH NJW 2003, 3331, 3334, Rdnr. 104.

rechts auf eine Auslandsgesellschaft nicht um den Schutz der öffentlichen Ordnung, Sicherheit und Gesundheit geht.

Daher kommt eine Rechtfertigung einer Maßnahme nur nach allgemeinen Kriterien in Betracht. Nach der *Centros*-Entscheidung des EuGH sind nationale Maßnahmen, welche die Ausübung der durch den EG-Vertrag garantierten Grundfreiheiten behindern oder weniger attraktiv machen können, gerechtfertigt, wenn vier Voraussetzungen erfüllt sind:[402] Sie müssen in nicht diskriminierender Weise angewandt werden (1.), sie müssen aus zwingenden Gründen des Allgemeinwohls gerechtfertigt sein (2.), sie müssen zur Erreichung des verfolgten Ziels geeignet sein (3.) und sie dürfen nicht über das hinausgehen, was zur Erreichung dieses Ziels erforderlich ist (4.).[403]

- Es muss sich um den nicht diskriminierenden Schutz anerkannter nicht wirtschaftlicher Interessen im Rahmen der Verhältnismäßigkeit handeln.[404]

197 Zu prüfen ist daher, ob die von der niederländischen Regierung vorgebrachten Rechtfertigungsgründe, d.h. der Gläubigerschutz, die Bekämpfung einer missbräuchlichen Ausnutzung der Niederlassungsfreiheit, die Erhaltung der Wirksamkeit der Steuerkontrollen und die Lauterkeit des Handelsverkehrs, **zwingende Gründe des Allgemeininteresses** darstellen.

1. Zum Gläubigerschutz ist festzustellen, dass die Inspire Art Ltd. als Gesellschaft englischen Rechts auftritt. Ihre potenziellen Gläubiger sind daher schon durch den Zusatz „limited", den die Gesellschaft im Namen trägt, hinreichend darüber unterrichtet, dass sie anderen Rechtsvorschriften als denen unterliegt, die in den Niederlanden für die Gründung von Gesellschaften mit beschränkter Haftung gelten. Dies betrifft u.a. die Vorschriften, die für das Mindestkapital und die Haftung der Geschäftsführer gelten.

   Der Gläubigerschutz stellt somit keinen zwingenden Grund des Allgemeininteresses dar.

2. Ob das WFBV mit der Erhaltung der Lauterkeit des Handelsverkehrs und der Wirksamkeit der Steuerkontrollen gerechtfertigt werden kann, bedurfte keiner Feststellung, da weder die Handelskammer noch die niederländische Regierung dargetan haben, dass die betreffenden Regelungen des WFBV die genannten allgemeinen Kriterien der Wirksamkeit und der Verhältnismäßigkeit erfüllen.

   Zwingende Gründe des Allgemeininteresses liegen somit nicht vor. Die Beschränkung der Niederlassungsfreiheit ist somit auch nicht durch die Vorschriften des WFBV gerechtfertigt.

Ergebnis: Die Vorschriften des WFBV sind daher gemeinschaftswidrig. Auf die Gesellschaft ist daher ihr (englisches) Gründungsrecht anwendbar.

402 Gebhard-Formel, vgl. EuGH, Slg. 1995, I-4165; vgl. MünchKomm/Kindler, IntGesR, Rdnr. 110; Behrens IPRax 2004, 20, 21.
403 Vgl. Behrens IPRax 2004, 20, 25.
404 Vgl. Behrens IPRax 2004, 20, 25.

B. Folgerungen

I. Fraglich ist, ob durch die *Inspire-Art*-Entscheidung des EuGH die **Sitztheorie insgesamt verworfen** wurde, mit der Konsequenz, dass das gesamte innerstaatliche Gesellschaftsrecht nicht mehr auf eine in einem anderen Mitgliedstaat gegründete Gesellschaft angewendet werden kann. **198**

Erstmals betont der EuGH, dass nicht nur Gründungsvorschriften, sondern auch Vorschriften **„während des Bestehens der Gesellschaft"** eine nicht gerechtfertigte Beschränkung der Niederlassungsfreiheit darstellen, sofern die Gesellschaft in einem anderen Mitgliedstaat wirksam entstanden ist.[405] Das Urteil in der Sache *Inspire Art Ltd.* geht insoweit über die Urteile *Centros* und *Überseering* hinaus. Das Recht des Gründungsstaates muss daher **insgesamt** als das maßgebliche Gesellschaftsstatut der Gesellschaft verstanden werden.

1. Überwiegend wird deshalb vertreten, dass hierdurch der Gründungstheorie insgesamt zum Durchbruch verholfen wurde.[406]
2. Hiergegen wurde vereinzelt eingewandt, die Sitztheorie habe schon deshalb – im Einklang mit der Rspr. des EuGH – fortzugelten, weil es den Richtern eines Mitgliedstaates unmöglich wäre, das Recht aller 27 Mitgliedstaaten als Gründungsrechte zu kennen.[407]

Dies sei insbesondere dann problematisch, wenn – wie im Fall des englischen Rechts – Teile des Gesellschaftsrechts wie die Staatsaufsicht über Kapitalgesellschaften dem öffentlichen Recht zugeordnet sind. Dem deutschen Richter wäre es daher **unmöglich**, dieses Recht anzuwenden. Nur diejenigen Materien, die wie die Satzungsänderung, die Umwandlung oder das Erlöschen „auf das Engste mit der Gründung der Kapitalgesellschaft im Sinne ihrer Entstehung und ihres Bestands zusammenhängen", sollen sich trotz Sitzverlegung weiter nach dem Recht des Gründungsstaates richten.[408]

II. Wird jedoch der h.M. gefolgt, bedeutet die *Inspire-Art*-Entscheidung eine **erhebliche Erweiterung der Gestaltungsfreiheit**. Gründern aus Deutschland stehen für ihre Unternehmen im Prinzip alle in der EU offerierten Gesellschaftsformen zur Verfügung.[409] Nicht das zwingende Inlandsrecht setzt der Gestaltungsfreiheit Grenzen, sondern erst dasjenige positive Recht desjenigen Mitgliedstaates, das in dem betreffenden Bereich die liberalste Regelung hat.[410] Auch können nunmehr sämtliche Konzerngesellschaften innerhalb der EU einem einheitlichen Recht unterliegen.[411] **199**

III. Wie im Fall *Centros* hat der EuGH im Fall *Inspire Art* die Niederlassung einer Gesellschaft in einem Mitgliedstaat als ***Zweig*niederlassung** bewertet, obwohl es sich

---

405 EuGH a.a.O., Rdnr. 104.

406 Vgl. Behrens IPRax 2004, 20, 24 f.; Schillig IPRax 2005, 208, 211 f. m.w.N.; a.A. MünchKomm/Kindler, IntGesR, Rdnr. 125 ff.

407 Altmeppen NJW 2004, 97, 98.

408 Zu einer kritischen Auseinandersetzung mit den Argumenten Altmeppens vgl. Ulmer NJW 2004, 1201–1210; Schillig IPRax 2005, 208, 212.

409 Vgl. Heidinger DNotZ 2005, 97, 99, 101 ff.; Wachter GmbHR 2004, 88, 89.

410 Zimmer NJW 2003, 3585, 3587.

411 Zimmer NJW 2003, 3585, 3587.

um die einzige Niederlassung und damit faktisch um eine Hauptniederlassung handelte.[412]

Der EuGH qualifiziert damit jede rechtlich unselbstständige Niederlassung einer in einem Mitgliedstaat gegründeten Gesellschaft in einem anderen Mitgliedstaat im Rahmen der Art. 49, 54 AEUV (vormals Art. 43, 48 EGV) als Zweigniederlassung. Dies gilt also insbesondere auch dann, wenn die Gesellschaft im Gründungsstaat über gar keine Hauptniederlassung verfügt.[413]

Über die Gründe, warum der EuGH diese Qualifizierung als Zweigniederlassung vornimmt, lässt sich nur spekulieren. Möglich wäre, dass er hierdurch zumindest gedanklich eine fiktive *Hauptniederlassung* am Ort des Gründungsstaates schafft. Maßgeblich wäre insofern nicht nur das Recht des Gründungsortes, sondern auch das Recht des *fiktiven Sitzes der Hauptverwaltung*. Auf diese Weise kann sich der EuGH die Rückkehr zur Sitztheorie offenhalten[414] – auch wenn diese Theorie zumindest *de facto* (wenn auch nicht ausdrücklich) durch die Entscheidung *Inspire Art* aufgegeben wurde.

IV. Aus der *Inspire-Art*-Entscheidung lässt sich **nicht** die allgemeine Schlussfolgerung ziehen, dass Sonderanknüpfungen des nationalen Rechts **generell** unzulässig sind.[415] Diese Sonderanknüpfungen müssen allerdings ihrerseits dem Europarecht („Vier-Kriterien-Test") entsprechen.[416]

Fall 29: Cartesio (Wegzugsfall)

Die Gesellschaft Cartesio wurde am 20.05.2004 in der Rechtsform einer betégi társaság (Kommanditgesellschaft) ungarischen Rechts gegründet. Als ihr Satzungssitz wurde Baja (Ungarn) festgelegt. In Baja befindet sich auch der Sitz ihrer Hauptverwaltung. Die Gesellschafterversammlung beschloss im Herbst 2005, den Verwaltungssitz von Baja nach Italien zu verlegen. Am 11.11.2005 stellte Cartesio beim örtlich zuständigen Handelsregistergericht in Ungarn den Antrag, die Verlegung ihres Verwaltungssitzes zu bestätigen und die Sitzangabe im Handelsregister entsprechend zu ändern. Das ungarische Handelsregistergericht lehnte dies ab, da der Wegzug nach Italien nach ungarischem Recht die Auflösung der Gesellschaft zur Folge habe. Ist die Entscheidung des ungarischen Gerichts gemeinschaftsrechtswidrig?

200 Kollisionsrechtlich folgt Ungarn der Sitztheorie. Danach tritt mit der Verlegung des Verwaltungssitzes ein Statutenwechsel ein, welcher die Auflösung und Abwicklung der ungarischen Gesellschaft zur Folge hat. Fraglich ist deshalb, ob die Sitztheorie gegen die Niederlassungsfreiheit (Art. 49, 54 AEUV) verstößt.

I. In der Sache *Daily Mail* hat der EuGH zum ersten Mal zu der Frage Stellung genommen, ob Gesellschaften innerhalb der EU ihren Verwaltungssitz verlegen dürfen. Der

---

412 Rdnr. 98 des Urteils.

413 Behrens IPRax 2004, 20, 24.

414 Vgl. Kindler NJW 1999, 1993 ff.; Roth ZGR 2000, 311 ff.

415 Behrens IPRax 2004, 20, 25.

416 Vgl. Ulmer NJW 2004, 1201, 1208.

EuGH hatte damals entschieden, dass die Verlegung des Verwaltungssitzes ein Problem ist, das nicht über die Bestimmungen des EG-Vertrages (nunmehr AEUV) über die Niederlassungsfreiheit gelöst wird. Dementsprechend sei es nicht als Verstoß gegen die Niederlassungsfreiheit zu bewerten, wenn eine Verlegung des Verwaltungssitzes an den nationalen Vorschriften des Wegzugsstaates scheitere. Daraus wurde der Schluss gezogen, dass die Mitgliedstaaten weiterhin autonom entscheiden können, welche Rechtsfolgen sie an den Wegzug einer Gesellschaft in einen anderen Mitgliedstaat knüpfen können. Hierbei unterliegen sie keinen Vorgaben durch das Europarecht („Der Staat hat's gegeben, der Staat hat's genommen").

Bei der Sache *Daily Mail* handelt es sich wie bei der Angelegenheit *Cartesio* auch um einen sog. Wegzugsfall, bei dem sich die Rechtmäßigkeit der Verlegung des Verwaltungssitzes also aus Sicht des Gründungs- und Wegzugsstaates beurteilt. Fraglich ist, ob diese Entscheidung aus dem Jahre 1988 vor dem Hintergrund der in der Zwischenzeit ergangenen Rechtsprechung des EuGH zur Niederlassungsfreiheit noch Bestand haben kann.

II. So hat der EuGH in der Sache *Überseering* entschieden, dass eine aus einem anderen Mitgliedstaat hinzuziehende Gesellschaft im Zuzugsstaat die ursprüngliche Rechts- und Parteifähigkeit behält, die ihr der Gründungsstaat verliehen hat. Die Gesellschaft war in jener Entscheidung daher als niederländische B.V. in Deutschland partei- und rechtsfähig und nicht etwa lediglich als Personengesellschaft („Wechselbalg") deutschen Rechts zu behandeln.

Bei der Entscheidung *Überseering* handelt es sich zwar nicht um einen Wegzugs-, sondern um einen **Zuzugsfall**, bei dem sich die Wirksamkeit der Sitzverlegung aus Sicht des neuen Sitzstaates beurteilt. Wegzugshindernisse begrenzen die Mobilität von Gesellschaften innerhalb der EU jedoch genauso, wie Zuzugshindernisse. Es läge deshalb nahe, einer Gesellschaft im Hinblick auf die Niederlassung nicht nur einen Zuzug, sondern auch einen die Rechtsform wahrenden Wegzug zu gestatten, zumal jeder Zuzug denklogisch einen Wegzug beinhaltet.

III. Dass der EuGH mittlerweile auch Wegzugshindernisse für gemeinschaftsrechtswidrig hält, wurde deshalb schon der Entscheidung *Lasteyrie du Saillant* entnommen, bei der der EuGH ein Steuerhindernis einer natürlichen Person als mobilitätshindernd und als Verstoß gegen die Niederlassungsfreiheit bewertete.[417] Gleiches könne daher auch für Gesellschaften gelten.

IV. Auch die *Sevic*-Entscheidung des EuGH wurde als Abkehr von der *Daily-Mail*-Entscheidung interpretiert. In dieser Entscheidung ging es zwar nicht um eine Sitzverlegung, sondern um eine (Hinein-)Verschmelzung einer Gesellschaft in einen anderen Mitgliedstaat. Der EuGH hat hierin allerdings – unter Bezugnahme auf die Stellungnahme des Generalanwaltes[418] – zu erkennen gegeben, dass er **Zugangs- wie Wegzugsbeschränkungen** für **gleichermaßen gemeinschaftsrechtswidrig** hält.[419]

417 EuGH NJW 2004, 2439.

418 Tizzano DB 2005, 1510, 1512 Rdnr. 45.

419 EuGH, Urt. v. 13.12.2005 – Rs. C-411/03, RIW 2006, 140, 141 Rdnr. 18 ff.

V. Wie der EuGH in der Sache *Cartesio* entschied, war vor diesem Hintergrund daher eine große Überraschung. So hielt der EuGH ausdrücklich an der Entscheidung *Daily Mail* fest: Eine Gesellschaft habe jenseits der nationalen Rechtsordnung, die ihre Existenz und Gründung regele, keine Realität.[420] Wenn die Gesellschaft bei einem Wegzug nach dem Recht des Wegzugsstaates nicht fortbestehe, könne sie sich auch nicht auf die Niederlassungsfreiheit berufen. Zuzugs- und Wegzugsfälle seien insofern unterschiedlich zu behandeln.[421]

Die Mitgliedstaaten sollen nach Ansicht des EuGH deshalb auch weiterhin die Befugnis haben, den die Rechtsform wahrenden Wegzug von Gesellschaften nicht zu gestatten, wenn diese sich durch die Verlegung ihres Sitzes in einen anderen Mitgliedstaat neu organisieren möchten.[422] Der EuGH schränkte dies allerdings insoweit ein, dass die Mitgliedstaaten nicht verhindern dürfen, dass eine Gesellschaft, die ihren Verwaltungssitz in einen anderen Mitgliedstaat verlegt, sich dort in eine Gesellschaft nach dem Recht dieses anderen Mitgliedstaates umwandelt, soweit dies nach dem Recht dieses Staates möglich ist („nein aber").[423]

Das Gemeinschaftsrecht stand der Weigerung des ungarischen Registergerichts, den italienischen Verwaltungssitz einzutragen, somit nicht entgegen. Die Weigerung erging nach Ansicht des EuGH folglich zu Recht.

201 **Folgerungen aus der Entscheidung *Cartesio*:**

1. Ein Übergang zur Gründungstheorie ist gemeinschaftsrechtlich nicht geboten.
2. Einem Mitgliedstaat bleibt bei einem Wegzug einer nach seiner Rechtsordnung gegründeten Gesellschaft in einen anderen Mitgliedstaat nur die Möglichkeit, über die Existenz der Gesellschaft als einer solchen seines eigenen Rechts zu entscheiden.[424] Er kann dagegen nicht verhindern, dass diese Gesellschaft sich in eine Rechtsform nach dem Recht des neuen Mitgliedstaates („Wechselbalg") umwandelt.
3. Der bei Sitzverlegung eintretende Statutenwechsel entscheidet also nicht mehr zwingend über „Leben und Tod" der Gesellschaft, wenn der neue Sitzstaat einen Rechtsformwechsel zulässt. Insoweit gilt die Sitztheorie auch bei Wegzugsfällen nicht mehr.
4. Zwischen Wegzugs- und Zuzugsfällen ist weiter zu unterscheiden. Die Rechtsprechung *Überseering* gilt nur insoweit, wie der Wegzugsstaat den Wegzug gestattet (was bei *Überseering* der Fall war). Nur dann besteht die Gesellschaft im Zuzugsstaat in der Rechtsform des Wegzugsstaates fort. Lässt der Wegzugsstaat wie im Fall *Cartesio* dagegen einen rechtsformwahrenden Wegzug nicht zu, ist im Zweifel davon auszugehen, dass die Gesellschaft im Zuzugsstaat zumindest als Personengesellschaft des nationalen Rechts des Zuzugsstaates („Wechselbalg") fortbesteht.[425]

420 EuGH NJW 2009, 569, 570 Rdnr. 104, 109.
421 EuGH NJW 2009, 569, 571 Rdnr. 120 f.
422 EuGH NJW 2009, 569, 571 Rdnr. 110.
423 EuGH NJW 2009, 569, 571 Rdnr. 112.
424 Zimmer/Naendrup NJW 2009, 545, 547.
425 Zimmer/Naendrup NJW 2009 545, 548.

Fall 30: (Fast) Nichts ist unmöglich

Die Gesellschafter der in Köln ansässigen A-GmbH beschließen, den Sitz der Hauptverwaltung der Gesellschaft nach Frankreich zu verlegen. Die Satzung der Gesellschaft wird nicht geändert. Besteht die Gesellschaft in Frankreich als GmbH fort?

I. Fraglich ist, ob die A-GmbH als GmbH in Frankreich fortbesteht. Wie der BGH in der Entscheidung *Trabrennbahn* unlängst klargestellt hat, folgt Deutschland nach wie vor der Sitztheorie.[426] Danach tritt durch die Verlegung des Verwaltungssitzes ein Statutenwechsel ein. Die Gesellschaft besteht nach der Sitztheorie grundsätzlich nur dann fort, wenn dies erstens sowohl dem anwendbaren materiellen Recht des bisherigen wie auch zweitens dem materiellen Recht des neuen Sitzstaates entspricht. Nach Maßgabe der Entscheidung *Cartesio* darf die Sitztheorie jedoch nicht mehr dazu führen, dass die Gesellschaft bei einer Verlegung des Verwaltungssitzes in einen anderen Mitgliedstaat aufgelöst wird, wenn das Recht des Zuzugsstaates eine Umwandlung in eine Gesellschaftsform dieses Staates ermöglicht. **202**

1. Recht des bisherigen Sitzstaates

Fraglich ist deshalb zunächst, ob die Gesellschaft durch den Wegzug überhaupt die Rechtsform GmbH verliert. Da die Gesellschaft ursprünglich in Deutschland ihren Verwaltungssitz hatte, hat zunächst das nach der Sitztheorie anwendbare deutsche Sachrecht darüber zu entscheiden, ob die Gesellschaft trotz der Verlegung des Verwaltungssitzes nach Frankreich als GmbH fortbesteht. Nach der h.M. führte die Verlegung des Verwaltungssitzes ins Ausland gemäß dem internen, materiellen Gesellschaftsrecht zwingend zur Abwicklung und Auflösung der Gesellschaft, da diese durch den Wegzug ihr rechtliches, wirtschaftliches, kulturelles und politisches Umfeld verlassen habe.[427] Etwas anderes könnte sich jedoch aus § 4 a GmbHG n.F. ergeben. Im Zuge der Neufassung des GmbHG durch das MoMiG wurde auch § 4 a GmbHG geändert. Danach ist Sitz der Gesellschaft (nur) der Ort im Inland, den der Gesellschaftsvertrag bestimmt. Der Ort im Inland, den der Gesellschaftsvertrag bestimmt, ist jedoch der Satzungssitz und nicht der Verwaltungssitz der Gesellschaft. Der Satzungssitz muss demnach weiterhin zwingend im Inland liegen, der Verwaltungssitz hingegen nicht. Nach der Neufassung von § 4 a GmbHG steht es deutschen GmbHs nunmehr frei, ihren Verwaltungssitz ins Ausland zu verlegen.

Anmerkung: *Dies unterscheidet den Fall von dem Sachverhalt, welcher der Entscheidung Cartesio zugrunde lag. Das anwendbare materielle deutsche Gesellschaftsrecht lässt anders als das ungarische Recht nunmehr eine Verlegung des Verwaltungssitzes und damit einen Wegzug zu. Ein Wegzug der Gesellschaft führt also nicht mehr automatisch dazu, dass die Gesellschaft die Rechtsform des Ursprungsstaates verliert. Dies geschieht nur dann, wenn (1.) kollisionsrechtlich die Sitztheorie anwendbar ist und (2.) das danach berufene materielle Sachrecht einen Wegzug nicht zulässt. An der zweiten Voraussetzung fehlt es nunmehr.*

---

426 BGH NJW 2009, 289, 291; kritisch: Lieder/Kliebisch BB 2009, 338, 341 ff.

427 Vgl. Staudinger/Großfeld, IntGesR, Rdnr. 610.

Nach Maßgabe des deutschen materiellen Gesellschaftsrechts führt die Verlegung des Verwaltungssitzes ins Ausland also weder dazu, dass die Gesellschaft aufgelöst wird, noch dazu, dass sie ihre Rechtsform als GmbH verliert.

Anmerkung: *Die Parallelvorschrift zu § 4 a GmbHG im Aktienrecht lautet § 5 AktG.*

Das deutsche materielle Gesellschaftsrecht lässt somit eine Verlegung des Verwaltungssitzes der GmbH nach Frankreich zu, wo sie gemäß § 4 a GmbHG auch als GmbH fortbesteht.

2. Recht des neuen Sitzstaates

   Ob das nach Maßgabe der Sitztheorie anwendbare französische materielle Recht des neuen Sitzstaates die Gesellschaft in Frankreich als GmbH anerkennt, kann dahinstehen, da innerhalb der EU aus der Entscheidung *Überseering* folgt, dass das Recht des neuen Sitzstaates die Rechtsform des Gründungsstaates anzuerkennen hat, wenn der Gründungsstaat dem Wegzug zustimmt. Dies war hier der Fall (s.o.).

II. Die A-GmbH besteht daher als GmbH in Frankreich fort.

1. Abwandlung: Der Verwaltungssitz wird außerhalb der EU in ein Land gelegt, das der Gründungstheorie folgt. Besteht die Gesellschaft dort als GmbH fort?

203 Der neue Sitzstaat folgt der Gründungstheorie. Nach der Gründungstheorie ist das Recht anwendbar, nach dem die Gesellschaft gegründet wurde. Die GmbH wurde in Deutschland gegründet. Die Gründungstheorie verweist damit auf deutsches Recht zurück. Das deutsche Recht nimmt die Rückverweisung gemäß § 4 Abs. 1 S. 2 EGBGB an. Damit ist deutsches Sachrecht auf den Wegzug anwendbar. Nach deutschem Sachrecht (§ 4 a GmbHG) führt die Verlegung des Verwaltungssitzes ins Ausland weder dazu, dass die Gesellschaft aufgelöst wird, noch dazu, dass sie ihre Rechtsform als GmbH verliert (s.o.). Die Gesellschaft besteht also in diesem Staat als GmbH fort.

2. Abwandlung: Der Verwaltungssitz wird außerhalb der EU in ein Land gelegt, das der Sitztheorie folgt. Besteht die Gesellschaft dort als GmbH fort?

204 Der neue Sitzstaat folgt der Sitztheorie. Damit wird auf das materielle Gesellschaftsrecht des neuen Sitzstaates verwiesen. Das materielle Gesellschaftsrecht dieses ausländischen Sitzstaates kennt wegen des *numerus clausus* der Gesellschaftsformen seiner Rechtsordnung aber keine GmbH deutschen Rechts. Da die Gründungsvorschriften des neuen Sitzstaates nicht eingehalten wurden und nach h.M. eine Transposition der deutschen GmbH in eine äquivalente Gesellschaft mit beschränkter Haftung nach dem Recht des neuen Sitzstaates nicht möglich ist,[428] hat die Verlegung des Verwaltungssitzes nach dem Recht dieses Staates damit grundsätzlich die Auflösung der GmbH zur Folge. Etwas anderes gilt nur dann, wenn das Recht des neuen Sitzstaates die GmbH als Perso-

---

428 S.o., Fall 27 Überseering Rdnr. 189 ff.

nengesellschaft („Wechselbalg“) anerkennt. Sie verlöre dann nur ihre Rechtsform, nicht aber ihre Rechtsfähigkeit.

V. Ultra-vires-Lehre

Im angloamerikanischen Recht ist die Vertretungsmacht der Organe einer Gesellschaft 205
auf die Geschäfte beschränkt, die vom Gesellschaftszweck gedeckt sind. Geschäfte außerhalb der Satzung sind nichtig (*Cotman v. Brougham*). Jedoch gilt Art. 12 EGBGB bei Gutgläubigkeit analog.[429] Seit dem EG-Beitritt Englands gilt diese Lehre dort im Verhältnis zu den anderen Mitgliedstaaten jedoch nicht mehr.

VI. Enteignung der juristischen Person

Eine Enteignung ist jede durch Gesetz oder Einzelakt erfolgende Entziehung oder 206
gleichwirkende Einschränkung von Vermögen. Enteignungen sind auf das eigene Hoheitsgebiet des Staates beschränkt. Deshalb ist fraglich, wie Enteignungen globaler Gesellschaften, also solcher mit Vermögen im Ausland, zu behandeln sind. Nach der herrschenden **Spaltungstheorie** sind Enteignungen grds. auf die Teile der juristischen Person beschränkt, die sich auf dem eigenen Staatsgebiet befinden. Im Inland kann eine Spaltgesellschaft übrig bleiben. Außerhalb des enteignenden Staates besteht die Gesellschaft als Restgesellschaft weiter.[430]

VII. Anknüpfung bei Konzernen

Konzerne sind Unternehmenszusammenschlüsse, in denen die Unternehmen rechtlich 207
selbstständig bleiben. Jedes Unternehmen unterliegt dabei seinem eigenen Gesellschaftsstatut. Grenzüberschreitende Unternehmen unterliegen dem Recht der jeweils hauptbetroffenen Gesellschaft.

Im Unterordnungskonzern, d.h. einem herrschenden und mindestens einem abhängigen Unternehmen, richten sich intern die Konzernrechtsbeziehungen zum Schutz des Schwächeren **nach dem jeweils abhängigen Unternehmen**. Im Gleichordnungskonzern werden beide Gesellschaftsstatute, evtl. nach einer Anpassung, beachtet.[431]

VIII. Die Europäische Aktiengesellschaft (SE)

Die Europäische Aktiengesellschaft (Societas Europaea [SE]) beruht auf der EG-Verord- 208
nung über das Statut der Europäischen Aktiengesellschaft. Diese Gesellschaftsform steht europaweit seit dem 08.10.2004 nicht nur in einer Variante mit dualistischer Leitungsstruktur (Leitungs- und Aufsichtsorgan), sondern auch in einer solchen mit monistischer Leitung (Verwaltungsorgan) zur Verfügung.[432] Nach anfänglicher Zurückhal-

---

429 Palandt/Heldrich Anh. Art. 12 EGBGB Rdnr. 7; von Bar, Band II, Rdnr. 637, 640 m.w.N.

430 Soergel/von Hoffmann Anh. Art. 38 EGBGB Rdnr. 76; von Hoffmann/Thorn § 7 Rdnr. 33 f.

431 Von Bar, Band II, Rdnr. 646; von Hoffmann/Thorn § 7 Rdnr. 35 f.

432 Vgl. Kloster EuZW 2003, 293 ff.; Eidenmüller JZ 2004, 24, 31; Heidinger DNotZ 2005, 97, 117.

tung erfreut sich die SE zunehmend größerer Beliebtheit, was vielfältige Gründe hat. Dies betrifft beispielsweise ein flexibler zu gestaltendes Mitbestimmungsrecht, insbesondere aber auch die Eignung der SE, grenzüberschreitende Umwandlungen oder Satzungssitzverlegungen zu bewältigen.

C. Zuständigkeit im Anwendungsbereich der EuGVVO

Fall 31: Die Limited vor Gericht

B hat die B-Ltd., eine private limited company nach englischem Recht gegründet, die in Birmingham registriert ist und ihren tatsächlichen Verwaltungssitz in Köln hat. Die B-Ltd. nimmt, vertreten durch B, in Deutschland Geschäftsverbindungen mit dem deutschen Geschäftsmann K auf. Bald kommt es zu Unstimmigkeiten. K verlangt Schadensersatz für von der B-Ltd. gelieferte fehlerhafte Produkte. Die B-Ltd. beruft sich gegenüber K auf ihr begrenztes Haftungskapital von einem Pfund. Um den B direkt verklagen zu können, will K mit einer Nichtigkeitsklage vor dem LG Köln feststellen lassen, dass die Gesellschaft gar nicht existiert, da er der Auffassung ist, dass die Gesellschaft nicht wirksam gegründet worden sei.
Ist das LG Köln international zuständig?

209 **Internationale Zuständigkeit deutscher Gerichte**

Die internationale Zuständigkeit der deutschen Gerichte könnte sich aus der EuGVVO ergeben. Dann müsste diese Verordnung anwendbar sein.

I. **Anwendbarkeit der EuGVVO**

1. **Sachlicher Anwendungsbereich der EuGVVO**

Die EuGVVO ist gemäß ihrem Art. 1 Abs. 1 auf Zivil- und Handelssachen anzuwenden. Hierunter fällt auch die Klage auf Feststellung der Nichtigkeit der Gesellschaft.

2. **Zeitlicher Anwendungsbereich**

Gemäß Art. 76 EuGVVO ist die Verordnung am 01.03.2002 in Kraft getreten. Da die Klage nach diesem Datum erhoben wird (vgl. Art. 66 EuGVVO), ist der zeitliche Anwendungsbereich gegeben.

3. **Räumlich-persönlicher Anwendungsbereich**

Gemäß Art. 2 Abs. 1 EuGVVO muss der Beklagte seinen Wohnsitz im Hoheitsgebiet eines Mitgliedstaates haben. Beklagte ist die B-Ltd., eine Gesellschaft. Der „Wohnsitz" von Gesellschaften und juristischen Personen wird durch Art. 60 EuGVVO autonom bestimmt. Danach ist alternativ deren satzungsmäßiger Sitz, deren Hauptverwaltung oder deren Hauptniederlassung maßgeblich. Die B-Ltd. ist in England registriert, sodass sie dort ihren satzungsmäßigen Sitz hat. Die Hauptverwaltung der B-Ltd. befindet sich in Deutschland. Die B-Ltd. hat somit in jedem Fall ihren „Wohnsitz" in einem Mitgliedstaat. Damit ist der räumlich-persönliche Anwendungsbereich eröffnet.

II. Ermittlung des nach der EuGVVO maßgeblichen Gerichtsstandes

Die deutschen Gerichte könnten nach Art. 22 Nr. 2 EuGVVO ausschließlich zuständig sein.

Die Klage des K hat die Nichtigkeit der Gesellschaft zum Gegenstand, sodass es sich um eine vom Anwendungsbereich der Vorschrift erfasste Klage handelt. Nach Art. 22 Nr. 2 S. 1 EuGVVO sind die Gerichte des Staates international zuständig, in dessen Hoheitsgebiet die juristische Person ihren Sitz hat. Nach Art. 22 Nr. 2 S. 2 EuGVVO wendet das Gericht bei der Entscheidung darüber, wo sich der Sitz befindet, die Vorschriften seines Internationalen Privatrechts an.

Deutschland folgt der Sitztheorie, sodass grundsätzlich auf den tatsächlichen Sitz der Verwaltung abzustellen wäre und die deutschen Gerichte damit international zuständig wären.

1. Verstoß gegen die Niederlassungsfreiheit?

Dieses Ergebnis könnte jedoch gegen die Niederlassungsfreiheit, Art. 49, 54 EGV, verstoßen.

Ein Verstoß gegen die Niederlassungsfreiheit ergibt sich jedoch nicht schon allein aus der Tatsache, dass ein Gericht auf Grundlage der EuGVVO seine Zuständigkeit für eine gesellschaftsrechtliche Streitigkeit annimmt.[433] Zudem folgen die deutschen Gerichte auf der (kollisionsrechtlichen) Ebene des anzuwendenden Rechts im Rahmen der Vorgaben des EuGH der Gründungstheorie, sodass sich auch hieraus nichts für einen Verstoß gegen die Niederlassungsfreiheit ergibt.[434]

Danach würde die Beibehaltung der Sitztheorie auf der Ebene des europäischen IZVR keinen Verstoß gegen die Niederlassungsfreiheit darstellen. Die deutschen Gerichte könnten somit unter Anwendung ihres Internationalen Privatrechts (Art. 22 Nr. 2 S. 2 EuGVVO) auf den tatsächlichen Sitz der Gesellschaft abstellen und damit ihre ausschließliche internationale Zuständigkeit annehmen.

2. Übergang zur Gründungstheorie

Teilweise wird jedoch vorgeschlagen, auch auf der Ebene des europäischen IZVR zur Gründungstheorie überzugehen:[435]

- Trotz einiger Schwierigkeiten lasse sich die Geltung des Gründungsrechts auf Dauer nicht von der Handhabung durch die Gerichte des Gründungsstaates trennen, da in einem Rechtssystem materielles Recht und (prozessuale) Entscheidungsmacht **eng miteinander verbunden** seien.[436]

433 Vgl. Zimmer ZHR 168 (2004), 355, 361; Geimer/Schütze, Europäisches Zivilverfahrensrecht, 2. Aufl. 2004, Art. 22 EuGVVO Rdnr. 213.

434 Vgl. Schillig IPRax 2005, 208, 217 f.

435 Schillig IPRax 2005, 208, 218.

436 Vgl. insoweit auch die Bedenken Altmeppens gegen die Anwendung von 25 verschiedenen Gesellschaftsrechten durch einen inländischen Richter, des Weiteren Staudinger/Großfeld, Int. GesR, Rdnr. 243.

- Es sei **mit dem Sinn der EuGVVO nicht vereinbar**, grundsätzlich auf der Ebene des anzuwendenden Sachrechts zur Gründungstheorie überzugehen, sich für die Sitztheorie im Rahmen des IZVR aber eine Nische vorzubehalten.
- Erstrebenswert sei daher ein **Gleichlauf** zwischen IZVR und IPR.

Die Folge wäre, dass deutsche Gerichte den Sitz der Gesellschaft im Rahmen des Art. 22 Nr. 2 S. 2 EuGVVO mit der Gründungstheorie ermitteln müssten. Entscheidend ist danach, dass die Gesellschaft in England inkorporiert wurde und dort ihren satzungsmäßigen Sitz hat. Somit wären vorliegend die englischen Gerichte ausschließlich zuständig.

---

3. Abschnitt: Internationales Schuldvertragsrecht

A. Verfahrensrecht

210 Für das Verfahrensrecht gelten im Geltungsbereich der EuGVVO *insbesondere*

- die stets zu beachtenden Vorschriften der Art. 15–17 EuGVVO über die Zuständigkeit bei **Verbrauchersachen**;
- bei einer Gerichtsstandsvereinbarung der *ausschließliche* Gerichtsstand des Art. 23 Abs. 1 EuGVVO;
- der *allgemeine* Gerichtsstand am Wohnsitz des Beklagten, Art. 2 Abs. 1 EuGVVO;
- der *besondere* Gerichtsstand des Erfüllungsortes, Art. 5 Nr. 1 EuGVVO.[437]

Für die **Restzuständigkeit** gelten mangels vorrangiger staatsvertraglicher Regelungen die Regeln über die **Doppelfunktionalität der ZPO**, *insbesondere*

- der *ausschließliche* Gerichtsstand des § 29 a ZPO für Ansprüche aus Miet- oder Pachtverhältnissen;
- der *allgemeine* Gerichtsstand am Wohnsitz des Beklagten, §§ 12, 13 ZPO;
- der *besondere* Gerichtsstand des Erfüllungsortes, § 29 ZPO;
- der *besondere* Gerichtsstand für Haustürgeschäfte, § 29 c ZPO;
- bei einer Gerichtsstandsvereinbarung die §§ 38–40 ZPO.

B. Vereinheitlichtes Sachrecht: UN-Kaufrecht (CISG)

I. Allgemeines

211 Bei Auslandssachverhalten ist das Wiener Übereinkommen der Vereinten Nationen über Verträge über den internationalen Warenkauf[438] (CISG) als international verein-

---

437 S.o. 2. Teil Rdnr. 113 ff.

438 United Nations Convention on Contracts for the International Sale of Goods, CISG; Jayme/Hausmann Nr. 77; Schönfelder Ergänzungsband, Nr. 50 c.

heitlichtes Sachrecht **vorrangig** zu prüfen. Ist es anwendbar, bedarf es im Rahmen seines Anwendungsbereichs keiner kollisionsrechtlichen Prüfung mehr. Es ist seit dem 01.01.1988 in Kraft. 78 Staaten haben das CISG mittlerweile ratifiziert.[439] Das für die Wirksamkeit in Deutschland erforderliche Zustimmungsgesetz ist seit dem 01.01.1991 in Kraft.

II. Systematik/Besonderheiten

Das CISG regelt den Vertragsschluss selbst und die Durchführung des Vertrages. Verträge kommen durch Angebot und Annahme zustande, wobei **Angebote** jedoch grundsätzlich **frei widerruflich** sind, Art. 16 Abs. 1 CISG. 212

Das CISG trifft keine Unterscheidung zwischen Unmöglichkeit, Verzug, pVV, Haupt- und Nebenpflichten. Es kennt stattdessen nur den **einheitlichen Leistungsstörungstatbestand** der **„wesentlichen Vertragsverletzung"**, Art. 25 CISG.

Beispiel: Eine solche wesentliche Vertragsverletzung stellt etwa die **fehlende Vertragsgemäßheit der Ware**, Art. 35 CISG, dar. Die Rechte des Käufers bestimmen sich in diesem Fall **ausschließlich** nach Art. 45 CISG. Das **nationale Vertragsrecht** wäre nach h.M. auch dann **nicht anwendbar**, wenn dieses das Vertragsstatut darstellte und der Käufer unter den Voraussetzungen des § 119 Abs. 2 BGB über die Vertragsgemäßheit der Ware einem Irrtum unterläge.[440] Zwar ist die Anfechtung im CISG selbst nicht geregelt. Bei nicht vertragsgemäßer Ware ist Art. 45 CISG jedoch abschließend.

Die Rechte des Käufers sind in den Art. 45 ff. CISG, die des Verkäufers in den Art. 61 ff. CISG geregelt.

Teile des UN-Kaufrechts lieferten insofern das Vorbild für die Schuldrechtsreform: einheitlicher Tatbestand der Vertragsverletzung (vgl. § 280 Abs. 1 S. 1 BGB), sowie die weitere Systematik der Rechtsbehelfe: 1. Erfüllung bzw. Nacherfüllung, 2. Anspruch auf Schadensersatz, 3. Vertragsaufhebung.

Ein Verschulden ist für die Vertragshaftung grundsätzlich nicht erforderlich, allerdings gelten bestimmte Befreiungsgründe (Art. 79, 80 CISG).

Das UN-Kaufrecht ist grundsätzlich eher **verkäuferfreundlich**, beispielsweise liegt sowohl der **Erfüllungsort** für die Hauptleistungspflicht des Verkäufers (Lieferung der Ware, Art. 31 lit. a) CISG) als auch für die Hauptleistungspflicht des Käufers (Bezahlung des Kaufpreises, Art. 57 lit. a) CISG) mangels anderer Vereinbarung **grundsätzlich beim Verkäufer**.

Die Parteien können das UN-Kaufrecht ausdrücklich oder konkludent abwählen, Art. 6 CISG.

III. Nicht erfasste Bereiche/Lückenfüllung

Das CISG regelt zwar den Vertragsabschluss (Art. 14–24 CISG) und die sich aus dem Vertrag ergebenden Rechte und Pflichten, Art. 4 S. 1 CISG.[441] Das UN-Kaufrecht betrifft jedoch von vornherein nicht: 213

439 Eine Liste der Beitrittsstaaten findet sich am Ende des CISG; der jeweils aktuelle Ratifikationsstand kann auf der Homepage http://www.cisg-online.ch eingesehen werden; vgl. auch Buschbaum IPRax 2004, 546; Piltz NJW 2009, 2258 ff.

440 Staudinger/Magnus Art. 4 CISG Rdnr. 48 ff.; von Hoffmann/Thorn § 10 Rdnr. 24.

441 Vgl. Piltz NJW 2005, 2126, 2127.

- gemäß Art. 4 lit. a) CISG die Gültigkeit des Vertrages, einzelner Bestimmungen oder Gebräuche;
- gemäß Art. 4 lit. b) CISG die dinglichen Wirkungen des Vertrages;
- gemäß Art. 5 CISG die Haftung für Personenschäden;
- die Haftung aus Verschulden bei Vertragsschluss (c.i.c.),[442] die deliktisch eingeordnet wird.

Hierbei handelt es sich um sog. ***externe Lücken***, die nach dem (Vertrags- oder Delikts-) Statut zu entscheiden sind, das durch das IPR der *lex fori* ermittelt wurde.[443]

Interne Lücken, die **den Vertrag selbst betreffen**, sind gemäß Art. 7 Abs. 2 CISG primär nach den Grundsätzen, die dem UN-Kaufrecht zugrunde liegen, zu füllen und ansonsten nach dem Vertragsstatut, das nach den Kollisionsnormen der *lex fori*, in Deutschland also nach den Art. 3 ff. Rom I-VO, zu ermitteln ist.[444]

Ein Beispiel für eine interne Lücke, die abkommensautonom zu schließen war, ist die Verzinsung von Geldschulden.[445]

Klausurhinweis: *Für die Falllösung bedeutet dies, dass der Fall auch bei der Anwendung von UN-Kaufrecht vor allem auf externe Lücken hin zu überprüfen ist, um doch noch zur Anwendung der Rom I-VO zu kommen.*

Fall 32: Pizzakauf nach dem UN-Kaufrecht

Der in Deutschland ansässige D hat im März 2013 mit der Pizzafabrik des I in Italien einen Vertrag über die Lieferung von 1.000 Rohpizzen für das italienische Restaurant des D geschlossen. Nach der Zahlung des Preises stellt sich heraus, dass die Pizzen von schlechter Qualität sind, weil in der Fabrik des I anstelle von Salz Zucker in den Fertigteig eingebacken wurde. D will sein Geld zurück. I beruft sich auf die Unwirksamkeit des Vertrages.

Zusatzfrage:

Hätte die Anwendbarkeit von UN-Kaufrecht mit einer Vertragsklausel ausgeschlossen werden können, derzufolge deutsches Recht auf den Vertrag anwendbar ist?

214 I. Aus der grenzüberschreitenden Versendung der Pizzen ergibt sich ein Auslandssachverhalt. Bei Sachverhalten mit **Auslandsberührung** ist gemäß Art. 3 EGBGB zunächst das auf den Sachverhalt anzuwendende Recht mithilfe des IPR zu ermitteln.

II. Einer kollisionsrechtlichen Anknüpfung bedarf es jedoch dann nicht, wenn schon **vereinheitlichtes Sachrecht** als materiell anwendbares Recht auf den Fall anwendbar ist. Als solches kommt hier das UN-Kaufrecht (CISG) in Betracht. Möglicherweise kann D deshalb gemäß Art. 74, 25 CISG Schadensersatz für eine wesentliche Vertragsverletzung durch I verlangen. Hierfür müsste das **CISG anwendbar** sein.

---

442 MünchKomm/Westermann Art. 7 CISG Rdnr. 13; Daun JuS 1997, 811, 816 m.w.N.
443 MünchKomm/Westermann Art. 7 CISG Rdnr. 10.
444 MünchKomm/Westermann Art. 7 CISG Rdnr. 12; Kropholler, IPR, 52 IV 2 d).
445 MünchKomm/Westermann Art. 7 CISG Rdnr. 13.

1. **Räumlich-persönlicher Anwendungsbereich**

Der räumliche Anwendungsbereich des CISG ist gemäß Art. 1 Abs. 1, 10 lit. b) CISG eröffnet, wenn die Parteien ihre Niederlassungen bzw. ihren Aufenthalt in verschiedenen Staaten haben, was gemäß Art. 1 Abs. 2 CISG für die Parteien auch erkennbar gewesen sein muss.

Überdies müssen die Niederlassungsstaaten gemäß Art. 1 Abs. 1 lit. a) CISG beide Vertragsstaaten sein oder das Kollisionsrecht des Forums muss das Recht eines Vertragsstaates für anwendbar erklären, Art. 1 Abs. 1 lit. b) CISG.

Allerdings können die Vertragsstaaten die Anwendung des Art. 1 Abs. 1 lit. b) CISG durch Vorbehalt ausschließen (Art. 95 CISG). Nach Art. 2 des deutschen Zustimmungsgesetzes zum UN-Kaufrecht[446] ist Art. 1 Abs. 1 lit. b) CISG nicht anzuwenden, wenn das inländische IPR zum Recht eines solchen Vorbehaltsstaates führt.

Vorliegend ergibt sich die räumliche Anwendbarkeit des CISG aus Art. 1 Abs. 1 lit. a) CISG, da sowohl Deutschland als auch Italien Vertragsstaaten des Übereinkommens sind und die Parteien in den jeweiligen Staaten ihre Niederlassungen haben.

2. **Sachlicher Anwendungsbereich**

Der sachliche Anwendungsbereich ist eröffnet, wenn die Parteien einen **Kaufvertrag** i.S.d. Art. 1 Abs. 1 CISG oder einen **Werklieferungsvertrag** i.S.d. Art. 3 Abs. 1 CISG geschlossen haben.

- Ein Kaufvertrag muss die **entgeltliche Lieferung von Waren** zum Gegenstand haben, wobei mit dem Begriff Ware **nur bewegliche Gegenstände**,[447] nicht dagegen Immobilien, Rechte oder Werklieferungsverträge gemäß Art. 3 Abs. 1 CISG erfasst werden. Weiterhin ist erforderlich, dass die Ware nicht für den persönlichen Gebrauch bestimmt ist, Art. 2 lit. a) CISG.

  Ob die Vertragsparteien Kaufleute oder Verbraucher sind, ist für die Anwendbarkeit des CISG dagegen genauso unerheblich wie ihre Staatsangehörigkeit, Art. 1 Abs. 3 CISG.

- Ein Werklieferungsvertrag muss die **Lieferung herzustellender oder zu erzeugender Ware** zum Gegenstand haben. Dieser ist gemäß Art. 3 Abs. 1 CISG den Kaufverträgen ausdrücklich gleichgestellt.

Bei der Bestellung von den Rohpizzen, die bei I produziert werden, handelt es sich um einen Vertrag, der die Lieferung noch herzustellender Ware zum Gegenstand hat. I und D haben somit einen Werklieferungsvertrag i.S.d. Art. 3 Abs. 1 CISG geschlossen. Der sachliche Anwendungsbereich des CISG ist damit eröffnet.

3. **Zeitlicher Anwendungsbereich**

Zudem ist das CISG zeitlich nur anwendbar, wenn das Vertragsangebot abgegeben wurde, nachdem das UN-Kaufrecht in den beteiligten Vertragsstaaten in Kraft getreten ist.

446 Jayme/Hausmann, Nr. 77 a.

447 Hierunter fallen auch Tiere und Software, vgl. Piltz NJW 2005, 2126, 2127 m.w.N.

In Deutschland ist das CISG seit dem 01.01.1991 fester Bestandteil der deutschen Rechtsordnung. In Italien gilt das CISG seit dem 01.01.1988.[448] Somit waren beide Staaten im Zeitpunkt der Abgabe des Vertragsangebots im März 2013 Vertragsstaaten des CISG.

Damit fällt der Vertragsschluss von D und I in den Anwendungsbereich des Kaufrechtsübereinkommens. Das UN-Kaufrecht bildet daher das auf den Vertrag anzuwendende Sachrecht.

III. Ansprüche nach UN-Kaufrecht

215 Das CISG kennt nur einen Nichterfüllungstatbestand, den der „wesentlichen Vertragsverletzung" (Art. 25 CISG). Es wird nicht zwischen verschiedenen Formen der Leistungsstörung unterschieden.

OLG Frankfurt:[449] „Wesentlich ist eine Vertragsverletzung dann, wenn der Vertragszweck durch sie so ernsthaft gefährdet ist, dass für die betroffene Vertragspartei infolge der Vertragsverletzung das Interesse an der Durchführung des Vertrags wegfällt."

Voraussetzung für das Bestehen eines Schadensersatzanspruchs des D ist folglich das Vorliegen einer wesentlichen Vertragsverletzung durch I i.S.d. Art. 49 Abs. 1 lit. a), 25 CISG. Eine Pizza aus Zuckerteig entspricht keiner ordnungsgemäßen Leistung. Eine Pizza ist durch andere Inhaltsstoffe gekennzeichnet und als Zuckerteig unverkäuflich. Eine wesentliche Leistungspflichtverletzung, hier sogar die Verletzung der Hauptleistungspflicht, ist durch I gegeben.

Für die Vertragshaftung ist grds. kein Verschulden erforderlich. Befreiungsgründe gemäß der Art. 79, 80 CISG liegen nicht vor.

Demnach hat D nach dem CISG einen Anspruch auf Schadensersatz gegen I.

IV. Bestimmung des Vertragsstatuts nach autonomem Kollisionsrecht

216 I beruft sich jedoch auf die Nichtigkeit des Vertrages. Das UN-Kaufrecht umfasst nicht alle Fragen, die im Zusammenhang mit dem Vertrag entstehen. So sind zwar der Abschluss des Kaufvertrages und die hieraus erwachsenden Rechte und Pflichten der Parteien umfasst, nicht aber die Gültigkeit des Vertrags bzw. dessen Ungültigkeit oder einzelner Vertragsbestimmungen sowie diejenigen Wirkungen, die der Vertrag auf das Eigentum an der verkauften Sache haben kann (Art. 4 lit. a) und lit. b) CISG). Diese Fragen werden durch das Vertragsstatut beantwortet. Bei Schuldverträgen (wie z.B. dem Kauf) wird dies durch die Rom I-VO bestimmt.

Eine ausdrückliche oder konkludente Rechtswahl liegt nicht vor, Art. 3 Rom I-VO. Das Vertragsstatut ist somit objektiv nach Art. 4 Rom I-VO zu bestimmen. Nach Art. 4 Abs. 1 lit. a) Rom I-VO unterliegen Kaufverträge über bewegliche Sachen dem Recht des Staates, in dem der Verkäufer seinen gewöhnlichen Aufenthalt hat. Als Kaufverträge i.S.d. Art. 4 Abs. 1 lit. a) Rom I-VO werden auch Werklieferungsverträge qualifiziert.[450] Der Unternehmer I hat seinen gewöhnlichen Aufenthalt in Italien. Anhalts-

---

448 Gesetz Nr. 765/1985 v. 11.12.1985, Supplemeto Ordinaria alla Gazetta Ufficiale No. 303 v. 27.12.1985.

449 OLG Frankfurt NJW 1992, 633.

450 MünchKomm/Martiny Art. 4 Rom I-VO Rdnr. 14.

punkte für eine Widerlegung der Vermutung nach Art. 4 Abs. 3 Rom I-VO bestehen nicht. Verwiesen wird somit auf die Sachvorschriften des italienischen Rechts, Art. 20 Rom I-VO. Die italienischen materiellen Vorschriften beurteilen folglich die Frage der Wirksamkeit des Vertrages.

Zusatzfrage:

Auch im Anwendungsbereich des UN-Kaufrechts ist eine Rechtswahl der Parteien grundsätzlich zulässig mit der Folge, dass die Anwendung des CISG ausgeschlossen werden kann (Art. 6 CISG). Die Zulässigkeit einer solchen Rechtswahl richtet sich nach autonomem Recht, hier also nach Art. 3 Rom I-VO.

An der Anwendbarkeit des CISG ändert sich jedoch nichts, wenn die Parteien – bei unterstellter Gültigkeit der Rechtswahl nach Art. 3 Rom I-VO – die Anwendung deutschen Rechts vereinbaren. Da das CISG über Art. 59 Abs. 2 GG den Rang einfachen Bundesrechts hat, ist es Bestandteil der deutschen Rechtsordnung und somit durch die Parteien nicht abgewählt worden, sofern sich nicht ein insoweit gegenteiliger Parteiwille ergibt.[451]

Um die Anwendung des CISG auszuschließen, aber dennoch zur Anwendung deutschen Rechts zu kommen, hätten die Parteien daher vereinbaren müssen, dass auf den Vertrag deutsches Recht unter Ausschluss des UN-Kaufrechts (CISG) anwendbar ist.

Fall 33: 1. Abwandlung zu Fall 32

D verkauft die Pizzen im Frühjahr 2013 weiter nach England an die Fast-Food-Kette des B. B verlangt vor deutschen Gerichten Schadensersatz gegen D.

Was ändert sich an der Anwendbarkeit des CISG im Hinblick auf den Ausgangsfall?

I. Räumlicher Anwendungsbereich 217

1. Der räumliche Anwendungsbereich ist gemäß Art. 1 Abs. 1 lit. a) CISG dann eröffnet, wenn die Staaten, in denen die Parteien ihre Niederlassungen haben, Vertragsstaaten des CISG sind. Zwar ist Deutschland Vertragsstaat (siehe Ausgangsfall), allerdings nicht Großbritannien. Über Art. 1 Abs. 1 lit. a) CISG lässt sich der räumliche Anwendungsbereich daher nicht begründen.

2. Eine andere Möglichkeit, um zur Anwendbarkeit des CISG zu kommen, ist die **kollisionsrechtliche Vorschaltlösung**. Gemäß Art. 1 Abs. 1 lit. b) CISG ist das CISG auch dann räumlich anwendbar, wenn das vom Gericht des Forums – dieses muss nicht in einem Vertragsstaat liegen – anzuwendende Kollisionsrecht auf das Recht eines Vertragsstaates verweist.[452]

451 Vgl. BGH IPRspr 1997, Nr. 43.
452 Vgl. OLG Frankfurt NJW 1992, 633.

Dies hat zur Folge, dass auch ohne ausdrückliche Rechtswahl alle Exportgeschäfte deutscher Verkäufer dem UN-Kaufrecht unterliegen, da gemäß Art. 4 Abs. 1 lit. a) Rom I-VO auf das Recht des Verkäufers verwiesen wird und Deutschland Vertragsstaat ist.[453]

Zu beachten ist, dass die Vertragsstaaten gem. Art. 95 CISG den Vorbehalt erklären können, dass Art. 1 Abs. 1 lit. b) CISG nicht verbindlich sein soll. Die Bundesrepublik Deutschland hat in Art. 2 ihres Zustimmungsgesetzes erklärt, Art. 1 Abs. 1 lit. b) CISG dann nicht anzuwenden, wenn der Staat, auf den das deutsche IPR verweist, seinerseits einen Vorbehalt nach Art. 95 CISG erklärt hat.

Die Bestimmung des Vertragsstatuts nach deutschem IPR richtet sich nach Art. 4 Abs. 1 Rom I-VO, da die Parteien keine Rechtswahl getroffen haben. Gemäß Art. 4 Abs. 1 lit. a) Rom I-VO unterliegt ein Kaufvertrag über bewegliche Sachen dem Recht des Staates, in dem der Verkäufer seinen gewöhnlichen Aufenthalt hat. Der Verkäufer D hat seinen gewöhnlichen Aufenthalt in Deutschland. Damit verweist das deutsche Kollisionsrecht auf deutsches Recht, mithin auf das Recht eines Vertragsstaates. Deutschland hat auch keinen Vorbehalt nach Art. 95 CISG erklärt. Die Voraussetzungen von Art. 1 lit. b) CISG sind erfüllt.

Damit ist das CISG räumlich anwendbar.

II. Sachlicher Anwendungsbereich

Gem. Art. 1 Abs. 1 CISG ist das UN-Kaufrecht auf Kaufverträge über die **entgeltliche Lieferung von Waren** anwendbar. Bei den Pizzen handelt es sich um bereits hergestellte bewegliche Gegenstände und damit um Waren. Diese sollen auch an B verkauft werden, sodass es sich um einen Warenlieferungskauf i.S.d. Art. 1 Abs. 1 CISG handelt.

Nach Art. 2 lit. a) CISG ist UN-Kaufrecht auf Warenkäufe nur dann nicht anwendbar, wenn die Waren für den persönlichen Gebrauch sind. Es kommt also nicht darauf an, ob eine Partei Kaufmann oder Nichtkaufmann ist. Auch B hat vor, die Pizzen kommerziell für seine Fast-Food-Kette zu nutzen, sodass es sich nicht um Ware für den persönlichen Gebrauch handelt.

Das CISG ist damit auch sachlich anwendbar.

III. Zeitlicher Anwendungsbereich

Das Vertragsangebot wurde im Frühjahr 2013 und damit zu einem Zeitpunkt abgegeben, zu dem das CISG für den in Art. 1 Abs. 1 lit. b) CISG genannten Vertragsstaat, hier Deutschland, schon in Kraft ist, Art. 100 Abs. 1 CISG.

Das UN-Kaufrecht ist damit auch in zeitlicher Hinsicht anwendbar und bildet daher das auf den Vertrag anzuwendende Sachrecht.

---

453 OLG Düsseldorf IHR 2005, 24; Staudinger/Magnus Art. 1 CISG Rdnr. 93; Piltz NJW 2005, 2126, 2127.

Fall 34: 2. Abwandlung zu Fall 32

B aus England bestellt daraufhin bei dem Pizzagroßhändler V aus den USA Pizzen für seine Fast-Food-Kette. Auch diese sind jedoch verdorben. B verlangt vor englischen Gerichten Schadensersatz von V. Was ändert sich an der Anwendbarkeit des CISG im Hinblick auf die 1. Abwandlung?

Der **räumliche Anwendungsbereich** des CISG müsste eröffnet sein. 218

1. Dies ist gemäß Art. 1 Abs. 1 lit. a) CISG dann der Fall, wenn die Staaten, in denen die Parteien ihre Niederlassungen haben, Vertragsstaaten des CISG sind. Zwar sind die Vereinigten Staaten seit dem 01.01.1988 Vertragsstaat, allerdings nicht Großbritannien. Über Art. 1 Abs. 1 lit. a) CISG lässt sich der räumliche Anwendungsbereich daher nicht begründen.

2. Eine andere Möglichkeit, um zur Anwendbarkeit des CISG zu kommen, ist die **kollisionsrechtliche Vorschaltlösung**. Gemäß Art. 1 Abs. 1 lit. b) CISG ist das CISG auch dann räumlich anwendbar, wenn das vom Gericht des Forums – dieses muss nicht in einem Vertragsstaat sein – anzuwendende Kollisionsrecht auf das Recht eines Vertragsstaates verweist.[454]

   Die Bestimmung des Vertragsstatuts nach englischem IPR richtet sich nach Art. 4 Abs. 1 Rom I-VO, da die Parteien keine Rechtswahl getroffen haben. V und B haben einen Kaufvertrag abgeschlossen. Gemäß Art. 4 Abs. 1 lit. a) Rom I-VO unterliegt ein Kaufvertrag über bewegliche Sachen grundsätzlich dem Recht des Staates, in dem der Verkäufer seinen gewöhnlichen Aufenthalt hat. Verkäufer V hat seinen Sitz in den USA. Damit verweist das deutsche Kollisionsrecht auf amerikanisches Recht, mithin auf das Recht eines Vertragsstaates. Das UN-Kaufrecht wäre damit grundsätzlich in räumlicher Hinsicht anwendbar.

   Die USA haben jedoch den Vorbehalt des Art. 95 CISG erklärt.[455] Danach ist Art. 1 Abs. 1 lit. b) CISG nicht verbindlich. Dies hat zur Folge, dass über Art. 1 lit. b) CISG vorliegend nicht die räumliche Anwendbarkeit von UN-Kaufrecht begründet werden kann.

UN-Kaufrecht ist folglich nicht anwendbar. Das anzuwendende Sachrecht ist daher kollisionsrechtlich zu bestimmen. Das Ergebnis der im Rahmen des Art. 1 Abs. 1 lit. b) CISG vorgenommenen IPR-Prüfung kann dabei übernommen werden. Danach ist Art. 4 Abs. 1 lit. a) Rom I-VO anwendbar, sodass auf US-amerikanisches Kaufrecht verwiesen wird, da der Verkäufer sich in den USA befindet. Da die USA ein Staat mit mehreren Teilrechtsordnungen sind, wäre grundsätzlich noch eine **Unteranknüpfung** nach Art. 4 Abs. 3 EGBGB vorzunehmen.[456] Im Schuldvertragsrecht kann die maßgebliche Teilrechtsordnung jedoch eindeutig ermittelt werden, da auf den gewöhnlichen Aufenthalt des Verkäufers abgestellt wird.[457] Das Recht des Staates, in dem V seinen gewöhnlichen Aufenthalt hat, ist folglich auf den Vertrag anwendbar.

---

454 Vgl. OLG Frankfurt NJW 1992, 633.

455 Von der Vorbehaltsmöglichkeit haben bisher auch China, Singapur sowie die tschechische und slowakische Republik Gebrauch gemacht; vgl. Staudinger/Magnus Art. 1 CISG Rdnr. 108.

456 S.o., Fall 6, Rdnr. 57.

457 S.o., Rdnr. 57.

C. Die Rom I-VO

219 Soweit UN-Kaufrecht oder internationale Konventionen nicht anwendbar sind, bestimmen die Art. 3 ff. Rom I-VO als Kollisionsnormen, welches Recht auf Verträge mit Auslandsberührung Anwendung finden soll.

I. Zeitlicher Anwendungsbereich

Zeitlich ist die Rom I-VO gemäß Art. 28 Rom I-VO auf alle Verträge anwendbar, die nach dem 17.12.2009 geschlossen wurden. Für vor diesem Datum geschlossene Verträge bleibt es bei der Anwendbarkeit der Art. 27 ff. EGBGB.[458]

II. Sachlicher Anwendungsbereich

Gemäß Art. 1 Abs. 1 Rom I-VO gilt die Verordnung für vertragliche Schuldverhältnisse in Zivil- und Handelssachen, die eine Verbindung zum Recht verschiedener Staaten aufweisen.

Anmerkung: *Es kommt somit* ***nicht*** *darauf an, dass ein Bezug zu einem oder mehreren Mitgliedstaaten der EU besteht.*

Das durch die Kollisionsnorm ermittelte Vertragsstatut (oft auch als Geschäftsstatut bezeichnet) regelt alles,

- von dem Zustandekommen des Vertrags und seiner Wirksamkeit (Art. 10 Rom I-VO);
- über die Auslegung primärer und sekundärer Leistungspflichten (Art. 12 Abs. 1 lit. a) Rom I-VO);
- die Art und Weise der Erfüllung (Art. 12 Abs. 1 lit. b) Rom I-VO);
- die Folgen der vollständigen oder teilweisen Nichterfüllung der vertraglichen Verpflichtungen (Art. 12 Abs. 1 lit. c) Rom I-VO);
- das Erlöschen und die Durchsetzbarkeit der Pflichten sowie die Folgen der Nichtigkeit der Vertragsabwicklung (Art. 12 Abs. 1 lit. d), e) Rom I-VO).

Bei Auslegungszweifeln gilt nach h.M. die *lex fori*, da Art. 3 Abs. 5 Rom I-VO nicht auf Art. 12 Rom I-VO verweist.

Die Gebiete, die vom Anwendungsbereich der Rom I-VO ausgenommen sind, ergeben sich aus Art. 1 Abs. 2 Rom I-VO. Ausgenommen sind z.B. die Sonderanknüpfungen für die sog. **Teilfragen** (siehe dort).

- Rechts- und Geschäftsfähigkeit einer Person, Art. 1 Abs. 2 lit. a) Rom I-VO und
- Stellvertretung, Art. 1 Abs. 2 lit. g) Rom I-VO. Das Vertragsstatut entscheidet hier lediglich über die Zulässigkeit und die Rechtsfolgen der Stellvertretung.

Über die Wirksamkeit und den Umfang der Vollmacht entscheidet dagegen das Vertretungsstatut, sodass insofern eine **Teilfrage** aufgeworfen wird, die selbstständig anzu-

458 Palandt/Thorn Art. 28 Rom I-VO Rdnr. 2; Winkler/Koch/von Mohrenfels, § 5 Rdnr. 6.

knüpfen ist.[459] Die Anknüpfung der **Vollmacht** ist umstritten.[460] Überwiegend wird aus Gründen des **Verkehrsschutzes** an das **Recht des Gebrauchsortes der Vollmacht** angeknüpft.[461]

Die **gesetzliche Vertretung** der Eltern richtet sich nach der h.M. nach Art. 21 EGBGB, des Pflegers nach Art. 24 EGBGB, des Testamentsvollstreckers nach Art. 25 EGBGB und die juristischer Personen nach dem Gesellschaftsstatut.[462]

Besonders darauf hingewiesen sei, dass Schuldverhältnisse aus **Verschulden bei Vertragsverhandlungen** (c.i.c.) **nicht vertraglich, sondern deliktisch** qualifiziert werden, Art. 1 Abs. 2 lit. i) Rom I-VO, Art. 2 Abs. 1, Art. 12 Rom II-VO.

Verwiesen wird gemäß Art. 20 Rom I-VO unmittelbar auf das anzuwendende materielle Vertragsrecht, sodass es sich um eine **Sachnormverweisung** handelt.

D. Anknüpfung eines Vertrags

Welches Sachrecht auf einen Vertrag angewandt werden soll, können die Parteien gem. Art. 3 Rom I-VO selbst bestimmen. Subsidiär wird objektiv angeknüpft (Art. 4 Rom I-VO). **220**

I. Freie Rechtswahl

Die Parteien können durch ausdrückliche oder stillschweigende (konkludente) Vereinbarung bestimmen, welches Recht auf den Vertrag oder Teile des Vertrags angewandt werden soll (sog. *Partei*autonomie). Das Zustandekommen und die Wirksamkeit der Rechtswahl wird gemäß Art. 3 Abs. 5 i.V.m. Art. 10 Abs. 1 Rom I-VO „vorab" nach dem gewählten Recht beurteilt. Die getroffene Rechtswahlvereinbarung wird akzessorisch zu dem geschlossenen Hauptvertrag angeknüpft (*arg. ex.* Art. 3 Abs. 5 i.V.m. Art. 10 Abs. 1 Rom I-VO), sodass Hauptvertrag und Rechtswahlvereinbarung kollisionsrechtlich gleichlaufen.[463] **221**

Eine nachträgliche Rechtswahl gemäß Art. 3 Abs. 2 Rom I-VO führt zum Statutenwechsel. Diese wirkt *ex tunc*, um zu vermeiden, dass der Vertrag verschiedenen Rechtsordnungen unterliegt.[464]

Die Rechtswahl hat auch **Grenzen**. Einige Vorschriften gelten unabhängig von dem gewählten Recht zwingend:

- gemäß Art. 3 Abs. 3 Rom I-VO gilt zwingendes inländisches Recht bei reinen Inlandsfällen;
- gemäß Art. 3 Abs. 4 Rom I-VO kann durch die Rechtswahl nicht von zwingendem Gemeinschaftsrecht abgewichen werden;

---

459 Palandt/Heldrich Anh. Art. 32 EGBGB Rdnr. 3; Leible IPRax 1998, 258.

460 Zum Streit s.o., Fall 10 Autokauf, Rdnr. 73 f.

461 Vgl. BGHZ 64, 183; Winkler/Koch/von Mohrenfels, § 5 Rz. 78.

462 Von Hoffmann/Thorn § 7 Rdnr. 6, § 10 Rdnr. 11.

463 Von Hoffmann/Thorn § 10 Rdnr. 41.

464 Von Hoffmann/Thorn § 10 Rdnr. 40.

- gemäß Art. 6 Abs. 2 S. 2 Rom I-VO kann durch die Rechtswahl nicht zulasten eines Verbrauchers vom zwingenden Recht des Staates abgewichen werden, in dem der Verbraucher seinen Wohnsitz hat („Schutz der schwächeren Partei");
- gemäß Art. 8 Abs. 1 S. 2 Rom I-VO kann durch die Rechtswahl nicht zulasten eines Arbeitnehmers vom zwingenden Recht der in Art. 8 Abs. 2, 3 und 4 Rom I-VO genannten Staaten abgewichen werden („Schutz der schwächeren Partei") und
- gemäß Art. 9 Rom I-VO gelten international zwingende Vorschriften.

II. Objektive Anknüpfung anhand der engsten Verbindung

222 Haben die Parteien keine Rechtswahl getroffen, ist das Recht anzuwenden, mit dem der Vertrag die engste Verbindung aufweist („objektive Anknüpfung"), vgl. Art. 4 Abs. 4 Rom I-VO. Für Beförderungsverträge (Art. 5 Rom I-VO), Verbraucherverträge (Art. 6 Rom I-VO), Versicherungsverträge (Art. 7 Rom I-VO) und Arbeitsverträge (Art. 8 Rom I-VO) ist dies gesondert geregelt.

Ist keiner dieser Vertragstypen einschlägig, gilt grundsätzlich das Recht des Staats, in dem derjenige seinen gewöhnlichen Aufenthalt, der die sog. **„vertragscharakteristische Leistung"** erbringt, Art. 4 Abs. 2 Rom I-VO. Die vorrangig zu beachtenden Beispiele in Art. 4 Abs. 1 Rom I-VO zeigen, dass es sich hierbei stets um die Leistung handelt, die dem Vertrag sein „vertragstypisches Gepräge" gibt. Dies ist stets die Leistung, die **nicht** in Geld zu erbringen ist.

- **Die vertragscharakteristische Leistung ist daher stets die Leistung, für die die Geldleistung geschuldet ist.**

Der **„gewöhnliche Aufenthalt"** einer Person, an den die Rom I-VO zur Bestimmung des Vertragsstatuts regelmäßig anknüpft, ist in Art. 19 Rom I-VO definiert. Für natürliche Personen ist dies gemäß Art. 19 Abs. 1 Rom I-VO der Ort der Hauptniederlassung, für juristische Personen, Vereine und Gesellschaften der Ort der Hauptverwaltung.

Fall 35: Die Spielzeuglok

Der in Spanien ansässige und ausschließlich dort tätige Verkäufer S will dem in Deutschland wohnenden Sammler D eine Spielzeuglokomotive verkaufen. Sie fassen im Februar 2013 auf Vorschlag des D den Vertrag in deutscher Sprache nach dem Vorbild des Mustervertrags des deutschen Spielzeugeisenbahnverbandes in Madrid ab und legen einen deutschen Gerichtsstand fest. Welches Recht ist auf den Vertrag anwendbar?

I. Fraglich ist, welches Recht auf den Vertrag anwendbar ist. Vorliegend ergibt sich eine Auslandsberührung aus dem Ort des Vertragsschlusses und dem gewöhnlichen Aufenthalt des Verkäufers, welche beide in Spanien liegen. Bei **Sachverhalten mit Auslandsberührung** ist gemäß Art. 3 EGBGB zunächst das anwendbare Sachrecht zu ermitteln.

II. Das UN-Kaufrecht als **vereinheitlichtes Sachrecht** ist gemäß Art. 2 lit. a) CISG nicht anwendbar, weil D die Lokomotive nur für seinen persönlichen Gebrauch erwerben möchte.

III. Fraglich ist, ob **vorrangig** zu beachtende Kollisionsnormen des **europäischen Gemeinschaftsrechts** anwendbar sind. Für Schuldverträge, die nach dem 17.12.2009 geschlossen werden, gilt gemäß Art. 3 Nr. 1 lit. b) EGBGB und Art. 28 Rom I-VO die Rom I-VO. Diese ist gemäß Art. 1 Abs. 1 Rom I-VO anwendbar auf vertragliche Schuldverhältnisse in Zivil- und Handelssachen, die eine Verbindung zum Recht verschiedener Staaten aufweisen. Hierunter fällt auch der zwischen dem Spanier S und dem Deutschen D geschlossene Kaufvertrag. Damit ist die Rom I-VO anwendbar.

1. **Rechtswahl**

Das Vertragsstatut wird gemäß Art. 3 Abs. 1 Rom I-VO primär durch die Rechtswahl der Parteien bestimmt. Eine ausdrückliche Vereinbarung bzgl. des auf den Vertrag anzuwendenden Rechts wurde von S und D nicht getroffen. Möglicherweise haben die Parteien jedoch gemäß Art. 3 Abs. 1 S. 2, 2. Alt. Rom I-VO ein Recht *konkludent* gewählt. In diesem Fall muss sich die Rechtswahl **eindeutig** aus den Bestimmungen des Vertrags oder den Umständen des Falls ergeben.

a) **Indizien für eine schlüssige Rechtswahl**

Dabei erweisen sich unter anderem die folgenden Umstände als **starke Indizien für eine konkludente Rechtswahl**:

- die Vereinbarung eines Gerichtsstandes (vgl. Erwägungsgrund Nr. 12 der Rom I-VO),
- die Vereinbarung eines gemeinsamen Erfüllungsortes,
- die Verwendung von Formularen, Musterverträgen oder AGB, die auf einer Rechtsordnung aufbauen,
- die Verwendung spezieller juristischer Termini,
- die vorherige Abwicklung gleichartiger Verträge zwischen den Parteien nach einer bestimmten Rechtsordnung („Vertragskette"),
- Prozessverhalten, wenn die Parteien während eines Rechtsstreits übereinstimmend von der Anwendung einer bestimmten Rechtsordnung ausgehen (Prozesshandlung ihrer Anwälte werden den Parteien hier zugerechnet);
- die Bezugnahme in der Vertragsurkunde auf einen anderen Vertrag oder eine bestimmte Rechtsordnung.

Schwächer wirken dagegen:

- die Vertragssprache,
- die Zahlungswährung,
- der Ort des Vertragsschlusses.

Da sich die konkludente Rechtswahl gemäß Art. 3 Abs. 1 S. 2 Rom I-VO „eindeutig" aus den Bestimmungen des Vertrages oder sonstigen Umständen ergeben muss, werden regelmäßig mehrere Indizien auf dieselbe Rechtsordnung verweisen müssen.[465] Weisen die Indizien allerdings auf verschiedene Rechtsordnungen hin, können sie sich gegenseitig aufheben; eine stillschweigende Rechtswahl kann ihnen dann nicht mehr entnommen werden.[466]

Vorliegend weisen der Gerichtsstand sowie die Rechtsordnung des Mustervertrages als starke Indizien auf deutsches Recht hin. Insbesondere die Gerichtsstandsvereinbarung soll gemäß **Erwägungsgrund Nr. 12 der Rom I-VO** bei der Feststellung, ob eine Rechtswahl eindeutig (i.S.d. Art. 3 Abs. 1 S. 2, 2. Alt. Rom I-VO) getroffen wurde, einer der zu berücksichtigenden Faktoren sein. Auch die Vertragssprache weist auf deutsches Recht hin. Diese hat allerdings eine schwächere Indizwirkung. Der Ort des Vertragsschlusses spricht hingegen für spanisches Recht. Das deutliche Überwiegen der Hinweise auf deutsches Recht könnte vorliegend eine konkludente Rechtswahl der Parteien nahelegen.

b) **Realer Regelungswille der Parteien**

Zwingende Voraussetzung für die Annahme einer stillschweigenden Rechtswahl nach Art. 3 Abs. 1 S. 2 Rom I-VO ist jedoch, dass sich ein entsprechender tatsächlicher (realer) Parteiwille eindeutig (und nicht nur wie bei der Vorgängervorschrift Art. 27 Abs. 1 S. 2 EGBGB „mit hinreichender Sicherheit") **aus dem Vertrag oder aus den Umständen des Falls ergibt; die bloße Ermittlung eines hypothetischen Parteiwillens genügt gerade nicht.**[467] Ein solcher realer Regelungswille hat sich jedoch weder bei S noch bei D geäußert. Sie haben die Frage, welche Rechtsordnung ihren Vertrag beherrschen soll, bei Vertragsschluss schlicht nicht bedacht. Die Ergänzung ihres Vertrags um eine Rechtswahlklausel, welche sie als vernünftige Parteien wahrscheinlich vereinbart hätten (Ermittlung des hypothetischen Parteiwillens), lässt sich nicht durch Art. 3 Abs. 1 S. 2 Rom I-VO stützen.[468] Die Parteien haben demnach keine konkludente Rechtswahl getroffen.

Anmerkung: *Ein anderes Ergebnis ist mit Erwägungsgrund Nr. 12 der Rom I-VO gut zu vertreten.*

2. **Objektive Anknüpfung des Vertrags**

Mithin ist das Vertragsstatut gemäß Art. 4 Rom I-VO objektiv anzuknüpfen. Gemäß Art. 4 Abs. 1 lit. a) Rom I-VO unterliegen Kaufverträge über bewegliche Sachen dem Recht des Staates, in dem der Verkäufer seinen gewöhnlichen Aufenthalt hat. Gemäß Art. 19 Abs. 1 Rom I-VO liegt der gewöhnliche Aufenthalt einer natürlichen Person, die in Ausübung ihrer beruflichen Tätigkeit handelt, am Ort

465 Vgl. Kropholler, IPR, § 52 II 1.

466 BGH WM 2004, 2066; MünchKomm/Martiny Art. 3 Rom I-VO Rdnr. 45.

467 BGH NJW-RR 2005, 205, 208; MünchKomm/Martiny Art. 3 Rom I-VO Rdnr. 46.

468 MünchKomm/Martiny Art. 3 Rom I-VO Rdnr. 46.

ihrer Hauptniederlassung. Die Hauptniederlassung des Verkäufers S liegt in Spanien. Damit wird, anknüpfend an den gewöhnlichen Aufenthaltsort des S, auf spanisches Recht verwiesen.

Jedoch gilt dies (ebenso wie Art. 4 Abs. 2 Rom I-VO) **nur unter dem Vorbehalt des Art. 4 Abs. 3 Rom I-VO** (vgl. die Parallelvorschriften Art. 5 Abs. 3, 8 Abs. 4 Rom I-VO), dass sich aus der Gesamtheit der Umstände **keine engere Verbindung** zu einem anderen Staat ergibt. Die hierfür in Betracht zu ziehenden Umstände stimmen i.d.R. mit denen für eine konkludente Rechtswahl überein. Danach sprechen stärkere Indizien für die Anwendung des deutschen Rechts (s.o.). Die Anknüpfung nach Art. 4 Abs. 1 lit. a) Rom I-VO, die zum spanischen Recht führt, wird damit durch die **Ausweichklausel** des Art. 4 Abs. 3 Rom I-VO widerlegt. Der Vertrag ist folglich mit der deutschen Rechtsordnung am engsten verbunden.

Eine andere Anknüpfung ergibt sich auch nicht aus Art. 6 Rom I-VO, auch wenn diese ebenfalls zum deutschen Recht führen würde. Zwar kauft D die Lok als Verbraucher. Die räumlichen Voraussetzungen des Art. 6 Abs. 1 Rom I-VO liegen jedoch nicht vor. S übt seine berufliche Tätigkeit ausschließlich in Spanien aus. Und aus der bloßen Verwendung deutscher Vertragsformulare – zu der noch dazu der Käufer D die Initiative gegeben hatte – ergibt sich noch keine „Ausrichtung" seiner Tätigkeit nach Deutschland i.S.v. Art. 6 Abs. 1 lit. b) Rom I-VO.

Der Vertrag zwischen S und D unterliegt mithin gemäß Art. 4 Abs. 3 Rom I-VO deutschem Schuldrecht. Die Art. 3 ff. Rom I-VO verweisen gemäß Art. 20 Abs. 1 Rom I-VO („Ausschluss der Rück- und Weiterverweisung") unmittelbar auf das Sachrecht.

Klausurhinweis: *Bei diesem Fall handelt es sich um einen „Klassiker" aus dem internationalen Vertragsrecht: Eine konkludente Rechtswahl wird „angetäuscht", mangels Rechtsbindungswillen aber abgelehnt, um dann über Art. 4 Abs. 3 Rom I-VO doch noch zum vermeintlich konkludent gewählten Recht zu gelangen.*

E. Form

Die Anknüpfung der Teilfrage der Form des Vertrags ist in Art. 11 Rom I-VO geregelt. **223**

I. Günstigkeitsprinzip, Art. 11 Abs. 1, 2 Rom I-VO

Gemäß Art. 11 Abs. 1, 2 Rom I VO gilt das sog. Günstigkeitsprinzip bei Platz- und bei Distanzgeschäften. Hiermit soll erreicht werden, dass ein Rechtsgeschäft ggf. als wirksam angesehen werden kann. **224**

Bei Platzgeschäften, also bei Verträgen, die beide Parteien in demselben Staat abschließen, gilt Art. 11 Abs. 1 Rom I-VO. Danach ist der Vertrag entweder dann formgültig, wenn er den Formvorschriften des Vertragsstatuts (Wirkungsstatut, d.h. das auf den Vertrag anwendbare Recht) **oder** denen des Ortstatuts entspricht.

Bei Distanzgeschäften, also bei Verträgen, bei denen sich die Parteien zum Zeitpunkt des Vertragsschlusses in verschiedenen Staaten befinden, gilt Art. 11 Abs. 2 Rom I-VO. Danach ist der Vertrag entweder dann formgültig, wenn er den Formvorschriften des Vertragsstatuts entspricht **oder** denen des Staates, in dem sich eine der Parteien zum Zeitpunkt des Vertragsschlusses befand **oder** denen des Staates, in dem eine der Parteien zum Zeitpunkt des Vertragsschlusses ihren gewöhnlichen Aufenthalt hatte.

Für Verbraucherverträge sind gemäß Art. 11 Abs. 4 Rom I-VO stets die Formvorschriften des Staates zu beachten, in dem Verbraucher seinen gewöhnlichen Aufenthalt hat. Art. 11 Abs. 1, 2 und 3 Rom I-VO gelten hier nicht.

II. Grundstücksverträge, Art. 11 Abs. 5 Rom I-VO

225 Für Verträge, die ein dingliches Recht an einer unbeweglichen Sache oder die Miete oder Pacht einer unbeweglichen Sache zum Gegenstand haben, gilt – auch bei Verbraucherverträgen – die spezielle Formvorschrift des Art. 11 Abs. 5 Rom I-VO. Danach müssen die international zwingenden Formvorschriften des Belegenheitsstaates eingehalten werden.

Fraglich ist, ob § 311 b Abs. 1 BGB eine solche zwingende Vorschrift ist. Seine warnende Funktion kann auch im Ausland gewährleistet werden. Obwohl dann die besondere Belehrung und Beratung durch einen Notar entfällt, erhebt die deutsche Formvorschrift dennoch nach allgemeiner Meinung keinen Anspruch auf unbedingte Anwendbarkeit für schuldrechtliche Verträge über inländische Grundstücke.[469] Es handelt sich bei § 311 b Abs. 1 BGB nicht um eine international zwingende Formvorschrift i.S.v. Art. 11 Abs. 5 Rom I-VO.

F. Forderungsübergang[470]

226 Bei der **Abtretung einer Forderung** ist das Statut des Kausalgeschäfts gemäß Art. 14 Abs. 1 Rom I-VO nach den Art. 1 ff. Rom I-VO zu bestimmen. Die Reichweite des so ermittelten Forderungsstatuts bestimmt Art. 14 Abs. 2 Rom I-VO. Art. 14 Abs. 3 Rom I-VO stellt klar, dass der Begriff „Übertragung" auch für Sicherungsübertragungen und Verpfändungen maßgeblich ist.

Bei einem **gesetzlichen Übergang der Forderung** bei Verpflichtung eines Dritten zur Befriedigung des Gläubigers/Bürgen/Versicherers entscheidet gemäß Art. 15 Rom I-VO das Zessionsgrundstatut der Grundverpflichtung des Dritten auch über den Forderungsübergang.

G. Verbraucherschutz, Art. 6 Rom I-VO

227 Art. 6 Rom I-VO sichert bei Verträgen einen Mindeststandard für den Verbraucher, der oftmals eine schwächere Position gegenüber seinem Vertragspartner haben wird. Ist keine Rechtswahl getroffen, knüpft Art. 6 Abs. 1 Rom I-VO an das Recht des gewöhnli-

469 Palandt/Thorn Art. 11 Rom I-VO Rdnr. 16 mit Verweis auf den RegE BT-Drs. 10/504, 49.

470 Vgl. hierzu: Flessner IPrax 2009, 35 ff.

chen Aufenthalts des Verbrauchers an. Diese objektive Anknüpfung weicht damit zum Vorteil des Verbrauchers von der eigentlichen Regel des Art. 4 Abs. 1, 2 Rom I-VO ab, der an den Ort der vertragscharakteristischen Leistung anknüpft.

I. Art. 6 Rom I-VO, Verbraucherverträge

Fall 36: Gewinnmitteilung aus dem Ausland

Eine in den Niederlanden ansässige Versandhandelsgesellschaft V-B.V. (Besloten Vennootschap) teilte der in Deutschland wohnhaften Rentnerin A in einem mit „Wichtige Benachrichtigung wegen Bargeld-Zuteilung nach Auswahlverfahren" betitelten Schreiben am 30.03.2013 mit, sie habe einen Bargeldbetrag i.H.v. 6.000 € gewonnen.

A erkannte zwar die „Bauernfängerei", sandte aber dennoch den ausgefüllten „Ziehungs-Bescheid" zurück und erhielt – wie erwartet – den Gewinn nicht. A erhebt Klage gegen die Gesellschaft auf Zahlung der 6.000 € vor dem Landgericht Mönchengladbach.

Welches Recht ist anwendbar?

Anmerkung: Das Thema „Gewinnmitteilung aus dem Ausland" wirft auch im Hinblick auf die internationale Zuständigkeit Fragen auf, die an anderer Stelle dieses Skriptes in dem Parallelfall Fall 22, Rdnr. 134 ff., behandelt werden.

I. **Lebenssachverhalt mit Auslandsberührung** 228

Eine Auslandsberührung ergibt sich vorliegend daraus, dass die Beklagte eine nach niederländischem Recht gegründete Gesellschaft ist. Aus der Sicht des zuständigen deutschen Richters bestimmen somit die Normen des deutschen IPR (vgl. Art. 3 EGBGB), welche Sachnormen welcher Rechtsordnung auf den Fall anwendbar sind.

II. **Vereinheitlichtes Sachrecht**

Vorliegend handelt es sich nicht um einen Warenkauf, sodass das UN-Kaufrecht aus diesem Grund schon nicht anwendbar ist.

III. **Vorrangige Kollisionsnormen des Gemeinschaftsrechts**

Fraglich ist, ob **vorrangig** zu beachtende Kollisionsnormen des **europäischen Gemeinschaftsrechts** anwendbar sind. In Betracht kommt hier gemäß Art. 3 EGBGB die Anwendbarkeit der Rom I-VO oder der Rom II-VO.

Der zu qualifizierende Lebenssachverhalt ist eine Gewinnzusage, deren Einlösung nicht davon abhängt, dass der „Gewinner" Waren bestellt, sog. „isolierte Gewinnzusage". Im Wege der Qualifikation ist somit zu ermitteln, ob die isolierte Gewinnzusage dem Systembegriff „vertragliche Schuldverhältnisse" (Art. 1 ff. Rom I-VO) bzw. „Verbrauchervertrag" (Art. 6 Rom I-VO) einerseits oder dem Systembegriff „unerlaubte Handlung" (Art. 4 Rom II-VO) andererseits zuzuordnen ist. Ferner bestehen starke Parallelen zur culpa in contrahendo, die ebenfalls deliktisch einzuordnen ist, Art. 1 Abs. 2 lit. i) Rom I-VO, Art. 2 Abs. 1 Rom II-VO.

Die schuldrechtlichen Kollisionsnormen der Art. 1 ff. Rom I-VO gelten ihrem Wortlaut nach nur für *vertragliche* Schuldverhältnisse, nicht dagegen auch für *einseitige* Rechtsgeschäfte wie eine Gewinnzusage. Eine ausdrückliche Kollisionsnorm für einseitige Rechtsgeschäfte existiert in der Rom I-VO nicht. Dies könnte gegen eine vertragliche Qualifikation sprechen.

Im Rahmen der internationalen Zuständigkeit (IZVR) – die von der Frage des anwendbaren Rechts (IPR) grundsätzlich streng zu unterscheiden ist – wird die Gewinnzusage als „Vertrag" i.S.d. Art. 5 Abs. 1 EuGVVO qualifiziert.[471] Auch auf verfahrensrechtlicher Ebene (IZVR) besteht die Schwierigkeit, ein einseitiges Rechtsgeschäft wie die Gewinnzusage als Vertrag zu qualifizieren. Diese Schwierigkeit wurde mit der Begründung überwunden, dass es sich auch bei einer (isolierten) Gewinnzusage um eine „freiwillig eingegangene Verpflichtung" handelt. Fraglich ist, ob dieses Ergebnis auf die kollisionsrechtliche Ebene (IPR) übertragen werden kann.

Die Rom I-VO ist autonom, d.h. aus sich heraus auszulegen. Für eine entsprechende Qualifikation wie auf der Ebene des IZVR sprechen die Erwägungsgründe **Nr. 7 und 24** der Rom I-VO. Danach soll der materielle Anwendungsbereich der Rom I-VO mit dem der EuGVVO im Einklang stehen. Schon zu dem Vorgängerregelwerk der Rom I-VO, dem EVÜ, war anerkannt, dass ein **Auslegungszusammenhang** zwischen den sowohl in der EuGVVO als auch im EVÜ verwendeten Begriffen besteht.[472] Im Rahmen einer einheitlichen Auslegung zwischen IZVR und IPR können daher auch auf kollisionsrechtlicher Ebene einseitige Rechtsgeschäfte als „Vertrag" i.S.d. Art. 1 ff. Rom I-VO qualifiziert werden.[473] Die für das Internationale Zivilverfahrensrecht vorgenommene vertragliche Qualifikation lässt sich somit auf das Kollisionsrecht übertragen.[474]

Gegen eine deliktsrechtliche Qualifikation[475] wird zudem vorgebracht, dass diese den wettbewerbsrechtlichen Aspekt der (isolierten) Gewinnzusage zulasten des Verbraucherschutzes überbewerte.[476]

Nach Auffassung des **BGH** handelt es sich bei der Gewinnmitteilung zwar weder um einen Vertrag noch um ein einseitiges Rechtsgeschäft noch um eine deliktische, sondern um eine **„geschäftsähnliche Handlung"**, auf welche die Art. 27 ff. EGBGB (Vorgängervorschriften der Art. 1 ff. Rom I-VO) weder direkt noch analog anwendbar seien.[477] Die im deutschen Sachrecht enthaltene Regelung des § 661 a BGB sei allerdings als international zwingende Regelung i.S.d. Art. 34 EGBGB (Vorgängervorschrift des Art. 9 Rom I-VO) anzusehen.[478] Zu Recht wird dieser Argumentation jedoch entgegengehalten, dass Art. 34 EGBGB durch seine Stellung im Unterabschnitt

471 S.o. 3. Teil, Fall 22, Rdnr. 134 ff.

472 Vgl. Bitter IPRax 2008, 96, 97 m.w.N.

473 Vgl. MünchKomm/Martiny Art. 4 Rom I-VO Rdnr. 243; Palandt/Thorn Art. 1 RomI-VO Rdnr. 3; von Hoffmann/Thorn § 10 Rdnr. 22 b; Lorenz NJW 2006, 472, 474.

474 Vgl. Lorenz/Unberath IPRax 2005, 219, 223.

475 Vgl. Jordans IPRax 2006, 582, 584.

476 Von Hoffmann/Thorn § 10 Rdnr. 22 b.

477 BGH NJW 2006, 230, 232 Rdnr. 26 ff.

478 BGH NJW 2006, 230, 232 Rdnr. 30 ff; vgl. auch MünchKomm/Martiny Art. 9 Rom I-VO Rdnr. 93.

„Vertragliche Schuldverhältnisse" denknotwendig die vertragliche Qualifikation des jeweiligen Vorgangs voraussetzt.[479] Die Art. 1 ff. Rom I-VO sind folglich anwendbar.

Anmerkung: *Die Argumentationslinien verlaufen auf kollisionsrechtlicher Ebene also sehr ähnlich wie auf der Ebene des IZVR. Der Fallbearbeiter macht also nichts „falsch", wenn er sich auch bei einer isolierten Gewinnzusage bei der Frage des anwendbaren Rechts für eine vertragliche Qualifikation entscheidet. Dennoch ist Vorsicht geboten. Die Argumente können nicht „wild" von der einen auf die andere Ebene übertragen werden. Dies bedarf stets einer Begründung. Ansonsten entsteht leicht der Eindruck, dass der Bearbeiter nicht zwischen beiden Ebenen unterscheiden kann.*

1. **Vorliegen einer Rechtswahl, Art. 3 Rom I-VO**

   Das **Verhalten der Parteien im Prozess** bietet nach der Rechtsprechung des BGH Anlass, eine Rechtswahl zugunsten deutschen Rechts anzunehmen, wenn die Parteien ihrem Vortrag übereinstimmend deutsches Recht zugrunde legen.[480] Anhaltspunkte für eine solche Rechtswahl liegen hier jedoch nicht vor.

2. **Objektive Anknüpfung, Art. 4 Rom I-VO**

   Nach objektiver Anknüpfung i.S.v. Art. 4 Abs. 2 Rom I-VO wäre das Heimatrecht des Anbieters berufen, da dieser die charakteristische Leistung (Zahlung der Gewinnsumme) erbringt.[481] Danach wäre hier niederländisches Recht berufen.

3. **Aufenthaltsrecht des Verbrauchers, Art. 6 Abs. 1 Rom I-VO**

   In Betracht kommt jedoch eine gegenüber Art. 4 Rom I-VO vorrangige Anwendung deutschen Rechts gemäß der **Sonderanknüpfung**, Art. 6 Abs. 1 Rom I-VO.[482] Dann müssten diese Vorschrift anwendbar sein. Die Gewinnzusage ist als Vertrag zu qualifizieren, sodass Art. 6 Rom I-VO in sachlicher Hinsicht anwendbar ist.

   In persönlicher Hinsicht setzt Art. 6 Rom I-VO voraus, dass an dem Vertrag ein Verbraucher und ein Unternehmer beteiligt sind. A ist Rentnerin und geht weder einer beruflichen noch einer gewerblichen Tätigkeit nach. Sie ist damit Verbraucherin. Die V-BV ist Unternehmerin.

   Der Vertrag müsste zudem einen räumlichen Bezug zum Wohnsitzstaat der A, also nach Deutschland, aufweisen. Indem die V-BV die Gewinnzusage nach Deutschland geschickt hat, hat sie ihre Tätigkeit nach Deutschland ausgerichtet i.S.d. Art. 6 Abs. 1 lit. b) Rom I-VO. Art. 6 Rom I-VO ist damit anwendbar. Der Vertrag unterliegt somit deutschem Recht.

Damit ist § 661 a BGB anwendbar.

479 Lorenz NJW 2006, 472, 474.

480 BGH NJW 2003, 3620; NJW 2004, 1652, 1653; NJW 2004, 3039, 3040.

481 MünchKomm/Martiny Art. 4 Rom I-VO Rdnr. 243. m.w.N.

482 Vgl. Leipold FS-Musielak, S. 317, 334.

Abwandlung:

In dem Benachrichtigungsschreiben wurde als Bedingung angegeben, dass A bei der Versandhandelsgesellschaft Haushaltswaren im Wert von 15 € bestellen müsse, damit es zur Gewinnauszahlung komme. A bestellt auch Waren für 15 €. Dass es sich hierbei um keine verbindliche Gewinnzusage handelte, ergab sich lediglich aus klein gedruckten, teilweise auf der Rückseite des Anschreibens enthaltenen Hinweisen. Welches Recht ist anwendbar?

229 I. **Lebenssachverhalt mit Auslandsberührung**

Die Beklagte ist eine Gesellschaft nach niederländischem Recht, sodass ein Lebenssachverhalt mit Auslandsberührung vorliegt.

II. **Vereinheitlichtes Sachrecht**

In Betracht kommt hier die Anwendung des UN-Kaufrechts. Gemäß Art. 2 lit. a) CISG ist die Anwendbarkeit jedoch auf Waren beschränkt, die nicht für den persönlichen Gebrauch bestimmt sind. Vereinheitlichtes Sachrecht ist somit nicht anwendbar.

III. **Ermittlung der maßgeblichen Kollisionsnormen**

Ausgehend von dem Qualifikationsergebnis im Ausgangsfall kommen als anwendbare Kollisionsnormen hier die Art. 1 ff. Rom I-VO und insbesondere als Sonderanknüpfung Art. 6 Rom I-VO in Betracht.

Mangels einer Rechtswahl gemäß Art. 3 Abs. 1 Rom I-VO ist gemäß Art. 6 Abs. 1 Rom I-VO das Recht des Staates anwendbar, in dem der Verbraucher seinen gewöhnlichen Aufenthalt hat. Dann müssten die Voraussetzungen eines Verbrauchervertrages gemäß Art. 6 Abs. 1 Rom I-VO vorliegen.

1. **Persönlicher und räumlicher Anwendungsbereich**

Der persönliche und der räumliche Anwendungsbereich ist gegeben (s.o.).

2. **Sachlicher Anwendungsbereich**

Fraglich ist, ob ein Vertrag geschlossen wurde. In Betracht kommt hier durch die Bestellung der Waren ein Kaufvertrag. Problematisch ist hier – wie im Rahmen der Bestimmung des Verbrauchergerichtsstandes nach Art. 15 ff. EuGVVO –, dass Gegenstand der Klage der A die Gewinnzusage, nicht aber der Kaufvertrag ist.

Fraglich ist daher, ob wie im Fall des Art. 15 EuGVVO die Gewinnzusage mit dem Kaufvertrag als Einheit zu betrachten ist.[483] Dann müsste Art. 6 Abs. 1 Rom I-VO ebenso wie Art. 15 EuGVVO auszulegen sein. Dies ist wegen des bestehenden **Auslegungszusammenhangs** zwischen EuGVVO und Rom I-VO der Fall, vgl. die **Erwägungsgründe Nr. 7 und 24** der Rom I-VO (s.o.). Danach soll der materielle Anwendungsbereich der Rom I-VO mit dem der EuGVVO im Einklang stehen. Die

483 S.o.

für das Internationale Zivilverfahrensrecht vorgenommene vertragliche Qualifikation lässt sich somit auf das Kollisionsrecht übertragen.[484]

Dies entspricht auch dem Sinn und Zweck von EuGVVO und Rom I-VO. Beide wollen den Verbraucher als schwächere Vertragspartei schützen. Hierbei ergänzen sie sich gegenseitig. Während die EuGVVO diesen Schutz prozessual bei der Schaffung eines besonderen Gerichtsstandes am Wohnsitz des Verbrauchers zu erreichen versucht, ergänzen die (entsprechenden) Regelungen der Rom I-VO diesen Schutz im Wege der Anwendung desjenigen Sachrechts, in dessen Staat der Verbraucher seinen gewöhnlichen Aufenthalt hat. Eine einheitliche Auslegung ist daher konsequent, um nicht zu widersprüchlichen Ergebnissen zu kommen.

Die vertragsautonome Auslegung führt daher dazu, dass auch im Rahmen des Art. 6 Abs. 1 Rom I-VO zwischen der Gewinnzusage und der Warenbestellung eine **untrennbare Verbindung** vorliegt. Dies hat zur Folge, dass die Einforderung des zugesagten Gewinns sachlich unter Art. 6 Abs. 1 Rom I-VO fällt.

3. **Ergebnis**

Der Kaufvertrag unterliegt deutschem Recht. Folglich ist deutsches Recht auch für die Gewinnzusage anwendbar. A kann diese daher nach § 661 a BGB geltend machen. Dass auf der Rückseite des Schreibens der Hinweis enthalten war, dass es sich um eine nicht verbindliche Gewinnzusage handelt, steht der Geltendmachung des Anspruchs nicht entgegen.[485]

Fall 37: Fahrradkauf im Internet

Der niederländische Rentner R möchte sich im März 2013 ein neues Fahrrad kaufen. R gibt den Begriff „fietse" (niederländisch für Fahrrad) in die Suchmaschine seines niederländischen Internetproviders ein. Die Suchmaschine nennt als ersten Anbieter von Fahrrädern den in Köln ansässigen Fahrradhändler I. I hatte einen Internetreferenzierungsdienst beauftragt, dafür zu sorgen, dass die Homepage des I bei Suchmaschinenanfragen in den Niederlanden an erster Stelle genannt wird. Die Begrüßungsseite der Homepage www.fahrrad-i.eu erlaubt dem Kunden die Wahl zwischen niederländischer, spanischer, englischer, italienischer und deutscher Sprache. I wirbt damit, Kunden in ganz Europa mit seinen Fahrrädern zu beliefern. Im Impressum des I ist seine Telefonnummer wie folgt aufgeführt: +49(0)221 ... .

Vor Abschluss eines Vertrages muss der Kunde die AGB des I, die automatisch ebenfalls in niederländischer, spanischer, englischer, italienischer und deutscher Sprache aufgerufen werden können, bestätigen. In denen heißt es u.a.:

484 Vgl. Lorenz/Unberath IPRax 2005, 219, 223.
485 Palandt/Sprau § 661 a BGB Rdnr. 2 m.w.N.

§ 9: Der Vertrag unterliegt deutschem Recht.

R signalisierte online seine Zustimmung zu den AGB, indem er ein Konsensfeld per Maus anklickte, und bestellte ein Herrenrad. Das Fahrrad wurde an R versandt, kam bei ihm jedoch mit einem Gabelbruch beschädigt an. I weigert sich nachzuliefern.

Welches Recht ist – bei unterstellter internationaler Zuständigkeit deutscher Gerichte – auf den Vertrag anwendbar?

Anmerkung: Das Thema „Verbraucherschutz im Internet" wirft auch im Hinblick auf die internationale Zuständigkeit Fragen auf, die an anderer Stelle dieses Skriptes in dem Parallelfall 23, Rdnr. 141 ff., behandelt werden.

230 I. Eine **Auslandsberührung** ergibt sich vorliegend daraus, dass einer der Vertragspartner Ausländer ist und die vertragsgegenständliche Ware ins Ausland versandt wurde. Da die internationale Zuständigkeit deutscher Gerichte vorliegend unterstellt wurde, bestimmt somit das deutsche IPR als *lex fori* (vgl. Art. 3 EGBGB), nach den Sachnormen welcher Privatrechtsordnung der Fall zu lösen ist.

II. UN-Kaufrecht kommt als **vereinheitlichtes Sachrecht** vorliegend nicht in Betracht, da R die Ware zu seinem persönlichen Gebrauch gekauft hat, vgl. Art. 2 lit. a) CISG.

III. Fraglich ist, ob **vorrangig** zu beachtende Kollisionsnormen des **europäischen Gemeinschaftsrechts** anwendbar sind. Für Schuldverträge, die nach dem 17.12.2009 geschlossen werden, gilt gemäß Art. 3 Nr. 1 lit. b) EGBGB und Art. 28 Rom I-VO die Rom I-VO. Diese ist gemäß Art. 1 Abs. 1 Rom I-VO anwendbar auf vertragliche Schuldverhältnisse in Zivil- und Handelssachen, die eine Verbindung zum Recht verschiedener Staaten aufweisen. Hierunter fällt auch der zwischen dem Niederländer R und dem Deutschen I geschlossene Kaufvertrag. Die Rom I-VO ist daher anwendbar.

1. **Vorliegen einer Rechtswahl**

Der Vertrag könnte gemäß Art. 3 Abs. 1 Rom I-VO dem in den AGB von den Parteien formularmäßig **gewählten Recht** unterliegen. Die Zulässigkeit und das Zustandekommen einer Rechtswahl beurteilen sich gemäß Art. 3 Abs. 5 i.V.m. Art. 10 Abs. 1 Rom I-VO nach dem (vorab) gewählten Recht.[486] Das in den AGB gewählte Recht ist hier deutsches Recht. Dann müsste die Rechtswahl in AGB nach deutschem Recht wirksam sein.[487]

a) Die Einbeziehung der Rechtswahl in Form von AGB richtet sich daher nach den §§ 305 ff. BGB. I hat R auf die AGB in niederländischer Sprache hingewiesen. Durch deren automatischen elektronischen Aufruf in ebenfalls niederländischer Sprache wurde R auch die Möglichkeit verschafft, sich in zumutbarer Weise von deren Inhalt Kenntnis zu verschaffen.[488] Eine **wirksame Einbeziehung** der AGB in den Vertrag nach § 305 Abs. 2 BGB liegt somit vor.

486 Instruktiv Mäsch IPRax 1995, 371, 372.

487 Vgl. Kropholler, IPR, § 52 II 2.

488 MünchKomm/Martiny Art. 3 Rom I-VO Rdnr. 42.

b) Bei einem Vertrag mit einem deutschen Vertragspartner war mit der Wahl deutschen Rechts in AGB den Umständen nach zu rechnen, sodass § 9 der AGB auch keine für den Verbraucher **überraschende Klausel** i.S.d. § 305 c BGB war. Es ist auch zulässig, das anwendbare Recht formularmäßig in AGB zu bestimmen.

c) Die Klausel unterliegt daher der **Inhaltskontrolle** der §§ 307 ff. BGB. Fraglich ist insbesondere, ob sich aus der Wahl deutschen Rechts für R eine **unangemessene Benachteiligung** i.S.d. § 307 BGB ergibt. Dies wäre dann der Fall, wenn R durch die Wahl deutschen Rechts die Geltendmachung zwingender verbraucherschützender Normen niederländischen Rechts verwehrt bliebe. Folge einer unangemessenen Benachteiligung wäre die Unwirksamkeit der Klausel.

   Eine unangemessene Benachteiligung wäre jedoch dann zu verneinen, wenn auch durch eine Rechtswahl von den zwingenden verbraucherschützenden Normen niederländischen Rechts nicht abgewichen werden könnte. Gemäß Art. 6 Abs. 2 S. 2 Rom I-VO kann eine Rechtswahl nicht dazu führen, dass dem Verbraucher der Schutz der zwingenden Vorschriften des Staates, in dem er seinen gewöhnlichen Aufenthalt hat, entzogen wird.

   Anmerkung: *Ist am Vertragsschluss kein Verbraucher beteiligt, ist bei einer Rechtswahl ansonsten zu prüfen, ob die Voraussetzungen des Art. 3 Abs. 3 Rom I-VO oder des Art. 9 Rom I-VO vorliegen.*

2. **Sonderanknüpfung des Art. 6 Abs. 1 Rom I-VO**

In Betracht kommt daher niederländisches Recht als **Sonderanknüpfung** gemäß Art. 6 Abs. 1 Rom I-VO. Dann müsste diese Vorschrift anwendbar sein.

R ist Verbraucher und I ist Unternehmer, sodass Art. 6 Rom I-VO in persönlicher Hinsicht anwendbar ist.

Die beiden haben auch einen Vertrag über den Kauf eines Fahrrades abgeschlossen, sodass Art. 6 Abs. 1 Rom I-VO auch in sachlicher Hinsicht anwendbar ist.

In räumlicher Hinsicht setzt Art. 6 Abs. 1 Rom I-VO voraus, dass der Unternehmer seine berufliche Tätigkeit entweder im Wohnsitzstaat des Verbrauchers ausübt (lit. a) oder dorthin ausrichtet (lit. b). Eine solche Ausrichtung wurde im Rahmen der Bestimmung der internationalen Zuständigkeit nach Art. 15 Abs. 1 lit. c) EuGVVO durch die Verwendung einer „eu" Internet-Adresse, die Beauftragung eines Internetreferenzierungsdienstes, die Werbung des I, Kunden aus allen Mitgliedstaaten Europas mit Fahrrädern beliefern zu können, die Verwendung mehrerer Sprachen auf der Website und die Angabe einer internationalen Telefonnummer im Impressum bejaht (s.o., Fall 23, Rdnr. 141).

Fraglich ist, ob dieses Ergebnis i.R.d. Art. 6 Abs. 1 Rom I-VO übernommen werden kann. Hierfür spricht bereits der bestehende **Auslegungszusammenhang** zwischen EuGVVO und Rom I-VO, vgl. die **Erwägungsgründe Nr. 7 und 24** der Rom I-VO. Danach soll der materielle Anwendungsbereich der Rom I-VO mit dem der EuGVVO im Einklang stehen.

Hinzu kommt **Erwägungsgrund Nr. 25** der Rom I-VO, der speziell für das Merkmal der „Ausrichtung" einen effektiven Verbraucherschutz einfordert.

Dass R zum Vertragsabschluss eine deutsche Homepage besucht hat, ist unerheblich, da sich der **Vertragsschwerpunkt** hierdurch nicht verlagert hat. Anders wäre es nur dann gewesen, wenn R sich aus eigenem Antrieb physisch ins Ausland begeben hätte und das Fahrrad in Deutschland erworben hätte; seine Schutzwürdigkeit wäre dann an der Grenze entfallen, an der er sein heimisches Verbraucherschutzrecht „zurückgelassen hätte". Beim surfen im Internet merkt der Verbraucher aber oft gar nicht, dass er weltweit kommuniziert und auf die Website eines Anbieters gelangt, der im Verbraucherstaat keine (sonstigen) Werbeaktivitäten entfaltet hat.

Dass auch der Verbraucher bei dem Vertragsschluss selbst (inter-)aktiv wird, ändert nichts an seiner Schutzbedürftigkeit, da auch bei herkömmlichen Vertragsschlüssen immer eine Aktivität des Verbrauchers Voraussetzung ist.[489] I.S. eines **effektiven Verbraucherschutzes** sind daher bei Vertragsschlüssen eines Verbrauchers im Internet keine zu hohen Anforderungen an das Vorliegen einer Ausrichtung in den Wohnsitzstaat des Verbrauchers zu stellen.

Das für das Internationale Zivilverfahrensrecht ermittelte Ergebnis lässt sich somit auf das Kollisionsrecht übertragen.[490] I hat seine Tätigkeit somit auf den Wohnsitzstaat des R, die Niederlande, i.S.d. Art. 6 Abs. 1 lit. b) Rom I-VO ausgerichtet.

Die Voraussetzungen des Art. 6 Abs. 1 Rom I-VO sind somit gegeben.

3. **Rechtsfolge**

Die zwingenden Vorschriften des niederländischen Verbraucherschutzrechts sind daher auf den Vertrag anzuwenden. Gemeint sind die *intern* zwingenden Bestimmungen im Gegensatz zu den *international* zwingenden Bestimmungen, den sog. Eingriffsnormen (Art. 9 Rom I-VO; im Rahmen seines Anwendungsbereichs ist Art. 6 Rom I-VO *lex specialis* zu Art. 9 Rom I-VO).

Daraus folgt, dass die nach Art. 3, 6 Abs. 2 S. 1 Rom-I VO zulässige Rechtswahl nicht dazu führen darf, dass das auf den Vertrag anwendbare (deutsche) Recht hinter dem **Mindeststandard des sozialen Schutzes** des objektiven (Verbraucher-)Vertragsstatuts (niederländisches Recht) mit seinen zwingenden Bestimmungen zurückbleibt. Die Ergebnisse sind miteinander zu vergleichen und es ist die für den Verbraucher günstigere Regel anzuwenden.[491] Es gilt das **Günstigkeitsprinzip**.

4. **Ergebnis**

Die Wahl deutschen Rechts führt folglich nicht zu einer unangemessenen Benachteiligung des R i.S.d. § 307 Abs. 1 BGB. Eine zulässige Rechtswahl liegt somit vor. Deutsches Recht ist damit auf den Vertrag anwendbar, soweit dem keine

489 Vgl. Mankowski RabelsZ 1999, 203, 240 f.

490 Vgl. Lorenz/Unberath IPRax 2005, 219, 223.

491 Kropholler, IPR, § 52 V 3.

zwingenden Normen des abbedungenen niederländischen Rechts (vgl. Art. 6 Abs. 2 S. 2 Rom I-VO) entgegenstehen. Soweit jedoch einzelne niederländische verbraucherschützende Normen für R günstiger sind als deutsche zwingende Normen, sind diese anzuwenden. **Der höhere Standard setzt sich durch.**

Fall 38: Oh wie schön ist Gran Canaria

Der Deutsche A macht im Frühjahr 2013 Urlaub auf Gran Canaria. Er wird dort zu einer Verkaufsveranstaltung in deutscher Sprache eingeladen und wird dazu überredet, einen Kaufvertrag über eine Heizdecke abzuschließen. Es wird vereinbart, dass für die Verträge spanisches Recht gelten soll. Eine deutsche Firma liefert die gekaufte Ware an die Heimatadresse des A in Deutschland. Unterstellt werden soll, dass zum Zeitpunkt des Vertragsschlusses die EU-Haustürwiderrufsrichtlinie noch nicht fristgerecht von Spanien in nationales spanisches Recht umgesetzt worden ist. Kann A den abgeschlossenen Kaufvertrag nachträglich widerrufen?

I. A kann den Vertrag widerrufen, wenn die deutschen Vorschriften zum Haustürwiderruf anwendbar sind. Dann müsste deutsches Recht auf den Vertrag anwendbar sein. Da A die Decke auf Gran Canaria gekauft hat, liegt ein **Lebenssachverhalt mit Auslandsberührung** vor. Das anzuwendende Recht ist damit nach den Vorschriften des Internationalen Privatrechts zu bestimmen, Art. 3 EGBGB. **231**

II. A hat die Decke für seinen persönlichen Gebrauch gekauft, sodass **vereinheitlichtes Sachrecht** in Form von UN-Kaufrecht (CISG) nicht anwendbar ist, vgl. Art. 2 lit. a) CISG. Das anzuwendende Sachrecht muss daher anhand von Kollisionsnormen bestimmt werden.

III. Fraglich ist, ob **vorrangig** zu beachtende Kollisionsnormen des **europäischen Gemeinschaftsrechts** anwendbar sind. Für Schuldverträge, die nach dem 17.12.2009 geschlossen werden, gilt gemäß Art. 3 Nr. 1 lit. b) EGBGB und Art. 28 Rom I-VO die Rom I-VO. Diese ist gemäß Art. 1 Abs. 1 Rom I-VO anwendbar auf vertragliche Schuldverhältnisse in Zivil- und Handelssachen, die eine Verbindung zum Recht verschiedener Staaten aufweisen. Hierunter fällt auch der zwischen dem Deutschen A und der deutschen Firma in Spanien geschlossene Kaufvertrag. Die Rom I-VO ist daher anwendbar.

1. Eine **Rechtswahl** der Parteien gemäß Art. 3 Abs. 1 Rom I-VO ist vorrangig zu beachten. Vorliegend haben die Parteien spanisches Recht gewählt. Es wird damit, wie im ganzen Vertragsrecht, durch einen Sachnormverweis (Art. 20 Rom I-VO) unmittelbar auf das Sachrecht der gewählten Rechtsordnung verwiesen. Danach ist spanisches Sachrecht auf den Vertrag anwendbar. Hiernach kann der Vertrag nicht widerrufen werden.

   Die Rechtswahl müsste zulässig sein. Die Zulässigkeit und das Zustandekommen einer Rechtswahl beurteilen sich gemäß Art. 3 Abs. 5 i.V.m. Art. 10 Abs. 1 Rom I-VO nach dem gewählten Recht. Anhaltspunkte dafür, dass die Rechtswahl nach spanischem Recht nicht zulässig wäre, bestehen nicht.

Fraglich ist jedoch, ob Art. 10 Abs. 2 Rom I-VO dieser Rechtswahl entgegensteht. Zum einen stellt die bloße Geltendmachung eines Widerrufsrechts einer Partei noch nicht deren Behauptung dar, sie habe dem Vertrag nicht zugestimmt.[492] Zum anderen betrifft Art. 10 Abs. 2 Rom I-VO die Fälle, in denen es nach den Umständen des Einzelfalles unbillig wäre, dass das für eine Partei fremde, auf den Vertrag anwendbare Recht darüber entscheidet, ob das Verhalten dieser Partei als Willenserklärung „wirkt".[493] Hier könnte zwar argumentiert werden, dass A dazu „überredet" wurde, den Vertrag abzuschließen, und es deshalb unbillig wäre, den Vertrag nach dem gewählten Recht als wirksam anzusehen. Bei diesen außerhalb des Vertragsschlusses liegenden Umständen handelt es sich jedoch nicht um die Wirkung des Verhaltens der Partei i.S.d. Art. 10 Abs. 2 Rom I-VO, sodass sich aus dieser Vorschrift nichts gegen die Wirksamkeit der Rechtswahl ergibt.

Art. 10 Abs. 2 Rom I-VO betrifft daher die Fälle, in denen eine Partei nicht erkennt, dass ihr Verhalten nach dem gewählten Recht abweichend von ihrem Aufenthaltsrecht Rechtsfolgen auslöst, und es **deshalb** unbillig wäre, ihr Verhalten nach dem gewählten Recht zu beurteilen.

Beispiele: Schweigen auf ein kaufmännisches Bestätigungsschreiben, **Schweigen** als Annahme.[494]

2. Da der Sachverhalt nicht nur mit Deutschland verbunden ist, sondern auch Berührungspunkte zu Spanien aufweist, konnte mit der Wahl spanischen Rechts auch von zwingenden deutschen Bestimmungen abgewichen werden, Art. 3 Abs. 3 Rom I-VO, sodass die materiellen deutschen Verbraucherschutzvorschriften grundsätzlich nicht anwendbar sind.

Wird jedoch im Ausland lediglich ein **Strohmann** eingeschaltet und weist der Vertrag ansonsten ausschließlich Berührungspunkte zum deutschen Recht auf, liegt durch die „künstliche" Schaffung eines Auslandsbezugs eine missbräuchliche und damit unwirksame **Gesetzesumgehung** des Art. 3 Abs. 3 Rom I-VO vor.[495] Hierfür bestehen jedoch vorliegend keine Anhaltspunkte.

232 3. Möglicherweise sind jedoch die Widerrufsvorschriften des deutschen Haustürwiderrufsrechts über Art. 6 Abs. 2 S. 2 Rom I-VO anwendbar. Gemäß dieser Vorschrift kann die im Vertragsrecht herrschende Parteiautonomie bei der Wahl eines auf den Vertrag anzuwendenden Rechts eingeschränkt sein, weil unabhängig von der freien Rechtswahl weiterhin die Verbraucherschutznormen des Aufenthaltsstaates des Verbrauchers (Verbraucherschutz, Haustürwiderruf, AGB-Normen) neben denen des Auslands zu beachten sind.

- **Der Verbraucher genießt also den Schutz des weitestgehenden Rechts (Günstigkeitsprinzip).**

Für die Anwendung des Art. 6 Rom I-VO muss ein **Verbrauchervertrag** vorliegen. Voraussetzung hierfür ist in persönlicher Hinsicht, dass eine Vertragspartei **Ver-**

492 H.M., BGHZ 135, 124, 136 ff.; vgl. von Hoffmann/Thorn § 10 Rdnr. 73 m.w.N.; vgl. auch Mäsch IPrax 1995, 371, 373; a.A. LG Gießen NJW 1995, 406; LG Stuttgart RIW 1996, 424.

493 OLG Köln RIW 1996, 778 f.; Mäsch IPrax 1995, 371, 373.

494 Mäsch, IPRax 1995, 371, 372 f.

495 Vgl. von Hoffmann/Thorn § 6 Rdnr. 131 m.w.N.

braucher ist, d.h. den Vertrag nicht zu einem beruflichen oder gewerblichen Zweck schließt, und eine andere Person Unternehmer ist. A hat die Heizdecke für seine private Verwendung gekauft, sodass er Verbraucher i.S.d. Art. 6 Rom I-VO ist. Die Heizdeckenfirma ist Unternehmer i.S. dieser Vorschrift.

Mit dem Kaufvertrag über die Heizdecke wurde auch ein Vertrag i.S.d. Art. 6 Abs. 1 Rom I-VO abgeschlossen, sodass diese Vorschrift auch in sachlicher Hinsicht anwendbar ist.

Zusätzlich müsste Art. 6 Abs. 1 Rom I-VO auch in räumlicher Hinsicht anwendbar sein (Ausübung oder Ausrichtung der beruflichen Tätigkeit des Unternehmers in dem bzw. auf den Wohnsitzstaat des Verbrauchers).

- Der Unternehmer muss daher in irgendeiner Form vor dem Vertragsschluss im Aufenthaltsstaat des Verbrauchers tätig geworden sein.

Der Vertrag wurde jedoch ausschließlich in Gran Canaria angebahnt und auch abgeschlossen. Der Verkäufer übt seine Tätigkeit auch nicht in Deutschland aus, sodass Art. 6 Abs. 1 lit. a) Rom I-VO nicht anwendbar ist. Die Vertragssprache und die Lieferung der Decke durch eine deutsche Firma nach Deutschland führen allein noch nicht zu einer Ausrichtung i.S.d. Art. 6 Abs. 1 lit. b) Rom I-VO. Anhaltspunkte dafür, dass die Firma vorher etwa Werbung für die Heizdecke oder die Reise in Deutschland gemacht hätte, liegen nicht vor. Die Staatsangehörigkeit des Verbrauchers ist kein Kriterium für ein Verbrauchergeschäft. Art. 6 Rom I-VO ist damit dem Wortlaut nach nicht anwendbar.

4. Fraglich ist, ob ein effektiver Verbraucherschutz es gebietet, **Art. 6 Rom I-VO analog** anzuwenden. Hiergegen spricht jedoch, dass es sich bei Art. 6 Rom I-VO um eine spezielle **Ausnahmeregelung** für Verbrauchergeschäfte handelt. Der Anwendungsbereich dieser Vorschrift unterliegt nach dem gesetzgeberischen Willen engen Grenzen und soll eben nicht allumfassenden Schutz gewähren.[496] Art. 6 Rom I-VO ist damit **nicht** analogiefähig.

5. Andere versuchen den Verbraucher zu begünstigen, indem sie über **Art. 9 Rom I-VO** nationale Verbraucherschutzvorschriften eingreifen lassen. Dann müssten diese Vorschriften „zwingendes Recht" darstellen. Von Art. 9 Rom I-VO sind nur die **international zwingenden Eingriffsnormen**, nicht dagegen die intern zwingenden Bestimmungen umfasst.[497] Unabhängig von der Frage, ob international zwingende Normen auch Verbraucherschutznormen beinhalten, werden letztere schon über Art. 6 Rom I-VO als *lex specialis* berücksichtigt.[498] Eine darüber hinausgehende Sonderanknüpfung von Verbraucherschutznormen über Art. 9 Rom I-VO lässt sich somit nicht rechtfertigen.[499]

6. Auch eine Anwendung der internen Verbraucherschutznormen über die ***ordre-public*-Klausel, Art. 6 EGBGB**, scheitert. Gegen den Zweck eines deutschen Ge-

496 Vgl. OLG Hamm IPRax 1990, 243.
497 MünchKomm/Martiny Art. 6 Rom I-VO Rdnr. 55; Kropholler, IPR, § 52 V 3; Freitag IPRax 2009, 109 ff.
498 BGHZ 135, 124, 135.
499 Vgl. von Hoffmann/Thorn § 10 Rdnr. 96 m.w.N.

setzes wird nämlich nur dann verstoßen, wenn die Anwendung des ausländischen Rechts zu einem „unerträglichen Widerspruch zu deutschen Gerechtigkeitsvorstellungen" führen würde oder wenn die Anwendung des ausländischen Rechts das deutsche Wirtschaftsleben „ernsthaft bedrohen" würde.[500] Das im Ausland fehlende und in Deutschland junge Verbraucherschutzrecht kann aber (noch) nicht zu den prinzipiellen deutschen Gerechtigkeitsvorstellungen gezählt werden.[501] Auch muss keine Bedrohung des deutschen Wirtschaftslebens befürchtet werden.

7. Schließlich wird eine **horizontale Wirkung von in Deutschland umgesetzten europäischen Verbraucherschutzrichtlinien** angenommen, um diese zumindest **mittelbar** als deutsches zwingendes Eingriffsrecht im Rahmen des Art. 9 Rom I-VO durchzusetzen.[502] Zwar besteht grundsätzlich die Pflicht nationaler Gerichte, richtlinienkonform auszulegen. Neben den bereits bestehenden Bedenken gegen eine Anwendung des Art. 9 Rom I-VO im vorliegenden Fall (s.o.) spricht gegen eine horizontale Wirkung von Richtlinien jedoch, dass sich einzelne private Personen eben nicht auf diese berufen können.[503] Dies gilt selbst dann, wenn wie im vorliegenden Fall ein Mitgliedstaat eine Verbraucherschutzrichtlinie nicht fristgerecht umgesetzt hat. Auch dieser Ansatz scheitert daher.

- **Es bleibt daher bei der Anwendung spanischen Rechts.**

II. Art. 46 b EGBGB

233 Art. 46 b EGBGB (vormals Art. 29 a EGBGB) betrifft den Verbraucherschutz auf Gebieten, die von europäischen Richtlinien geregelt sind. Die Vorschrift des internationalen Verbrauchervertragsrechts setzt Art. 12 Abs. 2 der Fernabsatz-Richtlinie um und ersetzt § 12 AGBG und § 8 TzWrG.

Ziel ist die **kollisionsrechtliche Absicherung** des Binnenmarktes (EU und Europäischer Wirtschaftsraum) gegenüber dem Recht von Drittstaaten.

Auf Verträge,

- die nach der **Rechtswahl der Parteien <u>nicht</u> dem Recht eines Mitgliedstaates der EU oder des EWR unterliegen**,
- die aber gleichwohl einen **engen Zusammenhang zu einem solchen Staat aufweisen** (vgl. Art. 46 b Abs. 2 EGBGB),

sind dessen Bestimmungen zur Umsetzung der Verbraucherschutzrichtlinien des Binnenmarktes anzuwenden.

500 BGH NJW 1962, 37, 40 – Kindersaugflasche.
501 Vgl. MünchKomm/Martiny Art. 29 EGBGB Rdnr. 52.
502 OLG Celle IPRax 1991, 334; LG Wiesbaden MDR 1991, 156; Koch/Magnus/Winkler von Mohrenfels, S. 9 ff.
503 EuGH NJW 1994, 2474; BGHZ 135, 124, 138 f.; MünchKomm/Sonnenberger Einl. IPR Rdnr. 215 m.w.N.

Zu beachten sind in diesem Zusammenhang die Fälle, in denen für eine geschäftliche Tätigkeit im Internet geworben wird. Selbst wenn die tatsächliche wirtschaftliche Tätigkeit anschließend nur in Drittländern erfolgt, gilt eine im Internet bereitgestellte Werbung als überall dort erklärt, wo sie ein Kunde abrufen kann. Ist dieses innerhalb der EU oder hat der Kunde seinen Aufenthalt innerhalb der EU, kommt Art. 46 b EGBGB zur Anwendung.

Die maßgeblichen Verbraucherschutzrichtlinien sind in Art. 46 b Abs. 4 EGBGB aufgeführt.

H. Individualarbeitsverträge, Art. 8 Rom I-VO

Art. 8 Rom I-VO erklärt bestimmte Regelungen im Zusammenhang mit dem Arbeitsvertragsstatut zum Schutz der Arbeitnehmer trotz einer anderweitigen Rechtswahl für anwendbar (z.B. § 1 TVG). Der Begriff des Arbeitsvertrags muss hierbei autonom ausgelegt werden.[504] Kennzeichen eines Arbeitsvertrags sind die Weisungsgebundenheit der Tätigkeit und die Vergütung als Gegenleistung. **234**

Im Arbeitsrecht besteht damit ein dreifacher Schutz des Arbeitnehmers:[505]

- Erstens gelten Schutzvorschriften unabhängig von dem frei gewählten Recht.
- Zweitens gelten gemäß Art. 8 Abs. 1 S. 2 Rom I-VO die zwingenden Vorschriften, wenn diese günstiger sind (**„Günstigkeitsprinzip"**).
- Drittens greift die Absicherung des Art. 9 Rom I-VO zum Schutz des Arbeitnehmers ein.

Ist kein Recht gewählt, richtet sich das auf den Arbeitsvertrag anzuwendende Recht nach Art. 8 Abs. 2 Rom I-VO. Der gewöhnliche Arbeitsverrichtungsort nach Art. 8 Abs. 2 S. 1 Rom I-VO bei einer nur vorübergehenden Entsendung bis zu zwölf, ausnahmsweise bis zu 24 Monaten, ändert sich nicht, wenn die Rückkehr von vornherein feststeht, Art. 8 Abs. 2 S. 2 Rom I-VO. Nur bei ständig wechselnden Arbeitsorten oder in staatenlosem Gebiet, z.B. auf einer Bohrinsel, richtet sich der Arbeitsvertrag nach dem Recht der Niederlassung (Art. 8 Abs. 3 Rom I-VO). Bei der Arbeit auf See gilt das Recht des Staates, unter dessen Flagge das Schiff fährt.

I. *Lex mercatoria*

Die *lex mercatoria* ist ein von der Wirtschaft selbst geschaffenes internationales Wirtschaftsrecht. Dieses bindet die Parteien eines Vertrags an die international bekannten, in ihrer Branche beachteten Handelsbräuche und Handelsprinzipien.[506] Zudem umfasst die *lex mercatoria* vom staatlichen Rechtssystem losgelöste Regeln für den wirtschaftlichen Verkehr. Die Grundregeln für internationale Handelsverträge der UNIDROIT in Rom (herausgegeben 1994, neueste Fassung von 2004) gewährleisten eine international weitgehend einheitliche Auslegung der *lex mercatoria*.[507] **235**

Das von der Wirtschaft geschaffene Recht wird nicht von allen Staaten anerkannt. Auch eine große Meinungsgruppe in Deutschland betrachtet die *lex mercatoria* als ein bloßes soziologisches Phänomen, welches wegen seiner Unvereinbarkeit mit der klassischen Rechtslehre nicht rechtlich verbindlich sein könne.[508] Die Rechtssätze der *lex mercatoria* seien nur bruchstückhaft und würden deshalb zu Rechtsunsicherheit führen.

Zunehmend wird jedoch zumindest die Existenz des selbstgeschaffenen Rechts anerkannt. Mehr und mehr werden von den Kaufleuten auch eigene, von den staatlichen Gerichten losgelöste Sanktionsmechanismen entwickelt.

---

504 Kropholler, IPR, § 52 VI.

505 Von Hoffmann/Thorn § 10 Rdnr. 80.

506 Vgl. www.tldb.de.

507 Deutsche Übersetzung in: ZEuP 2005, 470 ff.; Berger ZVglRWiss. 94 (1995), 217 ff.; Zimmermann ZEuP 2005, 264 ff.

508 Vgl. von Bar/Mankowski § 2 Rdnr. 75 ff. m.w.N.

Umstritten ist insbesondere, ob im Rahmen des Art. 3 Rom I-VO oder nach § 1051 Abs. 1 ZPO die Parteien unmittelbar die *lex mercatoria* wählen können.[509] Dies wird teilweise mit dem Hinweis darauf verneint, bei Art. 3 Rom I-VO und § 1051 Abs. 1 ZPO sei nur die Wahl eines staatlichen Rechts gemeint, was sich u.a. aus der Entstehungsgeschichte der Vorschriften ergebe.[510] Zudem könne die *lex mercatoria* eine staatliche Rechtsordnung nur ergänzen, nicht aber ersetzen oder gar Vorrang vor dieser beanspruchen. Zumindest der Wortlaut der genannten Vorschriften lässt aber auch eine andere Auslegung zu: In Art. 3 Abs. 1 Rom I-VO, § 1051 ZPO heißt es nur „gewähltes Recht" bzw. „Rechtsvorschriften", nicht aber „Recht des *Staates*", wie in Art. 4 Abs. 1, 2 Rom I-VO.

4. Abschnitt: Internationales Familienrecht

236 Die Kollisionsnormen des Familienrechts umfassen das Recht der Ehe, der nichtehelichen, auch der gleichgeschlechtlichen Lebensgemeinschaft sowie das Kindschafts- und das Unterhaltsrecht.

„Klassische" Fälle aus dem Internationalen Familienrecht werden in diesem Skript im Allgemeinen Teil behandelt.

A. Eherecht

I. Allgemeines

237 Prüfungsrelevante staatsvertragliche Kollisionsnormen existieren im Eherecht nicht. Grundsätzlich wird im Eherecht, wie allgemein im Familienrecht, an die **Staatsangehörigkeit** angeknüpft.

II. Eheschließung, Art. 13 EGBGB

238 Eine Ehe ist wirksam geschlossen, wenn die **materiellen** Voraussetzungen der Ehe bestanden haben und die Einigung auch **formell** richtig ergangen ist.

1. Materielle Ehevoraussetzungen

239 Angeknüpft wird gemäß Art. 13 Abs. 1 EGBGB *distributiv* an das Heimatrecht jedes Verlobten. Distributive (oder gekoppelte) Anknüpfung bedeutet, dass die Voraussetzungen ein und derselben Rechtsfolge nach verschiedenen Rechtsordnungen bestimmt werden.[511] Da die Rechtsfolge hier die Wirksamkeit der Eheschließung ist, muss diese folglich von allen (beiden) beteiligten Rechtsordnungen gewollt sein. Die strengere Rechtsordnung bildet dabei die Grenze.

Das Vorliegen der Heiratsvoraussetzungen ist demnach für jeden Verlobten **getrennt** nach dessen Heimatrecht zu bestimmen.

Die sachlichen Voraussetzungen einer Ehe sind teilweise **positiv**, teilweise aber auch **negativ** als Verbote ausgestaltet. Es wird zudem zwischen **einseitigen** Ehevorausset-

---

509 Vgl. StJ/Schlosser § 1051 ZPO, Rdnr. 2 ff.; MünchKomm/Martiny Art. 3 Rom I-VO Rdnr. 6 ff.; Berger RIW 2002, 256; Bälz IPRax 2005, 45.

510 Thomas/Putzo § 1051 ZPO Rdnr. 2; MünchKomm/Martiny Art. 3 Rom I-VO Rdnr. 37; von Bar/Mankowski § 2 Rdnr. 86; Kropholler, IPR, § 52 II 3 e); von Hoffmann/Thorn § 10 Rdnr. 28.

511 Kropholler, IPR, § 20 V; von Hoffmann/Thorn § 8 Rdnr. 115.

zungen, die nur bei der einen Partei vorliegen müssen, und **zweiseitigen** Ehevoraussetzungen, die den Partner einbeziehen, unterschieden.

Positive Ehevoraussetzungen sind zumeist **einseitig**. Beispiele hierfür sind:

- die Ehemündigkeit, § 1303 Abs. 1 und 2 i.V.m. § 2 BGB;
- das Erfordernis der Zustimmung Dritter, § 1303 Abs. 3 BGB.

Beispiel: Will ein Deutscher heiraten, ist für die Ehemündigkeit nur entscheidend, dass er nach deutschem Recht ehemündig ist und der andere ausländische Verlobte nach dessen ausländischen Recht auch ehemündig ist (distributive Anknüpfung nach dem jeweiligen Heimatrecht). Der andere Verlobte braucht also **nicht** auch nach deutschem Recht ehemündig zu sein.

Das Standardbeispiel für eine **negative** Ehevoraussetzung (Ehehindernis) ist dagegen das **Verbot der Doppelehe**. Hierbei handelt es sich um ein **zweiseitiges Ehehindernis**, im deutschen Recht geregelt in § 1306 BGB. Aus der Zweiseitigkeit folgt, dass für die Wirksamkeit der Eheschließung mit einem Deutschen auch ein ausländischer Verlobter dem deutschen Verbot der Doppelehe unterliegt. Ist ein ausländischer Verlobter also bereits verheiratet, kann er einen deutschen Verlobten nicht heiraten. Dies gilt auch dann, wenn der deutsche Verlobte seinerseits noch unverheiratet ist und das ausländische Recht des ausländischen Verlobten gerade kein Verbot der Doppelehe ausspricht.

Ausnahme: Spricht eine ausländische Rechtsordnung für einen aus deutscher Sicht wirksam geschiedenen Ehegatten das Verbot der Doppelehe aus, da sie diesen noch als verheiratet ansieht, gilt umgekehrt Art. 13 Abs. 2 Nr. 3 EGBGB. Danach ist deutsches Recht anwendbar, das einen geschiedenen Ehegatten eben nicht als verheiratet betrachtet. Art. 13 Abs. 2 Nr. 3 EGBGB beruht auf dem sog. **Spanier-Beschluss** des BVerfG, nach dem ein entsprechendes spanisches „Doppelehe"-Verbot mit den deutschen Grundrechten (Art. 6 GG) und dem deutschen *ordre public* für unvereinbar erklärt wurde.[512]

Weitere Ehehindernisse sind: 240

- Verbot der Heirat zwischen verschiedenen Religionen im jüdischen Recht;
- Verwandtschaft, Schwägerschaft;
- Erfordernis einer Morgengabe.

Bei der Eheschließung muss jeder ausländische Verlobte das **Ehefähigkeitszeugnis** nach § 1309 Abs. 1 BGB erbringen. Grund hierfür ist, dass der inländische Standesbeamte nicht alle in Betracht kommenden Ehehindernisse ausländischer Staaten kennen kann.

Hiervon kann der Präsident des OLG gem. § 1309 Abs. 2 BGB eine Befreiung erteilen. Die Befreiung soll nur Staatenlosen erteilt werden oder wenn die Ehevoraussetzungen des Auslands dem **deutschen** *ordre public* nicht standhalten, wie z.B. das Verbot der Heirat zwischen verschiedenen Religionen im jüdischen Eherecht.[513] Subsidiär dazu beruft Art. 13 Abs. 2 EGBGB bei hinreichendem Inlandsbezug deutsches Recht. Hierdurch werden die sachlichen Voraussetzungen der Eheschließung teilweise erleichtert, jedoch steigt hiermit auch die **Gefahr hinkender Rechtsverhältnisse** (vgl. Rdnr. 61).

512 BVerfGE 31, 58.
513 Vgl. BGHZ 56, 180.

2. Formelle Ehevoraussetzungen

241 In ihrer Form unterliegt die Ehe grundsätzlich dem (großzügigen) **Art. 11 EGBGB**, der wahlweise auf das Eheschließungsstatut (Art. 13 EGBGB) oder auf die Sachvorschriften des jeweiligen Ortsrechts verweist. Danach wäre **bei Auslandsehen die Ortsform** maßgeblich. Zur Form gehören etwa das Aufgebot oder die Beteiligung eines Geistlichen oder eines Standesbeamten.[514]

So müssen z.B. in Marokko bei der Eheschließung zwei Notare (udul) anwesend sein. In Griechenland reicht die Ehe vor einem griechisch-orthodoxen Priester, einem Popen, aus. Zudem reicht es nach dem ZGB, wenn die Formvoraussetzungen bei einem Partner vorliegen.

Für **Inlandsehen** gilt jedoch die Sonderregelung des **Art. 13 Abs. 3 EGBGB**. Art. 13 Abs. 3 S. 1 EGBGB bestimmt, dass in Deutschland nur eine Ehe in der hier vorgeschriebenen Form geschlossen werden kann. Aus deutscher Sicht ist eine Eheschließung vor dem Standesamt notwendig, aber auch ausreichend. Eine andere Form der Eheschließung wäre nur gemäß Art. 13 Abs. 3 S. 2 EGBGB möglich, wenn keiner der Ehegatten Deutscher ist und die eheschließende Person von der Regierung des ausländischen Staates zur Eheschließung ermächtigt wurde.[515]

Diese Regelung führt häufig zu sog. **hinkenden Ehen**, die nach einer Rechtsordnung wirksam und nach einer anderen Rechtsordnung unwirksam sind. Hierzu kommt es vor allem dann, wenn eine zwischen zwei Ausländern im Inland geschlossene Ehe entweder nicht der Form des Art. 13 Abs. 3 S. 2 EGBGB oder nicht dem ausländischen Heimatrecht der Ehegatten genügt.[516]

3. Einordnung der Handschuhehe

242 Einige Staaten erlauben eine Handschuhehe, d.h., die Ehe wird durch einen Stellvertreter des späteren Ehegatten geschlossen. Der Handschuh war das Zeichen der Vollmacht im Mittelalter.

a) Problem der formellen Ehevoraussetzungen

243 So ist z.B. in Italien, Spanien und den Niederlanden die Eheschließung durch Überbringung der Willenserklärung eines zukünftigen Ehepartners durch einen Boten möglich. Dieses Ehemerkmal wird aus deutscher Sicht als formell eingestuft.[517]

b) Problem der materiellen Ehevoraussetzungen

244 In Ägypten, Marokko und dem Iran kann ein Vertreter eine eigene Willenserklärung mit Entscheidungsspielraum im Namen eines Ehepartners abgeben. Dieses gilt als materielle Ehevoraussetzung des ausländischen Rechts.[518]

Beide Formen der Handschuhehe widersprechen nicht dem *ordre public.*

---

514 Koch/Magnus/Winkler von Mohrenfels, IPR, § 3 Rdnr. 17.

515 Von Hoffmann/Thorn § 8 Rdnr. 5 ff.

516 S.o. Fall 8, Rdnr. 63.

517 MünchKomm/Spellenberg Art. 11 EGBGB Rdnr. 95; BGHZ 29, 138 ff.

518 Staudinger/von Bar Art. 13 EGBGB Rdnr. 343.

4. Folgen einer fehlerhaften Ehe

Die Folgen einer im Inland **formell fehlerhaft** geschlossenen Ehe werden nach deutschem Recht beurteilt. Eine im Ausland geschlossene formwidrige Ehe unterliegt wegen des Günstigkeitsprinzips dem *milderen* Recht des Orts- oder des Wirkungsstatuts. **245**

Über einen **materiellen Fehler** entscheidet dagegen das *strengere* Heimatrecht der späteren Ehepartner.[519]

5. Verlöbnis

Die Anknüpfung des Verlöbnisses ist im EGBGB nicht geregelt. Die formellen und materiellen Bestimmungen für die Eheschließung werden jedoch entsprechend herangezogen. Für die Form gilt allerdings ausschließlich Art. 11 EGBGB und nicht Art. 13 Abs. 3 EGBGB, da das Verlöbnis im deutschen Recht keiner Form unterliegt. **246**

Umstritten ist dagegen die Anknüpfung des **Verlöbnisbruchs**. Die Rechtsprechung favorisiert eine einseitige Anknüpfung an das Heimatrecht des jeweils Verpflichteten.[520] In der Literatur wird dagegen die entsprechende Anwendung der sog. „Kegelschen Leiter" (s.u., Rdnr. 248) nach Art. 14 Abs. 1 Nr. 1–3 EGBGB befürwortet.[521]

Gegen die Auffassung der Rechtsprechung spricht, dass eine bloß einseitige Anknüpfung an das Recht des Anspruchsgläubigers nicht der Natur des Verlöbnisses als zweiseitiges, einheitliches Rechtsverhältnis gerecht wird.[522] Vorzugswürdig ist es deshalb, auch den Verlöbnisbruch einem einheitlichen Recht zu unterstellen, ohne dass es darauf ankommt, welcher Verlobte in Anspruch genommen wird.[523]

Handelt es sich um einen besonders schweren Fall, etwa dann wenn der das Verlöbnis brechende Verlobte in betrügerischer Absicht (§ 263 StGB) gehandelt hat, ist eine deliktische Anknüpfung nach Art. 4 Rom II-VO möglich.[524] Teilweise wird aber auch dann eine akzessorische Anknüpfung an das Verlöbnisstatut analog Art. 14 Abs. 1 EGBGB befürwortet.[525]

Das Verlöbnis **gleichgeschlechtlicher Partner** wird nicht nach Art. 17 b EGBGB angeknüpft, da die Partnerschaft noch nicht registriert ist. Daher werden die Grundsätze zum Eheverlöbnis angewendet.

III. Allgemeine Ehewirkungen, Art. 14 EGBGB

1. Umfang

Das Statut der allgemeinen Ehewirkungen ist unmittelbar nur von geringer Bedeutung. Es entspricht in seinem Anwendungsbereich den §§ 1353 ff. BGB, **247**

- d.h. der Pflicht zur ehelichen Lebensgemeinschaft, § 1353 BGB;
- Regelungen zur Haushaltsführung, § 1356 BGB;

519 Dazu Kegel/Schurig § 20 IV; Kropholler, IPR, § 44 III; von Hoffmann/Thorn § 8 Rdnr. 11.
520 BGHZ 132, 105; zuletzt BGH, Urt. v. 13.04.2005 – XII ZR 296/00 = IPRax 2005, 545, 546.
521 Kropholler, IPR, § 44 IV; Kegel/Schurig § 20 II; von Hoffmann/Thorn § 8 Rdnr. 17.
522 Vgl. Lorenz/Unberath IPRax 2005, 516, 520.
523 Vgl. Kropholler, IPR, § 44 IV 3.
524 Palandt/Heldrich Art. 40 EGBGB Rdnr. 6 m.w.N.
525 Kropholler, IPR, § 44 IV 3.

- Mitverpflichtung des Ehegatten (sog. Schlüsselgewalt), § 1357 BGB;
- Haftung, § 1359 BGB;
- gegenseitige Eigentumsvermutung, § 1362 BGB.

Diese Kollisionsnorm ist ein **wichtiges akzessorisches Verweisungsziel** im gesamten internationalen Familienrecht (z.B. Art. 15 Abs. 1, 17 Abs. 1 S. 1, 19 Abs. 1 S. 3, 22 Abs. 1 S. 2 EGBGB; eine Rechtswahl wird teilweise nicht beachtet, so Art. 22 Abs. 1 S. 2 EGBGB). So wird eine weitgehend einheitliche Anknüpfung im Familienrecht sichergestellt.[526]

Zu berücksichtigen ist in diesem Zusammenhang Art. 16 Abs. 2 EGBGB. Er schützt das Vertrauen einer gutgläubigen Person des inländischen Geschäftsverkehrs dahingehend, dass er auch bei objektiver Geltung des ausländischen Rechts die inländischen Vorschriften der §§ 1357, 1362, 1431 und 1456 BGB für anwendbar erklärt, wenn diese im Einzelfall für den Gutgläubigen günstiger sind.

2. Anknüpfung

248 Die allgemeinen Ehewirkungen werden gemäß Art. 14 EGBGB nach der **„Kegelschen Leiter"** angeknüpft. Dieses von Kegel entwickelte objektiv-subjektive Mischsystem von Anknüpfungen wurde eingeführt, weil die vorherige Regelung bezogen auf die Staatsangehörigkeit des jeweiligen Ehepartners dem Gleichheitsgebot aus Art. 3 Abs. 2 GG widersprochen hatte.[527]

Vorrangig wird auf der **ersten Stufe** für die allgemeinen Wirkungen der Ehe gemäß Art. 14 Abs. 1 **Nr. 1** EGBGB objektiv auf das Recht der gemeinsamen (effektiven) Staatsangehörigkeit oder das Recht der letzten gemeinsamen (effektiven) Staatsangehörigkeit, einschließlich dessen Kollisionsrecht, verwiesen.

Subsidiär ist gemäß Art. 14 Abs. 1 **Nr. 2** EGBGB **auf der zweiten Stufe** das Recht des gemeinsamen oder des letzten gemeinsamen gewöhnlichen Aufenthalts zur Regelung der allgemeinen Ehewirkungen berufen.

Besteht auch kein gemeinsamer oder letzter gemeinsamer Aufenthalt, entscheidet **hilfsweise** gemäß Art. 14 Abs. 1 **Nr. 3** EGBGB **auf der dritten Stufe** das Recht, mit dem die Ehegatten sozial, ihrer Herkunft nach oder auch nach ihren Zukunftsplänen am engsten verbunden sind. Hierunter fallen z.B. der gemeinsame Arbeitsplatz oder der letzte gemeinsame Aufenthalt.

Unter den dort genannten Voraussetzungen ist bei einer **Rechtswahl** durch die Parteien gemäß Art. 14 Abs. 2 EGBGB die Anknüpfung auch an das Recht einer nicht effektiven Staatsangehörigkeit möglich.

Das ist etwa bei **Mehrstaatern** der Fall, wenn ein Ehegatte Deutscher ist und diese Staatsangehörigkeit deshalb gemäß Art. 5 Abs. 1 S. 2 EGBGB vorrangig gegenüber einer gemeinsamen ausländischen Staatsangehörigkeit ist, sodass eine Anknüpfung nach Art. 14 Abs. 1 Nr. 1 EGBGB somit nicht möglich ist. Eine solche Anknüpfung ist ebenfalls nicht möglich, wenn bei einem Ehegatten eine stärkere vorrangig zu beachtende Beziehung zu einer anderen Staatsangehörigkeit als zu der gemeinsamen ausländischen besteht, Art. 5 Abs. 1 S. 1 EGBGB. Diese gemeinsame nicht effektive Staatsangehörigkeit können die Ehegatten dann wählen.

---

526 Ferid § 8 Rdnr. 8–84 ff.

527 Kegel/Schurig § 20 V.

Daneben kann über Art. 14 Abs. 3 EGBGB die Wahl des Heimatrechts eines Ehegatten gewählt werden. Die Rechtswahl muss jeweils dem Formerfordernis des Art. 14 Abs. 4 EGBGB genügen. Bei einer Rechtswahl handelt es sich um eine Sachnormverweisung, Art. 4 Abs. 2 EGBGB.

Wichtig:

- *Bei sämtlichen Verweisungen in **Art. 14 Abs. 1 EGBGB** handelt es sich nach h.M. um **Gesamtverweisungen** (Art. 4 Abs. 1 EGBGB), sodass ein renvoi beachtet werden muss.*[528]
- *Bei den Verweisungen in **Art. 14 Abs. 2–4 EGBGB** handelt es sich dagegen (wie stets bei einer Rechtswahl) um **Sachnormverweisungen**.*

***Wichtig:** Art. 14 EGBGB wirft die **Erstfrage** des Bestehens einer Ehe auf. Diese ist selbstständig nach der lex fori gemäß Art. 13, 11 EGBGB anzuknüpfen.*

3. Statutenwechsel

Das Eheschließungsstatut (Art. 13 EGBGB) ist **unwandelbar**. Nur wenn ein Ehegatte die Staatsangehörigkeit des anderen annimmt und die Ehe nach dem gemeinsamen Staatsangehörigkeitsrecht nun wirksam wäre, soll nach der h.M. eine Heilung durch den Statutenwechsel möglich sein.[529] Das Ehewirkungsstatut dagegen ist in allen Konstellationen wandelbar. **249**

IV. Ehelicher Güterstand, Art. 15 EGBGB

1. Kommissionsvorschlag zum Ehegüterkollisionsrecht

Auch zum Ehegüterrecht (KOM (2011) 126) sowie zum Güterrecht der eingetragenen Partnerschaft (KOM (2011) 127) hat die Europäische Kommission mittlerweile Verordnungsvorschläge unterbreitet, um auch in diesen Bereichen das Kollisionsrecht europaweit zu vereinheitlichen.[530]

Künftig sollen die Ehegatten die Möglichkeit haben, das anwendbare Güterrecht wählen zu können, Art. 2 lit. a) EhegüterRVO-V. Als wählbare Rechte stehen dabei das Recht des gewöhnlichen Aufenthaltes beider Ehegatten, eines Ehegatten oder die Staatsangehörigkeit eines der Ehegatten bereit, Art. 16 EhegüterRVO-V.

Haben die Ehegatten kein Recht gewählt, stellt Art. 17 EhegüterRVO-V eine Anknüpfungsleiter bereit, nach der primär das Recht des ersten gemeinsamen gewöhnlichen Aufenthaltes nach der Eheschließung und dann subsidiär das Recht der gemeinsamen Staatsangehörigkeit bei der Eheschließung und schließlich das Recht, zu dem die engste Verbindung besteht, anwendbar ist.

Das so ermittelte Güterrechtsstatut ist – wie bei Art. 15 EGBGB auch – unwandelbar. Allerdings sollen die Ehegatten gemäß Art. 18 EhegüterRVO-V künftig die Möglichkeit haben, zu jedem Zeitpunkt ihrer Ehe ein anderes auf ihren Güterstand anwendbares Recht zu wählen.

528 Kropholler, IPR, § 24 II 2 a), 45 II 4; von Hoffmann/Thorn § 8 Rdnr. 25.

529 BGH FamRZ 1997, 542; von Hoffmann/Thorn § 8 Rdnr. 12.

530 Vgl. hierzu: Martiny, IPRax 2011, 437 ff.

Wann die EhegüterRVO und für eingetragene Partnerschaften die EPartVO in Kraft treten, steht noch nicht fest.

2. Umfang

250 Einstweilen bleibt es daher bei der Anwendung von Art. 15 EGBGB, um das auf den ehelichen Güterstand anwendbare Recht zu ermitteln. Das Statut des ehelichen Güterstands aus Art. 15 EGBGB erstreckt sich auf alle Regelungen des Güterstandes als einer Sonderordnung des Vermögens von Ehepartnern während und aufgrund der Ehe. Dazu gehört die

- Wahl des Güterstandes;
- die Zugehörigkeit der Gegenstände des Gesamtguts;
- die Regelungen der Verwaltungs- und Verfügungsrechte und
- das vertragliche Güterrecht, z.B. Eheverträge.

Benannte und unbenannte Zuwendungen fallen **nicht** unter das Güterrechts-, sondern unter das Vertragsstatut.[531]

Die Güterstände des BGB sind die Zugewinngemeinschaft, die Gütertrennung und die Gütergemeinschaft. Daneben sind im Ausland zusätzlich weitere Güterstände anerkannt, die das deutsche Recht nicht kennt. Beispielsweise gab es in England und Frankreich bis 1960 den Güterstand der **Errungenschaftsgemeinschaft**, in Bosnien-Herzegowina gibt es ihn noch heute. Danach galt für die Ehegatten während der Ehe der gemeinsame Güterstand, in die Erbmasse fiel aber nur das gemeinsam erarbeitete Vermögen. Der Güterstand der Fahrnisgemeinschaft ist dadurch gekennzeichnet, dass nur das bewegliche Vermögen zu einem gemeinsamen Vermögen wird.

3. Anknüpfung

251 Kollisionsrechtlich entspricht das Ehegüterrechtsstatut aus Art. 15 Abs. 1 EGBGB dem Ehewirkungsstatut (Art. 14 EGBGB), jedoch nur **zum Zeitpunkt der Eheschließung**. Spätere Veränderungen bleiben wegen der im Interesse der Rechtssicherheit durch den Gesetzgeber angeordneten **Unwandelbarkeit des Güterrechtsstatuts** unberücksichtigt (sog. **Versteinerung**, vgl. den Wortlaut von Art. 15 Abs. 1 EGBGB „(...) dem **bei** der Eheschließung (...) maßgebenden Recht", vgl. hierzu auch Fall 12, Rdnr. 83 ff.).

- **Ein Statutenwechsel findet daher nicht statt!**

Art. 15 Abs. 2 EGBGB eröffnet den Ehegatten jedoch die erweiterte Möglichkeit, das Recht des Güterrechtsstatuts zu wählen.

Wichtig: *Art. 15 EGBGB wirft die* ***Erstfrage*** *des Bestehens einer Ehe auf. Diese ist selbstständig nach der lex fori gemäß Art. 13, 11 EGBGB anzuknüpfen.*

Art. 16 Abs. 1 EGBGB bezweckt den Schutz der Interessen Dritter. Für diese ist die Eintragung der Ehegatten in das Güterrechtsregister oder die Kenntnis diesbzgl. entscheidend.

---

531 Koch/Magnus/Winkler von Mohrenfels § 3 II, S. 54.

B. Scheidungsrecht

I. Scheidungsverfahren

1. Internationale Zuständigkeit

Die internationale Zuständigkeit deutscher Familiengerichte für Scheidungen kann sich ergeben: 252

a) im Anwendungsbereich **der EheGVO**[532] gemäß deren Art. 3, wenn **im deutschen Hoheitsgebiet** *alternativ*

- beide Ehegatten ihren persönlichen Aufenthalt haben;
- die Ehegatten zuletzt beide ihren gewöhnlichen Aufenthalt hatten, sofern einer von ihnen dort noch seinen gewöhnlichen Aufenthalt hat;
- der Antragsgegner seinen gewöhnlichen Aufenthalt hat;
- im Fall eines gemeinsamen Antrags einer der Ehegatten seinen gewöhnlichen Aufenthalt hat;
- der Antragsteller seinen gewöhnlichen Aufenthalt hat, wenn er sich dort seit mindestens einem Jahr unmittelbar vor der Antragstellung aufgehalten hat;
- der Antragsteller seinen gewöhnlichen Aufenthalt hat, wenn er sich dort seit mindestens sechs Monaten unmittelbar vor der Antragstellung aufgehalten hat und entweder Staatsangehöriger des betreffenden Mitgliedstaates ist oder, im Fall des Vereinigten Königreichs und Irlands, dort sein „domicile" hat;
- oder unabhängig von dem Hoheitsgebiet, wenn beide Ehegatten die deutsche Staatsangehörigkeit haben oder, im Fall des Vereinigten Königreichs und Irland, beide Ehegatten in Deutschland ihr gemeinsames „domicile" haben.

b) Subsidiär nach **autonomem Recht** gemäß § 98 FamFG.

Der Anwendungsbereich des FamFG ist nach der vorrangig zu beachtenden EheGVO eher gering, da die in der EheGVO enthaltenen Gerichtsstände der Art. 3 ff. EheGVO **ausschließlich** sind, Art. 6, 7 EheGVO. So wird schon § 98 Abs. 1 Nr. 2 FamFG durch den insoweit deckungsgleichen Art. 3 Abs. 1 lit. a), Spiegelstrich 1 EheGVO verdrängt. Eine Restzuständigkeit kann sich daher noch aus § 98 Abs. 1 Nr. 1, 3 oder 4 FamFG ergeben, wenn im Einzelfall keines der Kriterien des Art. 3 Abs. 1 EheGVO erfüllt ist.

- Der sachliche Anwendungsbereich der EheGVO beschränkt sich gemäß deren Art. 3 Abs. 1 jedoch auf die Ehescheidung, die Trennung ohne Auflösung des Ehebandes oder die Ungültigerklärung einer Ehe sowie gemäß Art. 8 EheGVO auf Entscheidungen, welche die elterliche Verantwortung betreffen.[533]
- § 98 FamFG gilt – anders als die EheGVO – nach h.M. analog dagegen auch für den sog. **Scheidungsverbund**, sodass gemäß §§ 98, 137 FamFG auch über die übrigen Scheidungsfolgen wie Unterhalt, Sorgerecht und Versorgungsausgleich mitent-

532 EG-Verordnung EG Nr. 2201/2003 des Rates v. 29.5.2000 über die Zuständigkeit und die Anerkennung und Vollstreckung von Entscheidungen in Ehesachen und in Verfahren betreffend die elterliche Verantwortung und zur Aufhebung der VO (EG) Nr. 1347/2000, auch **Brüssel IIa-VO** genannt.

533 Vgl. Erwägungsgrund Nr. 11 der EheGVO, Art. 3 Abs. 1 EheGVO.

schieden wird. Für diese Bereiche gilt das FamFG daher auch dann weiter, wenn ansonsten die EheGVO anwendbar ist.

2. Anerkennung von ausländischen Scheidungen

253 Die Anerkennung einer in einem **Mitgliedstaat der EU** ergangenen Entscheidung richtet sich nach dem **vereinfachten Verfahren** des **Art. 21 EheGVO**.

Die Anerkennung einer Scheidung aus einem **Nichtmitgliedstaat der EU** erfolgt

- *formell* nach § 107 FamFG und
- *materiell* nach § 328 ZPO oder vorrangig zu beachtenden Abkommen.

§ 107 FamFG sieht ein besonderes Verfahren vor, wonach für die Anerkennung der Scheidung primär die Landesjustizverwaltung des Bundeslandes zuständig ist, in dem ein Ehegatte seinen gewöhnlichen Aufenthalt hat. Auf das Gegenseitigkeitserfordernis des § 328 Abs. 1 Nr. 5 ZPO wird gemäß § 107 FamFG verzichtet.

3. Anerkennung von ausländischen Privatscheidungen

§ 107 FamFG gilt in **formeller Hinsicht** auch für Privatscheidungen, bei denen eine Behörde mitgewirkt hat.

Die Anerkennung von Privatscheidungen unterfällt **in materieller Hinsicht** dagegen **ausschließlich dem anwendbaren Sachrecht**, da es sich hierbei um einen lediglich privaten Willensakt handelt. Darauf, ob in formeller Hinsicht eine Behörde beteiligt war, kommt es also nicht an.

In Deutschland gilt für die **Anerkennung** von Privatscheidungen § 1564 S. 1 BGB als **Doppelqualifikation** im materiellen und im Verfahrensrecht, wenn deutsches Recht Scheidungsstatut ist.[534] **Unterliegt die Scheidung** also **deutschem Recht**, folgt aus § 1564 S. 1 BGB, dass eine ausländische Privatscheidung nicht anerkannt werden kann, da es nach der Rechtsprechung eine **Grundentscheidung des materiellen Rechts** ist, **nur gerichtliche Scheidungen anzuerkennen**.[535]

II. Kollisionsrecht

254 1. Die Rom III-VO

Für die Ermittlung des auf die Ehescheidung und Trennung ohne Auflösung des Ehebandes anzuwendenden Rechts ist als vorrangig zu beachtendes Gemeinschaftskollisionsrecht die Verordnung (EU) Nr. 1259/2010 des Rates vom 20.12.2010 (**Rom III-VO**) in Kraft getreten.

Die Rom III-VO war bei Redaktionsschluss dieses Skriptes noch nicht in deutsches Recht umgesetzt; sie wird dann aber voraussichtlich auch in der Liste der vorrangig anzuwendenden gemeinschaftsrechtlichen Kollisionsnormen gemäß Art. 3 Nr. 1 EGBGB aufgeführt werden.

---

534 Von Hoffmann/Thorn § 8 Rdnr. 70.

535 BGHZ 110, 267; NJW-RR 1994, 642.

a) Anwendungsbereich der Rom III-VO

Zeitlich anwendbar ist die Rom III-VO für alle Scheidungsanträge und Rechtswahlvereinbarungen, die ab dem 21.06.2012 eingereicht bzw. abgeschlossen wurden, vgl. Art. 21 Rom III-VO.

Räumlich anwendbar ist die Rom III-VO in allen teilnehmenden Mitgliedstaaten, vgl. Art. 3 Nr. 1, Art. 17 Rom III-VO. So gilt die Rom III-VO nicht generell für alle Mitgliedstaaten der EU, sondern neben Deutschland nur in Belgien, Bulgarien, Frankreich, Italien, Lettland, Luxemburg, Malta, Österreich, Portugal, Rumänien, Slowenien und Spanien. Weitere EU-Staaten können ihr jedoch beitreten.

Sachlich anwendbar ist die Rom III-VO auf die Ehescheidung und die Trennung ohne Auflösung des Ehebandes in Fällen, die eine Verbindung zum Recht verschiedener Staaten aufweisen, Art. 1 Abs. 1 Rom III-VO. Diejenigen Bereiche, die vom Anwendungsbereich der Rom III-VO ausgenommen sind, ergeben sich aus Art. 1 Abs. 2 Rom III-VO. Hierzu gehören z.B. gemäß Art. 1 Abs. 2 lit. g) Rom III-VO die Unterhaltspflichten.

b) Ermittlung des anwendbaren Rechts nach der Rom III-VO

Wesentliche Neuerung ist die **Einführung einer Rechtswahl**, die vorrangig zu beachten ist. Die Ehegatten haben nunmehr unter den Voraussetzungen der Art. 5–7 Rom III-VO selbst die Wahl, das auf die Scheidung anwendbare Recht zu wählen. Hierfür stehen alternativ zur Verfügung das Recht des Staates

- in dem die Ehegatten zum Zeitpunkt der Rechtswahl ihren gewöhnlichen Aufenthalt hatten, Art. 5 Abs. 1 lit. a) Rom III-VO;
- in dem die Ehegatten zuletzt ihren gewöhnlichen Aufenthalt hatten, sofern einer von ihnen zum Zeitpunkt der Rechtswahl dort noch seinen gewöhnlichen Aufenthalt hat, Art. 5 Abs. 1 lit. b) Rom III-VO;
- dessen Staatsangehörigkeit einer der Ehegatten zum Zeitpunkt der Rechtswahl besitzt, Art 5 Abs. 1 lit. c) Rom III-VO oder
- das Recht des Staates des angerufenen Gerichts, Art. 5 Abs. 1 lit. d) Rom III-VO.

Die Rechtswahl kann unter den Voraussetzungen des Art. 5 Abs. 2 und Abs. 3 Rom III-VO jederzeit getroffen werden.

Zustandekommen und Wirksamkeit einer solchen Rechtswahl bestimmen sich gemäß Art. 6 Rom III-VO nach dem gewählten Recht.

Die **Form** einer Rechtswahl regelt Art. 7 Rom III-VO. Gemäß Art. 7 Abs. 2 Rom III-VO haben die teilnehmenden Mitgliedstaaten die Möglichkeit, neben der in Art. 7 Abs. 1 Rom I-VO angeordneten Schriftform weitere Formerfordernisse vorzusehen. Deutschland hat insofern **notarielle Form** für die Rechtswahl angeordnet. Eine Umsetzung dieser Formvorschrift in materielles deutsches Recht steht noch aus.

Liegt eine wirksame Wahl des auf die Scheidung anwendbaren Rechts nicht vor, ist dieses anhand der Anknüpfungsleiter in Art. 8 Rom III-VO zu ermitteln. Subsidiär anwendbar ist danach das Recht des Staates

- in dem die Ehegatten zum Zeitpunkt der Anrufung des Gerichts ihren gewöhnlichen Aufenthalt hatten, Art. 8 lit. a) Rom III-VO, **hilfsweise**
- in dem die Ehegatten zuletzt ihren gewöhnlichen Aufenthalt hatten, sofern dieser nicht vor mehr als einem Jahr vor Anrufung des Gerichts endete und einer der Ehegatten zum Zeitpunkt der Anrufung des Gerichts dort noch seinen gewöhnlichen Aufenthalt hat, Art. 8 lit. b) Rom III-VO, **hilfsweise**
- dessen Staatsangehörigkeit beide Ehegatten zum Zeitpunkt Anrufung des Gerichts besitzen, Art. 8 lit. c) Rom III-VO oder **hilfsweise**
- das Recht des Staates des angerufenen Gerichts, Art. 8 lit. d) Rom III-VO.

Gemäß Art. 10 Rom III-VO findet die *lex fori* Anwendung, wenn das nach Art. 5 Rom III-VO oder gemäß Art. 8 Rom III-VO berufene Recht eine Ehescheidung nicht vorsieht oder einem Ehegatten aufgrund seiner Geschlechtszugehörigkeit keinen gleichberechtigten Zugang zur Ehescheidung oder Trennung ohne Auflösung des Ehebandes gewährt.

Bei sämtlichen Verweisungen handelt es sich um **Sachnormverweisungen**, Art. 11 Rom III-VO. Ein renvoi findet somit nicht statt.

Art. 12 Rom III-VO ordnet einen ausdrücklichen *ordre-public*-Vorbehalt an.

c) Systematik und Prüfungsreihenfolge der Rom III-VO

Die Systematik und Prüfungsfolge der Rom III-VO lautet wie folgt:

- Vorrangig: Rechtswahl gemäß Art. 5–7 Rom III-VO;
- subsidiär: Anknüpfungsleiter gemäß Art. 8 Rom III-VO.

2. Autonomes Kollisionsrecht

Für Altfälle, also für Scheidungsanträge, die vor dem 21.06.2012 eingereicht wurden, gilt Art. 17 EGBGB weiter. Das gemäß Art. 17 EGBGB ermittelte Scheidungsstatut erfasst grds. jede Beendigung einer Ehe. Neben der Scheidung werden auch der Ausspruch der **„Trennung von Tisch und Bett"** sowie **Privatscheidungen** (talaq [„ich verstoße Dich", répudiation]) erfasst. Letztere sind entsprechend Art. 17 Abs. 2 EGBGB nur im Ausland möglich und kommen insbesondere in den von Deutschland gesehen östlichen Ländern, im Islam und im Judentum[536] vor.

Privatscheidungen sind z.B. die Scheidung nach israelischem Recht vor einem Rabbinatsgericht oder die jüdische Scheidung durch Übergabe eines Scheidungsbriefes (get). In den Vereinigten Emiraten sowie bei den Muslimen Singapurs und Malaysias ist die Scheidung durch die dreimalige Versendung des Scheidungsbegehrens als SMS an die Frau wirksam möglich (FAZ 29.06. und 13.07.2001).

Unter das Scheidungsstatut aus Art. 17 Abs. 1 EGBGB fallen auch die **Folgen einer Scheidung**. Für wichtige Fragen bestehen allerdings **Sonderanknüpfungen**, wie für

536 Vgl. hierzu: Siehr IPRax 2009, 332 ff.

- den Unterhalt, Art. 5 HUntProt (früher Art. 18 Abs. 4 EGBGB),
- den Versorgungsausgleich, Art. 17 Abs. 3 EGBGB,
- das Güterrecht, Art. 15 EGBGB,
- den Namen, Art. 10 EGBGB,
- die Nutzungsbefugnis einer im Inland befindlichen Ehewohnung oder im Inland befindliche Haushaltsgegenstände, Art. 17 a EGBGB oder
- die elterliche Sorge, das KSÜ oder Art. 21 EGBGB.

In vielen Staaten, z.B. Griechenland, Österreich und Argentinien gibt es keinen Versorgungsausgleich.

Angeknüpft wird gemäß Art. 17 Abs. 1 EGBGB an das Recht, das gemäß Art. 14 Abs. 1–4 EGBGB für die allgemeinen Wirkungen der Ehe maßgebend ist. Maßgeblicher Zeitpunkt ist allerdings die Rechtshängigkeit des Scheidungsantrags. **Das Scheidungsstatut ist demnach unwandelbar.** **255**

Wichtig: *Art. 17 EGBGB wirft die Erstfrage des Bestehens einer Ehe auf. Diese ist selbstständig nach der lex fori gemäß Art. 13, 11 EGBGB anzuknüpfen.*

Ausnahmsweise unterliegt die Scheidung gemäß Art. 17 Abs. 1 S. 2 EGBGB dem deutschen Recht, wenn nach dem Ehescheidungsstatut eine Scheidung nicht möglich ist und der die Ehescheidung begehrende Ehegatte zu diesem Zeitpunkt Deutscher ist oder dies bei der Eheschließung war. Auch hierbei handelt es sich um eine auf den **Spanier-Beschluss**[537] zurückgehende Konkretisierung des *ordre public*, in deren Anwendungsbereich Art. 6 EGBGB verdrängt wird.

Wichtig:

- *Die deutsche Staatsangehörigkeit muss bei Art. 17 Abs. 1 S. 2 EGBGB – entgegen dem Gesetzeswortlaut – nicht spätestens im Zeitpunkt der Rechtshängigkeit vorliegen, der Zeitpunkt der letzten mündlichen Verhandlung reicht aus.*[538]
- *Entgegen der bisher h.M. greift nach einer jüngeren Entscheidung des BGH Art. 17 Abs. 1 S. 2 EGBGB nur dann ein, wenn das eigentlich berufene ausländische Scheidungsrecht den Antragsteller vor unzumutbare Schwierigkeiten stellen würde.*[539] *Hat der Antragsteller es versäumt, ein ihm zumutbares Verfahren einzuleiten, geht dies wegen des Ausnahmecharakters der Norm zu seinen Lasten.*

C. Recht der Lebensgemeinschaften

I. Nichteheliche Lebensgemeinschaft

Die nichteheliche Lebensgemeinschaft ist das eheähnliche Zusammenleben zweier Personen, welche nicht die Ehe geschlossen haben. **256**

537 BVerfGE 31, 58.

538 BGH NJW 2007, 220, 221; Kropholler, IPR, § 46 I 2.

539 BGH NJW 2007, 220, 222 f.; vgl. auch Rauscher/Pabst NJW 2007, 3541, 3542.

Sie wird kollisionsrechtlich nach der h.M. in der Literatur entsprechend der Ehe behandelt.[540] Nach anderer Auffassung, der auch die Rechtsprechung folgt, sollen im IPR die Normen des jeweiligen Schuldstatuts maßgeblich sein.[541]

Letztere Auffassung ist konsequent vor dem Hintergrund, dass auch im deutschen materiellen Recht eine analoge Anwendung der familienrechtlichen Normen auf die nichteheliche Lebensgemeinschaft überwiegend abgelehnt wird. Nach ständiger Rechtsprechung sind heterosexuelle Lebensgemeinschaften ein „tatsächlicher Vorgang, der keine Rechtsgemeinschaft begründet". Die Normen des jeweiligen Schuldstatuts zur Anwendung kommen zu lassen, kann aber bedeuten, dass eine (unnötige) Vielzahl von Rechten zur Anwendung berufen wird, je nachdem ob für die Abwicklung Ansprüche aus Vertrag, GoA oder Bereicherungsrecht in Betracht kommen.

Eine analoge Anwendung des Art. 17 b EGBGB ist nicht angebracht, da die Registrierung als konstitutives Merkmal fehlt.[542]

Im ausländischen Recht wird der Bruch der Gemeinschaft im Kollisionsrecht oftmals deliktisch eingeordnet.

II. Gleichgeschlechtliche Lebenspartnerschaft, Art. 17 b EGBGB

257 Art. 17 b EGBGB wurde im Rahmen des am 01.08.2001 in Kraft getretenen Lebenspartnerschaftsgesetzes eingeführt.[543] Er unterstellt die Begründung, Form, die allgemeinen und güterrechtlichen Wirkungen und die Auflösung der eingetragenen Lebenspartnerschaft in Abs. 1 S. 1 EGBGB dem Recht des Registrierungsstaates.

Da erst wenige Staaten die gleichgeschlechtliche Lebenspartnerschaft anerkennen (z.B. auch Dänemark und Schweden), würde eine anderweitige Anknüpfung, z.B. an ein Heimatrecht, was sie nicht anerkennt, homosexuelle Menschen diskriminieren. Deshalb verweist Art. 17 b Abs. 1 S. 1 EGBGB auch nicht auf das Kollisionsrecht, sondern auf das Sachrecht des registerführenden Staates. Trotzdem bleibt das Rechtsgebiet der gleichgeschlechtlichen Lebenspartnerschaft stark von Wertungen durchsetzt. Dies gilt in gleicher Weise für die in einigen Ländern (z.B. Niederlande, Spanien, Kanada) mögliche Ehe gleichgeschlechtlicher Partner.

Über die Kappungsregel des Art. 17 b Abs. 4 EGBGB werden in Deutschland im Ausland eingetragene Lebenspartnerschaften nur im Rahmen der Vorschriften des BGB und des Lebenspartnerschaftsgesetzes anerkannt. Im Ausland wird die gleichgeschlechtliche Lebenspartnerschaft über den ausländischen *ordre public* häufig noch boykottiert.

Unterhaltsfragen, kindschaftsrechtliche Fragen und das Namensrecht der gleichgeschlechtlichen Lebensgemeinschaft werden nach dem jeweiligen Statut bestimmt.[544]

D. Internationales Kindschaftsrecht

I. Verfahrensrecht

258 Verfahrensrechtlich kommt im internationalen Kindschaftsrecht die Anwendung europäischer Vorschriften und internationaler Abkommen in Betracht.[545]

---

540 Von Hoffmann/Thorn § 8 Rdnr. 18; Kunz, Rdnr. 596; instruktiv Lorenz/Unberath IPRax 2005, 516, 518 ff.

541 BGH IPRax 2005, 545, 546; Palandt/Heldrich Art. 17 EGBGB Rdnr. 14.

542 Vgl. Koch/Magnus/Winkler von Mohrenfels, IPR, § 3 Rdnr. 37.

543 BGBl. 2001 I, 266, 279; instruktiv hierzu: Buschbaum RNotZ 2010, 73, 79 ff.

544 Dazu Wagner, Das neue Internationale Privat- und Verfahrensrecht zur eingetragenen Lebenspartnerschaft, IPRax 2001, 281.

545 Zu deren Abgrenzung vgl. Andrau IPRax 2006, 82 ff.

1. EheGVO

a) Anwendungsbereich

Die EheGVO regelt in verfahrensrechtlicher Hinsicht auch das Kindschaftsrecht. Umfasst sind gemäß Art. 1 Abs. 1 lit. b) EheGVO die Zuweisung, die Übertragung sowie die vollständige oder teilweise Entziehung der elterlichen Verantwortung. Diese genannten Bereiche betreffen gemäß Art. 1 Abs. 2 EheGVO insbesondere 259

- das Sorgerecht und das Umgangsrecht,
- die Vormundschaft, die Pflegschaft und entsprechende Rechtsinstitute,
- die Bestimmung und den Aufgabenbereich jeder Person oder Stelle, die für die Person oder das Vermögen des Kindes verantwortlich ist, es vertritt oder ihm beisteht,
- die Unterbringung des Kindes in einer Pflegefamilie oder einem Heim,
- die Maßnahmen zum Schutz des Kindes im Zusammenhang mit der Verwaltung und Erhaltung seines Vermögens oder der Verfügung darüber.

Ausgeschlossen sind dagegen nach Art. 1 Abs. 3 EheGVO die Abstammung, Adoption, Name des Kindes, Volljährigkeitserklärung, Unterhaltspflichten, Trusts und Erbschaften sowie Maßnahmen nach dem Jugendstrafrecht.

b) Zuständigkeit

Zuständig sind grundsätzlich die Gerichte des Mitgliedstaates am gewöhnlichen Aufenthaltsort des Kindes, Art. 8 Abs. 1 EheGVO. 260

Bei einem **rechtmäßigen Aufenthaltswechsel** von einem Mitgliedstaat der EU in einen anderen verbleibt es gemäß Art. 9 Abs. 1 EheGVO bei der Zuständigkeit der Gerichte des vorherigen Mitgliedstaates für Umgangsrechtsentscheidungen während einer Dauer von drei Monaten nach dem Umzug.

Bei **Kindesentführungen** von einem Mitgliedstaat der EU in einen anderen bleiben gemäß Art. 10 Abs. 1 EheGVO die Gerichte des vorherigen Mitgliedstaates zuständig, bis das Kind in dem neuen Mitgliedstaat seinen gewöhnlichen Aufenthalt erlangt hat **und** entweder die sorgeberechtigte(n) Person(en) ausdrücklich zugestimmt haben oder insbesondere die erforderlichen Schritte zur Rückführung des Kindes nicht rechtzeitig unternommen wurden oder erfolglos geblieben sind. Seinen gewöhnlichen Aufenthalt hat das Kind in der Regel nach **sechs Monaten** in dem neuen Staat begründet. Entscheidend ist die familiäre und soziale Integration des Kindes. Hierfür können Indizien wie Schulbesuch, Erlernen der Sprache und ein gefestigtes soziales Umfeld herangezogen werden.

Zuständigkeitsvereinbarungen sind nach Art. 12 EheGVO möglich. Eine Vereinbarung darf jedoch nicht dem **Kindeswohl** widersprechen, sodass eine wesentliche Bindung des Kindes zu dem gewählten Mitgliedstaat bestehen muss.

Eine **Hilfszuständigkeit** begründet Art. 13 EheGVO, wenn der gewöhnliche Aufenthalt des Kindes nicht bestimmt werden kann. Zuständig sind dann die Gerichte des Mitgliedstaates, in dem sich das Kind befindet.

c) Anerkennung und Vollstreckung von Entscheidungen

261 In einem Mitgliedstaat ergangene Entscheidungen hinsichtlich des Umgangsrechts (Art. 41 EheGVO) oder der Rückgabe des Kindes (Art. 42 EheGVO) können in einem **vereinfachten Vollstreckungsverfahren** ohne Vollstreckbarkeitserklärung in einem anderen Mitgliedstaat vollstreckt werden. Diese Regelungen haben Vorrang vor den betreffenden Vorschriften im HKÜ und dem Europäischen Sorgerechtsübereinkommen (s.u.).

Wichtig: *Einstweilige Maßnahmen gemäß Art. 20 EheGVO sind nach der Abschlussentscheidung des BGH in der dem EuGH vorgelegten Sache Purrucker nur dann gemäß Art. 21 ff. EheGVO in einem Mitgliedstaat anzuerkennen und zu vollstrecken, wenn das gemäß Art. 8 ff. EheGVO in der* ***Hauptsache zuständige Gericht*** *sie angeordnet hat.*[546] *Eine sich allein aus den nationalen Zuständigkeitsvorschriften ergebende Zuständigkeit des Ursprungsmitgliedstaates genügt hingegen nicht.*

2. Haager Kindesschutzübereinkommen vom 19.10.1996 (KSÜ)[547]

262 Das KSÜ enthält verfahrensrechtliche Regeln und Kollisionsregeln. Das KSÜ ist im Verhältnis zu Deutschland am 01.01.2011 in Kraft getreten und hat das Minderjährigenschutzabkommen vom 05.10.1961 (MSA) ersetzt, Art. 51 KSÜ.

In seinem verfahrensrechtlichen Teil wird das KSÜ weitgehend durch die seit dem zum 01.03.2005 in Kraft getretene neueste Fassung der EheGVO verdrängt, da diese unter den Voraussetzungen des Art. 61 EheGVO Vorrang hat (Hauptanwendungsfall: Kind hat gemäß Art. 61 lit. a) EheGVO seinen gewöhnlichen Aufenthalt im Hoheitsgebiet eines Mitgliedstaates). Im Rahmen der Restzuständigkeit wird auf den gewöhnlichen Aufenthalt des Kindes abgestellt, Art. 5 Abs. 1, 8, 9 KSÜ.

3. Kindesentführungsabkommen, *„Legal Kidnapping"*

263 Da Gerichtsverfahren meist sehr lange Zeit in Anspruch nehmen, besteht die Gefahr, dass ein Elternteil ein Kind in das Ausland verbringt und sich so mit der Zeit auch der gewöhnliche Aufenthalt des Kindes in das Ausland verschiebt. Eine am Kindeswohl orientierte Sorgerechtsentscheidung würde den neuen gewöhnlichen Aufenthalt in vielen Fällen maßgeblich berücksichtigen und damit den widerrechtlich geschaffenen Zustand „legalisieren". Man spricht deshalb von *„legal kidnapping"*. Um „im Kampf gegen die Uhr" solche Konflikte schnell zu lösen, gibt es zum einen das **Haager Kindesentführungsübereinkommen** (HKÜ), das die sofortige Rückgabe des Kindes ermöglichen soll. Das **Europäische Sorgerechtsübereinkommen** (EuEntfÜ) hilft bei der Anerkennung und Vollstreckung von Sorgerechtsentscheidungen im Falle einer Kindesentführung.

Gegenüber beiden Abkommen hat wiederum die EheGVO im Bereich der Vollstreckung und Anerkennung von Entscheidungen über das Umgangsrecht und die Kindesrückgabe (Art. 40–43 EheGVO) Vorrang (Art. 60 Abs. 1 lit. d) u. e) EheGVO).

---

546 BGH IPRax 2011, 386; vgl. auch EuGH IPRax 2011, 378; Pirrung IPRax 2011, 351 ff.

547 Jayme/Hausmann, Nr. 54.

Daneben enthält die EheGVO in Art. 9–11 aber auch verfahrensrechtliche Ergänzungen zum HKÜ, welche die Anhörung des Kindes und des Antragstellers sowie eine zügigere Rückführung entführter Kinder ermöglichen sollen.

a) Das Haager Kindesentführungsabkommen vom 25.10.1980 (HKÜ)[548]

Anwendbar ist das Übereinkommen, wenn ein Minderjähriger unter 16 Jahren mit einem gewöhnlichen Aufenthalt in einem Vertragsstaat in einen anderen Vertragsstaat verbracht wird oder dort zurückgehalten wird, Art. 4 HKÜ. **264**

Eine **Kindesentführung** i.S.d Art. 3 Abs. 1 HKÜ liegt vor, wenn das Verbringen oder Zurückhalten des Kindes **widerrechtlich** ist. Dies ist dann der Fall, wenn durch den Verbringenden oder Zurückhaltenden eine **Sorgerechts-** (Art. 5 lit. a) HKÜ) oder **Umgangsrechtsverletzung** (Art. 21 HKÜ) begangen wird. Hierfür muss der Verletzte das ihm zustehende Sorgerecht unmittelbar vor der Entführung allerdings auch tatsächlich ausgeübt haben. Der verletzte Elternteil kann beim zuständigen Familiengericht (Art. 12 HKÜ i.V.m. § 5 SorgeRÜbkAG) oder bei der zuständigen zentralen Behörde[549] (Art. 6 Abs. 1 HKÜ) einen Antrag auf Rückführung des Kindes stellen.

In diesen Fällen hat das Gericht in dem Staat, in dem sich das Kind derzeit befindet, gemäß Art. 12 Abs. 1 HKÜ eine **sofortige Rückgabeanordnung** zu erlassen, wenn zwischen der Entführung und der Stellung des Antrags nicht mehr als ein Jahr vergangen ist. Hiermit soll verhindert werden, dass ein neuer gewöhnlicher Aufenthalt im Ausland und damit ein besserer Ausgangspunkt der entführenden Partei begründet wird. Ist die Jahresfrist verstrichen, muss bei der Rückführungsentscheidung die persönliche Situation des Kindes besonders berücksichtigt werden, insbesondere, ob es sich schon in die neue Umgebung eingelebt hat, Art. 12 Abs. 2 HKÜ. Dies berührt allerdings nicht die Kompetenz der Behörden und Gerichte des derzeitigen Aufenthaltsstaates, „jederzeit" die Rückgabe des Kindes anordnen zu können, Art. 18 HKÜ.

Bei der Rückführung von Kindern wird nicht die Angemessenheit der Lebensbedingungen des Kindes in dem Entführungsland beurteilt. Diese gehören zum allgemeinen Lebensrisiko. Rückführungsanträge dürfen auch nur ausnahmsweise abgelehnt werden, etwa dann, wenn das **Kindeswohl** dies erfordert, Art. 13 Abs. 1 lit. b) HKÜ. **Vorrang hat die Rückführung des Kindes!**

Nur in wechselseitigen (und prüfungsrelevanten) Entführungs- und Rückentführungsfällen ist das Kindeswohl gemäß Art. 13 Abs. 1 lit. b) HKÜ in besonderem Maße zu berücksichtigen.

---

548 Haager Übereinkommen vom 25.10.1980 über die zivilrechtlichen Aspekte internationaler Kindesentführung; abgedruckt in: Jayme/Hausmann, Nr. 222.

549 In Deutschland ist die zuständige zentrale Behörde der Generalbundesanwalt beim BGH (§ 1 SorgeRÜbKAG).

b) Das Europäische Sorgerechtsübereinkommen vom 20.05.1980 (EuEntfÜ)[550]

265 Das EuEntfÜ soll bei der **Verletzung von Sorgerechtsentscheidungen** Vollstreckungshilfe leisten, indem die Anerkennung und Vollstreckung von Sorgerechtsentscheidungen eines Vertragsstaats in einem anderen Vertragsstaat erleichtert werden. Durch den Vorrang der EheGVO (Art. 60) hat es jedoch praktisch stark an Bedeutung verloren. Ansonsten sind HKÜ und EuEntfÜ nebeneinander anwendbar.

II. Kollisionsrecht

1. Staatsvertragliche Kollisionsnormen

a) Art. 8 Abs. 3 Deutsch-Iranisches Niederlassungsabkommen (DIN)

Im Verhältnis zum Iran gilt nach wie vor vorrangig das Deutsch-Iranische Niederlassungsabkommen vom 17.02.1929 (DIN), vgl. Fall 17, Rdnr. 107. Dieses sieht in Art. 8 Abs. 3 i.V.m. dem Schlussprotokoll zum Abkommen vor, dass die Angehörigen der Vertragsstaaten in allen familienrechtlichen Fragen ihrem Heimatrecht unterworfen bleiben.

b) Kinderschutzabkommen vom 19.10.1996 (KSÜ)

266 Das in dem KSÜ geregelte Kollisionsrecht ist nicht durch die EheGVO verdrängt worden (s.o.). Das KSÜ ist im Verhältnis zu Deutschland am 01.01.2011 in Kraft getreten und hat das Minderjährigenschutzabkommen vom 05.10.1961 (MSA) ersetzt, Art. 51 KSÜ.

Gemäß Art. 15 Abs. 1 KSÜ wenden die nach dem Abkommen zuständigen Stellen auf „behördliche Schutzmaßnahmen" ihr eigenes Sachrecht an. Hierdurch wird ein **Gleichlauf** zwischen Zuständigkeit und anwendbarem Recht erreicht. Ausnahmsweise kann gemäß Art. 15 Abs. 2 KSÜ auf ein anderes Sachrecht verwiesen werden, wenn zu diesem eine engere Verbindung besteht.

Soweit es nicht um behördliche Schutzmaßnahmen geht, stellt das KSÜ überwiegend auf den gewöhnlichen Aufenthalt des Kindes ab. Dies betrifft beispielsweise das Erlöschen der elterlichen Sorge (Art. 16 KSÜ) und die Ausübung der elterlichen Verantwortung (Art. 17 KSÜ).

Das KSÜ ist eine sog. *loi uniforme*, d.h., es findet auch dann Anwendung, wenn auf das Recht eines Nichtvertragsstaaten verwiesen wird.

2. Autonomes Recht

267 Die Art. 19–21 EGBGB sind mit Wirkung zum 01.07.1998 grundlegend reformiert worden. Zentrales Anknüpfungsmerkmal im internationalen Kindschaftsrecht ist nunmehr der gewöhnliche Aufenthalt des Kindes.

550 Europäisches Übereinkommen vom 20.05.1980 über die Anerkennung und Vollstreckung von Entscheidungen über das Sorgerecht für die Kinder und die Wiederherstellung des Sorgerechtsverhältnisses; abgedruckt in Jayme/Hausmann, Nr. 182.

Die frühere Unterscheidung zwischen ehelicher und nichtehelicher Abstammung samt gesonderter Anknüpfung einer Legitimation wurde aufgegeben.

a) Begründung des Eltern-Kind-Verhältnisses

Das Eltern-Kind-Verhältnis wird durch die Abstammung des Kindes oder durch eine Adoption, Pflegschaft o.ä. begründet. Das Kollisionsrecht regelt die Frage, welches Recht auf diese Verhältnisse angewandt werden soll. 268

Die **Abstammung** eines Kindes knüpft gemäß Art. 19 EGBGB alternativ an das Recht des gewöhnlichen Aufenthalts des Kindes, an die Staatsangehörigkeit des jeweiligen Elternteils oder an das nach Art. 14 Abs. 1 EGBGB objektiv bestimmte Ehewirkungsstatut der verheirateten Mutter zum Zeitpunkt der Geburt an. Streitig ist allein, welche Anknüpfung bei abweichenden Ergebnissen den Vorrang hat. Die Entscheidung hierüber kann nach dem Prioritätsprinzip, dem Wahlrecht des Kindes oder nach der einfachst möglichen Feststellung getroffen werden.[551]

Die **Anfechtung der Abstammung** richtet sich gemäß Art. 20 EGBGB alternativ nach jedem Recht, das die Abstammung bejaht hat oder bejahen würde.

Art. 20 S. 2 EGBGB ist eine bloße Klarstellung neben Art. 20 S. 1, 19 Abs. 1 S. 1 EGBGB. Durch eine Ehelichkeitsanfechtung sollen die Ehe und der Familienfrieden nicht erschüttert werden.[552] Jedoch wird bei einer Anfechtung durch das Kind selbst dessen Interesse, seinem wahren Erzeuger zugeordnet zu werden, in der Regel vorrangig sein.[553]

Entsprechend Art. 22 EGBGB werden **Adoption**sverhältnisse durch Alleinstehende an deren Staatsangehörigkeit angeknüpft, solche durch einen oder zwei Ehepartner an das objektiv bestimmte Ehewirkungsstatut nach Art. 14 Abs. 1 EGBGB. Das Adoptionsstatut bestimmt die Voraussetzungen, die Reichweite und die verwandtschaftlichen Folgen einer Adoption.[554] Für den Namen und den Unterhalt bestehen spezielle Anknüpfungen. Die internationale Zuständigkeit in Adoptionssachen ergibt sich aus § 101 FamFG, die Anerkennung ausländischer Entscheidungen aus §§ 107–110 FamFG.

Nach türkischem Recht ist keine Adoption möglich, wenn man bereits eigene Kinder hat. In Österreich wird durch eine Adoption, auch bei Minderjährigen, nur eine verwandtschaftliche Stellung zum Annehmenden begründet.

Ggf. bedarf es der Zustimmung des Kindes bzw. eines Verwandten. Diese wird gemäß Art. 23 EGBGB angeknüpft.

---

551 Von Hoffmann/Thorn § 8 Rdnr. 131 ff.

552 BT-Drs. 13/4899, S. 55.

553 Dazu: Oprach, Das Abstammungsstatut nach Art. 19 EGBGB alter und neuer Fassung im deutsch-italienischen Rechtsverkehr, IPRax 2001, 325.

554 Kegel/Schurig § 20 XII.

269

Begründung des Eltern-Kind-Verhältnisses	
durch Abstammung (Art. 19, 20 EGBGB)	**durch Adoption (Art. 22 EGBGB)**
▪ **Anknüpfung:** alternativ an das Recht – des gewöhnlichen Aufenthalts des Kindes, – der Staatsangehörigkeit des jeweiligen Elternteils, – des objektiv bestimmten Ehewirkungsstatuts (Art. 14 Abs. 1 EGBGB) bei verheirateter Mutter zum Zeitpunkt der Geburt. ▪ **Str., welche Anknüpfung bei abweichenden Ergebnissen Vorrang hat:** Prioritätsprinzip, Wahlrecht des Kindes, einfachste Feststellung. ▪ **Anfechtung** alternativ nach jedem Recht, das die Abstammung bejaht hat/bejahen würde; Art. 20 S. 2 EGBGB bloße Klarstellung neben Art. 20 S. 1, 19 Abs. 1 S. 1 EGBGB.	▪ **Anknüpfung:** – bei Adoption durch Alleinstehenden an dessen Staatsangehörigkeit; – bei Adoption durch einen/zwei Ehegatten an das objektiv bestimmte Ehewirkungsstatut (Art. 14 Abs. 1 EGBGB). ▪ **Umfang:** Adoptionsstatut bestimmt Voraussetzungen und Reichweite einer Adoption. ▪ **Spezielle Anknüpfungen bestehen für Name, Unterhalt und Eltern-Kind-Verhältnis** (s.u.).

b) Wirkungen des Eltern-Kind-Verhältnisses

270 Die Regelungen der Wirkung des Eltern-Kind-Verhältnisses umfassen die gesamte Personen- und Vermögenssorge (z.B. Fragen der Vertretungsmacht und der Haftung), ausschließlich der Anknüpfungen bzgl. des Namens und des Unterhalts.

E. Internationales Unterhaltsrecht

I. Verfahrensrecht

1. EuGVVO

271 Einen besonderen Gerichtsstand beim Wohnsitz des Klägers schafft Art. 5 Nr. 2 EuGVVO. Hierdurch soll zum einen die Rechtsverfolgung von sozial schwachen Unterhaltsberechtigten erleichtert werden. Zum anderen wird durch die Anknüpfung an den gewöhnlichen Aufenthalt des Klägers ein **Gleichlauf** mit dem kollisionsrechtlichen Haager Unterhaltsabkommen (HUA) und dem insofern inhaltsgleichen Art. 18 EGBGB erreicht.

Zudem kann nach dem New Yorker Übereinkommen von 1956 Rechtshilfe angefordert werden. Die Anerkennung und Vollstreckung ausländischer Unterhaltsentscheidungen richtet sich nach dem Haager Anerkennungs- und Vollstreckungsübereinkommen von 1973.

2. Autonomes Recht

272 Aus den gleichen Erwägungen besteht auch nach autonomem Recht durch § 232 Abs. 3 S. 2 Nr. 3 FamFG abweichend von §§ 12, 13 ZPO ein besonderer Gerichtsstand für den Antragsteller.

II. Kollisionsrecht

1. Das Haager Protokoll über das auf Unterhaltspflichten anzuwendende Recht (HUntProt)

Das auf den Unterhalt anzuwendende Recht richtet sich nach dem Haager Protokoll vom 23.11.2007 über das auf Unterhaltspflichten anzuwendende Recht (HUntProt). Gemäß Art. 3 Nr. 1 lit. c) EGBGB ist dieses **vorrangig** anzuwenden. Die frühere Streitfrage, ob das Haager Übereinkommen vom 24.10.1956 über das auf Unterhaltsverpflichtungen gegenüber Kindern anzuwendende Recht oder das Haager Übereinkommen vom 02.10.1973 über das auf Unterhaltspflichten anzuwendende Recht primär Anwendung findet, hat sich damit erledigt (vgl. auch Art. 18 HUntProt).

a) Anwendungsbereich

Das HUntProt gilt **räumlich** für alle Mitgliedstaaten der EU mit Ausnahme von Großbritannien und Dänemark.

Zeitlich gilt das HUntProt gemäß dem Beschluss der EU über den Abschluss des HUntProt vom 30.11.2009 für alle Verfahren, die ab dem 18.06.2011 eingeleitet werden. Wurde das Verfahren vor dem 18.06.2011 eingeleitet, findet es auf diejenigen Unterhaltsforderungen Anwendung, die nach dem 18.06.2011 verlangt werden.

Sachlich gilt das HUntProt gemäß dessen Art. 1 für Unterhaltspflichten, die sich aus Beziehungen der Familie, Verwandtschaft, Ehe oder Schwägerschaft ergeben, einschließlich der Unterhaltspflichten gegenüber einem Kind, unabhängig davon, ob die Eltern verheiratet sind oder nicht. Der Geltungsbereich des anzuwendenden Rechts ergibt sich aus Art. 11 HUntProt.

***Wichtig:** Vertragliche Unterhaltsansprüche fallen jedoch unter das Vertragsstatut.*

Das HUntProt ist eine sog. *loi uniforme*, d.h. gemäß Art. 2 HUntProt ist es auch dann anzuwenden, wenn das danach bestimmte Recht dasjenige eines Nichtvertragsstaates ist.

b) Anknüpfung

Die berechtigte und die verpflichtete Person haben die Möglichkeit, unter den Voraussetzungen des Art. 8 HUntProt das auf eine Unterhaltspflicht anwendbare Recht zu wählen. Für diese vorrangig zu beachtende **Rechtswahl** kommen in Betracht das Recht, 273

- des Staates, dem eine der Parteien im Zeitpunkt der Rechtswahl angehört, Art. 8 Abs. 1 lit. a) HUntProt;
- des Staates, in dem eine der Parteien im Zeitpunkt der Rechtswahl ihren gewöhnlichen Aufenthalt hat, Art. 8 Abs. 1 lit. b) HUntProt;
- das die Parteien als das auf ihren Güterstand anzuwendende Recht bestimmt haben, Art 8 Abs. 1 lit. c) HUntProt oder

- das die Parteien als das auf ihre Ehescheidung oder Trennung ohne Auflösung der Ehe anzuwendende Recht bestimmt haben, oder das tatsächlich auf diese Ehescheidung oder Trennung angewandte Recht, Art. 8 Abs. 1 lit. d) HUntProt.

Gemäß Art. 8 Abs. 2 HUntProt ist eine solche Vereinbarung **schriftlich** zu erstellen oder auf einem Datenträger zu erfassen, dessen Inhalt für eine spätere Einsichtnahme zugänglich ist, und **von beiden Parteien zu unterschreiben**.

Gemäß Art. 8 Abs. 3 HUntProt ist es nicht möglich, eine solche Rechtswahl mit Personen zu vereinbaren, die das 18. Lebensjahr nicht vollendet haben oder die nicht dazu in der Lage sind, ihre Interessen zu schützen.

Gemäß Art. 8 Abs. 5 HUntProt ist das von den Parteien bestimmte Recht nicht anzuwenden, wenn seine Anwendung für eine der Parteien **offensichtlich unbillige oder unangemessene Folgen** hätte, es sei denn, dass die Parteien im Zeitpunkt der Rechtswahl umfassend unterrichtet und sich der Folgen ihrer Wahl vollständig bewusst waren.

Gemäß Art. 7 HUntProt haben die Parteien zudem die Möglichkeit, für ein einzelnes Verfahren die *lex fori* zu wählen.

Liegt keine Rechtswahl vor, gilt gemäß Art. 3 HUntProt das Recht, in dem die berechtigte Person ihren **gewöhnlichen Aufenthalt** hat.

Sonderanknüpfungen gelten für bestimmte berechtigte Personen (Art. 4 HUntProt) und in Bezug auf Ehegatten und frühere Ehegatten (Art. 5 HUntProt).

Bei sämtlichen Verweisungen handelt es sich um **Sachnormverweisungen**, Art. 12 HUntProt. Ein renvoi findet somit nicht statt.

Art. 13 HUntProt ordnet einen ausdrücklichen *ordre-public*-Vorbehalt an.

2. Das Deutsch-Iranische Niederlassungsabkommen (DIN)

Das Deutsch-Iranische Niederlassungsabkommen vom 17.02.1929 hat Vorrang gegenüber dem HUntProt, vgl. Art. 19 HUntProt. Es findet gemäß Art. 8 Abs. 3 DIN aber nur dann Anwendung, wenn beide Beteiligten die gleiche Staatsangehörigkeit haben.

5. Abschnitt: Internationales Erbrecht

274 „Klassische" Fälle aus dem Internationalen Erbrecht werden in diesem Skript im Allgemeinen Teil behandelt.

A. Verfahrensrecht

Die internationale Zuständigkeit in Erbsachen richtet sich ab dem 17.08.2015 nach der Verordnung EU Nr. 650/2012 vom 04.07.2012, sog. Erbrechtsverordnung (ErbRVO).[555] Gemäß Art. 4 ErbRVO knüpft die allgemeine Zuständigkeit an den gewöhnlichen Aufenthalt des Erblassers an. Daneben haben die betroffenen Parteien gemäß Art. 5 ErbRVO die Möglichkeit, die internationale Zuständigkeit der Gerichte des Landes zu wäh-

555 Vgl. Buschbaum/Simon, NJW 2012, 2393, 2394.

len, dessen Recht der Erblasser gemäß Art. 22 ErbRVO gewählt hat. Auf diese Weise wird ein **Gleichlauf** zwischen internationaler Zuständigkeit und anwendbarem Recht hergestellt. Aus Art. 3 Abs. 2 ErbRVO und deren Erwägungsgrund 20 folgt, dass die ErbRVO gleichermaßen für die streitige wie für die freiwillige Gerichtsbarkeit anwendbar ist.[556]

Sofern die ErbRVO (noch) nicht anwendbar ist, richtet sich die internationale Zuständigkeit **im streitigen Verfahren** (vor allem bei Erbschaftsklagen oder Klagen auf Rechnungslegung zwischen Miterben) grundsätzlich nach den autonomen Regeln zur örtlichen Zuständigkeit der ZPO (sog. *Doppelfunktionalität* der Regeln der ZPO über die örtliche Zuständigkeit).

Im Bereich der **freiwilligen Gerichtsbarkeit** (vor allem Erteilung des Erbscheins und des Testamentsvollstreckungszeugnisses) folgt die internationale Zuständigkeit aus der örtlichen Zuständigkeit, die in § 343 FamFG geregelt ist. Aus den Vorschriften des § 2369 BGB und des § 2353 BGB folgt, dass die deutschen Nachlassgerichte nur insoweit international zuständig sind, als deutsches Recht anzuwenden ist **(Gleichlaufprinzip)** oder die Voraussetzungen des Fremdrechtserbscheins vorliegen. Hierdurch sollen auch Konflikte zwischen Verfahrensrecht und materiellem Recht vermieden werden, die bei einer Trennung entstehen könnten.

I. Streitiges Verfahren: Doppelfunktionalität der Regeln der ZPO

Gemäß § 27 Abs. 1 ZPO sind die deutschen Gerichte dann international zuständig, wenn **275**
der Erblasser im Zeitpunkt seines Todes seinen allgemeinen Gerichtsstand in Deutschland hatte.

Auch die Belegenheit von Nachlassgegenständen in Deutschland kann bei Nachlassverbindlichkeiten gemäß § 28 Abs. 1 ZPO die internationale Zuständigkeit der deutschen Gerichte begründen.

Ausnahme: § 27 Abs. 2 ZPO knüpft an die deutsche Staatsangehörigkeit des Erblassers an und begründet bei deren Vorliegen die internationale Zuständigkeit der deutschen Gerichte. § 27 Abs. 2 ZPO folgt daher dem **Gleichlaufprinzip**: Hat nämlich der Erblasser die deutsche Staatsangehörigkeit, ist gemäß Art. 25 Abs. 1 EGBGB auch deutsches Erbrecht auf den Sachverhalt anwendbar.

II. Freiwillige Gerichtsbarkeit: Gleichlaufprinzip

Im **Erbscheinsverfahren** ist das deutsche Nachlassgericht entsprechend § 2369 Abs. 1 **276**
BGB nur bei gleichzeitiger Anwendbarkeit deutschen Sachrechts zuständig.[557] Bevor also die Frage danach, ob ein allgemeiner oder Eigenerbschein gemäß § 2353 BGB ausgestellt werden kann, geklärt wird, ist zunächst das anzuwendende Recht festzustellen.

In der Literatur ist die Anwendung des Gleichlaufprinzips nicht unumstritten.[558] Überwiegend wird befürwortet, wie im streitigen Verfahren die internationale Zuständigkeit

556 Vgl. Buschbaum/Simon, NJW 2012, 2393, 2394.

557 Vgl. Kropholler, IPR, § 51 VI; Kegel/Schurig § 21 IV; Koch/Magnus/Winkler von Mohrenfels, S. 109 f.

558 Vgl. Kropholler, IPR, § 51 VI 2; von Hoffmann/Thorn § 9 Rdnr. 66 m.w.N.

nach den Regeln über die örtliche Zuständigkeit zu bestimmen. Der Gegensatz wirkt sich in der Praxis aber kaum aus: Um die Rechtsverfolgung für den Betroffenen bei Anwendung ausländischen Sachrechts nicht unmöglich zu machen, erkennt auch die Rechtsprechung in wichtigen Fällen **Ausnahmen vom Gleichlaufprinzip** an:

Die wichtigste Ausnahme folgt bereits aus § 2369 BGB. Aus dieser Norm wird die internationale Zuständigkeit deutscher Gerichte abgeleitet, obwohl auf das im Inland befindliche bewegliche oder unbewegliche Vermögen ausländisches Recht anwendbar ist und damit nach dem Gleichlaufprinzip eigentlich die internationale Zuständigkeit eines ausländischen Gerichts gegeben wäre. Allerdings kann für dieses Vermögen vor deutschen Gerichten nur ein gegenständlich beschränkter Fremdrechtserbschein verlangt werden.[559]

Entsprechende Ausnahmen vom Gleichlaufprinzip gelten im **Verfahren zur Erteilung eines Testamentsvollstreckungszeugnisses** (§ 2368 Abs. 3 BGB), bei der **Vornahme von Sicherungsmaßnahmen für den Nachlass** (§§ 1960, 1961 BGB, z.B. die Bestellung eines Nachlasspflegers) oder die **Fürsorgebedürfniszuständigkeit** deutscher Gerichte.[560] Auch in Fällen, in denen die Verneinung einer internationalen Zuständigkeit des deutschen Nachlassgerichts zu einer Verweigerung des Rechtsschutzes führen würde und das deutsche Verfahren mit den materiellen Regelungen des anwendbaren ausländischen Erbrechts verträglich ist, wird eine Zuständigkeit bejaht.[561]

Anmerkung: *Die Bundesrepublik Deutschland hat gegenüber der EU-Kommission die Schaffung eines einheitlichen europäischen Erbscheins angeregt, welcher im Grünbuch zum Erb- und Testamentsrecht aufgegriffen worden ist. Es ist jedoch noch nicht abzusehen, wann mit einer Einführung zu rechnen ist.*

B. Kollisionsrecht

277
I. Die Erbrechtsverordnung (ErbRVO)

Auch das in Erbsachen anzuwendende Recht richtet sich ab dem 17.08.2015 nach der Verordnung EU Nr. 650/2012 vom 04.07.2012, sog. Erbrechtsverordnung (ErbRVO).[562]

1. Anwendungsbereich der ErbRVO

Die ErbRVO ist bereits am 16.08.2012 in Kraft getreten. **Zeitlich anwendbar** ist sie gemäß Art. 84 ErbRVO in ihren wesentlichen Teilen aber erst ab dem **17.08.2015**, vgl. auch Art. 83 ErbRVO.

Räumlich anwendbar ist die ErbRVO in allen Mitgliedstaaten der EU bis auf Dänemark, Großbritannien und Irland.

559 Hierbei möglicherweise auftretende Probleme, die aufgrund des *numerus clausus* der Sachenrechte im deutschen Recht entstehen können, sind durch Transposition zu lösen.

560 Vgl. BayObLG IPRax 1983, 187 m. Anm. Firsching, 166–169.

561 Soergel/Schurig Art. 25 EGBGB Rdnr. 56, 58; MünchKomm/Birk Art. 25 EGBGB Rdnr. 317 f.

562 Vgl. Buschbaum/Simon, NJW 2012, 2393 ff.

Sachlich anwendbar ist sie gemäß Art. 1 Abs. 1 ErbRVO auf die Rechtsnachfolge von Todes wegen. Diejenigen Bereiche, die vom Anwendungsbereich der ErbRVO ausgenommen sind, ergeben sich aus Art. 1 Abs. 2 ErbRVO. Hierzu gehören z.B. gemäß Art. 1 Abs. 2 lit. d) Fragen des Güterrechts oder gemäß Art. 1 Abs. 2 lit. d) ErbRVO lebzeitige Übertragungen von Rechten und Vermögenswerten.

2. Ermittlung des anwendbaren Rechts nach der ErbRVO

Wesentliche Neuerung ist auch bei der ErbRVO die **Einführung einer Rechtswahl**, die vorrangig zu beachten ist. Der Erblasser hat nunmehr unter den Voraussetzungen des Art. 22 ErbRVO die Möglichkeit, auf die Rechtsnachfolge von Todes wegen das Recht zu wählen, dem er zum Zeitpunkt der Rechtswahl oder im Zeitpunkt seines Todes angehört.

Die **Form** einer Rechtswahl regelt Art. 22 Abs. 2 ErbRVO. Danach muss die Rechtswahl ausdrücklich in einer Verfügung von Todes wegen erfolgen oder sich aus den Bestimmungen einer solchen Verfügung ergeben.

Die materielle Wirksamkeit einer solchen Rechtswahl unterliegt gemäß Art. 22 Abs. 3 ErbRVO nach dem gewählten Recht.

Liegt keine Rechtswahl vor, ist künftig gemäß Art. 21 ErbRVO das Recht des Staates auf die Rechtsnachfolge von Todes wegen anwendbar, in dem der Erblasser im Zeitpunkt seines Todes seinen **gewöhnlichen Aufenthalt** hatte. Dies ist eine weitere wesentliche Neuerung, da Art. 25 EGBGB auf die Staatsangehörigkeit abstellt.

Die Reichweite des anzuwendenden Rechts ergibt sich aus Art. 23 ErbRVO.

Die Art. 24–27 ErbRVO regeln das die Wirksamkeit von Verfügungen von Todes wegen anwendbare Recht.

Das Erbstatut wird fortan einheitlich bestimmt; eine Nachlassspaltung (vgl. Fall 7, Rdnr. 59) findet künftig daher nicht mehr statt.[563]

Anders als in anderen Rechtsverordnungen gemeinschaftsrechtlichen Ursprungs lässt die ErbRVO in Art. 34 ErbRVO einen eingeschränkten renvoi und damit eingeschränkt eine Rück- und Weiterverweisung zu.

Art. 35 ErbRVO ordnet einen ausdrücklichen *ordre-public*-Vorbehalt an.

Die ErbRVO führt in Art. 62 ff. ErbRVO mit dem Europäischen Nachlasszeugnis (ENZ) einen europaweit geltenden einheitlichen Erbnachweis ein.[564]

II. Staatsvertragliche Kollisionsnormen

Als gegenüber dem autonomen Recht aber auch gegenüber der ErbRVO (vgl. Art. 75 ErbRVO) vorrangig anzuwendende staatsvertragliche Kollisionsnormen in Betracht kommen

- das Deutsch-türkische Nachlassabkommen (Anlage zu Art. 20 des Konsularvertrages zwischen dem Deutschen Recht und der Türkischen Republik vom 28.05.1929);

563 Buchbaum/Simon, NJW 2012, 2393, 2395 f.

564 Buschbaum/Simon, NJW 2012, 2393, 2397 f.; Buschbaum/Simon, ZEV 2012, 525 ff.

- das Deutsch-iranische Niederlassungsabkommen vom 17.02.1929 (DIN); Art. 8 Abs. 1 DIN sieht die Anwendung des Heimatrechts des Erblasser vor und
- der Deutsch-sowjetische Konsularvertrag vom 25.04.1958; gemäß 28 Abs. 3 des Konsularvertrages ist auf die Erbfolge in „unbewegliche Nachlassgegenstände" das Recht des Staates anwendbar, in dem die Sache belegen ist. Es kann daher zu einer sog. Nachlassspaltung (vgl. Fall 7, Rdnr. 59) kommen.

Wie stets im staatsvertraglichen Kollisionsrecht, kommt es nicht zu einer Rück- oder Weiterverweisung (renvoi).

III. Art. 25, 26 EGBGB

278 Unter dem in Art. 25 Abs. 1 EGBGB enthaltenen Systembegriff „Rechtsnachfolge von Todes wegen" sind alle erbrechtlichen Fragen zu subsumieren.[565] Dies betrifft Fragen zu den Erben, ihrer Erbfähigkeit, der Vererbungsfähigkeit des Erblassers, dem Umfang der Erbschaft, dem Erbgang, der Auslegung von Verfügungen von Todes wegen und zu den Rechten und Pflichten der Erben.[566]

Gemäß Art. 25 Abs. 1 EGBGB ist grds. das Heimatrecht des Erblassers anzuwenden (Personalstatut). Hierbei handelt es sich um eine **Gesamtverweisung** i.S.d. Art. 4 Abs. 1 EGBGB.

Das autonome IPR beruft für den gesamten Nachlass nur eine Rechtsordnung (kollisionsrechtliche Nachlasseinheit).[567] Dennoch ist im Einzelfall eine **Nachlassspaltung** möglich, insbesondere in bewegliches und unbewegliches Vermögen. Die Nachlassspaltung kann z.B. auftreten aufgrund des Teil-Renvoi eines ausländischen IPRs, durch vorrangiges Einzelstatut gemäß Art. 3 a Abs. 2 EGBGB oder durch eine partielle Rechtswahl gemäß Art. 25 Abs. 2 EGBGB. In diesen Fällen ist jeder Nachlassteil jeweils als Gesamtnachlass zu behandeln (s.o. Fall 7, Rdnr. 59).

Das englische kollisionsrechtliche Erbrecht behandelt das bewegliche und das unbewegliche Vermögen von vornherein getrennt. Das Erbrecht beweglicher Sachen richtet sich nach dem domicile-Prinzip, das unbeweglicher Gegenstände nach der *lex rei sitae*.

IV. Rechtswahl

279 **Ausnahmsweise** kann für *im Inland befindliches unbewegliches Vermögen* (Eigentum an einem Grundstück, dingliche Nutzungsrechte, Grundpfandrechte, Wohnungseigentum, keine Miterben- oder Gesamthandsanteile[568]), in seiner Gesamtheit oder auch nur partiell, gemäß **Art. 25 Abs. 2 EGBGB**, deutsches Recht gewählt werden.

Relevant wird eine solche Rechtswahl nur, wenn es sich um einen ausländischen Erblasser handelt. Ansonsten ist bei einem deutschen Erblasser schon über Art. 25 Abs. 1 EGBGB deutsches Erbrecht das Erbstatut.

Die Rechtswahl muss analog den formellen Anforderungen der Rechtsordnung genügen, welche nach Art. 26 EGBGB für Verfügungen von Todes wegen maßgeblich ist.[569]

---

565 Staudinger/Dörner Art. 25 EGBGB Rdnr. 16 ff.

566 Vgl. Staudinger/Dörner Art. 25 EGBGB Rdnr. 71 ff.; Kropholler, IPR, § 51 IV 1.

567 Vgl. Staudinger/Dörner Art. 25 EGBGB Rdnr. 19 m.w.N.

568 Vgl. Staudinger/Dörner Art. 25 EGBGB Rdnr. 482 ff.

569 Staudinger/Dörner Art. 25 EGBGB Rdnr. 498.

Durch die Identität von Erbstatut und *lex rei sitae* wird insbesondere die Rechtsanwendung für deutsche Notare, Gerichte und Behörden erleichtert, allerdings zulasten des internationalen Entscheidungseinklangs.[570]

Ist die **Rechtswahl unzulässig** und damit unwirksam, ist danach zu unterscheiden, ob die Rechtswahl ganz oder teilweise unwirksam ist.

Ganz unwirksam ist die Rechtswahl etwa dann, wenn ein ausländisches Recht gewählt wurde oder die Rechtswahl auf im Inland befindliches *bewegliches* Vermögen erstreckt wurde oder ein ausländischer Erblasser für im Ausland befindliches Vermögen deutsches Recht gewählt hat.

Ist die Rechtswahl unwirksam, wird das anzuwendende Recht zunächst objektiv nach Art. 25 Abs. 1 EGBGB angeknüpft. Die Rechtswahl kann dann jedoch von dem berufenen Erbstatut für wirksam erklärt werden.

Das Erbstatut entscheidet auch darüber, ob sich die Nichtigkeit einer Rechtswahl auf eine mit der Rechtswahl getroffene Verfügung von Todes wegen auswirkt (sog. verbundene Rechtswahl im Gegensatz zur isolierten Rechtswahl).[571] § 2085 BGB ist nicht anwendbar.[572]

Eine direkte Anwendung des § 2085 BGB dürfte schon deswegen nicht in Betracht kommen, da im hier einzig denkbaren Fall eines ausländischen Erblassers deutsches Erbrecht gar nicht Erbstatut ist.

Teilweise unwirksam ist die Rechtswahl dagegen dann, wenn der ausländische Erblasser sein gesamtes im Inland und Ausland befindliches bewegliches und unbewegliches Vermögen dem deutschen Recht unterstellt. Sofern die Rechtswahl bewegliches und im Ausland befindliches unbewegliches Vermögen betrifft, ist sie unwirksam.

Für das im Inland befindliche unbewegliche Vermögen entspricht die Rechtswahl jedoch den Anforderungen des Art. 25 Abs. 2 EGBGB. Zu prüfen ist daher, ob dieser Teil der Rechtswahl wirksam ist.

Nach einer Auffassung ist diese Prüfung nach Maßgabe des § 139 BGB anzustellen.[573] Danach ist zu unterscheiden, ob dem Erblasser primär daran gelegen war, möglichst umfassend – unter Inkaufnahme einer Nachlassspaltung[574] – deutsches Erbrecht zur Anwendung kommen zu lassen, was für eine Wirksamkeit spräche, oder ob es ihm umgekehrt darauf ankam, seinen gesamten Nachlass einem einheitlichen Statut zu unterstellen.[575] Im letzteren Fall wäre von einer Unwirksamkeit der Rechtswahl auszugehen.

Vertreten wird auch, bei einer Teilunwirksamkeit der Rechtswahl § 2085 BGB analog anzuwenden, um die Rechtswahl zumindest teilweise aufrechterhalten zu können (sog. *geltungserhaltende Reduktion*).[576]

570 Vgl. von Hoffmann/Thorn § 9 Rdnr. 9 ff., 14.

571 Von Hoffmann/Thorn § 9 Rdnr. 26; Dörner DNotZ 1988, 90.

572 Vgl. von Hoffmann/Thorn § 9 Rdnr. 26 m.w.N., in denen direkt von § 2085 BGB jedoch auch nicht die Rede ist.

573 Soergel/Schurig Art. 25 EGBGB Rdnr. 8; Staudinger/Dörner Art. 25 EGBGB Rdnr. 490.

574 Teilweise wird angenommen, dass ein solcher Wille in der Praxis kaum feststellbar sei, weshalb im Zweifel von der vollen Unwirksamkeit der Verfügung auszugehen sei, vgl. MünchKomm/Birk Art. 25 EGBGB Rdnr. 74.

575 Staudinger/Dörner Art. 25 EGBGB Rdnr. 490; Kropholler § 51 IV III 2 d).

576 Erman/Hohloch Art. 25 EGBGB Rdnr. 19; vgl. von Hoffmann/Thorn § 9 Rdnr. 29–30; Jayme IPRax 1986, 265–270.

Beide Ansichten kommen i.d.R. zu denselben Ergebnissen, da auch die § 2085 BGB befürwortende Auffassung eine geltungserhaltende Reduktion nur dann annimmt, wenn der Erblasser den verbleibenden Teil des Nachlasses in jedem Fall deutschem Erbrecht unterstellen wollte.[577] Dogmatisch sauberer ist dann die Anwendung des § 139 BGB, bei dem die Teilwirksamkeit erst positiv begründet werden muss. Von dieser geht § 2085 BGB dagegen schon *a priori* aus (vgl. jeweils den Wortlaut). Für § 2085 BGB als einschlägige Norm könnte dagegen sprechen, dass diese im Bereich des Erbrechts *lex specialis* zu § 139 BGB ist.[578]

V. Verfügungen von Todes wegen

Fall 39: Sohn oder Staat?

Die deutsche Staatsbürgerin P hat im Jahr 2010 in ihrem Testament festgelegt, dass ihr Sohn ihr gesamtes Vermögen erben soll. Sie hat das Testament entsprechend den deutschen Formvorschriften verfasst. Im Sommer 2013 nimmt sie die Staatsbürgerschaft des Staates X an, weil sie meint, die Zugehörigkeit zum Staat X entspräche eher ihren Lebensvorstellungen. Die deutsche Staatsangehörigkeit verliert sie hierdurch. Im Dezember 2013 stirbt P. Ist ihr Testament wirksam?

Anmerkung: Nach dem Erbrecht von X fällt die Erbschaft generell dem Staat zu. Alle anderen Testamente gelten als aufgehoben.

280 Vorrangig anzuwenden sein könnte die am 16.08.2012 in Kraft getretene ErbRVO. Diese gilt jedoch gemäß Art. 84 ErbRVO erst ab dem 17.08.2015. Die ErbRVO ist daher nicht anwendbar. Vorrangige staatsvertragliche Kollisionsnormen sind ebenfalls nicht ersichtlich, sodass nach den Kollisionsnormen des autonomen Rechts zu beurteilen ist, nach welchem Recht sich die Wirksamkeit des Testaments richtet.

Die Frage der Wirksamkeit von Verfügungen von Todes wegen beherrscht das sog. Gültigkeitsstatut gemäß Art. 26 EGBGB. Diese Norm ist nach dem Haager Testamentsformabkommen von 1961 in das autonome Recht inkorporiert. Sämtliche Verweisungen sind deshalb Sachnormverweisungen, mit Ausnahme des Art. 26 Abs. 1 Nr. 5 EGBGB, der nicht im Abkommen enthalten ist.

I. Form

Die Kollisionsnorm für die Form letztwilliger Verfügungen, Art. 26 Abs. 1–3 EGBGB, ist *lex specialis* zu Art. 11 EGBGB. Die alternative Anknüpfung lässt viele Testamente als formwirksam gelten und verwirklicht dadurch das Günstigkeitsprinzip *(favor testamenti)*. In Art. 26 Abs. 1 S. 2 EGBGB ist der Wohnsitz, entsprechend der Einheitlichkeit der Auslegung von Staatsverträgen, nach der *lex causae* zu qualifizieren. Art. 26 Abs. 3 EGBGB definiert den Begriff der Form.

P hat ihr Testament entsprechend den deutschen Formvorschriften errichtet. Die Einhaltung dieser Form des Verfügungsortes reicht gemäß Art. 26 Abs. 1 Nr. 2 EGBGB zur Formwirksamkeit des Testamentes aus.

577 Vgl. von Hoffmann/Thorn § 9 Rdnr. 29–30.

578 Vgl. von Hoffmann/Thorn § 9 Rdnr. 29–30.

Die erbrechtliche Kollisionsnorm zur Form gilt unmittelbar nur für das Testament. Gemäß Art. 26 Abs. 4 EGBGB sind diese Verweisungsregeln aber auch für jede andere Verfügung von Todes wegen, z.B. den **Erbvertrag**, anwendbar. Dies gilt ebenso für eine Rechtswahl entsprechend Art. 25 Abs. 2 EGBGB und einen Widerruf nach Art. 26 Abs. 2 EGBGB.[579]

In einigen Staaten des romanischen Rechtskreises sind **gemeinschaftliche Testamente** verboten. Man unterscheidet zwischen einem Verbot der Form und einem Verbot des Inhalts des gemeinschaftlichen Testaments. Während das rein formale Verbot (z.B. in den Niederlanden und Frankreich) durch die Gültigkeit am Erstellungsort überwunden werden kann, bleibt das materielle Verbot (z.B. in Italien) auch bei einem Ortswechsel bestehen.

II. **Bindungswirkung**

Möglicherweise könnte das Testament jedoch durch den Staatsangehörigkeitswechsel unwirksam geworden sein, da nach dem Recht von X inhaltlich nur an den Staat und nicht an die Kinder vererbt werden darf.

Art. 26 Abs. 5 EGBGB unterstellt die Bindungswirkung, d.h. die allg. Gültigkeit, den Widerruf und die Aufhebung sowie die Testierfähigkeit eines Erblassers dem Recht, welches bei der Errichtung der Verfügung von Todes wegen als Erbstatut hypothetisch gelten würde. Der Erblasser wird dadurch in seinem Vertrauen auf das ihm bekannte Recht auch bei einem Statutenwechsel geschützt. Er könnte sonst nicht wissen, nach welchem Recht er beerbt wird.

Das Testament der P bleibt somit auch nach dem Wechsel ihrer Staatsangehörigkeit wirksam bestehen.

VI. Einordnung besonderer erbrechtlicher Konstellationen

Die Qualifikation einiger besonderer (letztwilliger) Verfügungen kann schwierig sein. 281

Die **Schenkung von Todes wegen** unterfällt nach der h.M. dem Erbstatut. § 2301 BGB wird der letztwilligen Verfügung gleichgestellt.[580] Dies gilt jedoch nur, soweit die Schenkung zum Zeitpunkt des Todes noch nicht vollzogen war. Anderenfalls unterstellt die h.M. sie dem Schenkungsstatut.[581] Umstritten ist, welches Recht darüber entscheidet, ob die Schenkung im Zeitpunkt des Todes bereits vollzogen war: Da der Vollzug der Schenkung von der Eigentümerstellung des Erblassers abhängt, ist der Ansicht zu folgen, die den Vollzug nach dem auf die Verfügung anwendbaren Recht beurteilt[582] (a.A. Erbstatut[583]).

Der **Vertrag zugunsten Dritter auf den Todesfall** ist in seinen zwei Teilen separat zu qualifizieren. Der Deckungsvertrag zwischen Erblasser und Versprechendem unterliegt

579 Kropholler, IPR, § 51 V.
580 MünchKomm/Birk Art. 26 EGBGB Rdnr. 154 m.w.N.; Soergel/Schurig Art. 26 EGBGB Rdnr. 44.
581 Palandt/Heldrich Art. 25 EGBGB Rdnr. 15.
582 OLG Düsseldorf FamRZ 1997, 61; Winkler von Mohrenfels IPRax 1991, 237; Palandt/Heldrich Art. 25 EGBGB Rdnr. 15.
583 von Hoffmann/Thorn § 9 Rdnr. 51.

dem Vertragsstatut. Das Valutaverhältnis, in der Regel eine Schenkung von Todes wegen, ist unter das Erbstatut einzuordnen.[584]

Der **Ausgleich zwischen Ehegatten im Todesfall** ist ein Problem zwischen Güter- und Erbrecht (siehe oben Fall 2, Rdnr. 41).

Bei der **Nachfolge in Gesellschaftsanteile** wird zwischen Kapital- und Personengesellschaften unterschieden. Die Nachfolge in einer Kapitalgesellschaft unterliegt dem Erbstatut, weil der Bestand der Gesellschaft als solcher durch den Tod eines Anteilsinhabers nicht berührt wird. Dagegen richtet sich das Fortbestehen einer Personengesellschaft bei einer Nachfolge nach dem Gesellschaftsstatut. Die Erbschaft des Erben unterliegt aber dem Erbstatut.[585]

Der **Erbverzicht** beeinflusst die gesetzliche Erbfolge. Deshalb fallen seine Folgen unter das Erbstatut. Seine Zulässigkeit beurteilt sich analog Art. 26 Abs. 5 S. 1 EGBGB nach dem hypothetischen Erbstatut. Der Erbverzicht ist aber keine Verfügung von Todes wegen, sondern ein Rechtsgeschäft unter Lebenden auf den Todesfall, weshalb seine formelle Wirksamkeit nach Art. 11 EGBGB und nicht nach Art. 26 EGBGB zu beurteilen ist.[586]

Das **Erbrecht des Fiskus** geht grds. nach dem Erbstatut. Wenn darin keine Regelung enthalten ist, gilt die *lex rei sitae*. In Deutschland gilt dann, mangels eines gesetzlichen Aneignungsrechts, § 958 Abs. 2 BGB analog.[587]

In vielen anderen Ländern gibt es kein Pflichtteilsrecht. Teilweise ist der Pflichtteilsanspruch auch nicht wie in Deutschland als schuldrechtlicher, sondern als dinglicher Anspruch ausgestaltet, z.B. in Frankreich.

C. Der Trust

282 Die Rechtsfigur des **„trust"**, auch *„executorship"* oder *„administration"*, hat seinen Ursprung in der Aufspaltung des englischen Rechtskreises in *„common law"* und *„equity"*. Früher erbte die Familie des Erblassers alles. Deshalb wurde nach den *equity*-Regeln die Position des *„Trustee"* oder *„Executor"* als eines Nachlassverwalters mit dem Ziel eingeführt, der Kirche bzw. dem Staat einen Anteil an den einzelnen Nachlässen zuzuteilen.

An sich umfasst das nationale Erbstatut auch die Fragen einer Dauerverwaltung des Nachlasses. Bei Einsetzung eines *Trustee* wird das jedoch problematisch, da dieses Rechtsinstitut dem deutschen Recht unbekannt ist. Die „Treuhand" ist dem *trust* aber nur funktionell ähnlich, denn bei einem *trust* sind sowohl der *Trustee* als auch der Begünstigte dinglich Berechtigte. Dieses ist jedoch mit dem Verständnis des deutschen Rechts von einem numerus clausus der dinglichen Rechte nicht vereinbar.

Deshalb ist streitig, wie der *Trustee* in Deutschland behandelt werden soll:

I. Vertreter einer Meinungsgruppe sehen das Institut des *trust* als jeweils auf das eigene Rechtsgebiet beschränkt an. Im Ausland handele der *Trustee „ultra vires"*. Er könne nicht rechtlich tätig werden. Ver-

---

584 Kropholler, IPR, § 51 V.

585 MünchKomm/Birk Art. 25 EGBGB Rdnr. 180; von Oertzen IPRax 1994, 73–80.

586 BGHZ 134, 60.

587 Staudinger/Dörner Art. 25 EGBGB Rdnr. 202; von Hoffmann/Thorn § 9 Rdnr. 56 f.

steckte Kollisionsnormen sollen auf die *lex fori* verweisen.[588] Als Folge werde das Institut des *trust* abgeblockt.

II. Eine zweite Auffassung ist fremden Rechtsinstituten gegenüber offener. Die Unterschiede zwischen dem *Trustee* und dem Testamentsvollstrecker sind danach nicht erheblich. Auf den *trust* ist das Erbstatut anwendbar.

III. Nach der h.M. handelt der *Trustee* nur nach Maßgabe des deutschen Vermögensrechts. Da die Rechtsposition der Begünstigten aus dem *trust* oft dinglich abgesichert würden, sei der *trust* sachenrechtlich einzuordnen.[589]

6. Abschnitt: Internationales Deliktsrecht

A. Verfahrensrecht

Im Geltungsbereich der EuGVVO gilt insbesondere neben dem allgemeinen Gerichtsstand am Wohnsitz des Beklagten, Art. 2 EuGVVO, der besondere Gerichtsstand der unerlaubten Handlung des Art. 5 Nr. 3 EuGVVO.[590] **283**

Im Rahmen der Restzuständigkeit kommt über die Regeln der Doppelfunktionalität der Regeln der ZPO neben dem allgemeinen Gerichtsstand der §§ 12, 13 ZPO auch der besondere Gerichtsstand der unerlaubten Handlung in Betracht, § 32 ZPO.

B. Kollisionsrecht

I. Staatsvertragliche Kollisionsnormen

Vorrangige staatsvertragliche Kollisionsnormen gelten insbesondere auf dem Gebiet des Transportrechts. Das Haager Übereinkommen über das auf Straßenverkehrsunfälle anzuwendende Recht vom 04.05.1971 wurde von Deutschland jedoch nicht ratifiziert. **284**

II. Die Rom II-VO

Die gemäß Art. 3 Nr. 1 lit. a) EGBGB für außervertragliche Schuldverhältnisse vorrangig anwendbare EU-Verordnung EG Nr. 864/2007 **(Rom II-VO)** ist am 11.01.2009 in Kraft getreten, Art. 32 Rom II-VO.[591] **285**

Zeitlich anwendbar ist sie auf alle schadensbegründende Ereignisse, die am oder nach ihrem Inkrafttreten am 11.01.2009 eintreten, Art. 31, 32 Rom II-VO. Bei Dauerdelikten, die vor diesem Zeitpunkt begannen, bleibt es bei der Anwendung der Art. 40 ff. EGBGB.[592]

Räumlich anwendbar ist die Rom II-VO, wenn eine Verbindung zum Recht mehrerer Staaten besteht, Art. 1 Abs. 1 S. 1 Rom II-VO. Das Recht, auf das verwiesen wird, muss nicht das eines Mitgliedstaates sein („universelle Anwendung", Art. 3 Rom II-VO).

---

588 Ferid § 9 Rdnr. 9–82; Staudinger/Dörner Art. 25–26 EGBGB Art. 25 EGBGB Rdnr. 647.

589 Von Hoffmann/Thorn § 12 Rdnr. 17 f.

590 S.o. Fall 21, Rdnr. 131 ff.

591 Instruktiv Wagner IPRax 2008, 1 ff.; Junker NJW 2007, 3675 ff.

592 Koch/Magnus/Winkler von Mohrenfels, IPR, § 6 Rdnr. 11.

Sachlich anwendbar ist sie auf außervertragliche Schuldverhältnisse in Zivil- und Handelssachen (Art. 1 Abs. 1 S. 1 Rom II-VO).

Wesentliche Neuerung ist die **Abschaffung des Ubiquitätsprinzips**. Das Ubiquitätsprinzip räumt dem Geschädigten bei Distanzdelikten ein Optionsrecht ein, zwischen dem Recht des Handlungs- und des Erfolgsortes wählen zu dürfen (vgl. Art. 5 Nr. 3 EuGVVO). Im Rahmen der Rom II-VO wird grundsätzlich jedoch ausschließlich **an den Erfolgsort angeknüpft** (Art. 4 Abs. 1 Rom II-VO).

- Der **Erfolgsort** ist der Ort, an dem das durch die Deliktsnorm geschützte Rechtsgut verletzt worden ist.

286 Besondere Anknüpfungsregelungen gelten jedoch für die wichtigsten Deliktstypen (Produkthaftung, unlauterer Wettbewerb, Umweltdelikte,[593] Immaterialgüterverletzungen, Schäden aus Arbeitskämpfen [Art. 5–9 Rom II-VO]. Im Bereich der Umweltdelikte gilt bspw. das Ubiquitätsprinzip **ausnahmsweise** fort, sodass der Geschädigte sich hier auch dafür entscheiden kann, seinen Anspruch auf das Recht des *Handlungsortes* zu stützen, Art. 7 Rom II-VO.[594]

Gemäß Art. 2, 12 Rom II-VO unterfällt auch die Haftung aus Verschulden bei Vertragsverhandlungen, ***culpa in contrahendo***, dem Anwendungsbereich der Rom II-VO. Art. 12 Abs. 1 Rom II-VO sieht eine vorrangige akzessorische Anknüpfung an das Statut des (hypothetischen) Vertrages vor.

Unter Art. 12 Rom II-VO fallen insbesondere die Verletzung von Offenbarungspflichten und der Abbruch von Vertragsverhandlungen. Personenschäden, die während der Vertragsverhandlungen eintreten, sollen dagegen der Generalklausel des Art. 4 Rom II-VO unterfallen, vgl. Erwägungsgrund Nr. 30 Rom II-VO.

Diejenigen Bereiche, die vom Anwendungsbereich der Rom II-VO ausgenommen sind, ergeben sich aus Art. 1 Abs. 2 Rom II-VO.[595] Hierzu gehören beispielsweise **Persönlichkeitsrechtsverletzungen**, vgl. Art. 1 Abs. 2 lit. g) Rom II-VO. Für diese ist daher weiterhin das nationale Kollisionsrecht der Mitgliedstaaten maßgeblich. In Deutschland sind dies die Art. 40–42 EGBGB, die somit subsidiär anwendbar sind.

Die Systematik und Prüfungsfolge der Rom II-VO im Deliktsrecht lautet wie folgt:

- Vorrangig: Rechtswahl (Art. 14 Rom II-VO);

  Gehen die Parteien einer **kommerziellen Tätigkeit** nach, können die Parteien bereits **vor** Eintritt des Schadensereignisses eine Rechtswahl vereinbaren, Art. 14 Abs. 1 lit. b) Rom II-VO.

- Spezialanknüpfung für besondere Deliktstypen (Art. 5–9 Rom II-VO);
- subsidiär: gemeinsamer Aufenthalt (Art. 4 Abs. 2 Rom II-VO);
- subsidiär: **Regelanknüpfung an den *Erfolgsort*** (Art. 4 Abs. 1 Rom II-VO);
- offensichtlich engere Verbindung (Art. 4 Abs. 3 Rom II-VO).

---

593 Instruktiv: Buschbaum, Privatrechtsgestaltende Anspruchspräklusion im internationalen Privatrecht, 2008, S. 51 ff.

594 Vgl. Buschbaum, Privatrechtsgestaltende Anspruchspräklusion im internationalen Privatrecht, 2008, S. 71 ff.

595 Vgl. hierzu: Hohloch, IPRax 2012, 110 ff.

Eine Sonderanknüpfung für nationale Eingriffsnormen sieht Art. 16 Rom II-VO vor. Unabhängig von dem anwendbaren Recht sind, soweit angemessen, gem. Art. 17 Rom II-VO die Sicherheits- und Verhaltensregeln am Ort des haftungsbegründenden Ereignisses anzuwenden.

Bei sämtlichen Verweisungen handelt es sich um **Sachnormverweisungen**, Art. 24 Rom II-VO. Ein renvoi findet somit nicht statt.

Der Umfang der Haftung ergibt sich aus Art. 15 Rom II-VO. Danach regelt das nach der Rom II-VO maßgebliche Recht insbesondere:

- den Grund und den Umfang der Haftung, Art. 15 lit. a) Rom II-VO;
- die Bestimmung der Personen, die für ihre Handlungen haftbar gemacht werden, Art. 15 lit. a) Rom II-VO;
- Haftungsausschluss- und Haftungsbeschränkungsgründe, Art. 15 lit. b) Rom II-VO;
- die ersatzberechtigten Personen, Art. 15 lit. f) Rom II-VO;
- Erlöschensgründe und die Verjährung, Art. 15 lit. h) Rom II-VO.

III. Kollisionsnormen des autonomen Rechts

Mit Wirkung zum 01.06.1999 hat der Gesetzgeber das Internationale Privatrecht für au- 287
ßervertragliche Schuldverhältnisse und für Sachen geregelt. Das Gesetz gibt im Wesentlichen die Regelungen wieder, die zuvor von Rspr. und Lit. als h.M. entwickelt worden waren.[596] Soweit die Rom II-VO sachlich oder zeitlich nicht anwendbar ist, gilt subsidiär das internationale Deliktsrecht des autonomen Rechts gemäß Art. 40–42 EGBGB.

Das Deliktsstatut reicht weiter als der Begriff des Deliktsrechts im inländischen Recht. Es umfasst neben den unerlaubten Handlungen auch Ansprüche aus der Gefährdungs- und Aufopferungshaftung, sowohl ihre Voraussetzungen (wie Deliktsfähigkeit, Rechtswidrigkeit, Verschulden, Kausalität), die Art und Weise des Schadensersatzes als auch ihre Übertragbarkeit und Vererblichkeit. Ob Privatstrafen und Pflichtverletzungen im Rahmen vorvertraglicher Rechtsbeziehungen erfasst werden, ist umstritten.[597]

1. Anknüpfung

Die Anknüpfung deliktischer Sachverhalte erfolgt vorrangig nach Art. 42 EGBGB, subsi- 288
diär nach Art. 40 Abs. 2 EGBGB und nach der Regelanknüpfung des Art. 40 Abs. 1 EGBGB. Zusätzlich ist immer die Ausweichklausel des Art. 41 EGBGB zu beachten.

596 Huber, Das internationale Deliktsrecht nach der Reform, JA 2000, 67; Spickhoff, Die Restkodifikation des Internationalen Privatrechts: Außervertragliche Schuld- und Sachenrecht, NJW 1999, 2209.

597 Dazu Kegel/Schurig § 18 IV.

Prüfungsreihenfolge:

Art. 42 EGBGB	**nachträgliche Rechtswahl**
subsidiär Art. 40 Abs. 2 EGBGB	**gemeinsamer gewöhnlicher Aufenthalt bzw. Sitz**
subsidiär Art. 40 Abs. 1 EGBGB	**Regelanknüpfung**
zusätzliche Prüfung: Art. 41 EGBGB	**Ausweichklausel**

a) Rechtswahl, Art. 42 EGBGB

289 Im Deliktsrecht ist gemäß **Art. 42 EGBGB** eine **nachträgliche Rechtswahl** der Parteien möglich. Es wird dann auf das gewählte Sachrecht verwiesen. Eine Rechtswahl vor der Tat widerspräche dem Schutzcharakter der gesetzlichen Schuldverhältnisse.

b) Recht des gemeinsamen gewöhnlichen Aufenthalts, Art. 40 Abs. 2 EGBGB

290 Wurde keine Rechtswahl getroffen, verweist Art. 40 Abs. 2 EGBGB wegen der Nähe zu einer gemeinsamen Rechtsordnung auf das Recht des gemeinsamen gewöhnlichen Aufenthalts der Parteien. Die Norm kommt insbesondere bei Verkehrsunfällen von zwei in Deutschland lebenden Personen im Ausland zur Anwendung.

Die Durchsetzung solcher Ansprüche ist durch die Vierte Kraftfahrzeughaftpflicht-Richtlinie erleichtert worden. Früher wurde der Problembereich über die Rechtsanwendungsverordnung gelöst.

c) Regelanknüpfung, Art. 40 Abs. 1 EGBGB

Anders als Art. 4 Abs. 1 Rom II-VO, der auch bei **Distanzdelikten** nur auf den Erfolgsort abstellt, räumt Art. 40 Abs. 1 S. 2, 3 EGBGB dem Geschädigten ein **Optionsrecht** ein, sog. Ubiquitätsprinzip (ähnlich Art. 5 Nr. 3 EuGVVO, § 32 ZPO). So liegt bei Distanzdelikten der Tatort gemäß Art. 40 Abs. 1 S. 2, 3 EGBGB am Erfolgsort, wahlweise auch am Handlungsort. Der **Handlungsort** ist der Ort des willensabhängigen äußerlichen Tätigwerdens, welches rechtlich geschützte Interessen gefährdet. Der **Erfolgsort** ist der Ort, an dem das durch die Deliktsnorm geschützte Rechtsgut erstmals verletzt worden ist, und nicht erst der Ort weiterer Verletzungsfolgen. Früher wurde diese Wahl von Amts wegen nach dem Günstigkeitsprinzip getroffen. Heute muss das Optionsrecht gemäß Art. 40 Abs. 1 S. 3 EGBGB durch die Partei vor Ende des ersten Termins bzw. des Vorverfahrens aus prozessökonomischen Gründen geltend gemacht werden.

Anmerkung: *Das Zivilgerichtsverfahren kann auf zwei Arten eröffnet werden: 1. Schriftliches Vorverfahren (§ 276 ZPO) oder 2. Anberaumung eines frühen ersten Termins (§ 275 ZPO). Im schriftlichen Vorverfahren wird den Parteien aufgegeben, sich verbindlich schriftlich zu äußern, während im frühen ersten Termin die Sache mündlich erörtert wird.*

Wenn der Geschädigte von seinem Wahlrecht Gebrauch macht und das Recht des Erfolgsorts wählt, ist die Verweisung entsprechend dem Rechtsgedanken des Art. 4 Abs. 2 EGBGB als **Sachnormverweisung** aufzufassen.[598]

598 Von Hoffmann/Thorn § 11 Rdnr. 24 ff.

d) Ausweichklausel

Besteht jedoch eine wesentlich engere Verbindung des Rechtsverhältnisses zu dem Recht eines anderen Staates, ist über die **Ausweichklausel des Art. 41 EGBGB** auf dieses Recht auszuweichen. Zu nennen ist in diesem Zusammenhang insbesondere die **akzessorische Anknüpfung an das Schuldstatut gemäß Art. 41 Abs. 2 Nr. 1 EGBGB**, an das Ehestatut unter Ehegatten oder das Recht des Amts- oder Schutzstaates im Amtshaftungs- bzw. im Wettbewerbsrecht.

Anmerkung: *Eine akzessorische Anknüpfung an das Schuldstatut kommt insbesondere bei* ***Transportschäden*** *in Betracht. Auch die deliktische Haftung unterliegt dann dem Recht, das auf den Transportvertrag anwendbar ist.*

2. Verweisung

Umstritten ist, ob diese Kollisionsnormen eine Sachnorm- oder eine Gesamtverweisung 291
auf das fremde Kollisionsrecht aussprechen.[599] Bei den Art. 40 ff. EGBGB handelt es sich um Kollisionsnormen, die einem ausdifferenzierten Wertungssytem unterliegen. Eine Gesamtnormverweisung widerspräche nach h.M. in den meisten Fällen dem Sinn der Verweisung, Art. 4 Abs. 1 S. 1 EGBGB a.E.[600]

- Im Zweifel ist daher von einer **Sachnormverweisung** auszugehen, bei der ein renvoi nicht zu beachten ist. Dieses Ergebnis ist aber stets mit der **speziellen Wertung** der entsprechenden Regelung zu begründen.

Keiner speziellen Wertung unterliegen zwar die Anknüpfung an den gemeinsamen gewöhnlichen Aufenthalt, Art. 40 Abs. 2 EGBGB, und die Anknüpfung an den Handlungsort, Art. 40 Abs. 1 S. 1 EGBGB, wenn Handlungs- und Erfolgsort in demselben Land liegen (sog. Platzdelikt). Deshalb wird auch vertreten, dass in diesen Fällen die Tatortregel des Art. 40 Abs. 1 S. 1 EGBGB eine Gesamtverweisung sei und ein renvoi deshalb zu beachten wäre.[601] Nach h.M. ist eine Differenzierung zwischen Distanz- und Platzdelikten jedoch nicht sachgerecht, sodass auch bei letzteren von einer Sachnormverweisung auszugehen sei.[602] Dies müsse dann erst recht für eine Anknüpfung an den gemeinsamen gewöhnlichen Aufenthalt gelten, Art. 40 Abs. 2 EGBGB.[603]

3. Art. 40 Abs. 3, 4 EGBGB

Art. 40 Abs. 3 EGBGB begrenzt die deliktische Verpflichtung u.a. auf eine **„angemessene** 292
Entschädigung".

Die Norm ersetzt Art. 38 EGBGB a.F. Dieser sah früher eine Privilegierung deutscher Staatsangehöriger dergestalt vor, dass gegen sie keine weitergehenden Ansprüche geltend gemacht werden konnten, als im deutschen Recht vorgesehen war. Diese Vorschrift war vielfacher Kritik ausgesetzt. Insbesondere wurde eingewandt, dass die Beschränkung auf die deutsche Staatsangehörigkeit EG-rechtswidrig sei.

599 Von Hoffmann/Thorn § 11 Rdnr. 60 f.; Dörner Jura 1990, 57, 62.

600 Von Hoffmann/Thorn § 11 Rdnr. 61 m.w.N.; Dörner Jura 1990, 57, 62; a.A. MünchKomm/Junker Art. 40 EGBGB Rdnr. 235 ff.

601 MünchKomm/Junker Art. 40 EGBGB Rdnr. 236.

602 Staudinger/von Hoffmann Vor Art. 40 EGBGB Rdnr. 70; von Hoffmann/Thorn § 11 Rdnr. 61 m.w.N.; Dörner Jura 1990, 57, 62.

603 Staudinger/von Hoffmann Vor Art. 40 EGBGB Rdnr. 70; von Hoffmann/Thorn § 11 Rdnr. 61 m.w.N.; Dörner Jura 1990, 57, 62; a.A. MünchKomm/Junker Art. 40 EGBGB Rdnr. 238.

Der Gesetzgeber hat nunmehr eine neue, nicht länger nach der Staatsangehörigkeit differenzierende Regelung getroffen, die Schadensersatzansprüche auf eine „angemessene Entschädigung" des Verletzten beschränkt. Dieses zielt im Wesentlichen darauf, die aus dem amerikanischen Recht bekannten *„punitive damages"* auszuschließen.

Ein solcher Strafschadensersatz richtet sich in seiner Höhe nicht nur nach den Nachteilen, die dem Verletzten entstanden sind, sondern berücksichtigt überdies die Vermögenslage des Schädigers sowie den Handlungsunwert seines Tuns. So kann es dazu kommen, dass der Täter zum Ersatz eines Vielfachen des tatsächlich entstandenen Schadens verpflichtet wird. Zudem erfüllen *„punitive damages"* in den USA vor allem auch eine ordnungspolitische Funktion, um Sicherheitsstandards durchzusetzen. Dieser Ansatz wird in Deutschland jedoch schon durch das Öffentliche Recht verfolgt. Eine vollständige Anerkennung dieser Strafschadensersatzansprüche in Deutschland ist daher nicht sachgerecht.

Gemäß **Art. 40 Abs. 4 EGBGB** hat der Verletzte einen Direktanspruch gegen den Haftpflichtversicherer aus alternativer Anknüpfung an das Delikts- oder Versicherungsvertragsstatut. Diese Erleichterung ist insbesondere wichtig bei **Straßenverkehrsunfällen** und in der Gefährdungshaftung.

Fall 40: Verkehrsunfall im Ausland

Der Deutsche A und der Grieche B leben seit 20 Jahren in Deutschland. Im Sommerurlaub 2013 fahren sie in Griechenland mit ihren in Griechenland gemieteten und auch dort versicherten Autos ineinander. Durch ein Verschulden des A wird B hierbei getötet. B hinterlässt die Ehefrau E. Hat E einen Anspruch auf Unterhalt gegen A?

293 I. Durch die griechische Staatsangehörigkeit des B und den Unfall in Griechenland weist der Sachverhalt eine Auslandsberührung nach Griechenland auf. Bei **Sachverhalten mit Auslandsberührung** ist zunächst das anzuwendende Recht mithilfe der Vorschriften des Internationalen Privatrechts zu bestimmen, Art. 3 EGBGB.

II. **Vereinheitlichtes Sachrecht** ist nicht anwendbar.

III. **Vorrangig** zu prüfen sind die unmittelbar anwendbaren Kollisionsregeln des **Europäischen Gemeinschaftsrechts**, Art. 3 Nr. 1 EGBGB. Da A und B vertraglich nicht miteinander verbunden sind, kommt hier die Anwendbarkeit der Rom II-VO in Betracht.

1. **Zeitlich** ist die Rom II-VO anwendbar, da das schadensbegründende Ereignis, der Unfall, nach ihrem Inkrafttreten am 11.01.2009 eintrat, Art. 31, 32 Rom II-VO.

2. **Räumlich** ist die Rom II-VO ebenfalls anwendbar, da der zu beurteilende Lebenssachverhalt mit Deutschland und Griechenland eine Verbindung zum Recht verschiedener Staaten aufweist, Art. 1 Abs. 1 S. 1 Rom II-VO.

3. Fraglich ist, ob die Rom II-VO auch **sachlich** anwendbar ist. Dann müsste gemäß Art. 1 Abs. 1 S. 1 Rom II-VO ein außervertragliches Schuldverhältnis betroffen sein. Zudem dürfte keiner der Ausschlussgründe in Art. 1 Abs. 2 Rom II-VO vorliegen. E macht einen Unterhaltsanspruch gegen A geltend, weil A den Tod des B verschuldet hat. Der Unterhaltsanspruch beruht daher auf einem deliktischen Verhalten des A, sodass dieser Anspruch deliktisch und danach außervertraglich i.S.d. Art. 1 Abs. 1 S. 1 Rom II-VO zu qualifizieren ist.

Fraglich ist, ob die Rom II-VO deshalb nicht anwendbar ist, weil von deren sachlichen Anwendungsbereich außervertragliche Schuldverhältnisse aus einem Familienverhältnis (Art. 1 Abs. 2 lit. a) Rom II-VO) oder aus ehelichen Güterständen (Art. 1 Abs. 2 lit. b) Rom II-VO) ausgeschlossen sind. E macht gegen A einen Unterhaltsanspruch geltend, weil er den Tod ihres Ehemannes verursacht hat. Einen solchen Unterhaltsanspruch des hinterbliebenen Ehegatten gegen den Verursacher regeln jedoch weder das Familienrecht noch das Güterstandsrecht. Das Schuldverhältnis zwischen A und E stammt daher nicht aus einem Familienverhältnis oder aus dem Güterrecht, sondern ist rein deliktischer Natur. Die Rom II-VO ist daher auch sachlich anwendbar.

IV. **Anwendung der Rom II-VO**

1. Eine vorrangig gemäß Art. 14 Abs. 1 lit. a) Rom II-VO zu beachtende **nachträgliche Rechtswahl** haben die Parteien nicht getroffen.

2. Ein besonderer Deliktstyp gemäß Art. 5–9 Rom II-VO liegt nicht vor, sodass eine Spezialanknüpfung nicht geboten ist.

3. Einschlägige Kollisionsnorm könnte deshalb Art. 4 Abs. 2 Rom II-VO sein. Als *lex specialis* gegenüber der allgemeinen Tatortregel des Art. 4 Abs. 1 Rom II-VO entscheidet gemäß Art. 4 Abs. 2 Rom II-VO das Recht des gemeinsamen gewöhnlichen Aufenthalts von Unfallverursacher und dem Verletzten über etwaige Ansprüche. A und B hatten beide ihren gewöhnlichen Aufenthalt in Deutschland. Folglich ist gemäß Art. 4 Abs. 2 Rom II-VO deutsches Recht anwendbar. Dass sich der Unfall im Heimatland des B zugetragen hat, ändert hieran nichts.[604]

   Gemäß § 844 Abs. 2 BGB haben die Unterhaltsberechtigten im Falle des Todes des Unterhaltsverpflichteten Ersatzansprüche gegen den Schädiger.

   Die berufene *lex causae* wirft folglich die **Vorfrage der Unterhaltsverpflichtung** auf. Vorfragen sind nach h.M. in der Regel selbstständig, d.h. nach dem IPR der *lex fori* anzuknüpfen. Gemäß Art. 18 Abs. 1 EGBGB sind auf Unterhaltspflichten die Regeln des Unterhalts am Ort des gewöhnlichen Aufenthalts des Unterhaltsberechtigten anzuwenden. Die unterhaltsberechtigte E hat ihren gewöhnlichen Aufenthalt in Deutschland. Danach gilt deutsches Unterhaltsrecht (ebenso über die Anknüpfung des Art. 18 Abs. 5 EGBGB). Entsprechend § 1360 a BGB ist ein Ehegatte dem anderen gegenüber zum Unterhalt verpflichtet. Die hier gestellte Vorfrage nach der Unterhaltsverpflichtung des Verstorbenen ist daher zu bejahen.

   E kann damit gemäß § 844 Abs. 2 BGB Unterhaltsansprüche gegen A geltend machen.

Abwandlung: B überlebt, der Wagen erleidet in Folge des Unfalls jedoch einen Totalschaden. Kann B die griechische Haftpflichtversicherung des A in Deutschland verklagen? Das griechische Versicherungsrecht sieht einen Direktanspruch des Geschädigten gegen die Versicherung des Schädigers vor.

604 MünchKomm/Junker Art. 4 Rom II-VO Rdnr. 95.

294 Die Zuständigkeit der deutschen Gerichte könnte sich aus der EuGVVO ergeben.

A. **Anwendbarkeit der EuGVVO**

Dann müsste die EuGVVO anwendbar sein.

I. **Sachlicher Anwendungsbereich der EuGVVO**

Die EuGVVO ist gemäß ihrem Art. 1 Abs. 1 auf Zivil- und Handelssachen anzuwenden. Hierunter fällt auch die zivilrechtliche Abwicklung der Folgen des Verkehrsunfalls.

II. **Zeitlicher Anwendungsbereich**

Gemäß Art. 76 EuGVVO ist die Verordnung am 01.03.2002 in Kraft getreten. Da die Klage nach diesem Datum erhoben wird (vgl. Art. 66 EuGVVO), ist der zeitliche Anwendungsbereich gegeben.

III. **Räumlich-persönlicher Anwendungsbereich**

Grundsätzlich muss gemäß Art. 2 Abs. 1 EuGVVO der Beklagte seinen Wohnsitz im Hoheitsgebiet eines Mitgliedstaates haben, damit der räumlich-persönliche Anwendungsbereich der EuGVVO eröffnet ist. Die Versicherung des A hat ihren Sitz gemäß Art. 60 Abs. 1 EuGVVO in Griechenland und damit im Hoheitsgebiet eines Mitgliedstaates.

Die EuGVVO ist damit anwendbar.

B. **Ermittlung des nach der EuGVVO maßgeblichen Gerichtsstandes**

Die internationale Zuständigkeit der deutschen Gerichte könnte sich aus Art. 9 Abs. 1 lit. b), 11 Abs. 2 EuGVVO ergeben.

I. Dann müsste B „Begünstigter" i.S.d. Art. 9 Abs. 1 lit. b) EuGVVO sein. Ob der Geschädigte der Begünstigte i.S.d. Art. 9 Abs. 1 lit. b) EuGVVO ist, ist im deutschen Recht umstritten.

1. Die bislang in Deutschland h.M. verneinte dies, da der Geschädigte nicht ausdrücklich in Art. 9 Abs. 1 lit. b) EuGVVO genannt sei.[605] Zudem könne Begünstigter nur eine Person im Rahmen eines vertraglichen Versicherungsverhältnisses sein. Vertragliche Beziehungen des Geschädigten gegenüber der Haftpflichtversicherung des Schädigers bestünden aber gerade nicht.

2. Die Gegenauffassung wies demgegenüber auf Erwägungsgrund Nr. 16 a der Richtlinie 2000/26/EG über die Kfz-Haftpflichtversicherung hin.[606] Danach kann der Geschädigte gemäß Art. 11 Abs. 2 i.V.m. Art. 9 Abs. 1 lit. b) EuGVVO den Haftpflichtversicherer in dem Mitgliedstaat, in dem er seinen Wohnsitz hat, verklagen. Wegen diesem „nachträglich geäußerten Willen des Verordnungsgebers" könne sich auch der Geschädigte auf Art. 9 Abs. 1 lit. b) EuGVVO berufen.

605 LG Hamburg NJW-RR 2006, 1655; Kropholler, EuZVR, Art. 11 Rdnr. 4.

606 OLG Köln, NJW-RR 2006, 70; Rauscher/Staudinger, EUZPR, Art. 11 Rdnr. 6.

3. Der letztgenannten Auffassung haben sich der BGH[607] und auch der EuGH[608] angeschlossen. Der EuGH wies insbesondere darauf hin, dass der 13. Erwägungsgrund der EuGVVO, der den Schutz der schwächeren Partei gewährleisten soll, es gebietet, dem Geschädigten das Recht einzuräumen, den Haftpflichtversicherer des Schädigers vor den Gerichten seines Wohnsitzstaates zu verklagen, sofern die anderen Voraussetzungen der VO gegeben sind. Ein anderes Ergebnis „widerspräche dem Geist der Verordnung".[609]

II. Die Versicherung des A hat ihren Wohnsitz auch in einem Mitgliedstaat, Art. 9 Abs. 1 EuGVVO.

III. Gemäß Art. 11 Abs. 2 EuGVVO muss eine unmittelbare Klage gegen den Haftpflichtversicherer zulässig sein. Ob eine solche Klage zulässig ist, richtet sich nach dem anwendbaren materiellen Recht, was nach den Kollisionsnormen der *lex fori* zu bestimmen ist.[610] Gemäß Art. 18 Rom II-VO wird der Direktanspruch zugelassen, wenn entweder das Deliktsstatut oder das Versicherungsvertragsstatut ihn vorsieht.

Das Versicherungsvertragsstatut wird gemäß Art. 7 Rom I-VO ermittelt. Gemäß Art. 7 Abs. 2 Rom I-VO unterliegt der Versicherungsvertrag griechischem Recht, da die Versicherung des A ihren gewöhnlichen Aufenthalt in Griechenland hat. Aus der Sonderanknüpfung des Art. 7 Abs. 4 Rom I-VO ergibt sich nichts anderes, da das von der Pflichtversicherung gedeckte Risiko in Griechenland belegen war. Das griechische Recht sieht einen Direktanspruch des Geschädigten gegen die Versicherung des Schädigers vor. B kann daher bereits nach dem Versicherungsvertragsstatut die Versicherung des A in Deutschland verklagen.

Aus dem gemäß Art. 18 Rom II-VO alternativ anwendbaren Deliktsstatut ergäbe sich nichts anderes, da das insoweit anwendbare deutsche Recht (s.o.) einen Direktanspruch des Geschädigten gegen den Versicherer des Schädigers in Kfz-Haftpflichtversicherungssachen kennt, vgl. § 115 VVG.

C. Sondergebiete

I. Weltweite Veröffentlichungen in Zeitungen und im Internet

Wenn im internationalen Recht deliktische Dateninhalte in Zeitungen weltweit veröffentlicht oder in das Internet eingespeist werden, stellen sich Probleme. Die Ubiquitätsregel versagt. Stellt man auf den Erfolgsort ab, dem Ort an dem die Website aufgerufen wurde, ist ein Schadensersatzanspruch nach fast jeder Rechtsordnung möglich. Im Iran beispielsweise werden Bilder von Frauen sehr schnell als Pornographie eingestuft. Aber auch eine Orientierung am Handlungsort, an dem die Seite in das Netz gestellt wurde, 295

607 BGH NJW 2007, 72.

608 EuGH NJW 2008, 819 mit zust. Anm. Leible.

609 EuGH NJW 2008, 819, 820 Tz. 28.

610 Kropholler, EuZVR, Art. 11 Rdnr. 4.

ist wenig befriedigend. Beispielsweise kennen die Seychellen gar kein Urheberrecht. Andere Länder kennen keine Persönlichkeitsrechtsverletzungen.[611]

Fall 41: Oh Karola

In der Zeitschrift „B" heißt es auf der Titelseite und auf S. 3 unter dem Bild von Caroline von Hannover (C): „Exklusiv – Caroline spricht zum 1. Mal von Traurigkeit, Hass auf die Welt, Glückssuche." Im Inhaltsverzeichnis wird unter „Titelthemen" der Artikel „Exklusiv: Caroline von Monaco. Warum ich das Leben hasse" angekündigt, der dort ab S. 16 mit der Überschrift „Caroline. Das Psycho-Interview" abgedruckt ist. Die Zeitschrift wird in Hamburg verlegt und gedruckt.

Die Zeitschrift erscheint nicht nur in Deutschland, sondern wird weltweit veröffentlicht, unter anderem auch mit einigen Exemplaren in Frankreich. Tatsächlich hat das Interview nie stattgefunden. Die Bilder sind von einem Paparazzi aufgenommen worden. C, die in Frankreich ihren Wohnsitz hat, klagt im Juni 2013 in Deutschland gegen die „B" auf Schadensersatz wegen der Verletzung ihres Persönlichkeitsrechts.

1. Frage: C beruft sich auf die Verletzung ihres Persönlichkeitsrechts. Kann C verlangen, dass das für sie günstigere französische Recht angewandt wird?

2. Frage: Ändert sich etwas im Hinblick auf die 1. Frage, wenn B das Interview und die Fotos auf ihrer Homepage im Internet veröffentlicht?

Anmerkung: Das Thema „Caroline" wirft auch im Hinblick auf die internationale Zuständigkeit und die Anerkennung und Vollstreckung von Entscheidungen Fragen auf, die an anderer Stelle dieses Skriptes in den Parallelfällen 21, Rdnr. 131 ff., 24, Rdnr. 155, 25, Rdnr. 157, behandelt werden.

1. Frage

296 I. Aufgrund der Verbreitung des Presseerzeugnisses in Frankreich ergibt sich ein **Lebenssachverhalt mit Auslandsberührung**, sodass die Vorschriften des deutschen IPR (Art. 3 ff. EGBGB) über das anzuwendende Recht entscheiden.

II. **Vereinheitlichtes Sachrecht, vorrangiges Gemeinschaftsrecht** oder **vorrangige Staatsverträge** bestehen nicht. Die Rom II-VO ist auf die geltend gemachten Verletzungen von Persönlichkeitsrechten sachlich nicht anwendbar, vgl. Art. 1 Abs. 2 lit. g) Rom II-VO. Das anzuwendende Recht ist daher nach den Art. 40 ff. EGBGB zu bestimmen.

1. Eine nachträgliche Rechtswahl i.S.d. Art. 42 EGBGB haben C und B nicht getroffen. C und B hatten zur Zeit des Haftungsereignisses ihren gewöhnlichen Aufenthalt nicht in demselben Staat, sodass sich das anwendbare Recht auch nicht aus Art. 40 Abs. 2 EGBGB ergibt.

2. Anders als bei Art. 4 Abs. 1 Rom II-VO, der ausschließlich auf den Erfolgsort abstellt, findet im Rahmen des Art. 40 Abs. 1 S. 1 EGBGB grds. das Recht des **Hand-**

611 Dazu Mankowski RabelsZ 63 (1999), 256 ff.

lungsortes Anwendung. Fraglich ist jedoch, welches hier der Ort der Handlung ist.

Handlungsort ist der Ort, an dem die tatbestandsmäßige Handlung mit Außenwirkung vorgenommen wird.[612] Dies ist bei Pressedelikten der Verlagssitz bzw. Erscheinungsort (h.M.; Verlagsort und Erscheinungsort, d.h. der Ort, an dem das Druckwerk an die Öffentlichkeit gelangt,[613] fallen i.d.R. zusammen). Bloße Vorbereitungshandlungen wie das Sammeln von Material, das Verfassen der Berichte und der Druck selbst werden nicht erfasst.[614] Als Handlungsort kommt hier der Verlagssitz der B in Hamburg als der Ort infrage, an dem entschieden wurde, den Artikel über C zu veröffentlichen.

Damit würde auf deutsches und nicht auf das von C gewünschte französische Deliktsrecht verwiesen.

Anmerkung: *Vor dem Hintergrund des Art. 38 a.F. EGBGB wurde vertreten, Handlungsort sei auch der Verbreitungsort, sodass das Recht desjenigen Verbreitungsortes anzuwenden sei, das den Geschädigten am günstigsten stellt.*

Hiergegen ist einzuwenden, dass dieses ***Günstigkeitsprinzip*** *praktisch nicht durchführbar ist (in concreto: Vergleich der jeweiligen Rechtsordnungen) und dem Gedanken der Prozessökonomie widerspricht. Folgerichtigerweise wurde das Günstigkeitsprinzip durch die Neufassung der Art. 40 ff. EGBGB im Rahmen der IPR-Reform aufgegeben. Außerdem ist die bloße Sympathie für den Geschädigten keine ausreichende und sachgerechte Begründung für die Anwendung des Günstigkeitsprinzips.*[615]

3. Nach dem sog. **Ubiquitätsprinzip** kann der Geschädigte bei **Distanzdelikten** aber auch das Recht des **Erfolgsortes** wählen. So kann der Geschädigte gemäß Art. 40 Abs. 1 S. 2 EGBGB unter den Voraussetzungen des Art. 40 Abs. 1 S. 3 EGBGB verlangen, dass an die Stelle des Handlungsrechts das Recht des Staates angewandt werden soll, in dem der Erfolg eingetreten ist.

   a) Nach einer Mindermeinung gibt es bei Persönlichkeitsverletzungen durch Pressedelikte nur Handlungsorte, aber keine Erfolgsorte.[616] Persönlichkeitsrechte seien nicht zu lokalisieren, sondern immateriell, weshalb sich ihre Verletzung örtlich nicht zuordnen lasse.

      Gegen dieses „idealistische" Bild spricht jedoch, dass es nicht hinreichend differenziert zwischen der Persönlichkeit als solcher und dem Persönlichkeitsrecht, welches als rechtliche Konstruktion zu lokalisieren ist.[617] So lässt sich vergleichsweise leicht feststellen, wo der potenziell Geschädigte Ansehen genießt und wo dieses Ansehen Schaden genommen haben könnte.[618]

612 Von Hoffmann/Thorn § 11 Rdnr. 27.
613 Vgl. Löffler, Presserecht, S. 467.
614 Von Hoffmann/Thorn § 11 Rdnr. 27.
615 Von Hoffmann/Thorn § 11 Rdnr. 24 ff.
616 Vgl. von Bar Bd. II, IPR Rdnr. 664.
617 Mankowski RabelsZ 1999, 203, 274.
618 Wagner RabelsZ 1998, 243, 277.

b) Erfolgsort ist daher nach h.M. der Ort, an dem das durch die Deliktsnorm geschützte Rechtsgut verletzt worden ist.[619] Bei Pressedelikten ist dies nach h.M. jeder Verbreitungsort, d.h. jeder Ort, an dem die Zeitung gekauft bzw. gelesen worden ist.[620]

Erfolgsort wäre folglich jeder Ort, an dem andere Menschen Kenntnis von der Persönlichkeitsverletzung erlangt haben, mithin die Zeitung gekauft bzw. gelesen haben. Gerade bei Massenkommunikationsmitteln kann es aber zu einer Vielzahl von Erfolgsorten kommen **(Streudelikt)**. Wie diese Zahl eingegrenzt werden kann, ist umstritten:

297 aa) Nach der **Mosaikbeurteilung**[621] gilt das Recht eines Erfolgsortes nur für den (Teil-)Schaden, der in dem betreffenden Rechtsgebiet eingetreten ist. Der Gesamtschaden kann hiernach nur nach dem Recht des Handlungsortes oder nach der Gesamtheit aller Erfolgsortsrechte geltend gemacht werden.

(1) Der **Vorteil** der Mosaikbeurteilung liegt darin, dass durch die Beschränkung des Erfolgsortsrechts auf die in dem betreffenden Rechtsgebiet eingetretene Verletzung **internationale Zuständigkeit und anwendbares Recht parallel laufen, wenn der Kläger am Erfolgsort klagt** (siehe den Parallelfall im IZVR, Rdnr. 131 ff.).[622]

Zum anderen wird durch die Mosaikbeurteilung die grundrechtlich gewährleistete Pressefreiheit der Presseunternehmen geschützt. Wäre es nämlich möglich, über das Recht eines Erfolgsortes den gesamten Schaden geltend zu machen, müssten sich die Herausgeber international verbreiteter Presseartikel an der für sie strengsten aller Rechtsordnungen orientieren, um Schadensersatzansprüche zu vermeiden.[623]

(2) **Schwierigkeiten** ergeben sich nach der Mosaikbeurteilung, wenn wie im vorliegenden Fall bei Persönlichkeitsverletzungen bekannter Persönlichkeiten durch Pressedelikte die Zahl der Erfolgsorte sehr groß ist.[624]

Weitere **Probleme** ergeben sich, **wenn der Kläger am Gericht des Handlungsortes klagt**. Zwar könnte C nach der Mosaikbeurteilung an diesem Gerichtsort grundsätzlich den gesamten Schaden geltend machen. Dies gilt aber auch nur dann, wenn sie das Recht des Handlungsortes, also deutsches Recht, wählt. Wählt sie dagegen französisches Recht als Erfolgsortsrecht, kommt dieses wiederum nur für den in dem betreffenden Rechtsgebiet eingetretenen Schaden in Frankreich in Betracht.[625] C müsste also vor dem Gericht des Handlungsortes sämtliche Erfolgsortsrechte geltend machen, um ihren gesamten Schaden ersetzt zu bekommen. Dies ist nicht praktikabel.[626]

---

619 Von Hoffmann/Thorn § 11 Rdnr. 30.

620 Kropholler, IPR, § 53 V 4; Staudinger/von Hoffmann Art. 40 EGBGB Rdnr. 59.

621 EuGH, Shevill/Press Alliance, EuGHE 1995 I, S. 415.

622 Kropholler, IPR, § 53 V 4.

623 Wagner RabelsZ 1998, 243, 283.

624 Vgl. Staudinger/von Hoffmann Art. 40 EGBGB Rdnr. 60; bei allen anderen Rechtsgütern ist Mosaikbeurteilung h.M.

625 Kegel/Schurig § 18 IV 1 a) bb) a.E.

626 Vgl. Wagner RabelsZ 1998, 243, 277 f.; Mankowski RabelsZ 1999, 203, 276.

bb) Nach anderer Ansicht ist daher eine **Schwerpunktbetrachtung** vorzunehmen, die auf den Haupterfolgsort der Rechtsverletzung abstellt. Dieser ist typischerweise am gewöhnlichen Aufenthaltsort des Rechtsgutträgers.[627] Nach dem Recht dieses Haupterfolgsortes richtet sich dann die Berechnung **des gesamten Schadens**, wenn der Geschädigte von seinem Bestimmungsrecht nach Art. 40 Abs. 1 S. 2 EGBGB Gebrauch gemacht hat. 298

Auch wenn sich C als Prominente üblicherweise in mehreren Staaten über längere Zeit aufhält und sie aufgrund ihrer weltweiten Bekanntheit überall dort mit der Beeinträchtigung ihres Persönlichkeitsrechts rechnen muss, wo die Zeitung verbreitet wird, ist der Schwerpunkt der Beeinträchtigung dort anzunehmen, wo sich ihr Lebensmittelpunkt befindet. Dieser befindet sich in Frankreich.

Anmerkung: *Vereinzelt wird auch vertreten, zwischen den verschiedenen Erfolgsortsrechten sei das günstigste Erfolgsortsrecht für den Geschädigten anzuwenden.[628] Die gegen das* ***Günstigkeitsprinzip*** *vorgebrachten Erwägungen (s.o.) greifen jedoch auch hier durch, sodass diese Meinung abzulehnen ist.*

Unter den Voraussetzungen des Art. 40 Abs. 1 S. 3 EGBGB kann C daher französisches Recht als Erfolgsortsrecht i.S.d. Art. 40 Abs. 1 S. 2 EGBGB wählen, um den gesamten Schaden geltend zu machen.

4. Grundsätzlich handelt es sich hierbei um eine **Gesamtverweisung** auf französisches Recht, sodass gemäß Art. 4 Abs. 1 EGBGB auch das französische IPR berufen wäre. Wählt der Geschädigte jedoch das Erfolgsortsrecht, würde eine IPR-Verweisung dem Sinn der Verweisung widersprechen, Art. 4 Abs. 1 S. 1 a.E. EGBGB (s.o. Rdnr. 288 ff.). Durch die Wahl des Erfolgsortsrechts hat der Geschädigte hinreichend bekundet, welche Sachnormen welcher Rechtsordnung er auf den Fall angewendet wissen will, ohne dass es hierfür noch einer Befragung der kollisionsrechtlichen Normen dieser Rechtsordnung bedürfte. Dies folgt auch aus Art. 4 Abs. 2 EGBGB.[629] Somit sind die französischen Sachvorschriften auf den Fall anwendbar.

5. Eine Haftungsbeschränkung nach Art. 40 Abs. 3 EGBGB, insbesondere der Nr. 2 dieser Norm, kommt nicht in Betracht. Soweit nach französischem Recht die Höhe der Schadensersatzsumme auch der Abschreckung des Schädigers dient, ist dies anzuerkennen, da auch dem deutschen Recht präventive und poenale Funktionen der Schadensersatzpflicht nicht gänzlich fremd sind.[630]

2. Frage

Delikte im Internet sind primär ebenfalls nach der Tatortregel zu beurteilen.[631] In deren Rahmen gilt wiederum das Ubiquitätsprinzip. Handlungs- und Erfolgsort stehen gleich- 299

627 Staudinger/von Hoffmann Art. 40 EGBGB Rdnr. 61.
628 Vgl. von Hoffmann/Thorn § 11 Rdnr. 32.
629 Vgl. Palandt/Heldrich Art. 4 EGBGB Rdnr. 11.
630 Palandt/Heldrich Art. 40 EGBGB Rdnr. 20.
631 MünchKomm/Junker Art. 40 EGBGB Rdnr. 172 ff.; Mankowski RabelsZ 63 (1999), 203 ff.

berechtigt nebeneinander, d.h., der Geschädigte kann, wenn er gegen den Schädiger vorgeht, das ihm günstigere Handlungs- oder Erfolgsortrecht auswählen.

I. Der **Handlungsort** liegt dort, wo die betreffende Information in das Netz eingespeichert wird (sog. Uploading), nicht dagegen auch am Standort des Servers, den der Einspeisende gar nicht kennen muss.[632] Der Ort, an dem die Homepage erstellt wurde, bleibt unberücksichtigt, da es sich hierbei nur um eine bloße Vorbereitungshandlung handelt.

II. Der **Erfolgsort** liegt überall dort, wo ein Nutzer das Angebot abruft.[633] Der Einspeisende muss sich daher auf globale Haftungsrisiken einstellen.

1. Teilweise wird vertreten, die Mosaikbeurteilung sei auch auf Delikte zu übertragen, die mithilfe des Internets begangen werden.[634] Die Probleme, die sich hieraus insbesondere dann ergeben, wenn der Kläger am Gerichtsstand des Handlungsortes das Recht des Erfolgsortes geltend macht, um den ganzen Schaden zu liquidieren, nimmt diese Ansicht in Kauf.[635]

2. Praktikabler ist es daher, bei Verletzung immaterieller Rechtsgüter im Internet wie Persönlichkeitsrechtsverletzungen eine Schwerpunktbetrachtung vorzunehmen. Haupterfolgsort ist auch hier grundsätzlich der gewöhnliche Aufenthalt des Rechtsgutträgers, sofern hier die Möglichkeit besteht, die Information über das Internet abzurufen.[636]

III. Abzuwarten bleibt, ob der Geschädigte in Fortführung der zu Art. 5 Nr. 3 EuGVVO ergangenen Rechtsprechung des EuGH (s.o. Fall 21, Rdnr. 131) auch das Recht des Staates wählen kann, an dem er den **Mittelpunkt seiner Interessen** hat. Dies wäre wünschenswert, um so einen Gleichlauf zwischen internationaler Zuständigkeit und anwendbarem Recht herzustellen.

II. Wettbewerbsrecht

300 Verstöße im Wettbewerbsrecht berühren Drittinteressen. Nach h.M. wird deshalb nur an den Handlungsort i.S.d. Art. 41 Abs. 1 EGBGB angeknüpft.[637] Dieser ist der Ort der wettbewerbsmäßigen Interessenkollision, also der Ort des Marktes, auf den die Wettbewerbsmaßnahme einwirkt.

Allein bei betriebs- oder individualrechtsbezogenen Wettbewerbsverstößen gelten die allgemeinen Regeln.

In das materielle Recht des Marktortes fließen über die Dienstleistungsfreiheit und Warenfreiheit des AEUV erleichterte Regelungen des Herkunftsstaates eines Wettbewerbers ein.

632 Palandt/Heldrich Art. 40 EGBGB Rdnr. 12; von Hoffmann/Thorn § 11 Rdnr. 27.
633 LG München I RIW 2000, 467.
634 MünchKomm/Junker Art. 40 EGBGB Rdnr. 175; Mankowski RabelsZ 1999, 203, 274 f.
635 Mankowski RabelsZ 1999, 203, 276.
636 MünchKomm/Junker Art. 40 EGBGB Rdnr. 175.
637 Staudinger/von Hoffmann Art. 38 EGBGB Rdnr. 508–519.

III. Produkthaftung

Im Produkthaftungsrecht ist der Handlungsort der Ort des Sitzes der Hauptverwaltung des Herstellers. Erfolgsort ist für Beteiligte des Unternehmens der Erwerbsort des Produktes, für Unbeteiligte der Ort der Rechtsgutverletzung.[638] **301**

7. Abschnitt: Internationales Bereicherungsrecht

A. Die Rom II-VO

Die am **11.01.2009** in Kraft getretene Rom II-VO für außervertragliche Schuldverhältnisse regelt auch das Bereicherungsrecht.[639] **302**

- Vorrangig ist wie im Deliktsrecht eine **Rechtswahl** zu beachten (Art. 14 Rom II-VO).

  Gehen die Parteien einer **kommerziellen Tätigkeit** nach, können sie bereits **vor** Eintritt des Schadensereignisses eine Rechtswahl vereinbaren, Art. 14 Abs. 1 lit. b) Rom II-VO.

- Anders als im Deliktsrecht ist sodann zwingend zu prüfen, ob **akzessorisch an ein** „bestehendes" **Rechtsverhältnis** (z.B. einen Vertrag)[640] angeknüpft werden kann (Art. 10 Abs. 1 Rom II-VO).

  VORSICHT: Im Anwendungsbereich der Rom I-VO richtet sich die Rückabwicklung nichtiger Verträge **vorrangig** nach der Rom I-VO, da diese auch die **Folgen der Nichtigkeit des Vertrages** regelt, Art. 12 Abs. 1 lit. e) Rom I-VO. Soweit die Rom I-VO anwendbar ist, richtet sich die **Leistungskondiktion** folglich ausschließlich nach dieser und nicht nach Art. 10 Abs. 1 Rom II-VO.

- Subsidiär wird anders als im Deliktsrecht erst dann an den **gemeinsamen gewöhnlichen Aufenthalt** der Parteien angeknüpft (Art. 10 Abs. 2 Rom II-VO).

- Ist ein solcher gemeinsamer Aufenthalt nicht gegeben, ist schließlich als **Regelanknüpfung** auf den **Ort des Bereicherungseintritts** abzustellen (Art. 10 Abs. 3 Rom II-VO).

  Der Ort des Bereicherungseintritts ist nach h.M. **nicht** der Ort, an dem die Bereicherungshandlung erfolgt, sondern der Ort, an dem die Bereicherung des Bereicherungsschuldners eingetreten ist, folglich der **Ort des Bereicherungserfolges**.[641]

- Art. 10 Abs. 4 Rom II-VO enthält eine **Ausweichklausel**, die bei einer offensichtlich engeren Verbindung zu einem anderen Staat auf das Recht dieses Staates verweist.

---

638 Von Hoffmann/Thorn § 11 Rdnr. 49 f.; Kropholler, IPR, § 53 V; dazu Thorn IPRax 2001, 561.

639 Vgl. hierzu G. Wagner IPRax 2008, 1, 10 f.

640 Mit dem Rechtsverhältnis sind nicht nur bestehende, sondern auch bloß beabsichtigte oder beendete Rechtsbeziehungen zwischen den Parteien gemeint, vgl. Huber/Bach IPRax 2005, 73, 80.

641 Busse RIW 2003, 406, 408; Leible/Engel EuZW 2004, 7, 14; Huber/Bach IPRax 2005, 73, 81; die alleinige Anknüpfung an den Bereicherungserfolgsort entspricht der Anknüpfung im Deliktsrecht, wo das Ubiquitätsprinzip aufgegeben wurde und nun ebenfalls ausschließlich an den Erfolgsort angeknüpft wird.

Fall 42: Diebstahl auf Mallorca

Dem deutschen Urlauber D wird im Frühjahr 2013 auf Mallorca ein Fotoapparat im Wert von 100 € von dem englischen Urlauber E gestohlen. E verkauft die Kamera an den gutgläubigen Japaner J für 300 €. Nach welchem Recht beurteilt sich der Anspruch auf Herausgabe des D gegen E? Nach welchem Recht richten sich etwaige Schadensersatzansprüche des D?

Anmerkung:
Eine evtl. Verweisung in eine andere Rechtsordnung wird von dieser angenommen.

303 I. Der Sachverhalt weist durch die Staatsangehörigkeiten von E und D sowie durch den Diebstahl in Spanien Berührungspunkte ins Ausland auf. Bei **Sachverhalten mit Auslandsberührung bestimmen gemäß Art. 3 EGBGB** die Vorschriften des Internationalen Privatrechts das anzuwendende materielle Recht.

II. **Vereinheitlichtes Sachrecht** besteht im internationalen Bereicherungsrecht nicht.

III. **Vorrangig** zu prüfen sind die unmittelbar anwendbaren Kollisionsregeln des **Europäischen Gemeinschaftsrechts**, Art. 3 Nr. 1 EGBGB. Da D und E vertraglich nicht miteinander verbunden sind, kommt hier die Anwendbarkeit der Rom II-VO in Betracht.

1. **Zeitlich** ist die Rom II-VO anwendbar, da das schadensbegründende Ereignis, der Diebstahl, nach ihrem Inkrafttreten am 11.01.2009 eintrat, Art. 31, 32 Rom II-VO.
2. **Räumlich** ist die Rom II-VO ebenfalls anwendbar, da der zu beurteilende Lebenssachverhalt mit Deutschland, England, Japan und Spanien eine Verbindung zum Recht verschiedener Staaten aufweist, Art. 1 Abs. 1 S. 1 Rom II-VO.
3. Fraglich ist, ob die Rom II-VO auch **sachlich** anwendbar ist. Dann müsste gemäß Art. 1 Abs. 1 S. 1 Rom II-VO ein außervertragliches Schuldverhältnis betroffen sein. Als außervertragliches Schuldverhältnis im Sinne der Rom II-VO ist auch der hier von D begehrte Bereicherungsausgleich zu qualifizieren, vgl. Art. 2 Abs. 1, Art. 10 Rom II-VO. Ausschlussgründe nach Art. 1 Abs. 2 Rom II-VO sind nicht ersichtlich. Die Rom II-VO ist damit sachlich anwendbar.

IV. **Anwendung der Rom II-VO**

1. Eine vorrangig gemäß Art. 14 Abs. 1 lit. a) Rom II-VO zu beachtende **nachträgliche Rechtswahl** haben die Parteien nicht getroffen.
2. Art. 10 Abs. 1, 1. Alt. Rom II-VO, welcher die Leistungskondiktion betrifft, ist nicht einschlägig, da D nicht auf eine nicht bestehende Schuld gezahlt hat.
3. Fraglich ist, ob im Rahmen der hier geltend gemachten Eingriffskondiktion eine deliktsakzessorische Anknüpfung an eine unerlaubte Handlung als „bestehendes Rechtsverhältnis" i.S.d. Art. 10 Abs. 1, 2. Alt. Rom II-VO in Betracht kommt. Die unerlaubte Handlung war hier der Diebstahl des E. Die ungerechtfertigte Bereicherung des E trat jedoch **gleichzeitig** mit dem Diebstahl ein. Ein für die Eingriffskondiktion „(vor-)bestehendes" Rechtsverhältnis lag daher nicht vor.[642] Dass E die

642 Vgl. MünchKomm/Junker Art. 10 Rom II-VO Rdnr. 17.

300 € erst nachträglich durch den Verkauf des Fotoapparates an J erhalten hat, ist unerheblich, da es sich hierbei um ein sog. rechtsgeschäftliches Surrogat handelt.[643] Unmittelbarer Gegenstand des entstandenen Bereicherungsanspruches ist jedoch der Fotoapparat und nicht das Geld. Art. 10 Abs. 1, 2. Alt. Rom II-VO ist daher nicht anwendbar.

4. Die Parteien haben zum Zeitpunkt des Diebstahls, der die ungerechtfertigte Bereicherung zur Folge hat, ihren gewöhnlichen Aufenthalt nicht in demselben Staat, sodass sich das auf den Bereicherungsanspruch anwendbare Recht auch nicht aus Art. 10 Abs. 2 Rom II-VO ergibt.

5. Subsidiär ist gemäß Art. 10 Abs. 3 Rom II-VO das Recht des Staates anwendbar, in dem die Bereicherung eingetreten ist. Durch das Abstellen auf den Ort des Bereicherungseintritts kommt es meistens zu einem erwünschten **Gleichlauf von Internationalem Delikts-, Sachen- und Bereicherungsrecht**. Die Ansprüche werden so einem einheitlichen Recht unterstellt, sodass etwaige Anpassungsschwierigkeiten zwischen den verschiedenen berufenen Rechtsordnungen vermieden werden können.

   Beispiel: Rechtsordnung A wird für bereicherungsrechtliche Ansprüche berufen, Rechtsordnung B für deliktische Ansprüche. Zwar bestehen auch in beiden Rechtsordnungen Ansprüche. Nur sind diese in Rechtsordnung A im nicht berufenen Deliktsrecht geregelt und umgekehrt in Rechtsordnung B im ebenfalls nicht berufenen Bereicherungsrecht. Die Folge ist ein **Normenmangel**.[644]

   E hat D die Kamera in Spanien gestohlen. Der Ort der Bereicherung liegt folglich in Spanien.

   Somit bestimmt sich der Bereicherungsanspruch des D gegen E nach spanischem Recht.

   Anmerkung: *Der Ort der Bereicherung fällt somit in den häufigsten Fällen auch mit dem im Sachenrecht entscheidenden Lageort der Sache zusammen, sodass auf diese Weise ein Gleichlauf zwischen Bereicherungs- und Sachenrecht hergestellt wird. Spanisches Recht entscheidet somit auch über die Frage des gutgläubigen Erwerbs durch J, Art. 43 EGBGB.*[645]

V. Schadensersatzansprüche

E hat durch den Diebstahl eine unerlaubte Handlung begangen. Vereinheitlichtes Sachrecht und hier anwendbare vorrangige Staatsverträge bestehen in diesem Bereich nicht, sodass der Sachverhalt unter Art. 4 Rom II-VO qualifiziert werden kann.

Gemäß Art. 4 Abs. 1 Rom II-VO unterliegen Ansprüche aus unerlaubter Handlung dem Recht des Ortes, an dem der Schaden eingetreten ist. Der Erfolgsort lag hier auf Mallorca. Dementsprechend gilt auch für die Beurteilung eines Schadensersatzanspruchs spanisches Recht, sodass Schadensersatzansprüche und bereicherungsrechtliche Ansprüche **gleichlaufen**.

---

643 Vgl. Palandt/Sprau § 818 BGB Rdnr. 14.

644 S.o. Rdnr. 82.

645 S.u. Fall 45, Rdnr. 311.

B. Kollisionsnormen des autonomen Rechts

304 Auch im Bereicherungsrecht ist die **nachträgliche Wahl eines Rechts**, das auf den Sachverhalt angewandt werden soll, gemäß Art. 42 EGBGB möglich und geht der objektiven Anknüpfung gemäß Art. 38 EGBGB vor.

Ferner ist im Bereicherungsrecht die akzessorische Anknüpfung an ein bereits bestehendes Rechtsverhältnis möglich, Art. 41 EGBGB.

Rück- und Weiterverweisungen sind grundsätzlich zu befolgen, nicht aber bei der akzessorischen Anknüpfung der Leistungskondiktion an das zugrunde liegende Schuldverhältnis, da dies dem Sinn der Verweisung widersprechen würde, Art. 4 Abs. 1 S. 1 EGBGB.[646]

Mangels einer getroffenen Rechtswahl verweist Art. 38 Abs. 1 EGBGB in Fällen der Leistungskondiktion auf das Recht der zugrunde liegenden Leistungsbeziehung. Ist das Rechtsverhältnis erloschen oder hat es nie bestanden, so gilt das Recht des unwirksamen bzw. hypothetischen Rechtsverhältnisses, auf welches die Leistung bezogen war.

Bei der Rückabwicklung **nichtiger Verträge ergibt sich dies bereits aus Art. 12 Abs. 1 lit. e) Rom I-VO**, die als Gemeinschaftsrecht vorrangig vor der autonomen Regelung des Art. 38 Abs. 1 EGBGB zu berücksichtigen ist.

Die **akzessorische Anknüpfung** an das Vertrags- bzw. an das Schuldstatut ist zweckmäßig, da mit diesem ein **enger Zusammenhang** besteht: Alle Ansprüche aus dem gescheiterten Schuldverhältnis können so einheitlich angeknüpft werden und unterstehen damit derselben Rechtsordnung.[647] Anpassungsschwierigkeiten werden so vermieden.

Praktische Bedeutung kommt nach Inkrafttreten der Rom II-VO einzig der Eingriffskondiktion im Hinblick auf Persönlichkeitsrechte zu, vgl. Art. 1 Abs. 2 lit. g) Rom II-VO. Diese unterlieg der Rechtsordnung des Staates, in dem der Eingriff erfolgt ist; damit wird Gleichklang mit dem Deliktsstatut ermöglicht.[648]

In **sonstigen bereicherungsrechtlichen Fällen**, z.B. Verwendungen auf ein fremdes Gut oder bei abgeirrten Leistungen wird gemäß Art. 38 Abs. 3 EGBGB wie bei Art. 10 Abs. 3 Rom II-VO auf das Recht des Ortes abgestellt, an dem die Bereicherung eingetreten ist.

Besteht eine engere Verbindung zu einem anderen Staat, kann gemäß Art. 41 EGBGB auf das Recht dieses Staates ausgewichen werden.

8. Abschnitt: Internationale Geschäftsführung ohne Auftrag

A. Die Rom II-VO

305 Die am **11.01.2009** in Kraft getretene Rom II-VO für außervertragliche Schuldverhältnisse regelt auch Ansprüche aus GoA.[649]

646 Palandt/Thorn Art. 38 EGBGB Rdnr. 3.

647 BT-Drs. 14/343, 8; Kropholler, IPR, § 53 II 1; von Hoffmann/Thorn § 11 Rdnr. 3.

648 Palandt/Thorn Art. 38 EGBGB Rdnr. 4.

649 Vgl. hierzu Wagner IPRax 2008, 1, 11 f.

- Vorrangig ist wie im Deliktsrecht eine **Rechtswahl** zu beachten (Art. 14 Rom II-VO).

  Gehen die Parteien einer **kommerziellen Tätigkeit** nach, können die Parteien bereits **vor** Eintritt des Schadensereignisses eine Rechtswahl vereinbaren, Art. 14 Abs. 1 lit. b) Rom II-VO.

- Wie im Bereicherungsrecht ist sodann zwingend zu prüfen, ob eine **akzessorische Anknüpfung an ein „bestehendes" Rechtsverhältnis** (z.B. ein Vertrag)[650] vorliegt (Art. 11 Abs. 1 Rom II-VO).
- Subsidiär wird an den **gemeinsamen gewöhnlichen Aufenthalt** angeknüpft (Art. 11 Abs. 2 Rom II-VO).
- Ist ein solcher gemeinsamer Aufenthalt nicht gegeben, ist schließlich als **Regelanknüpfung** auf den **Ort der Geschäftsführung** abzustellen (Art. 11 Abs. 3 Rom II-VO).
- Art. 11 Abs. 4 Rom II-VO enthält eine **Ausweichklausel**, die bei einer offensichtlich engeren Verbindung zu einem anderen Staat auf das Recht dieses Staates verweist.

Fall 43: Ferienwohnung auf Ibiza

D aus Deutschland erfährt während einer Geschäftsreise im Sommer 2013 in Kanada, dass sowohl seine Ferienwohnung auf Ibiza als auch die Nachbarwohnung seines italienischen Freundes I durch einen Wasserrohrbruch erheblich beschädigt wurden. Da I gerade im Abenteuerurlaub in Chile ist, beauftragt er telefonisch ein Unternehmen mit der Schadensbeseitigung an beiden Wohnungen. Welches Recht regelt die gegenseitigen Ansprüche von D und I nach deutschem IPR?

Anmerkung:
Eine evtl. Verweisung in eine andere Rechtsordnung wird von dieser angenommen.

I. Da der **Sachverhalt** durch den aktuellen Aufenthalt des D in Kanada, die Belegenheit der Wohnung auf Ibiza und die Staatsangehörigkeit des I **Berührungspunkte zu ausländischen Rechtsordnungen aufweist**, ist gemäß Art. 3 EGBGB zu ermitteln, welches Sachrecht zur Anwendung kommt. 306

II. **Vereinheitlichtes Sachrecht** ist nicht anwendbar.

III. **Vorrangig** zu prüfen sind die unmittelbar anwendbaren Kollisionsregeln des **Europäischen Gemeinschaftsrechts**, Art. 3 Nr. 1 EGBGB. Da D und I vertraglich nicht miteinander verbunden sind, kommt hier die Anwendbarkeit der Rom II-VO in Betracht.

1. **Zeitlich** ist die Rom II-VO anwendbar, da das schadensbegründende Ereignis, der Wasserrohrbruch, nach ihrem Inkrafttreten am 11.01.2009 eintrat, Art. 31, 32 Rom II-VO.
2. **Räumlich** ist die Rom II-VO ebenfalls anwendbar, da der zu beurteilende Lebenssachverhalt mit Deutschland, Chile, Kanada und Spanien eine Verbindung zum Recht verschiedener Staaten aufweist, Art. 1 Abs. 1 S. 1 Rom II-VO.

---

650 Mit dem Rechtsverhältnis sind nicht nur bestehende, sondern auch bloß beabsichtigte oder beendete Rechtsbeziehungen zwischen den Parteien gemeint, vgl. Huber/Bach IPRax 2005, 73, 80.

3. Fraglich ist, ob die Rom II-VO auch **sachlich** anwendbar ist. Dann müsste gemäß Art. 1 Abs. 1 S. 1 Rom II-VO ein außervertragliches Schuldverhältnis betroffen sein. D hat die Geschäfte des I ausgeführt, ohne hierzu von diesem beauftragt gewesen zu sein. Dieser Lebenssachverhalt unterfällt dem Systembegriff Geschäftsführung ohne Auftrag. Die Geschäftsführung ohne Auftrag ist außervertragliches Schuldverhältnis i.S.d. Rom II-VO, Art. 2 Abs. 1, Art. 11 Rom II-VO. Ausschlussgründe nach Art. 1 Abs. 2 Rom II-VO sind nicht ersichtlich. Die Rom II-VO ist damit sachlich anwendbar.

IV. **Anwendung der Rom II-VO**

1. Eine vorrangig gemäß Art. 14 Abs. 1 lit. a) Rom II-VO zu beachtende **nachträgliche Rechtswahl** haben die Parteien nicht getroffen.
2. Mangels eines bestehenden Rechtsverhältnisses kommt eine **akzessorische Anknüpfung** gemäß Art. 11 Abs. 1 Rom II-VO nicht in Betracht.
3. Die Parteien haben zum Zeitpunkt des schadensbegründenden Ereignisses ihren gewöhnlichen Aufenthalt nicht in demselben Staat, sodass sich das auf den Anspruch aus GoA anwendbare Recht nicht aus Art. 11 Abs. 2 Rom II-VO ergibt.
4. Subsidiär ist deshalb gemäß Art. 11 Abs. 3 Rom II-VO das Recht des Staates anwendbar, in dem die Geschäftsführung erfolgt ist. D hat in Kanada gehandelt, da er von dort aus telefonisch den Auftrag zur Reparatur gegeben hat. Der Erfolg, also die Reparatur, ist aber in Spanien eingetreten. Fraglich ist daher, wo die Geschäftsführung erfolgt ist. Zum Schutz des Geschäftsherrn wird auch hier ausschließlich auf den **Erfolgsort** abgestellt.[651] Zu diesem haben beide Beteiligten eine Beziehung, während der Handlungsort allein von dem Geschäftsführer bestimmt wird und sich vielleicht nur zufällig ergibt.[652] Erfolgsort der GoA ist hier Ibiza. Die wechselseitigen Ansprüche von D und I bestimmen sich damit nach spanischem Recht.

B. Kollisionsnormen des autonomen Rechts

307 Soweit die Rom II-VO nicht anwendbar ist, wird in Sachverhalten internationaler Geschäftsführung ohne Auftrag (GoA) gemäß Art. 39 Abs. 1 EGBGB auf das Recht des Vornahmeorts der Ausführungen verwiesen. Der entscheidende Zeitpunkt ist hier der Beginn der Handlungen, da ihr Ende oftmals nur zufällig sein wird.

Der Vorteil dieser Anknüpfung liegt darin, dass dieser Ort in der Regel leicht zu ermitteln ist und weder den Geschäftsherrn noch den Geschäftsführer begünstigt. Der Vornahmeort liegt im Tätigkeitsbereich des Geschäftsführers und im Rechtskreis (z.B. auf Grundeigentum) des Geschäftsherrn. Im Bereich der GoA wird auch im autonomen

651 Palandt/Thorn Art. 11 Rom II-VO Rdnr. 8.

652 Von Hoffmann/Thorn § 11 Rdnr. 10; Kegel/Schurig § 18 II.

Recht (anders als im autonomen Deliktsrecht gemäß Art. 40 EGBGB) ausschließlich auf das Recht des Erfolgsortes verwiesen.

Die Art. 42 und Art. 41 Abs. 2 Nr. 1 und 2 EGBGB gelten im Recht der GoA entsprechend.

C. Einzelfälle

Auf dem Wasser gelten die allgemeinen Regeln. Eine Sonderregel ist bei einer **Rettung auf staatenloser See** – soweit nicht das „Übereinkommen zur einheitlichen Feststellung von Regeln über die Hilfeleistung und Bergung in Seenot" (IÜS) von 1910 eingreift – erforderlich. Über Ansprüche aus GoA entscheidet das Recht der Flagge des rettenden oder des geretteten Schiffs. Für Letzteres spricht, dass dann die Zuständigkeit des Gerichts und die Anwendung der *lex fori* zusammenkämen.[653] 308

Die **Tilgung fremder Verbindlichkeiten** unterliegt gemäß Art. 39 Abs. 2 EGBGB als Spezialfall der GoA dem auf die Verbindlichkeit anzuwendenden Recht. Damit wird die gleiche Rechtsordnung für die Tilgungswirkung wie für den Ausgleich zwischen Zahlendem und Schuldner berufen. Zudem läuft die Anknüpfung mit Gesamtschuldnerausgleich, Rückgriffskondiktion und Legalzession gleich. Art. 41 Abs. 2 Nr. 2 EGBGB ist bei der Tilgung fremder Schulden im Zweifel nicht anwendbar.

9. Abschnitt: Internationales Sachenrecht

A. Anknüpfung und Umfang des Statuts

Das internationale Sachenrecht der Schiffe und Luftfahrzeuge ist vorrangig zum autonomen Recht im **Völkerrecht** geregelt. Auch die **europäischen Regelungen** zum Insolvenzverfahren, das Richtlinien umsetzende TzWrG (jetzt §§ 481 ff. BGB) und das Kulturgüterrechtegesetz gehen dem autonomen IPR vor. 309

Ansonsten ist gemäß **Art. 43 Abs. 1 EGBGB** für Sachverhalte unbeweglicher und weitgehend auch beweglicher Sachen das Recht des Belegenheitsortes, die ***lex rei sitae***, entscheidend. Inländischer Rechtsverkehr begegnet so nur bekanntem Recht. Dieses ist leicht zu ermitteln **(Verkehrsinteresse)** und ermöglicht den internationalen Gleichlauf zwischen Zuständigkeit[654] und anwendbarem Recht.

Die *lex rei sitae* legt die Typen und den Inhalt der dinglichen Rechte fest, regelt ihren Erwerb und Verlust, die Übertragung und Belastung.

Über die Sonderanknüpfung des Art. 11 Abs. 4 EGBGB gilt die *lex rei sitae* auch für Formfragen. Es ist jeweils auf den Zeitpunkt der Verwirklichung des sachenrechtlichen Tatbestands abzustellen. Sachenrechtliche Unterlassungsansprüche fallen nicht unter Art. 43 EGBGB, sondern unter das Deliktsstatut.

Im Sachenrecht ist nach h.M. **grundsätzlich keine Rechtswahl** möglich, da nicht nur die beiden das Recht wählenden Parteien davon betroffen sind, sondern auch die Verkehrsinteressen Dritter berührt werden.[655] Das Verbot der Rechtswahl wird bei Mobilien teilweise eingeschränkt. Auch die Ausweichklausel des Sachenrechts, Art. 46 EGBGB, ist nur in einem engen Rahmen anwendbar, so z.B. bei Reisegepäck.

653 Kropholler, IPR, § 53 III.

654 Vgl. Art. 22 Nr. 1 EuGVVO, § 24 ZPO.

655 BGH IPRax 1997, 422; Ferid § 7 Rdnr. 7-7; Soergel/Lüderitz Anh. II Art. 38 EGBGB Rdnr. 3.

Wichtig: Das **Abstraktionsprinzip** gilt nach den Vorstellungen der *lex fori* auch im IPR, sodass schuldrechtliches Verpflichtungsgeschäft und dinglicher Erwerb getrennt angeknüpft werden müssen. Wird jedoch für das sachenrechtliche Verfügungsgeschäft auf eine Rechtsordnung verwiesen, die nicht dem Abstraktionsprinzip, sondern dem Konsensprinzip folgt, ist für den Eigentumserwerb allein der Abschluss des Kaufvertrages maßgeblich.

Beispiel: Verkauf einer in Frankreich belegenen Sache. Nach französischem Recht geht das Eigentum bei Abschluss des Vertrages über.[656]

Dies gilt sogar dann, wenn kraft Rechtswahl deutsches Recht auf den Vertrag selbst anwendbar ist. Diese Rechtswahl wirkt sich nur auf den Vertrag und damit auf das schuldrechtliche Verpflichtungsgeschäft aus. *Lex rei sitae* bleibt dagegen französisches Recht, hierauf hat die Rechtswahl keinen Einfluss![657]

B. Typenzwang im Sachenrecht/Probleme bei einem Statutenwechsel

310 Werden Sachen vom Ausland nach Deutschland verbracht, verändert sich deren Belegenheit. Da die Belegenheit der Sache im Sachenrecht die anknüpfungsrelevante Tatsache ist, tritt ein sogenannter **Statutenwechsel** ein. Zu unterscheiden ist zwischen abgeschlossenen und offenen Tatbeständen.[658]

I. Abgeschlossene Tatbestände (sog. schlichter Statutenwechsel)

311 Ein **abgeschlossener Tatbestand** liegt vor, wenn die dingliche Rechtsänderung bereits vollständig unter dem alten Statut vollzogen wurde. Das neue Statut erkennt diesen abgeschlossenen Tatbestand in der ursprünglichen *sachenrechtlichen Prägung* i.d.R. vollständig an.[659]

Fall 44: Die Strickmaschine (nach BGHZ 45, 95)

Der italienische Hersteller H vereinbart mit seinem deutschen Käufer K einen privatschriftlichen Eigentumsvorbehalt an einer Strickmaschine.

Nach italienischem Recht wirkt der Eigentumsvorbehalt *inter partes*, also nur zwischen den Vertragsparteien. Ein Gläubiger des K lässt die Maschine pfänden. Kann H sich im Rahmen einer Drittwiderspruchsklage (§ 771 ZPO) erfolgreich auf sein Eigentum berufen?

Gemäß Art. 43 Abs. 1 EGBGB unterliegen Sachen dem Recht des Belegenheitsortes, also zunächst dem italienischen Recht. Hiernach wurde der Eigentumsvorbehalt begründet, dieser gilt aber nur *inter partes* zwischen den Parteien.

Die Verbringung der Strickmaschine nach Deutschland als Belegenheitsort führt zu einem Statutenwechsel. Deutsches Recht wäre auf den Eigentumsvorbehalt anwendbar,

656 Vgl. Art. 1583 Code Civil.

657 Vgl. Beispiel bei von Hoffmann/Thorn § 12 Rdnr. 21.

658 Siehe auch oben, Rdnr. 94 ff.

659 BGHZ 39, 173, 175; Kropholler, IPR, § 54 III 1 a); von Hoffmann/Thorn § 9 Rdnr. 30.

wenn es sich hierbei um einen offenen, noch nicht abgeschlossenen Tatbestand handeln würde.
Da das italienische Recht aber nur einen Eigentumsvorbehalt *inter partes* kennt, war der Tatbestand mit der Vereinbarung des Eigentumsvorbehaltes in Italien bereits abgeschlossen.

- Damit liegt ein abgeschlossener Sachverhalt vor, auf den deutsches Recht grundsätzlich nicht anwendbar ist.

Dieser nur relativ wirkende Eigentumsvorbehalt hätte für den Verkäufer aber nur begrenzten Wert, weil er ihn nicht bevorrechtigt, wenn andere Gläubiger des Käufers in der Zwangsvollstreckung auf die Vorbehaltssache zugreifen.[660]

Der BGH kam dennoch zur Anwendung deutschen Rechts und nahm hierfür eine gewagte ergänzende Vertragsauslegung an, nach der eine Sicherungsrückübereignung an den Verkäufer gemäß § 930 BGB anzunehmen sei, sobald die Maschine in den Besitz des Käufers gelangt sei.[661]

---

1. Problem: In Deutschland unbekannte Sachenrechte

Problematisch sind diejenigen Fälle, in denen eine unmittelbare Anerkennung deshalb nicht in Betracht kommt, weil das neue Belegenheitsstatut das Sachenrecht des alten Statuts nicht kennt. Auch im Kollisionsrecht gilt aus Gründen der Verkehrsinteressen der Grundsatz des *„numerus clausus"* der Sachenrechte. 312

Gemäß Art. 43 Abs. 2 EGBGB können die Rechte des alten Statuts „nicht im Widerspruch zu der Rechtsordnung" des neuen Belegenheitsstatuts ausgeübt werden. Die Bedeutung des Art. 43 Abs. 2 EGBGB ist umstritten.[662] Als gegensätzliche Interessen sind hier der Schutz wohlerworbener Rechte des alten Statuts einerseits und die Verkehrsinteressen des Belegenheitsstatuts miteinander in Einklang zu bringen. Der Streit gewinnt dadurch zusätzlich an Bedeutung, dass Unterschiede in den verschiedenen europäischen Sachenrechten die Warenverkehrsfreiheit (Art. 28 AEUV) beeinträchtigen können.[663]

Nach der sog. **Hinnahmetheorie** soll das ausländische dingliche Recht am Belegenheitsort in seinem Bestand und seinen Wirkungen so hingenommen werden, wie es ursprünglich begründet wurde.[664] Der Schutz wohlerworbener Rechte lasse sich so am wirksamsten durchsetzen.

Nach der sog. **Transpositionslehre** gebieten es die Verkehrsinteressen des neuen Belegenheitsortes, das diesem Recht unbekannte Rechtsinstitut in ein ihm bekanntes, funktionsäquivalentes umzuwandeln (Transposition).[665]

Vor allem folgende ausländische dingliche Rechte sind dem deutschen Recht unbekannt:

---

660 Kropholler, IPR, § 54 III 2 b).

661 BGHZ 45, 98.

662 MünchKomm/Wendehorst Art. 43 EGBGB Rdnr. 154; von Hoffmann/Thorn § 12 Rdnr. 31.

663 Vgl. MünchKomm/Wendehorst Art. 43 EGBGB Rdnr. 155 ff.; Kropholler, IPR, § 54 III 1 a).

664 MünchKomm/Wendehorst Art. 43 EGBGB Rdnr. 152 ff. m.w.N.

665 Von Bar/Mankowski § 7 Rdnr. 246; Kropholler, IPR, § 54 III 1 b).

2. Das Lösungsrecht

313 Im österreichischen Recht hat der gutgläubige Erwerber einer abhandengekommenen Sache einen Anspruch gegen den vindizierenden Eigentümer auf die Erstattung des von ihm gezahlten Kaufpreises. Dieser Anspruch wird Lösungsrecht genannt.[666] Im deutschen Recht entspricht er funktional einer Einrede gegenüber § 985 BGB. Bei einem Statutenwechsel ist deshalb keine Transposition nötig. Das deutsche Recht kennt auch dingliche Zurückbehaltungsrechte, wie z.B. § 1000 BGB.

Ein bestehendes Lösungsrecht unterliegt dem Erwerbsstatut und nicht dem Vindikationsstatut.

3. Trust

314 Zum Trust vgl. Rdnr. 282.

4. Vindikationslegat

315 Ein Vindikationslegat ist ein Vermächtnis mit dinglicher Wirkung. Es wird bei der Geltung des deutschen Sachenrechts als Damnationslegat (= Vermächtnis mit schuldrechtlicher Wirkung) behandelt.

II. Offene Tatbestände (sog. qualifizierter Statutenwechsel)

316 Ist die Sache dagegen von einem Land in das andere verbracht worden, ohne dass die dingliche Rechtsänderung nach dem alten Statut vollständig abgeschlossen wurde, handelt es sich um einen **offenen Tatbestand**. Das Problem der Anerkennung eines ausländischen Rechtsinstituts stellt sich hier **nicht**, da der Rechtserwerb sich nunmehr vollständig nach dem neuen Statut beurteilt.[667] Hiernach erforderliche Tatbestandsmerkmale, die bereits im Ausland verwirklicht wurden, sind jedoch gemäß Art. 43 Abs. 3 EGBGB als Auslandssachverhalt anzuerkennen.

Fall 45: Gemäldediebstahl

A hat ein Gemälde in Schweden gestohlen. Er einigt sich mit B in Schweden über den Übergang des Eigentums an dem Gemälde. B ist gutgläubig. Die beiden haben alles Notwendige für einen Eigentumswechsel getan. Nur die Übergabe des Bildes soll erst während einer Reise nach Deutschland erfolgen. So geschieht es dann auch. Wer ist Eigentümer des Gemäldes?

Anmerkung: Es ist zu unterstellen, dass auch in Schweden eine wirksame Übereignung die Übergabe der Sache erfordert.

Gemäß Art. 43 Abs. 1 EGBGB unterliegen die Rechte an Sachen dem Recht des Staates, in dem sich die Sache befindet. Da sich das Gemälde zunächst in Schweden befand, war schwedisches Recht anwendbar. Da auch nach schwedischem Recht zum Erwerb des Eigentums die Übergabe der Sache erforderlich war, ist es in Schweden zu keinem Eigentumserwerb des B gekommen.

Fraglich ist, ob B durch die Verbringung der Sache nach Deutschland, mithin durch die

666 Vgl. auch die entsprechenden Lösungsrechte in Art. 934 Abs. 2 schweiz. ZGB und Art. 2280 al. 1 Code Civil.
667 BGH NJW-RR 2000, 1583.

Anwendbarkeit deutschen Rechts, Eigentum an dem Gemälde erworben hat. Bei einem Statutenwechsel wird die vorgefundene Rechtslage grds. übernommen. Deutsches Recht gilt nur *ex nunc*.

- Da der Eigentumserwerb in Schweden noch nicht abgeschlossen war, liegt ein **offener Tatbestand** vor.

Damit entscheidet das deutsche Recht über die Anerkennung erfolgter und die Erfüllung der noch fehlenden Merkmale zum Rechtserwerb. Nach deutschem Recht ist der Eigentumserwerb an abhandengekommenen Sachen wegen § 935 BGB nicht möglich. Der Statutenwechsel führt daher zu keinem Eigentumserwerb des B. Eigentümer bleibt weiterhin der Bestohlene.

C. Gutgläubiger Erwerb

Fall 46: Weiterveräußerung des Lamborghini
(nach BGH NJW 1991, 1415; Fortsetzung des Falls 14, Rdnr. 90)

I hat den mit der italienischen Mobiliarhypothek belasteten Lamborghini in Deutschland an den Deutschen D weiterveräußert und übergeben. Die Mobiliarhypothek war zu diesem Zeitpunkt in einem Zusatzblatt zu den Fahrzeugpapieren eingetragen worden. Aus diesen ging in italienischer Sprache auch H als Eigentümer hervor. Hat D, der der italienischen Sprache nicht mächtig ist, Eigentum an dem Wagen erworben?

I. Bei Lebenssachverhalten mit Auslandsberührung ist das anzuwendende Sachrecht anhand der Regeln des IPR zu bestimmen, Art. 3 EGBGB. 317

II. Vorrangige sachenrechtliche Staatsverträge oder europarechtliche Kollisionsnormen bestehen nicht, sodass sich das anzuwendende Recht nach den Art. 43 ff. EGBGB bestimmt.

Gemäß Art. 43 Abs. 1 EGBGB unterliegen Sachen dem Recht des Belegenheitsortes, d.h. der *lex rei sitae*. Der Erwerb sollte in Deutschland stattfinden, sodass die §§ 929 ff. BGB gelten.

1. **Erwerb nach § 929 BGB**

Für einen **Eigentumserwerb** nach § 929 BGB müsste I Berechtigter gewesen sein.

a) **Transpositionslehre**

Der Berechtigung des I könnte hier entgegenstehen, dass die Mobiliarhypothek nach der herrschenden **Transpositionslehre** in deutsches Sicherungseigentum zu transponieren war, sodass H als Sicherungseigentümer und damit er und nicht I als Berechtigter anzusehen wäre. Auch bestehen keine Anhaltspunkte dafür, dass H den I zur Veräußerung ermächtigt hätte (§ 185 Abs. 1 BGB).

b) **Hinnahmetheorie**

Vertreter der **Hinnahmetheorie** stellen darauf ab, dass das weitere Schicksal eines Rechtsinstituts ausschließlich von der Rechtsordnung abhängt, welche für die **Weiterveräußerung** maßgeblich ist.[668] Kennt diese Rechtsordnung das Rechtsinstitut nicht, so gehe es unter. Dies gelte sogar dann, wenn die Sache, auf die sich das Rechtsinstitut bezieht, abhandengekommen sei und ein Eigentumserwerb schon an § 935 Abs. 1 BGB scheitere.

Hier sollte das Auto, auf das sich die Mobiliarhypothek bezieht, **ausschließlich in Deutschland** weiterveräußert werden. Das deutsche Sachenrecht kennt die Mobiliarhypothek aber nicht. Nach dieser Ansicht müsste diese daher untergehen und würde der Berechtigung des I zur Weiterveräußerung damit auch nicht entgegenstehen, zumal die Sache dem H nicht abhanden kam.

Für die letzte Auffassung spricht zwar zunächst, dass theoretisch zwischen der Anerkennung bzw. des Fortbestands eines unbekannten ausländischen Rechtsinstituts nach einem schlichten Statutenwechsel (abgeschlossener Tatbestand) einerseits und der Veräußerungsbeständigkeit dieses Rechtsinstituts unter der neuen *lex rei sitae* zu unterscheiden ist.[669]

Einer solchen Unterscheidung bedarf es aber dann nicht, wenn der Transpositionslehre gefolgt wird und das ausländische Rechtsinstitut nicht nur „hingenommen" wird, sondern auch eine Anpassung in ein Rechtsinstitut der neuen *lex rei sitae* erfolgt. Die Weiterveräußerung kann dann unproblematisch nach der *lex rei sitae* erfolgen, die dieses Rechtsinstitut jetzt „kennt". Auf diese Weise werden nicht nur die Verkehrsinteressen durch eine Vermeidung von Rechtsunsicherheiten am besten gewahrt, sondern auch der gerade von der Hinnahmetheorie geforderte Schutz wohlerworbener Rechte: Die bloße Hinnahme nützt dem ausländischen unbekannten Rechtsinstitut nämlich wenig, wenn es zwar zunächst in seiner ursprünglichen Gestalt erhalten bleibt, aber mangels Anpassung an das neue Recht an der ersten relevanten Stelle („in alter Schönheit") untergehen muss.

Der Transpositionslehre ist somit zu folgen.

I war damit als Nichtberechtigter anzusehen.

2. **Gutgläubiger lastenfreier Erwerb, §§ 932, 936 BGB**

Fraglich ist jedoch, ob D das Fahrzeug gutgläubig und ohne die Belastung mit der Mobiliarhypothek von I als Nichtberechtigten erworben hat. Nach h.M. richtet sich auch der **gutgläubige Erwerb nach dem Recht des Lageortes im Zeitpunkt des Erwerbs**. Nur so können die Verkehrsinteressen des neuen Erwerbers gewahrt werden.[670] Da der Erwerb hier in Deutschland stattfand, gelten die §§ 932, 936. BGB.

Über den Eigentumsübergang haben sich D und I in Deutschland geeinigt. Hier ist dem D der Lamborghini auch übergeben worden. Fraglich ist daher, ob D gutgläubig war, § 932 Abs. 2 BGB.

Nach ständiger Rechtsprechung besteht beim Gebrauchtwagenkauf immer dann Anlass zu weitergehenden Nachforschungen, wenn Veräußerer und in den Papieren verzeichneter Eigentümer nicht identisch sind (sog. Verdachtssituation).[671] Dass beim Erwerb ausländischer Fahrzeuge mit Papieren in einer fremden Sprache Schwierigkeiten entstehen, geht zulasten des Käufers.[672] Dieser ist gehalten,

668 Zum Lösungsrecht vgl. BGHZ 100, 326 f.; Staudinger/Stoll, Int. SachenR, Rdnr. 308; Kropholler, IPR, § 54 III 1 a).
669 Vgl. BGHZ 100, 326.
670 BGH ZIP 1996, 1181; MünchKomm/Kreuzer Anh. I Art. 38 EGBGB Rdnr. 70.
671 BGH NJW 1991, 1415, 1417 m.w.N.
672 Staudinger/Stoll, Int. SachenR, Rdnr. 301.

selbstständig Nachforschungen über die Eigentumsverhältnisse anzustellen und sich ggf. die Papiere übersetzen zu lassen, um sich zu vergewissern, dass er unbelastetes Eigentum erwirbt.[673] Den D kann daher nicht entlasten, dass er die genauen Eigentumsverhältnisse nicht durchschaut hat oder ihm die erforderlichen Sprachkenntnisse fehlten. Er ist daher nicht als gutgläubig i.S.d. § 932 Abs. 2 BGB anzusehen, sodass er nicht lastenfrei Eigentum an dem Lamborghini erwerben konnte.

D. Besondere Konstellationen

I. Internationaler Versendungskauf

Bei einem internationalen Versendungskauf versendet ein Verkäufer einen Kaufgegenstand in das Ausland. Auf dem Versendungsweg vom Absendeort bis zur Grenze des Bestimmungslandes bestimmt nach h.M. das Recht des Absendeortes als *lex rei sitae* die sachenrechtlichen Verhältnisse an dem Kaufgegenstand. Sukzessiv gilt ab der Grenze das Recht des Bestimmungslandes. **318**

Eine Anknüpfung an das Vertragsstatut (Art. 3 ff. Rom I-VO) über die Ausweichklausel des Art. 46 EGBGB wird von der h.M. abgelehnt, da mangels Erkennbarkeit Dritt- und Verkehrsinteressen unzumutbar beeinträchtigt würden.[674]

Die Rechtsordnungen der Durchgangsländer werden nicht beachtet, sofern in diesen die Interessen Dritter nicht betroffen sind.[675] Gemäß Art. 43 Abs. 3 EGBGB können im Ausland bereits erfüllte Tatbestandsmerkmale berücksichtigt werden.

II. *Res in transitu*

Wird dagegen über eine Sache erst während des Transports (*res in transitu*) verfügt, wird bzgl. der sachenrechtlichen Verhältnisse nach h.M. auf das **Recht des zukünftigen Bestimmungsortes** der *res in transitu* abgestellt.[676] Hierdurch werden die Verkehrsinteressen am besten berücksichtigt. Entsprechend der Ausweichklausel des Art. 46 EGBGB besteht zu diesem eine engere Verbindung als zu dem jeweiligen zufälligen, nur schwer feststellbaren Ort, an dem sich die Ware unterwegs befindet.[677] **319**

Bei dem Recht des jeweiligen Lageortes entsprechend Art. 43 Abs. 1 EGBGB bleibt es nur bei Sachen, die der Zwangsvollstreckung unterliegen (Arrest oder Pfändung) und bei Rechtsgeschäften, die auf den jeweiligen Lageort bezogen sind.[678]

III. Transportmittel (Art. 45 EGBGB)

Art. 45 EGBGB regelt, welches Recht auf verschiedene Transportmittel anzuwenden ist. **320**

---

673 BGH NJW 1991, 1415, 1417 m.w.N.

674 Von Hoffmann/Thorn § 12 Rdnr. 37.

675 MünchKomm/Kreuzer Anh. I Art. 38 EGBGB Rdnr. 72.

676 Von Hoffmann/Thorn § 12 Rdnr. 39; Kropholler, IPR, § 54 IV.

677 Ferid § 7 Rdnr. 7–82; Kegel/Schurig § 19 IV.

678 Von Hoffmann/Thorn § 12 Rdnr. 40.

4. Teil: Rechtsvergleichung

1. Abschnitt: Einführung

321 Die Rechtsvergleichung ist die Wissenschaft der vergleichenden Betrachtung mehrerer Rechtsordnungen. Zu ihr gehört neben der originären Rechtsvergleichung auch die Auslandsrechtskunde.

In der Auslandsrechtskunde werden Berichte der verschiedenen Länder erstellt, in denen die verschiedenen Rechtssysteme beschrieben werden. Diese Berichte werden dann in der eigentlichen Rechtsvergleichung zusammengeführt und können so miteinander verglichen werden. Durch die Ermittlung von Rechtsunterschieden soll so vor allem auch ein **Erkenntnisgewinn für das eigene Recht** erlangt werden. Zentrale Bereiche des sozialen Zusammenlebens wie z.B. Geburt, Eheschließung, Scheidung, Tod oder Vertragsbeziehungen finden sich grundsätzlich in allen Rechtsordnungen. Durch den Vergleich der jeweiligen Regelungen kann die „gerechteste" Lösung ermittelt werden.

Eine Rechtsquelle der Rechtsvergleichung kann alles sein, was das Rechtsleben der einzelnen Rechtsordnung gestaltet oder mitgestaltet (so z.B. auch Sitte, AGB, Lehre).

Die Rechtsvergleichung wird insbesondere in der wissenschaftlichen Diskussion zur Vorbereitung der Gesetzgebung und rechtspraktischen Auslegung von Gesetzen eingesetzt. Durch ihre Methoden wird beispielsweise die internationale **Rechtsvereinheitlichung** in der EU gefördert (gleiches Ziel, freie Umsetzung) und die mehr und mehr einheitliche Auslegung der Staatsverträge, einschließlich des Internationalen Privatrechts, sichergestellt. Auch im Rahmen des Art. 6 EGBGB wird ein überschlägiger Vergleich des ausländischen mit deutschem Recht gefordert.

2. Abschnitt: Methoden

322 Der Vergleich der verschiedenen Rechtsordnungen beginnt nicht bei den rechtlichen Formen, sondern am **sozialen Konflikt**. Das zu untersuchende Problem wird **rein funktional**, frei von den Systembegriffen der eigenen Rechtsordnung formuliert.[679]

Unter einem **Makrovergleich** versteht man den Vergleich großer systematischer Zusammenhänge und Strukturen einer Rechtsordnung oder eines Teilgebiets (z.B. Methoden der Gesetzesauslegung, Präjudizien, Urteilsstile, Rechtspersonen).

Der **Mikrovergleich** ist der Vergleich kleiner Einzelfragen bzgl. einzelner Rechtsinstitute oder Rechtsprobleme. Es wird untersucht, wie bestimmte Interessenkonflikte in verschiedenen Rechtsordnungen gelöst werden.

Trotz ihrer historischen, methodischen und stilistischen Unterschiede gelangen die Rechtsordnungen in gleichen Fragestellungen häufig zu einem ähnlichen Ergebnis. Diesen Grundsatz nimmt das **Grundgesetz der Rechtsvergleichung** auf: *„praesumptio similitudinis"*.

679 Instruktiv: Brand JuS 2003, 1082, 1086 m.w.N.

Beispiel: In Deutschland ist ein Angebot bindend, in England ist es frei widerruflich. Trotz dieser rechtlichen Unterschiede herrschen faktisch ähnliche Verhältnisse. In Deutschland werden häufig Klauseln, wie z.B. „freibleibend" verwendet, um sich der Bindung des Angebots zu entziehen. In England wird eine größere Offertenbindung durch besondere Vereinbarungen und teilweise spezielle *„statutes"* erreicht.

Bei unterschiedlichen Ergebnissen, welche insbesondere auf Gebieten mit moralischen oder politischen Wertungen zu erwarten sind, richtet sich das Interesse der Rechtsvergleichung auf die Ursachen dieser Divergenz.

3. Abschnitt: Rechtsfamilien und Rechtskreise

A. Rechtsfamilien

Einige Rechtsordnungen sind einander in ihren Norminhalten, insbes. aber in ihren Me- **323**
thoden, ähnlicher als andere. Das ist abhängig davon, ob sie zu einer gleichen Rechtsfamilie gehören oder ob sie einander fremd sind. Rechtsfamilien entstehen durch die Rezeption, Imitation oder Oktroyierung fremden Rechts durch eine andere Rechtsordnung oder ein bestimmtes Staatsgebiet.

Bei dem organischen Prozess der Rezeption (z.B. des schweizerischen Rechts durch die Türkei) erfolgt eine allmähliche, freiwillige Übernahme des fremden Rechts bzw. der fremden Rechtssystematik. Auch bei der Imitation wird das fremde Recht mit seinen Methoden freiwillig übernommen, jedoch erfolgt die Übernahme abrupt (z.B. die Übernahme des BRD-Rechts in der DDR). Dagegen ist die Oktroyierung die zwangsweise Auferlegung eines fremden Rechts, insbesondere in den früheren Kolonien.

B. Rechtskreise

Die Rechtsordnungen der Welt werden in Rechtskreise eingeteilt. Ein allgemein aner- **324**
kanntes System hierfür gibt es nicht. Bei der Einordnung sind insbesondere die Geschichte, die Denkweise, die kennzeichnenden Rechtsinstitute, die Rechtsquellen und die zugrunde liegenden Ideologien zu berücksichtigen, wobei die Einordnung in einen Rechtskreis auf starken Vereinfachungen basiert.

Die bedeutendsten Rechtskreise sind das *Civil Law* und das *Common Law*. Daneben sind die religiösen und hybriden Rechtskreise zu erwähnen. Früher bildeten noch die sozialistischen Gruppen einen eigenen Rechtskreis. Dieser ist aber seit dem Fall der sozialistischen Systeme nicht mehr relevant. Je nach Autor erfolgt eine leicht veränderte oder unterschiedlich differenzierte Einteilung der Rechtskreise.

I. Civil Law

Der Civil-Law-Rechtskreis ist geprägt von der Rezeption des römischen Rechts im Mittel- **325**
alter. Es ist stärker als das Common Law vom Gesetzesrecht geprägt und besitzt eine ausgeprägte, abstrakt-dogmatische Systematik. Der Richter ist an die Gesetze gebunden. Rechtsfortbildung durch **Deduktion** von den bestehenden Gesetzen gewährleistet Rechtssicherheit und Systemgerechtigkeit. Trotz dieser gibt es faktische Präjudizien, die z.B. im deutschen Recht über § 242 BGB, Treu und Glauben, in das Recht aufgenommen werden.

Zu dem Civil-Law-Rechtskreis gehören

- die romanischen (Frankreich, Italien, Spanien, Belgien, Rumänien, Bolivien, Portugal sowie die jeweiligen Kolonien),
- die deutschen bzw. germanischen (Deutschland, Österreich, Schweiz) und
- die skandinavischen Rechtsfamilien.

1. Romanische Rechtsfamilie am Beispiel des französischen Rechts

326 Die romanische Rechtsfamilie ist geprägt durch den französischen Code Civil von 1804. Dieser ist im Vergleich zum deutschen BGB wesentlich einfacher und verständlicher geschrieben. Dies resultiert aus seiner Funktion eines Gesetzbuches für das Volk.

Der Code Civil ist jedoch durch die höchstrichterliche Rechtsprechung der *Cour de Cassation* im Laufe der Jahrhunderte weiterentwickelt worden, sodass für den Anwender des französischen Rechts die Kenntnis dieser präjudiziell wirkenden Rechtsprechung erforderlich ist. Darüber hinaus werden Teilbereiche des Code Civil durch Spezialgesetze konkretisiert, so z.B. im Deliktsrecht durch das sog. *Loi Badinter* für Straßenverkehrsunfälle. Im Bereich der Haftung für Produktfehler geht ein entsprechendes Gesetz auf die EG-Produkthaftungsrichtlinie zurück.

a) Vertragsschluss im französischen Recht

327 Ein wirksamer Vertrag im französischen Recht hat gemäß Art. 1108 C. civ. vier Voraussetzungen:

- *le consentement* (Einigung)

  Angebote haben keine Bindungswirkung und sind innerhalb eines *„délai raisonnable"* frei widerruflich.

- *la capacité* (Geschäftsfähigkeit)

  Rechtsgeschäfte von Minderjährigen sind nur dann nichtig, wenn die Minderjährigen urteilsunfähig waren. Dabei wird auf den Einzelfall abgestellt und insbesondere auch die Angemessenheit des Geschäfts für den Minderjährigen beurteilt.

- *un objet certain* (im wesentlichen die *„essentialia negotii"*)
- *une cause licite* (der Vertrag darf nicht sittenwidrig sein o. gegen ein Gesetz verstoßen)

Liegt eine der Voraussetzungen nicht vor, ist der Vertrag nichtig.

b) Vertragliche Haftung im französischen Recht

328 Die vertragliche Haftung im französischen Recht hat drei Voraussetzungen:

- *Inexécution de l´obligation contractuelle* (Nichterfüllung einer Vertragspflicht)
- *Dommage* (Schaden)
- *Mise en demeure* (Aufforderung des Gläubigers an den Schuldner, seiner Vertragspflicht nachzukommen; danach befindet dieser sich in Verzug)

Liegen die Voraussetzungen vor, kann der Gläubiger Schadensersatz und Zinsen verlangen, der Gläubiger hat aber auch die Möglichkeit einer Ersatzvornahme (Art. 1144 C. civ.).

Eine wichtige Konsequenz der vertraglichen Haftung ist, dass damit gleichzeitig deliktische Ansprüche wegen des gleichen Verhaltens gegen den Schuldner gesperrt sind, sog. Prinzip des ***„non-cumul"*** (Art. 1382 ff. C. civ.) Dies ist insbesondere dann problematisch, wenn der Deliktsanspruch weiter reichen würde als der Vertragsanspruch.

c) Deliktische Haftung im französischen Recht

Die deliktische Haftung im französischen Recht hat ebenfalls drei Voraussetzungen: **329**

- *Le dommage ou préjudice* (Schaden)

  Durch die Art. 1382 ff. C. civ. werden grundsätzlich auch immaterielle Schäden *(„dommage moral")* ersetzt.

- *Le fait générateur* (ein vorwerfbares, schuldhaftes Handeln)

  Schadensersatz erfordert grundsätzlich Verschulden (Ausnahme: Tierhalter, Kfz, Hauseigentümer, Produkthaftung).

  Bei der Haftung für Verrichtungsgehilfen kommt es nur auf deren Verschulden an.[680] Anders als in § 831 BGB kann sich der Geschäftsherr nicht mit dem Hinweis fehlenden Auswahl- oder Überwachungsverschuldens enthaften.

- *Le lien de causalité* (Kausalität)

Weitere Besonderheiten des **französischen Rechts** sind: **330**

- Das Eigentum geht mit Abschluss des Kaufvertrages über, Art. 1583 C. civ **(Konsensprinzip)**, ebenso die Gefahr des Untergangs der Kaufsache. Letzterer Gefahr konnte durch die Vereinbarung einer aufschiebenden Bedingung begegnet werden.

  Ebenfalls durch Vereinbarung kann sich der Verkäufer das **Eigentum** an der Kaufsache **vorbehalten**. Um den Verkäufer bei Insolvenz des Käufers zu schützen, wurden durch den französischen Gesetzgeber Lieferungen unter *„réserve de propriété"* für konkursfest erklärt.

  Problematisch im Rahmen des Konsensprinzips ist der **Schutz eines gutgläubigen Dritten**, der von einem Nichtberechtigten eine Sache kauft. Dies ist insbesondere dann der Fall, wenn der Verkäufer eine Sache zweimal verkauft. In Deutschland wurde deshalb das Abstraktionsprinzip entwickelt, in welchem der dingliche Eigentumserwerb von der schuldrechtlichen Einigung abstrakt behandelt wird. In Frankreich gilt in einem solchen Fall das Prioritätsprinzip, d.h., grundsätzlich erlangt nur der Erstkäufer das Eigentum an der Kaufsache.

  Um diesen Erstkäufer als neuen Eigentümer zu schützen, regelt Art. 1599 C. civ., dass der Verkauf einer fremden Sache nichtig ist.

---

680 Hübner/Constantinescu, Einführung in das französische Recht, 4. Aufl. 2001, S. 203.

Allerdings genießt auch der gutgläubige Zweitkäufer im französischen Recht Schutz. Erlangt er nämlich die **Sachherrschaft** über die Sache, gilt gemäß Art. 2279 al. 1 C. civ. von nunmehr er als Eigentümer, wenn die Sache nicht gestohlen oder verloren gegangen ist, Art. 2279 al. 2 C. civ. Hierdurch wird auch ohne Bemühung des Abstraktionsprinzips ein dem deutschen Recht vergleichbares Ergebnis erzielt, da auch in den §§ 932 ff. BGB für den gutgläubigen Erwerb einer Sache der Rechtsschein des **Besitzes** erforderlich ist und die Sache nicht abhanden gekommen sein darf.

Unterschiede zwischen Besitz einerseits und Sachherrschaft andererseits ergeben sich lediglich im Fall des § 934 Abs. 1, 1. Alt. BGB. Mittelbarer Besitz aufseiten des Veräußerers bei gleichzeitiger Abtretung des Herausgabeanspruches reichen hier für den gutgläubigen Erwerb aus. Mangels tatsächlich erlangter Sachherrschaft liegen die Voraussetzungen für die Eigentumsvermutung des Art. 2279 al. 1 C. Civ. jedoch nicht vor.

- Die geringe Ausprägung des Grundsatzes von Treu und Glauben. Eine dem Wortlaut des § 242 BGB entsprechende Vorschrift findet sich zwar in Art. 1134 al. 3 C. civ. Dieser Norm kommt in der französischen Rechtspraxis jedoch nur eine untergeordnete Rolle zu. Dies gilt beispielsweise auch für die aus dem Grundsatz von Treu und Glauben abgeleitete Theorie vom Wegfall der Geschäftsgrundlage (sog. *théorie de l´imprévision*). Ein Grund hierfür liegt darin, dass der Grundsatz von Treu und Glauben seinen Ursprung im römischen Recht hat, welches in Frankreich jedoch eine geringere Rezeption erfahren hat als in Deutschland.[681]

2. Deutsche Rechtsordnungen

331 Das deutsche Bürgerliche Gesetzbuch von 1900 hat Einfluss auf die Zivilgesetzbücher in Österreich, Liechtenstein, Schweiz, Griechenland, Türkei, Ungarn und Tschechien gehabt.

3. Skandinavische Rechtsordnungen

332 Zum skandinavischen Rechtskreis gehören Dänemark, Schweden, Norwegen und Finnland. Sie sind deutlich weniger vom römischen Recht geprägt als die deutschen oder romanischen Rechtsordnungen.

II. Common Law

333 Das Common Law ist überwiegend Fallrecht. Der Richter ist der Schöpfer des Rechts. Er entscheidet *„reasoning from case to case"*. Es fehlt eine systematische, abstrakt-dogmatische Normierung. Vielmehr wird von dem zu entscheidenden Fall und etwaigen Präjudizien (*„doctrine of stare decisis"*) ausgegangen. Die Bindungswirkung der *stare decisis* schafft die notwendige Rechtssicherheit, wobei lediglich die Kernaussagen bindend sind, nicht die Entscheidungsgründe. Die Rechtsfortbildung erfolgt insbesondere durch **Induktion** – ausgehend vom Fall zum anzuwendenden Recht. Dies fördert die Einzelfallgerechtigkeit. Daneben gibt es aber immer mehr Gesetze, sog. *statutes*.

Das Common Law hat sich aus der englischen Rechtsordnung entwickelt. Teilweise wird wegen der fortgeschrittenen Eigenständigkeit des amerikanischen Rechts eine Unterteilung dieser beiden Rechtsordnungen vorgenommen. Neben England und den USA

681 Hübner/Constantinescu, Einführung in das französische Recht, 4. Aufl. 2001, S. 2, 176, 178.

zählen insbesondere Kanada (mit Ausnahme von Quebec), Australien, Neuseeland, Wales und Irland zu dem Common Law.

Als Korrektiv zum Common Law entwickelte sich in England die sog. *equity*, in der rechtmäßige Entscheidungen getroffen werden sollen. Als sog. „Billigkeits"-Rechtsprechung kann sie mit der deutschen richterrechtlichen Ausprägung des Grundsatzes von Treu und Glauben, § 242 BGB, verglichen werden. Ein wichtiges *equity*-Grundprinzip lautet, dass bei einem Konflikt zwischen *common law* und *equity*, letztere den Vorrang hat *(equity shall prevail)*. Andererseits verdrängt *equity* das Recht jedoch nicht, sondern ergänzt dieses lediglich *(equity follows the law)*.

III. Wichtige Besonderheiten im angloamerikanischen materiellen Recht

Das angloamerikanische materielle Recht weist gegenüber dem deutschen Recht spezifische Besonderheiten und Bezeichnungen auf. Die folgenden Ausführungen sind nicht vollständig. Sie beinhalten nur die wichtigsten Rechtsinstitute, die bekannt sein sollten. **334**

1. Vertragsrecht

a) Willenserklärungen/Vertragsschluss

Anders als im deutschen Recht, kommt nach angloamerikanischem Rechtsverständnis ein Vertrag nicht schon durch Angebot und Annahme zustande, sondern grundsätzlich erst dann, wenn einem Leistungsversprechen eine in der Gegenwart oder Zukunft zu erbringende Gegenleistung (sog. *consideration*) von nicht unerheblichem Wert gegenübersteht.[682] Dies hat zum einen zur Folge, dass bis zum Vorliegen einer solchen *consideration* Angebote frei widerruflich sind, und zum anderen, dass bereits in der Vergangenheit erbrachte Gegenleistungen nicht zur Wirksamkeit des Vertrages führen. Eine weitere Konsequenz ist, dass Dritte in den Schutzbereich eines Vertrages grundsätzlich nicht einbezogen werden, da diese i.d.R. keine Gegenleistung erbringen. Diese sog. *privity of contract rule*[683] ist durch den *Right of Third Parties Act* von 1999 jedoch erheblich entschärft worden.[684] **335**

Nach angloamerikanischem Recht werden Willenserklärungen unter Abwesenden nicht erst durch Zugang beim Empfänger, sondern schon dann wirksam, wenn die Erklärung in den Briefkasten eingeworfen wird (sog. *Mailbox Rule*).[685]

b) Auslegung

Gegenstand der Auslegung eines schriftlichen Vertrages ist grundsätzlich nur der Vertragstext selbst, mündlich geschlossene Nebenabreden werden i.d.R. nicht zugelassen (sog. *Parol Evidence Rule*).[686] **336**

---

682 Carlill v. Crabolic Smoke Ball Co.; Chappell & Co. v. Nestle & Co. Ltd.

683 Carlill v. Crabolic Smoke Ball Co.

684 Vgl. Langenscheidt Alpmann Fachwörterbuch Recht Englisch, S. 31.

685 Adams v. Lindsell.

686 Jacobs v. Batavie & General Plantations Trust Limited.

c) Rechtsfolgen bei Leistungsstörungen

337 Im Bereich der Leistungsstörungen kann grundsätzlich nur auf Schadensersatz und nicht auf Erfüllung geklagt werden.[687]

Zu all diesen Grundsätzen sind insbesondere durch die *equity*-Rechtsprechung fallspezifische Ausnahmen entwickelt worden.

2. Deliktsrecht

338 Das *law of torts* kann mit dem deutschen Deliktsrecht verglichen werden. Die Begehung eines *torts* kann Schadensersatz *(damages)* aber auch Herausgabe- und Unterlassungsansprüche *(injunction oder forcible ejection)* auslösen. Insbesondere dem *tort of negligence* als „fahrlässige Schadenszufügung" kommt in der Praxis eine erhebliche Bedeutung zu. *Negligence* beschreibt neben *intuition* (Vorsatz) dabei auch eine Verschuldensform. Eine verschuldensunabhängige Gefährdungshaftung *(strict liability)* kommt nur ausnahmsweise in Betracht.

Zusätzlich zu dem tatsächlichen und immateriellen Schadensersatz kann in den USA Strafschadensersatz *(punitive damages)* in beträchtlicher Höhe geltend gemacht werden.

Die Produzentenhaftung wurde wesentlich durch die „Jahrhundertentscheidung" *Donoghue v. Stevenson* (1932) vorangetrieben. Ein Gast in einem Restaurant hatte durch eine in seiner Bierflasche befindliche Schnecke einen Schock erlitten. Der gegen den Produzenten gerichteten Klage auf Schadensersatz wurde stattgegeben, da der Produzent gegenüber seinen Mitmenschen nicht sorgfältig gehandelt habe.

Zu den prozessualen Besonderheiten des US-amerikanischen Rechts vgl. Teil 2, Rdnr. 151

339 **Vergleich**

	Civil Law	**Common Law**
Grundmethode	Gesetzesrecht	Fallrecht *„reasoning from case to case"*
Gewährleistung von Rechtssicherheit	Gesetzesbindung des Richters	Präjudizien *„stare decisis"*
Rechtsfortbildung	durch Deduktion, Entwicklung abstrakter Leitsätze	durch Induktion
„Charakter" der Rechtsordnung	=> Systemgerechtigkeit, Rechtssicherheit	=> betont Einzelfallgerechtigkeit
	Aber: faktische Präjudizien, „§ 242 BGB"	Aber: *„statutes"*, Ausbau der Präjudizien zum System

687 Sky Petroleum Ltd. v. VIP Petroleum Ltd.

Die Unterschiede zwischen dem Civil und dem Common Law lassen sich mit den verschiedenen historischen Entwicklungen der Rechtsordnungen erklären. Das Fallrecht des Common Law konnte sich nur in einem Staat bilden, in dem ein machtvolles Obergericht für das gesamte Territorium zuständig war. So verhielt es sich mit dem königlichen Gericht in England seit 1066. Diese relative politische Kontinuität trug dazu bei, dass sich organisch das Common Law entwickeln konnte.

Innerhalb des politischen Flickenteppichs des Kontinents waren die Vorzeichen anders. Die Rechtszersplitterung, ein schwacher Kaiser und ein dadurch geschwächtes Reichskammergericht standen einem Fallrecht im Wege. Die bei den Gerichten, insbesondere den Reichskammergerichten, übliche Aktenversendung an die juristischen Fakultäten stärkte dagegen die Rolle der Professoren im Rechtsleben. So entstand das eher systematisch geprägte Gesetzesrecht, beispielsweise das des Deutschen Reiches.

Zu beachten ist jedoch, dass die Unterschiede zwischen Civil Law und Common Law stark vereinfacht dargestellt sind. Genauso wie im Common Law das Gesetzesrecht Einzug gehalten hat, spielt im Civil Law die höchstrichterliche Rechtsprechung eine entscheidende Rolle bei der Auslegung und Anwendung von Gesetzesrecht. Umgekehrt können die englischen Richter der *„stare decisis"* durch die Methodik des *„distinguishing"* entgehen, um so höchstrichterliche Entscheidungen nicht beachten zu müssen.

IV. Religiöse Rechte

In einem dritten Rechtskreis werden die religiösen Rechte, wie z.B. das jüdische oder das islamische Recht und die Stammesrechte begrifflich zusammengefasst. Allerdings lassen sich die einzelnen religiösen Rechte wegen der erheblichen Unterschiede nicht inhaltlich zusammenfassend darstellen. **340**

V. Hybride Rechte

Einige Rechte (z.B. das von Südafrika) lassen sich in keinen Rechtskreis einordnen. Sie liegen zwischen Civil Law und Common Law und werden deshalb auch als hybride Rechte bezeichnet. Weitere Beispiele für hybride Rechtssysteme sind Israel, Südafrika, Québec, Louisiana. **341**

5. Teil: Glossar

Angleichung (auch **Anpassung**): Als Angleichung bezeichnet man eine Methode zur Beseitigung materiell-rechtlicher Widersprüche, insbesondere -> Normenhäufung oder -> Normenmangel, zwischen mehreren zur Anwendung berufenen Rechtsordnungen. Durch die Zuweisung einzelner Rechtsfragen eines einheitlichen Lebenssachverhalts an verschiedene Rechtsordnungen kann es zu widersprüchlichen Ergebnissen kommen, die von keiner der infrage kommenden Rechtsordnung beabsichtigt sind.

Die Angleichung kann auf der Ebene des Kollisionsrechts, aber auch auf der Ebene des materiellen Rechts erfolgen. Welcher Weg der richtige ist, ist eine Wertungsfrage. Um zu einer möglichst „realen Entscheidung" zu gelangen, ist im Einzelfall gegeneinander abzuwägen, ob ein möglichst geringer Eingriff auf der Ebene des Kollisionsrechts oder des materiellen Rechts zu erfolgen hat.

Anknüpfung: Die Herstellung einer Verbindung zwischen dem Sachverhalt und der hierauf anzuwendenden Rechtsordnung bezeichnet man als Anknüpfung. Die Prüfung vollzieht sich in folgenden Schritten:

1. Ermittlung des zugrunde liegenden Rechtsverhältnisses, das zu der Rechtsfrage Anlass bietet.

2. Unter welchen kollisionsrechtlichen -> Anknüpfungsgegenstand lässt sich das zugrunde liegende Rechtsverhältnis subsumieren (-> Qualifikation)?

3. Welches ist der maßgebliche -> Anknüpfungspunkt?

4. Welche Rechtsordnung wird durch die Kollisionsnorm zur Anwendung berufen?

5. Nimmt das berufene Recht die Verweisung an (nur bei -> Gesamtverweisung)?

6. Welche Sachnormen der berufenen Rechtsordnung sind anwendbar?

Anknüpfung, alternative: Anknüpfung, bei der mehrere -> Anknüpfungspunkte gleichrangig nebeneinander stehen (so z.B. Art. 11 Abs. 1, Art. 18 Abs. 1 EGBGB). Es genügt, dass die angestrebte Rechtsfolge nach einem der beteiligten Rechte eintritt. Die alternative Anknüpfung dient meist der materiell-rechtlichen Begünstigung eines bestimmten Ergebnisses (-> Günstigkeitsprinzip).

Anknüpfung, kumulative: Anknüpfung, bei der mehrere Rechtsordnungen nebeneinander für *eine* Rechtsfrage berufen werden (z.B. Art. 18 Abs. 3 EGBGB). Oftmals wird neben einer zweiten Rechtsordnung zusätzlich an deutsches Recht angeknüpft. Die Inländer sollen hierdurch jedoch nicht begünstigt werden. Vielmehr können so rechtsvergleichend ungewöhnliche Ansprüche des ausländischen Rechts abgewehrt werden. Es gilt demnach der Grundsatz der Berücksichtigung des schwächeren Rechts.

Anknüpfung, distributive (auch gekoppelte): Von der kumulativen Anknüpfung zu unterscheiden ist die distributive Anknüpfung. Hier werden mehrere Rechtsordnungen nicht kumulativ zu der gleichen Rechtsfrage, sondern getrennt zu *verschieden**en*** Rechtsfrag**en** berufen (z.B. Art. 13 Abs. 1 EGBGB, vgl. den Wortlaut: „Die Voraussetzung**en** der Eheschließung unterliegen für **jeden** Verlobten dem Recht des Staates, dem **er** angehört.").

342 **Anknüpfung, subsidiäre:** Anknüpfung, die erst berücksichtigt wird, wenn eine vorrangige Anknüpfung zu keinem Ergebnis führt (ein Beispiel hierfür ist die sog. „Kegelsche Leiter" in Art. 14 EGBGB).

Anknüpfung, selbstständige: Anknüpfung nach dem IPR der -> *lex fori*

Anknüpfung, unselbstständige: Anknüpfung nach dem IPR der -> *lex causae*

Anknüpfungsgegenstand: Ein Tatbestandsmerkmal einer -> Kollisionsnorm, das den Systembegriff des Privatrechtssystems kennzeichnet, für den die Verweisung ausgesprochen wird. So ist z.B. in Art. 25 Abs. 1 EGBGB „Rechtsfolge von Todes wegen" der Anknüpfungsgegenstand. Bei der Abgrenzung der unterschiedlichen **Systembegriffe** können Schwierigkeiten entstehen, die durch -> Qualifikation zu lösen sind.

Anknüpfungspunkt: Ein Element einer -> Kollisionsnorm, das zur anzuwendenden Rechtsordnung führt. Durch den Anknüpfungspunkt wird die Verbindung zwischen ->

Anknüpfungsgegenstand und anwendbarem Recht hergestellt, z.B. die Staatsangehörigkeit (Art. 25 EGBGB), der gewöhnliche Aufenthalt (Art. 14 Abs. 2 Nr. 1 EGBGB), der Ort der belegenen Sache (–> *lex rei sitae*, Art. 43 Abs. 1 EGBGB), der Tatort (Art. 40 Abs. 1 EGBGB).

Aufenthalt: Häufiger –> Anknüpfungspunkt im EGBGB, vor allem im Schuldrecht. Dabei ist zwischen gewöhnlichem und schlichtem Aufenthalt zu unterscheiden. Der gewöhnliche Aufenthalt bestimmt sich nach wertender Betrachtung unter Berücksichtigung der Kriterien einer (angestrebten) sozialen Integration, der Aufenthaltsdauer und des Aufenthaltswillens. Der schlichte Aufenthalt beschreibt dagegen die tatsächliche Anwesenheit.

Auslandserfüllung (–> Substitution): Erfüllung des Merkmals einer inländischen Sachnorm durch einen im Ausland verwirklichten Tatbestand. Es ist durch Auslegung der jeweiligen Sachnorm zu ermitteln, ob eine Substitution möglich ist.

1. Naturereignisse und schlichtes Privathandeln im Ausland erfüllen regelmäßig inländische Tatbestandsmerkmale.

2. Bei verfahrensgebundenen Privathandlungen, z.B. notariellen Beurkundungen, ist Gleichwertigkeit mit dem vom Gesetz vorgesehenen Verfahren erforderlich.

3. Gerichtliche Entscheidungen bedürfen der Anerkennung (Anerkennung ausländischer Entscheidungen).

Auslegung, autonome: Auslegung aus dem Sinnzusammenhang eines internationalen Abkommens heraus (vgl. Art. 12 Abs. 1 lit. a) Rom I-VO). Hierdurch soll vermieden werden, dass jeder Mitgliedstaat das Abkommen nach seinen Maßstäben auslegt und dementsprechend eine möglichst einheitliche Auslegung erreicht werden.

Eingriffsnormen: Als Eingriffsnormen werden die Vorschriften bezeichnet, die unab- **343**
hängig von dem auf den Sachverhalt anzuwendenden Recht Geltung beanspruchen. Es handelt sich um international zwingende Bestimmungen, die nicht der Gerechtigkeit zwischen Privaten, sondern den Interessen des Staates dienen. Für die Anwendung deutscher Eingriffsnormen ist es gleichgültig, ob deutsches oder ausländisches Recht Vertragsstatut ist. Sie unterliegen stets der Sonderanknüpfung des Art. 9 Rom I-VO.

Einzelstatut: Zwingende Vorschriften der –> *lex rei sitae*, die sich gem. Art. 3 a Abs. 2 EGBGB gegen den an sich maßgeblichen Güter- oder Erbstatut (–> Gesamtstatut) durchsetzen.

Entscheidungseinklang, internationaler: Gemeint ist der **Idealzustand**, bei dem eine bestimmte Rechtsfrage in allen Rechtsordnungen nach den gleichen kollisionsrechtlichen Grundsätzen und damit nach dem **gleichen materiellen Recht** entschieden wird. Die Gefahr des sog. –> *forum shopping* soll dadurch umgangen werden.

Entscheidungseinklang, interner: Gleiche Behandlung kollisionsrechtlicher Fragen innerhalb derselben Rechtsordnung.

Erstfrage: Frage nach dem Bestehen eines Rechtsverhältnisses, das im Tatbestand einer inländischen Kollisionsnorm vorausgesetzt wird. Erstfragen sind stets selbstständig anzuknüpfen, d.h., es ist eine eigene kollisionsrechtliche Prüfung für das präjudizielle Rechtsverhältnis nach der *lex fori* durchzuführen (vgl. auch -> Vorfrage).

Exequaturverfahren: Besonderes Urteilsverfahren gem. §§ 722, 723 ZPO zur Vollstreckbarkeitserklärung ausländischer Titel. Tauglicher Vollstreckungstitel ist nicht das ausländische Urteil, sondern das deutsche Vollstreckungsurteil im Sinn des § 722 ZPO.

forum shopping: die (als unangemessen empfundene) Wahl eines von mehreren international zuständigen Gerichten, um zur Anwendung eines günstigen Sachrechts zu kommen.

fraus legis: Gesetzesumgehung durch Manipulation von anknüpfungsrelevanten Umständen, z.B. Wechsel des Abschlussortes, um Formvorschriften im Inland zu umgehen. Die Abgrenzung der Gesetzesumgehung von rechtmäßigem Handeln bereitet Probleme. Ein Rechtsmissbrauch liegt nur vor, wenn die Schaffung oder Veränderung von anknüpfungs- bzw. qualifikationserheblichen Tatsachen in Bezug zu dem von den Beteiligten verfolgten Zweck als verwerflich anzusehen ist.

Gesamtstatut: Rechtsnormen, die Regelungen bezüglich einer einheitlichen Vermögensmasse, z.B. Nachlass, treffen. Vorrangig sind Normen zu beachten, die bestimmte gebundene Güter oder Sondervermögen anderen Regeln unterstellen als die Vermögensmasse im Übrigen (–> Einzelstatut). Durch die unterschiedliche Anknüpfung kann es zur –> Nachlassspaltung kommen.

Gesamtverweisung (IPR-Verweisung): Verweisung auf das gesamte Privatrecht einer Rechtsordnung einschließlich deren Kollisionsrecht. Nach Art. 4 Abs. 1 EGBGB ist bei einem Verweis auf eine ausländische Rechtsordnung grundsätzlich auch dessen IPR zu berücksichtigen, sofern nicht eine Ausnahme vorliegt, die unmittelbar zu einer Verweisung auf die Sachnormen führt (–> Sachnormverweisung). Die betreffenden Sachnormen sind daher nur anzuwenden, wenn das IPR des Staates keine –> Rückverweisung oder –> Weiterverweisung ausspricht, sondern die Verweisung annimmt.

344 **Günstigkeitsprinzip:** Gesetzgeberisches Ziel, mithilfe der –> Kollisionsnormen bestimmte materielle Ergebnisse zu begünstigen, insbesondere durch die Möglichkeit der alternativen Anknüpfung, z.B. Art. 11 Abs. 1 EGBGB.

Heimwärtsstreben: Bestreben der Gerichte, auch im Fall einer Auslandsberührung (Art. 3 EGBGB) möglichst zur Anwendung eigenen Rechts zu kommen, z.B. durch Abbrechen der Verweisungskette im Fall einer –> Rückverweisung zum eigenen Recht.

Internationales Privatrecht (IPR): Gesamtheit der Rechtssätze einer nationalen Rechtsordnung, die aus der Vielzahl nationaler Rechtsordnungen diejenige beruft, die auf ein konkretes Lebensverhältnis zur Anwendung kommen soll. Das IPR löst somit den Konflikt zwischen mehreren Rechtsordnungen bei Sachverhalten mit Auslandsberührung, daher wird es auch als Kollisionsrecht bezeichnet. Ziel des IPR ist es, diejenige Rechtsordnung zu bestimmen, mit der der Sachverhalt die engste Berührung hat. Das deutsche Privatrecht ist vom Richter von Amts wegen anzuwenden.

Kollisionsnorm: Vorschrift, die sich mit der Frage nach dem anzuwendenden Recht befasst und keinen materiell-rechtlichen Inhalt hat. Kollisionsnormen finden sich insbesondere in Staatsverträgen, in europarechtlichen Verordnungen (Rom I-VO, Rom II-VO) und im EGBGB, aber auch in Vorschriften anderer Gesetze.

lex causae: das auf den betreffenden Lebenssachverhalt anwendbare Sachrecht

lex fori: Recht des Gerichtsortes. Im Internationalen Zivilverfahrensrecht gilt das lex-fori-Prinzip, d.h., das Gericht wendet die inländischen Verfahrensregeln an.

lex rei sitae: Recht des Belegenheitsortes. Im internationalen Sachenrecht knüpft Art. 43 Abs. 1 EGBGB an die tatsächliche Belegenheit der Sache an. Dieses Prinzip gilt für bewegliche und unbewegliche Sachen gleichermaßen.

Nachlassspaltung: Unterwerfung von Teilen eines Nachlasses unter verschiedene Rechtsordnungen. Das deutsche IPR geht vom Grundsatz der Nachlasseinheit aus, Art. 25 Abs. 1 EGBGB. Grundsätzlich unterliegt der Nachlass erbrechtlich einer einheitlichen Rechtsordnung. Indes können kollisionsrechtliche Regeln dazu führen, dass Teile des Nachlasses, insbesondere Grundstücke, im Ergebnis anderen erbrechtlichen Regeln unterliegen als der übrige Nachlass.

Normenhäufung: Unerwünschter kollisionsrechtlicher Widerspruch. Er kann sich ergeben, wenn Teilbereiche eines einheitlichen Lebenssachverhalts unterschiedlichen Rechtsordnungen zugewiesen werden, die sich widersprechende sachliche Normen für den jeweiligen Teilbereich beinhalten (Ggs.: –> **Normenmangel**). Die Normenhäufung kann durch –> Angleichung beseitigt werden.

Normenmangel: Unerwünschter kollisionsrechtlicher Widerspruch. Dieser kann sich ergeben, wenn Teilbereiche eines einheitlichen Lebenssachverhalts unterschiedlichen Rechtsordnungen zugewiesen werden, die jeweils keine zufriedenstellenden sachlichen Normen für den jeweiligen Teilbereich haben (Ggs.: –> **Normenhäufung**). Der Normenmangel kann durch –> Angleichung beseitigt werden.

ordre public: Generalklausel in Art. 6 S. 1 EGBGB. Eine Rechtsnorm eines anderen Staa- **345**
tes ist nicht anzuwenden, wenn ihre Anwendung zu einem Ergebnis führt, das mit wesentlichen Grundsätzen des deutschen Rechts offensichtlich unvereinbar ist. Spezielle Ausprägungen des *ordre public* finden sich z.B. in Art. 13 Abs. 2, Art. 17 Abs. 1 S. 2, Art. 17 Abs. 2, Art. 38 EGBGB.

Qualifikation: Aus dem französischen IPR stammender Begriff, der dem hierzulande geläufigen Begriff der Subsumtion entspricht. Methode, um die für den zu entscheidenden Sachverhalt maßgebliche Kollisionsnorm zu ermitteln. Die von den Kollisionsnormen gebrauchten Systembegriffe (z.B. „Eheschließung“, „Unterhalt“) bestimmen deren Anwendungsbereich. Gegenstand der Qualifikation ist die Zuweisung eines Lebenssachverhaltes zu den möglichen Systembegriffen und die Behebung evtl. auftretender Abgrenzungsschwierigkeiten.

Nach h.M. ist nach der *lex fori* zu qualifizieren. Das inländische Recht bestimmt die Systembegriffe der Kollisionsnormen und entscheidet über eine mögliche Zuordnung. Allerdings darf dem Kollisionsrecht nicht streng das Begriffsverständnis und die Systematik des eigenen Sachrechts zugrunde gelegt werden. Die Einordnung ist vielmehr nach dem Zweck der Kollisionsnormen und der anzuknüpfenden Sachnormen vorzunehmen (funktionelle Qualifikation). Dabei ist ausländisches Sachrecht aus seiner Rechtssphäre heraus zu analysieren, um ein funktional vergleichbares inländisches Rechtsinstitut zu ermitteln.

Eine Ausnahme gilt bei der Qualifikation im Rahmen von Staatsverträgen. Um eine einheitliche Umsetzung des Abkommens zu gewährleisten, ist autonom anzuknüpfen und das Begriffsverständnis und die Definitionen des Abkommens müssen berücksichtigt werden.

Rechtsverhältnisse, hinkende: Rechtsverhältnisse, die nach einer Rechtsordnung wirksam sind, nach einer anderen jedoch nicht.

renvoi: Rückverweisung auf eigene Rechtsordnung oder Weiterverweisung auf eine andere Rechtsordnung durch das von unseren Kollisionsnormen berufene Recht. Durch deutsches IPR werden grundsätzlich -> Gesamtverweisungen ausgesprochen, sodass das berufene ausländische Kollisionsrecht seinerseits über die anzuwendende Rechtsordnung entscheiden muss. Es sind danach drei Entscheidungen möglich:

1. Das fremde Recht nimmt die Verweisung an: Die Kollisionsnormen des fremden Rechts kommen ebenfalls zu der Anwendung des fremden Rechts, sodass das -> Sachrecht des betreffenden Staates Anwendung findet.

2. Rückverweisung: Das fremde Kollisionsrecht kommt nicht zu der Anwendung eigenen Rechts, sondern verweist auf das Recht des verweisenden Staates zurück. In diesem Fall ist gem. Art. 4 Abs. 1 S. 2 EBGBG die Verweisung abzubrechen und deutsches Sachrecht anzuwenden.

3. -> Weiterverweisung: Das fremde Kollisionsrecht verweist auf das Recht eines dritten Staates. Diese Weiterverweisung (ggf. als Gesamtverweisung) ist zu berücksichtigen.

346 **Sachnorm:** Rechtsnorm mit materiell-rechtlicher Regelung (Gegensatz: -> Kollisionsnorm).

Sachnormverweisung: Verweis durch Kollisionsnormen unmittelbar auf Sachrecht. Grundsätzlich sind die Verweisungen des deutschen IPR Gesamtverweisungen (vgl. Art. 4 Abs. 1 S. 1 EGBGB). Nur soweit dies „dem Sinn der Verweisung widerspricht", ist von einer Sachnormverweisung auszugehen. Dies ist insbesondere der Fall:

1. im Schuldvertragsrecht gem. Art. 20 Rom I-VO,

2. in Staatsverträgen, da diese autonomen Regelungen vorgehen und unmittelbar das anzuwendende Recht bestimmen sollen,

3. bei alternativer Anknüpfung (-> Günstigkeitsprinzip), z.B. Art. 11 Abs. 1 EGBGB,

4. bei Anknüpfung an die gemeinsame engste Verbindung in Art. 14 Abs. 1 Nr. 3 EGBGB,

5. bei Rechtswahl.

Staatsangehörigkeit: Häufigster Anknüpfungspunkt im IPR; insbesondere für die persönlichen Rechtsverhältnisse einer Person (Rechtsfähigkeit, Geschäftsfähigkeit, Name, Voraussetzungen der Eheschließung). Diese einheitliche Anknüpfung schafft das Personalstatut. Jeder Staat bestimmt eigenständig die Voraussetzungen der Staatsangehörigkeit.

Staatsverträge, inkorporierte: Völkerrechtliche Verträge, die inhaltlich in das autonome IPR eingearbeitet wurden (z.B. das Haager Unterhaltsabkommen in Art. 18 EGBGB).

Statut (auch **Verweisungsziel):** Das durch die Kollisionsnorm(en) berufene Recht.

Statutenwechsel: Wechsel der zur Beurteilung eines konkreten Rechtsverhältnisses berufenen Privatrechtsordnung durch:

1. Änderung der für die Anknüpfung erheblichen Umstände, z.B. Verlagerung des Wohnsitzes, Wechsel der Staatsangehörigkeit;

2. Änderung der maßgeblichen Kollisionsnorm.

Ein Statutenwechsel ist nur bei wandelbaren Anknüpfungen möglich, bei denen der maßgebliche Zeitpunkt für die Anknüpfung nicht ausdrücklich oder konkludent festgelegt ist (z.B. Art. 43 Abs. 1 EGBGB). Ein Statutenwechsel wirkt grundsätzlich *ex nunc*. Der vorherige Zeitraum unterliegt dem alten Sachrecht.

Substitution: -> Auslandserfüllung

Teilfrage: Fall einer kollisionsrechtlichen Unteranknüpfung. Im Unterschied zur -> Erstfrage und -> Vorfrage wird die Teilfrage nicht für sich, sondern nur im Zusammenhang mit einer Hauptfrage erheblich. Sie betrifft kein eigenständiges Rechtsverhältnis, sondern nur eine Tatbestandsvoraussetzung eines solchen (Bsp.: Geschäftsfähigkeit, Deliktsfähigkeit, Stellvertretung, Formgültigkeit). Teilfragen werden grundsätzlich vom Wirkungsstatut beantwortet. Ausnahme: Sonderanknüpfungen für bestimmte Teilfragen wie Geschäftsfähigkeit (Art. 7 Abs. 1 EGBGB), Form des Rechtsgeschäfts (Art. 11 EGBGB), insbes. des Testaments (Art. 26 EGBGB). Die Frage, ob gesondert anzuknüpfen ist, ist durch Abgrenzung (-> Qualifikation) der in Betracht kommenden -> Kollisionsnormen zu ermitteln.

Transposition: Übersetzung eines ausländischen Rechtsinstituts in ein gleichwertiges 347
Rechtsinstitut des anzuwendenden Sachrechts, z.B. ein französisches besitzloses Pfandrecht an einer beweglichen Sache wird bei Überführung der Sache nach Deutschland in das Rechtsinstitut Sicherungseigentum transponiert.

Vorfrage: Die Frage nach dem Bestehen eines präjudiziellen Rechtsverhältnisses, die von dem durch unsere Kollisionsnormen zur Anwendung berufenen materiellen Recht aufgeworfen wird. Vorfragen können sich damit erst nach vollzogener kollisionsrechtlicher -> Anknüpfung stellen. Ob das präjudizielle Rechtsverhältnis selbstständig nach den Kollisionsnormen der *lex fori* oder unselbstständig nach den Kollisionsnormen der *lex causae* angeknüpft wird, ist umstritten.

Weiterverweisung: Das durch unser IPR berufene fremde Kollisionsrecht verweist auf ein weiteres (Kollisions-)Recht. Der deutsche Gesetzgeber hat in Art. 4 Abs. 1 S. 1 EGBGB auch die Weiterverweisung durch das ausländische IPR auf das Recht eines dritten Staates für beachtlich erklärt. Ob es sich bei der Weiterverweisung um eine Gesamtverweisung oder eine Sachnormverweisung handelt, entscheidet die verweisende Rechtsordnung. Sofern es sich danach um eine Gesamtverweisung handelt, kann das Problem auftreten, dass der dritte Staat die Weiterverweisung nicht annimmt und stattdessen ebenfalls eine (weitere) Weiterverweisung als Gesamtverweisung ausspricht. Nach h.M. ist der renvoi durch den dritten Staat maßgeblich, da dessen Recht aus Sicht des deutschen IPR das sachnächste ist.

Stichwortverzeichnis

Die Zahlen verweisen auf die Randnummern.